X.media.press

Springer-Verlag
Berlin Heidelberg GmbH

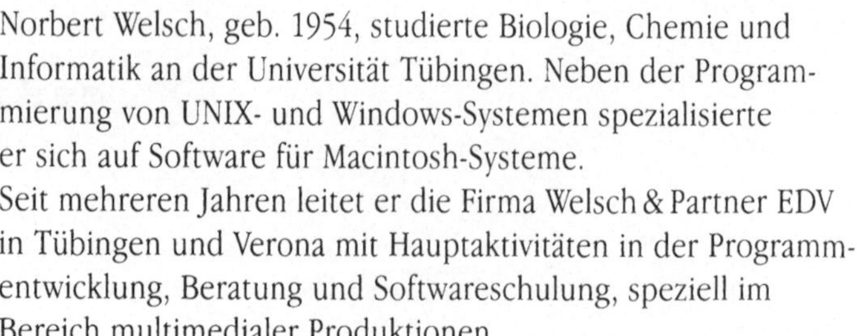

Norbert Welsch, geb. 1954, studierte Biologie, Chemie und Informatik an der Universität Tübingen. Neben der Programmierung von UNIX- und Windows-Systemen spezialisierte er sich auf Software für Macintosh-Systeme.
Seit mehreren Jahren leitet er die Firma Welsch & Partner EDV in Tübingen und Verona mit Hauptaktivitäten in der Programmentwicklung, Beratung und Softwareschulung, speziell im Bereich multimedialer Produktionen.

Frank von Kuhlberg, geb. 1971, studierte Informatik an der Akademie für Datenverarbeitung in Böblingen.
Er ist mehrjähriger Mitarbeiter der Firma Welsch & Partner EDV im Bereich Programmentwicklung, Projektmanagement und Schulung. Arbeitsschwerpunkt ist die Entwicklung multimedialer Lernsoftware auf der Basis von Macromedia Director und Lingo.

Norbert Welsch
Frank von Kuhlberg

Macromedia Director
für Durchstarter

Dritte, überarbeitete, aktualisierte
und ergänzte Auflage

Mit CD-ROM

Springer

Norbert Welsch
Gartenstraße 169
72074 Tübingen

Frank von Kuhlberg
Gartenstraße 23
75395 Ostelsheim

Welsch & Partner EDV
Konrad-Adenauer-Straße 15
72072 Tübingen
e-mail: norbert@welsch.com
http://www.welsch.com

ISBN 978-3-642-85275-6   ISBN 978-3-642-85274-9 (eBook)
DOI 10.1007/978-3-642-85274-9

Die deutsche Bibliothek – CIP-Einheitsaufnahme
Macromedia Director 7 für Durchstarter [Medienkombination] / Norbert Welsch;
Frank von Kuhlberg. – Berlin; Heidelberg; New York; Barcelona; Hongkong; London;
Mailand; Paris; Singapur; Tokio: Springer.
(X.media.press)
ISBN-13:978-3-642-85275-6
Buch. – 3., überarb. und erg. Aufl. – 2000   CD-ROM. – 3., überarb. und erg. Aufl. – 2000

Springer-Verlag ist ein Unternehmen der Fachverlagsgruppe BertelsmannSpringer
© Springer-Verlag Berlin Heidelberg 2000
Softcover reprint of the hardcover 3rd edition 2000

Umschlaggestaltung: Künkel + Lopka Werbeagentur, Heidelberg
Satz: QuarkXPress-Dateien vom Autor
Gedruckt auf säurefreiem Papier   SPIN 10721755   33/3142/ud   5 4 3 2 1 0

INHALTSVERZEICHNIS

Kapitel 7 Animation 223

Anhang

Die Hybrid-CD-ROM

Bestandteil des Buches ist eine Hybrid-CD-ROM, die durch Verwendung des Dateiformates nach ISO 9660 sowohl auf Windows-Systemen wie auch auf Apple-Macintosh-Rechnern lesbar ist.

Das plattformübergreifende Format der CD führt leider dazu, daß die bei Windows-Systemen üblichen Einschränkungen in der Namensgebung der Dateien beachtet werden mußten.

Demoversionen

Auf der CD-ROM finden Sie Demoversionen von Macromedia Director sowie verschiedener anderer Produkte, die oft zusammen mit Director eingesetzt werden.

Wenn Sie diese Programme kopieren und benutzen oder weitergeben, beachten Sie bitte genau die Lizenzbestimmungen des jeweiligen Herstellers.

Beispieldateien

Alle im Buch behandelten Beispieldateien befinden sich im Ordner/Verzeichnis »MMD_BSP« und sind nach Kapiteln in den jeweiligen Unterordnern/Verzeichnissen »Kap_01« etc. abgelegt. Die gewählte Schematik bedingt, daß zu Kapiteln, für die keine Übungen existieren, die Ordner/Verzeichnisse ebenfalls angelegt sind.

Vorwort

Dieses Buch ist entstanden aus dem Wunsch, im schnell wachsenden Bereich der Multimedia-Entwicklungen einerseits für Neulinge eine umfassende und leicht nachzuvollziehende Darstellung zu liefern und andererseits auch „alten Hasen" noch Tips für den effizienten Einsatz von Director zu geben. Insbesondere wurde Wert darauf gelegt, nicht nur das Programm isoliert darzustellen, sondern die Entwicklung eines Multimedia-Projekts in den Vordergrund zu stellen.

Der Kern des vorliegenden Buches entstammt den Seminarunterlagen der Firma Welsch & Partner für das Programm Macromedia Director (MMD). Daneben haben viele benachbarte Gebiete Eingang in das Werk gefunden, ebenso die Erfahrungen bei der praktischen Entwicklung von Multimedia-Lösungen bei Welsch & Partner sowie Informationen von Mitarbeitern und Freunden unserer Firma.

Das in der ersten Auflage im März 1996 in einem Gesamtband erschienene Werk wurde wegen des stark gewachsenen Umfangs bereits seit der zweiten Auflage in einen einführenden Teil „Multimedia-Entwicklungen mit Macromedia Director" und ein weiterführendes, eher an Programmierer gerichtetes Buch „Multimedia-Programmierung mit Lingo" aufgeteilt. Dabei wurde auf unabhängige Nutzbarkeit geachtet.

Auf vielfachen Wunsch nach mehr Übungen erschien im Jahr 1998 zusätzlich „Director 6 und Lingo Praxiskurs", ein Büchlein, das Stück für Stück den Aufbau eines anspruchsvollen Multimedia-Produktes beschreibt und sowohl als Kursgrundlage für Director-Schulungen wie auch als Arbeitsbuch zu den beiden Lehrwerken dienen kann. Für die Version 7 von Director wurde das Einführungsbuch unter dem neuen Titel „Macromedia Director für Durchstarter" von Grund auf überarbeitet und in weiten Teilen neu verfaßt.

Für unsere Kursteilnehmer und Leser haben wir einen neuen Service eingerichtet: Auf unserer Web-Site bieten wir Rat- und Hilfesuchenden ein **Diskussionsforum** zum Thema DTP und Multimedia an. Allen, die sich mit dieser Ausrüstung in die Welt der Multimedia wagen wollen, wünsche ich viel Spaß,

Norbert Welsch

DTP- und Multimedia-Forum:
http://www.welsch.com
Wir hoffen, daß im Zuge einer regen Diskussion auch gegenseitig Fragen beantwortet werden können. Unsere Mitarbeiter werden sich regelmäßig an der Diskussion beteiligen. Bitte haben Sie Verständnis, wenn es dabei manchmal zu Verzögerungen kommen sollte.

Zum Inhalt

Teil 1   Multimedia-Grundlagen

Kapitel 1 bis 5 – In den ersten Kapiteln werden wichtige Informationen über das Umfeld des Programms Director vermittelt. Die historische Entwicklung und die Definition von Multimedia-Anwendungen kommen ebenso zur Sprache wie die Abgrenzung des Programms Director von Präsentationsprogrammen und anderen konkurrierenden Autorensystemen. Behandelt werden des weiteren Fälle, in denen sich der gemeinsame Einsatz von Director mit anderen Programmen empfiehlt, ferner unterschiedliche Dateiformate und Normen, Fragen der Bildschirmgestaltung und Besonderheiten der Bedienungselemente. Da heute oft Gestaltungsfragen über den Erfolg einer Multimedia-Applikation ebenso entscheiden wie der Inhalt, werden auch sie in den einführenden Kapiteln diskutiert.

Teil 2   Arbeiten mit Macromedia Director

Kapitel 6 bis 10 – Nach einem kurzen Überblick über die in Director verfügbaren Fenster, Befehle und Werkzeuge werden verschiedene Arbeitsmethoden anhand konkreter Beispiele vorgestellt. So werden etwa die unterschiedlichen Möglichkeiten der Animation gezeigt und die Einbindung und Bearbeitung von Bildern, Tönen und Video werden aus praktischer Sicht behandelt. In vielen Fällen, in denen der Einsatz von Fremdprogrammen wie z. B. Photoshop, SoundEdit oder Premiere empfehlenswert ist, wird kurz auf die Import-/Exportmethoden und Dateikonvertierungen eingegangen. Der letzte Teil des Buches geht verstärkt auf die Interaktionsmöglichkeiten ein, die insbesondere die neuen Verhalten zur Verfügung stellen. Ziel ist es in jedem Fall, dem Leser eine leicht nachvollziehbare Anleitung an die Hand zu geben, mit der er eigene Entwicklungen durchführen kann.

Anhang

Im Anhang finden Sie ein Glossar der wichtigsten im Bereich Multimedia gebräuchlichen Begriffe, die Bibliographie sowie natürlich den unverzichtbaren Index.

Bilder und Beispieldateien

Einige der Beispielbilder und Dateien auf der Hybrid-CD-ROM sind der Klett-Schulsoftware „Mediothek Biologie I" und „Mediothek Mathematik I" entnommen, die in unserem Hause erstellt wird. Wir danken der Redaktion MN der Ernst Klett-Schulbuchverlag GmbH, Stuttgart für die freundliche Genehmigung.

Danksagung

Für das Zustandekommen dieses Werkes schulde ich besonderen Dank Herrn Gregor Reichle vom Springer-Verlag, der die Initialzündung gab, die bei uns vorliegenden Manuskripte in Form einer Buchreihe einer breiteren Leserschaft zugänglich zu machen, und der die Arbeit seit nunmehr vier Jahren hervorragend betreut hat. Für die gründliche sprachliche Überarbeitung danke ich den Lektoren des Springer-Verlags. Meinen Mitarbeitern bei der Firma Welsch & Partner danke ich für ihre jahrelange Unterstützung und dafür, daß sie mir immer wieder das Tagesgeschäft lange genug vom Halse hielten, um die notwendige Zeit zum Schreiben zu finden. Trotzdem wäre dieses Buch wohl nicht so bald für die Version 7 angepaßt und erweitert worden, wenn nicht mein Mitarbeiter und Freund Herr Frank von Kuhlberg als Coautor hinzugestoßen wäre und sich gemeinsam mit mir um die Fertigstellung bemüht hätte. Bei den Endkorrekturen stand mit Frau Nicola Warich zur Seite. Besonderen Dank schulde ich natürlich nicht zuletzt allen Seminarteilnehmern, die in den letzten Jahren durch aktive Mitarbeit und interessante Diskussionen dazu beigetragen haben, dieses Werk hoffentlich lebendig und sehr praxisnah zu gestalten. Außerdem danke ich unseren Kunden, die uns durch Wünsche, Ideen und Aufträge immer wieder die Beschäftigung mit dieser interessanten Materie ermöglichen.

Wir werden das vorliegende Buch auch in den nächsten Jahren als Grundlage für unsere Kurse über Multimedia-Einführung und Macromedia Director verwenden und bitten daher alle Leser, sich mit Vorschlägen, kritischen Anmerkungen, Fragen und Kommentaren gerne an uns zu wenden. Wir werden versuchen, diese Anregungen in späteren Auflagen zu berücksichtigen.

Norbert Welsch
Welsch & Partner EDV
Konrad-Adenauer-Straße 15
72072 Tübingen
Tel. 0 70 71 -79 99 0
Fax. 0 70 71 -79 99 89

nw@welsch.com
http://www.welsch.com

Konventionen

In diesem Buch gelten folgende Konventionen, die Ihnen die Übersicht über das dargebotene Material erleichtern sollen:

Normale Textpassagen sind in der Schriftart AppleGaramond Lt gesetzt. Die Schriftgröße ist 11 pt bei 13 pt Zeilenabstand.

Normaler Text

Durch das Übungssymbol wird der Beginn einer Übung oder eines neuen Übungsabschnittes angezeigt. Zum Verständnis der angesprochenen Schritte sollten Sie den jeweils davor stehenden allgemeinen Teil verstanden haben.

ÜBUNG

Querverweise auf andere Kapitel und Bilder sind im Text erwähnt oder mit diesem Pfeilsymbol gekennzeichnet.

→

Tips und Tricks sind mit dem Lampensymbol gekennzeichnet.

Begriffe, die im Glossar erklärt sind, werden bei ihrem ersten Vorkommen kursiv gesetzt.

Neue Begriffe

Wichtige Einzelwörter und Begriffe im Text sind durch halbfetten Druck hervorgehoben.

Wichtig!

Einzelpunkte in einer Aufzählung sind durch diesen Punkt markiert.

•

Der Blitz bezeichnet Passagen, in denen Sie auf auftretende Fehler aufmerksam gemacht werden, oder weist auf die Gefahr von Zeit- oder Datenverlusten hin.

Mit diesen Symbolen wird eine Besonderheit in der Windows-Version gekennzeichnet bzw. ein Abschnitt, der in erster Linie für Apple-Macintosh-Benutzer von Interesse ist.

In dieser Schrift sind Lingo-Programme und ASCII-Texte gesetzt.

Monaco

In Doppelkeilen sind alle Bezeichnungen von Menüpunkten, Eingabefeldern etc. gesetzt. Der Doppelpunkt bezeichnet Untermenüs.

»Bearbeiten:Löschen«

<Umschalt>   In Einfachkeilen erscheinen einzelne Tasten der Tastatur.

 Einen RAM-Chip sehen Sie immer dort abgebildet, wo Tips zum Speichersparen gegeben werden.

 Das Sparschwein kennzeichnet Tips für einen schnelleren Programmablauf oder zu schnellerer Entwicklung und rationellerer Arbeit.

[1]   Die Ziffern in eckigen Klammern verweisen auf das Literaturverzeichnis.

Tastenkombinationen

Tasten, die zusammen mit anderen gedrückt werden müssen, sind die Tasten

 <Befehl>   (Befehlstaste, Appletaste)

 <Wahl>   (Wahltaste, Alt-Taste)

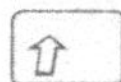 <Umschalt>   (Umschalttaste, Shifttaste)

 <Kontroll>   (ctrl, Strg)

Diese Tasten modifizieren lediglich die Wirkung einer anderen Taste. Sie drücken die modifizierenden Tasten einzeln oder in Kombinationen beliebig lange vor der Haupttaste und halten sie fest, bis die Haupttaste gedrückt wurde. Versuchen Sie bitte nicht, zwei Tasten zum genau gleichen Zeitpunkt zu drücken – Ihr Macintosh denkt schneller, als Sie tippen können!

TEIL 1

Multimedia Grundlagen

1

Was ist Macromedia Director?

1 Was ist Macromedia Director?

Macromedia Director ist ein Autorensystem, ein Werkzeug, mit dem sich sogenannte Multimedia-Projekte erstellen lassen. Da „Multimedia" mittlerweile ein überstrapaziertes Modewort geworden ist, soll zunächst eine Definition des Begriffes versucht werden.

1.1 Bestandteile einer Multimedia-Anwendung

Charakterisierend für Multimedia-Anwendungen ist, daß sie mehrere, nicht notwendigerweise alle, der im folgenden behandelten Komponenten zu einem integralen Gesamtwerk kombinieren. Was sind nun die möglichen Komponenten einer Multimedia-Anwendung?

Text

Text ist als Mittel der Informationsübermittlung normalerweise nicht zu vermeiden. Im Gegensatz zum gesprochenen Wort, das, einmal abgelaufen, ohne besondere Aktion des Benutzers nicht wiederholt wird, hat der Benutzer bei geschriebenem Text normalerweise die Möglichkeit, diesen so lange zu lesen, wie es die individuell unterschiedliche und situationsbedingte Auffassungsgabe erfordert. Text sollte jedoch, wenn er eine zentrale Aussage darstellt, immer auch durch Vorlesen präsentiert werden können.

Grafik

Grafiken, das heißt im engeren Sinne Vektorgrafiken, können in diversen Formen in einer Animation eingesetzt werden. Ihre Vorteile sind der geringe Speicherbedarf und die einfache Erstellung in einem Zeichenprogramm. Oft wird im Zusammenhang mit Multimedia auch dann von Grafik gesprochen, wenn Pixelbilder gemeint sind, die wir hier als Standbilder bezeichnen wollen.

Standbild

Gemalte, fotografierte oder gescannte Bilder sind vor allem als Hintergrund beliebt und natürlich zur Produktdarstellung sinnvoll einsetzbar. Aber auch bewegte Objekte werden oft aus Standbildern freigestellt und dann mit Director animiert.

Film

Nicht jede Multimedia-Produktion muß unbedingt Film enthalten. Nur wenige Plattformen für das Abspielen von Multimedia-Anwendungen erlauben heute uneingeschränkt „full-screen, full-motion", wie man bewegte Vollbilder im Branchenjargon auch nennt. Dazu gehört z. B. die Philips CD-i. Viele Rechner ermöglichen es aber, zumindest Filme kleineren Formats oder pixelverdoppelte Filme bildschirmfüllend abzuspielen. In diesen Fällen können digitalisierte Videosequenzen dazu verwendet werden, eine Show interessanter zu gestalten.

Sprache

Kaum ein Medium bindet so sehr die Aufmerksamkeit wie das gesprochene Wort. Man sollte jeden wichtigen Text, der zum Lesen auf dem Bildschirm erscheint, auf Wunsch auch hörbar machen, also vorlesen lassen. Interessant gestaltete Produktionen setzen gesprochene Sprache oft im Wechsel mit Musik ein. Sprache kann Bilder und Filme erläutern und Zusammenhänge zwischen optisch gezeigten Sequenzen herstellen.

Ton

Töne und Geräusche können genutzt werden, um dem Benutzer eine Rückmeldung über eine erfolgte Aktion zu geben (z. B. Klicken einer Taste) oder aber um seine Aufmerksamkeit auf etwas zu lenken. Da Aufmerksamkeit nicht über einen längeren Zeitraum gleichmäßig aufrechterhalten werden kann, sollte man gezielt und sparsam mit besonders plakativen Toneffekten umgehen.

Musik

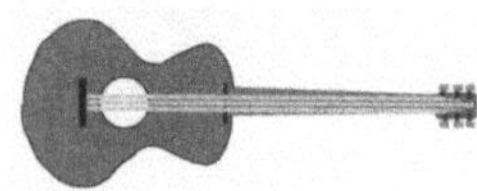

Eine Multimedia-Show gewinnt sehr durch passende Musikuntermalung. Es ist erstaunlich, daß die Musik tatsächlich wesentlich mehr zur lebendigen Wirkung einer Präsentation beiträgt als z. B. bewegte Grafik. Musik wird technisch entweder wie Sprache oder Ton verarbeitet oder aber, sehr viel speichersparender, als Aufzeichnung von Instrumenten und Notenwerten wie in einem Synthesizer.

Interaktivität

Als Multimedia-Anwendungen im weiteren Sinne werden auch oft Produktionen bezeichnet, die den Benutzer nicht oder nur sehr wenig einbeziehen. Beispiele dafür sind durch Ton und Film unterstützte Diashows, selbstlaufende Messepräsentationen oder Trickfilmvideos.

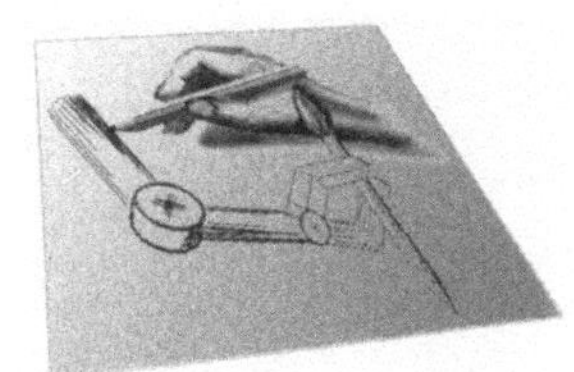

Ein wesentliches Merkmal von echten Multimedia-Anwendungen im engeren Sinne ist aber die aktive Einbeziehung des Benutzers in den Prozeß der Informationsübermittlung oder der Unterhaltung.

In unserem Zeitalter der Informationsüberflutung sind Zeit und Aufmerksamkeit zu einem knappen Gut geworden. Nicht nur die Qualität der Information an sich zählt, sondern ebenso entscheidend ist, wieviel nicht gewünschte Information man aufnehmen muß, bis eine Frage beantwortet ist.

Eine wichtige Funktion, die Multimedia zu leisten vermag und hierbei klassischen Medien überlegen sein kann, ist das gezielte Hinführen auf eine gewünschte Information durch Interaktion (z. B. bei Hypertext). Da die gewünschte Informationstiefe durch Interaktivität steuerbar ist, wird Zeit gespart, und die Verfügbarkeit von Wissen wird erhöht.

1.2 Geschichte der Multimedia-Anwendungen

Der Wunsch, Präsentationen durch Verwendung von bewegten Bildern interessanter zu machen, ist schon wesentlich älter als der Computer. Noch heute bezeugt das Director zugrundeliegende Konzept von Bühne, Darstellern und Regie die Verwandtschaft zu früheren Medien wie Theater und Film, insbesondere zum Trickfilm.

Das Zusammenwirken von Musik, Geräuschen und Standbild-Überblendungen wurde früher in Form der Diaporama-Show zelebriert. Trotz der eingeschränkten technischen Mittel dieser Kunstform, die nie sehr bekannt wurde, beeindruckt sie auch heute noch durch die exzellente Qualität der Bilder und durch das große Bildformat. Die Medien wurden dabei, vielleicht noch deutlicher bemerkbar als beim Film, zu mehr als der Summe der Einzelwirkungen.

Die Möglichkeit, aktiv in das Geschehen einzugreifen, die wir heute mit Recht als Kernbestandteil der meisten Multimedia-Anwendungen ansehen, wurde erst durch den Einsatz von Computern auf einfache Weise technisch realisierbar. In den ersten Jahren der „Personal Computer" existierten allerdings noch keine Programme, mit denen multimediale Anwendungen produziert werden konnten, und auch die Leistungsfähigkeit der Rechner setzte entsprechenden Versuchen enge Grenzen.

Eine Besserung der Situation begann sich erst abzuzeichnen, als die Firma Apple das Programm „HyperCard" auf den Markt brachte. Wie so oft bei Entwicklungen aus dem Hause Apple war das Programm so innovativ, daß anfangs vergebliche Versuche gemacht wurden, es in eine bekannte Kategorie einzuordnen. War es eine Textverarbeitung? Oder eine Datenbank für unstrukturierte Daten? Oder doch eher ein Malprogramm? Oder gar eine Programmiersprache? Man benötigte einige Jahre, bis sich zeigte, daß eine neue Kategorie von Programm geboren war, das Autorensystem.

Obwohl HyperCard leider viel zu lange auch im eigentlichen Sinne des Wortes farblos blieb, wurde es bereits früh mit Hilfe externer Routinen dazu verwendet, Bildplatten zu steuern. Durch die Interaktivität waren erstmals Anwendungen möglich, die wir heute als Multimedia-Anwendungen bezeichnen würden.

Bald wurde HyperCard durch externe Routinen auch auf dem eigenen Bildschirm des Rechners farbfähig und war das Werkzeug fast aller frühen Multimedia-Gehversuche.

Mit „SuperCard" und einem Programm „Plus", das leider bald sang- und klanglos wieder vom Markt verschwand, wurde die Idee aufgegriffen und weiterentwickelt. SuperCard zählt noch heute zu den technisch interessantesten Konkurrenzprodukten, denen sich Director gegenübersieht. Auf einige Autorensysteme wird später eingegangen.

Mit der Entwicklung des Internets gewinnt Multimedia wesentliche neue Dimensionen. Viele Anwendungen, die bisher nur als CD-Produkt möglich waren, können nun aktuellste Information integrieren und beinhalten wie Spiele oder Informationssysteme auch Kommunikationsmöglichkeiten zwischen verschiedenen Benutzern.

1.3 Anwendungsbereiche von Multimedia-Programmen

Multimedia am Computer könnte man heute eigentlich auch Monomedia nennen: Die gesamte Information liegt in digitaler Form vor und wird von einem einzigen Medium, dem Computer, vermittelt.

Multimedia am Computer bedeutet Nutzung unterschiedlicher Arten der Informationsdarbietung in einem Gesamtwerk. Multimedia im engeren Sinn bezieht den Benutzer des Systems durch Interaktivität in den Prozeß der Informationsübermittlung ein.

Der Einsatz von Interaktivität in Multimedia-Produkten erlaubt es dem Anwender, die benötigte Information selektiv abzurufen. Bei manchen Anwendungen, wie z. B. bei Lehrfilmen, folgt aus dieser im Prinzip vorteilhaften Möglichkeit aber auch eine eigene Problematik. Die Forderung, einen gewissen Lehrinhalt vollständig zu vermitteln, tritt in Widerspruch zu den Wahlmöglichkeiten des Benutzers, die ja gerade eine selektive Information ermöglichen sollen. Ob und in welchem Umfang also eine Multimedia-Anwendung interaktive Komponenten enthalten sollte, muß im konkreten Anwendungsfall abgewogen werden.

Präsentieren am Computer und Multimedia

Oft werden Multimedia-Autorensysteme mit den inzwischen zahlreich verfügbaren Präsentationsprogrammen verglichen. Auch Produkte wie „PowerPoint", „ClarisImpact", ja sogar einfache Zeichenprogramme wie „ClarisDraw" oder Produkte wie „Adobe Acrobat" beinhalten heute die Möglichkeit, Text, Bilder, Grafik und oft sogar Ton und Film zu einem Gesamtwerk zu integrieren. Selbst eine Auswahl zwischen verschiedenen Überblendungen ist mit manchen dieser Werkzeuge möglich.

In Autorensystemen freilich sind wesentlich differenziertere Formen der Interaktion, der Animation und der zeitlichen Ablaufsteuerung möglich. So können Objekte z. B. in einer Szene auch dreidimensional bewegt oder gedreht werden, sie können ein vorprogrammiertes Verhalten zeigen und intelligent reagieren. Hilfs-

mittel wie animierte Mauszeiger können die Interaktionsmöglichkeiten zusätzlich verdeutlichen. Alle ernstzunehmenden Autorensysteme verfügen außerdem über eine eigene Progammmiersprache. Erst diese erweiterten Fähigkeiten gestatten es, mit ihnen eine enorm breite Palette von Anwendungen abzudecken, zu denen natürlich auch die Domäne der Präsentationsprogramme gehört.

Spiele

Sehr viele Computerspiele mit anspruchsvoller Interaktivität wie die Klassiker „Starship Warlord" oder „Virtual Valerie" wurden mit Director programmiert. Die Fähigkeiten eines Autorensystems wie Director erlauben es dem Hersteller, sein Hauptaugenmerk der Grafik zu schenken und die Programmierung der Interaktivität mit einigermaßen überschaubarem Aufwand zu bewältigen. Durch die Möglichkeiten, aus Director heraus einen Projektor, d. h. einen als eigenständiges Programm ohne Director ablauffähigen interaktiven Film, zu erstellen, tauchen auch keine lizenzrechtlichen Probleme bei der Vermarktung auf.

Lediglich bei Spielen, die auf extrem schnelle Reaktionszeiten angewiesen sind, ist es noch heute empfehlenswert, die Anwendungen direkt in einer Sprache wie C oder C++ zu programmieren.

Messepräsentationen

Häufig soll durch eine Präsentation eine ganze Gruppe von Personen angesprochen werden. Unter der Bezeichnung „Messepräsentationen" will ich alle Anwendungen zusammenfassen, die aus diesem Grunde auf Interaktion mit einem einzelnen Benutzer verzichten müssen und typischerweise auf Großmonitoren, Overhead-Projektoren oder Beamern gezeigt werden. In dieser Funktion stehen Multimedia-Produktionen in direkter Konkurrenz zu klassisch hergestellten Medien wie Video oder Slide-Show.

Produktkataloge

Produktkataloge stellen einen sehr wichtigen Markt für Multimedia-Anwendungen dar. An den Verkaufsstellen („Point of Sales", POS) müssen immer die neuesten Informationen über Preise und

Produkte vorliegen. Bereits der einfache Ersatz bisher gedruckt vorliegender Kataloge durch eine CD kann zu einer enormen Kosteneinsparung führen. Der Anfangsinvestition in die Abspielgeräte (Rechner, Präsentationseinheiten) stehen die viel geringeren Herstellungs-, Versand- und Aktualisierungskosten einer CD gegenüber. Spätestens nach einigen Aktualisierungen haben sich die Investitionen amortisiert. Weitere Vorteile der elektronischen Medien gegenüber gedruckten Katalogen sind die wesentlich geringeren Lager- und Versandkosten wegen des geringen Gewichts sowie die Vermeidung von Problemen mit der vorgeschriebenen Rücknahme schwerer Kataloge zum Recycling.

Die Möglichkeiten, den Produktverkauf durch Multimedia-Anwendungen zu unterstützen, erschöpfen sich aber keineswegs im Ersatz des klassischen Katalogs. Durch Techniken wie ausgefeilte Suchverfahren, qualifizierte Kombinations- und Konfigurationsvorschläge durch das Programm, Einsatz von VR (Virtual Reality) wird dem Kunden zusätzlicher Service geboten. Durch die Kombination mit dem Internet ist eine ständige Aktualität der Daten gewährleistet und dem Kunden bietet sich der zusätzliche Service einer direkten Bestellmöglichkeit – unter Umständen kann so Verkaufspersonal eingespart werden.

Im Aufbau gleichen Anwendungen für Produktkataloge weitgehend den Kiosksystemen (→ Informationssysteme, in diesem Kapitel). Besondere Aufmerksamkeit muß allerdings der Verwaltung größerer Mengen von Datensätzen und deren Aktualisierung gewidmet werden .

Lehr- und Lernsysteme

Lernen beruht seit eh und je auf Interaktion mit einem menschlichen Lehrer oder aber auf der eher einseitigen „Inter"aktion des Lesens von Lehrbüchern und des Schreibens von Übungen.

Jeder weiß, daß ein Stoff im Selbststudium wesentlich schwieriger zu erlernen ist. Es ist die mangelhafte Interaktion, die den Lernprozeß langsamer und mühsamer macht.

Multimedia-Anwendungen für die Wissensvermittlung können hier eine Zwischenstellung einnehmen. Wenn auch die Interaktions-

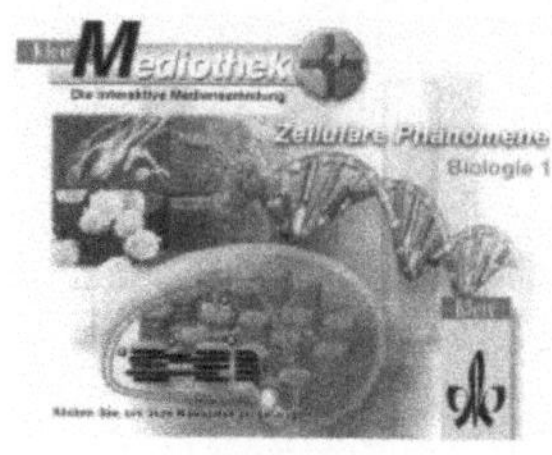

Die Klett-Mediothek – ein typisches Lehrsystem

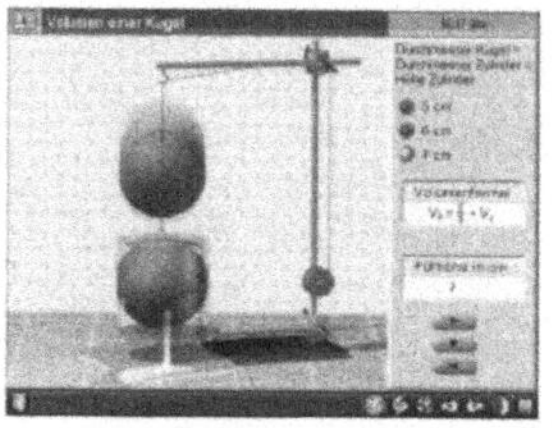

Interaktives Bildschirmexperiment zum Kugelvolumen

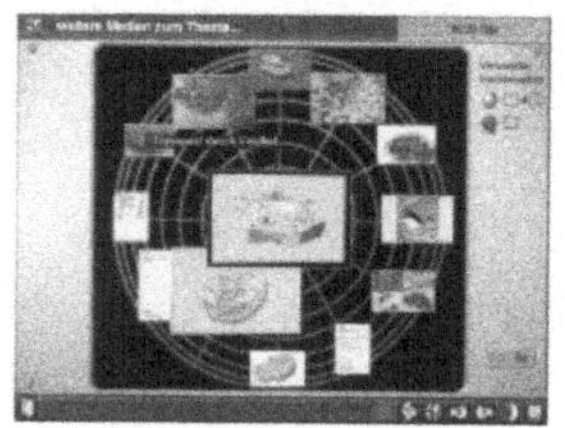

Das Radar – ein Navigator für wissenschaftliche Lehrsysteme

fähigkeit selbst des besten multimedialen Lehrprogramms noch lange nicht die eines fähigen Lehrers erreichen wird, bestehen doch wesentlich mehr Möglichkeiten, als sie das klassische Lernen aus Büchern bietet. Daß eine Erweiterung der Möglichkeiten des Selbststudiums schon lange angestrebt wird, beweisen Einrichtungen wie Sprachlabor und Bildstellen, die seit Jahrzehnten zu anerkannten Institutionen für die Ausbildung von Schülern und Studenten geworden sind.

Heute kommen erste Anwendungen dieser Art auch in der Praxis des Schulunterrichts zum Einsatz. Beispielsweise dient etwa die Klett-Mediothek, die in unserem Hause entwickelt wurde, als interaktives Präsentationsmedium für Lehrinhalte unterschiedlicher Fächer. Multimedia ermöglicht es hier, klassische Medien und Abspielgeräte wie Overheadfolien, Wandtafeln, Filmprojektor und Diaprojektor auf einem Präsentationsmedium zu integrieren und zudem innovative Anwendungen wie interaktive 3D-Anwendungen und wissenschaftliche Simulationen einzusetzen.

Um in dem stetig wachsenden Wissensraum der Mediothek die Information zu finden, die der Nutzer sucht, wurde für diese Anwendung eine neuartige Methode entwickelt, die das Navigieren in diesem Wissensraum ermöglicht. Bei dieser Technik handelt es sich um das „Radar"-Modul. Es stellt Medienkomponenten, die inhaltlich verwandt sind, auf dem Radarschirm dar. So kann der Benutzer schnell alle für ein Thema relevanten Informationen auffinden und nutzen. Es ist also wichtig, ein modernes Lern- und Lehrsystem nicht isoliert zu sehen, sondern ihm ein adäquates Navigationssystem zur Seite zu stellen.

Wirkliche multimediale Anwendungen im Bereich Lernen stehen noch immer am Anfang. Nur ein winziger Teil des Potentials wird bisher genutzt. Dies mag an den nicht unbeträchtlichen Kosten für gute Multimedia-Anwendungen liegen, aber vielleicht auch an der Überlegung, daß noch mehr arbeitslose Lehrer kein Gewinn für die Gesellschaft wären.

Firmen- und Produktpräsentationen

Um einen Imageprospekt oder eine Produktvorstellung lebendiger zu gestalten, ist es durchaus möglich, einer Postsendung eine

CD beizulegen oder statt dessen gleich eine Internet-Multimedia-Anwendung einzusetzen.

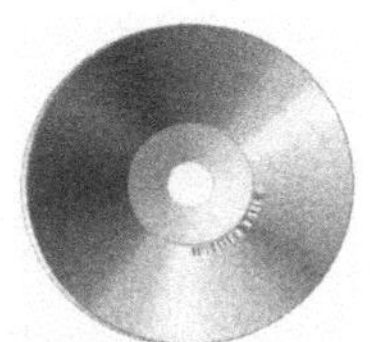

Die Distribution über das Internet stellt allerdings immer noch trotz steigender Datenübertragungsraten ein Einschränkung in der Größe der Datenmenge dar. Diese Limitierung diktiert, was machbar ist. Wenn die zur Verfügung stehenden Ressourcen allerdings ökonomisch eingesetzt werden und Kompressionsprogramme und -verfahren zum Einsatz kommen, sind trotzdem erstaunliche Ergebnisse zu erzielen.

Informationssysteme

Informationssysteme gehören heute zu den wichtigsten Einsatzgebieten der Multimedia-Technologie. Die Anwendungen reichen von reinen Informationssystemen, etwa touristischen Wegweisern in Städten, Beschreibungen einzelner Architekturobjekte oder Museumsführern, bis hin zu Dienstleistungssystemen mit direkter Bestellmöglichkeit. Häufig werden Informationssysteme in Form sogenannter Infokioske eingesetzt, die vom Anwender am Einsatzort („Point of Information"; POI) ohne Aufsicht, z. B. mit Hilfe eines berührungsempfindlichen Bildschirms (engl. Touchscreen), bedient werden. Sogar Bankomaten könnte man zu dieser Kategorie zählen, auch wenn heutige Exemplare dieser Gattung eine noch sehr spartanische Oberfläche zeigen, die in vieler Hinsicht menschlicher gestaltet werden könnte.

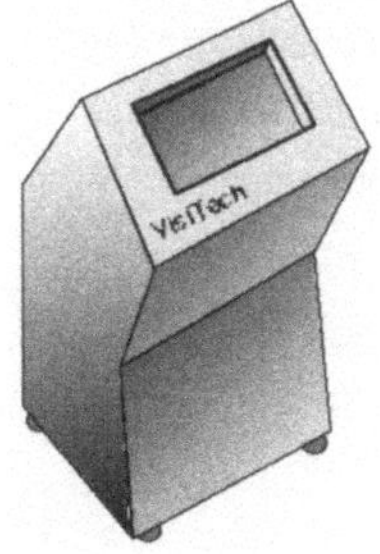

Nachschlagewerke

Die Medienintegration, die programmierbaren Zugriffshilfen sowie die vergleichsweise günstigen Kosten bei Neuauflagen und Vervielfältigung der Informationen machen Multimedia-Anwendungen auch für Nachschlagewerke wie Enzyklopädien und Fachlexika interessant.

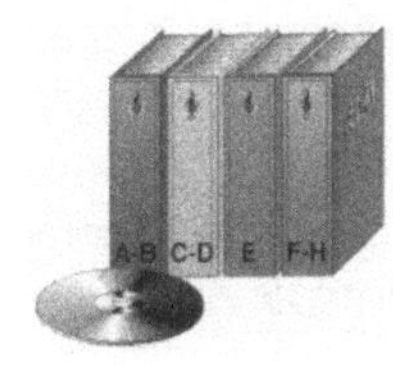

Trotz der großen Datenmenge von 630 MByte, die heute auf einer CD-ROM gespeichert werden kann, bringt die in einem Nachschlagewerk erwünschte Vielzahl von qualitativ guten Bildern auch dieses Medium schnell an seine Grenzen, insbesondere dann, wenn zusätzlich Ton- und Filmdokumente eingebunden werden sollen, um einen echten Mehrwert gegenüber klassischen Lexika

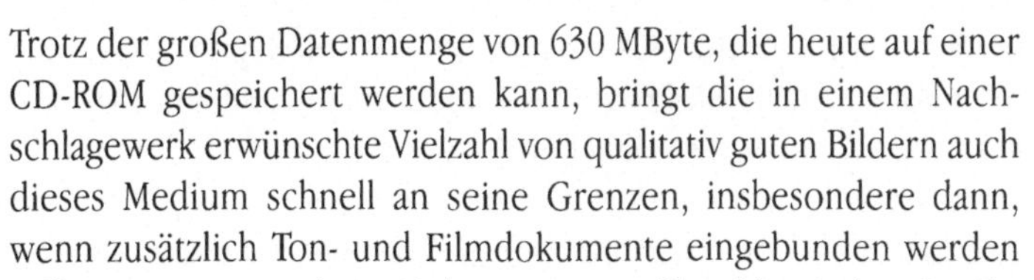

Flash erlaubt die Herstellung besonders kompakter Multimedia-Module.

Hochkompakte Multimedia-Datenformate wie Shockwave-Flash eignen sich optimal für das Internet.

Director-Shockwave-Filme nutzen fast die gesamte Director-Funktionalität auch für das Internet.

Das Programm »Netscape Communicator« oder Konkurrenzprodukte gestatten den Zugriff auf das WWW (World Wide Web).

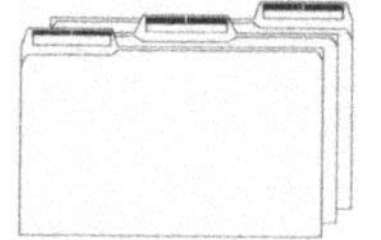

zu erreichen. Die verschiedenen Varianten der DVD-Technologie speichern ein Vielfaches der Datenmenge einer CD-ROM und bieten dadurch ganz neue Perspektiven.

Viel interessanter, als alle Daten lokal auf einer CD zu halten, sind interaktive Online-Lexika im Internet, die letztlich auch als Multimedia-Applikationen angesehen werden können. In diesem Zusammenhang ist besonders interessant, daß es inzwischen auch möglich ist, ganze Multimedia-Anwendungen als Bestandteile von HTML-Seiten einzusetzen. Neben der klassischen WWW (World Wide Web)-Sprache Java kommen hier auch andere, speziell entwickelte Formate wie Flash und nicht zuletzt Shockwave (beide von Macromedia) zum Einsatz. Während es sich bei Flash um ein spezielles Autorensystem (s.u.) handelt, ist Shockwave ein Exportformat von Director.

Bei solchen Anwendungen ist insbesondere das Problem der Datenaktualisierung viel leichter zu lösen als in der klassischen Buchform oder über eine CD-ROM. Der Anwender muß nicht befürchten, daß sein Lexikon inzwischen veraltete Informationen wiedergibt.

1.4 Autorensysteme im Vergleich

Eine nützliche Einteilung von Autorensystemen erfolgt nach der zugrundeliegenden Philosophie in kartenorientierte, regieorientierte, strukturorientierte und andere Systeme.

Einige der gegenwärtig am Markt neben Director verfügbaren anderen Autorensysteme sollen im folgenden kurz angesprochen werden.

1.4.1 Kartenorientierte Autorensysteme

Zu den am weitesten verbreiteten Autorensystemen zählen die beiden kartenorientierten Systeme HyperCard und SuperCard, die als reinrassige Macintosh-Programme leider beide noch kein Abspielen unter Windows ermöglichen.

Grundkonzept der kartenorientierten Systeme ist der Karteikasten („Stapel" oder englisch „Stack" genannt). Der Bildschirm entspricht einer Karteikarte, auf der Objekte wie Textfelder und Bitmap-Grafiken sowie sichtbare und unsichtbare Buttons angeordnet sind. Programmgesteuert oder per Tastendruck kann zu beliebigen Karten gesprungen werden.

HyperCard

Apple entwickelte mit dem Programm HyperCard bereits vor mehr als zehn Jahren eines der ersten Autorensysteme überhaupt. Die Programmiersprache HyperTalk war Vorbild für viele ähnliche Sprachen, so auch für AppleScript (die unter dem Mac-Betriebssystem zur Verfügung stehende Automatisierungssprache) und für die Director-Sprache Lingo. Zu HyperCard gibt es Compiler, welche die Stacks zu einigermaßen schnell laufenden Applikationen machen. Apple möchte auch weiterhin das Autorensystem entwickeln. Es soll mit den nächsten Versionen enger mit der Medientechnologie QuickTime verbunden werden.

SuperCard

Im Gegensatz zum Veteranen HyperCard, zu dem es aufwärtskompatibel ist, unterstützt SuperCard von Anfang an Farbe und objektorientierte Grafik. Die ausgezeichnete Programmiersprache SuperTalk ist eine Erweiterung von HyperTalk. Auch die Handhabung des Systems kommt den meisten Programmierern eher entgegen als bei HyperCard. Anwendungen können in SuperCard kompiliert werden, erreichen aber nicht die Performance von HyperCard. Allerdings lassen sich mit SuperCard, ebenso wie mit HyperCard, leider keine Projekte für Windows erstellen.

MetaCard

Für Multimedia-Applikationen im Bereich Programmierung und CBT, die neben den klassischen Multimedia-Betriebssystemen auch Unix-Systeme unterstützen müssen, kommt als erste Wahl das Autorensystem MetaCard mit seiner Programmiersprache MetaTalk in Betracht. Das Produkt bietet in einem Entwicklungspaket für einen moderaten Preis Autorenumgebung und Abspielmöglichkeit unter MacOS, Win3.11, Win9x, WinNT sowie zahlreichen Unix-Varianten (z.B. DecAlpha, HP9000, IBM, Sun, Solaris, und Linux). Es gestat-

tet den Import von HyperCard- und SuperCard-Stacks, was wiederum diese Programme attraktiver macht. Mit der Unterstützung von MetaCard erreichen auch diese Autorensysteme alle zur Zeit gängigen Plattformen. Besonders die Unterstützung von Linux stellt für viele Anwendungen einen bedeutenden Vorteil dar.

1.4.2 Regieorientierte Autorensysteme

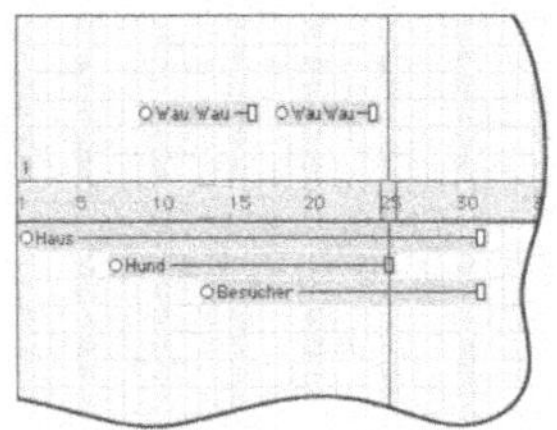

Die regieorientierten Systeme, zu denen auch Director gehört, verfolgen ein Konzept, das auf Film und Theater zurückgeht. Dies wird besonders deutlich bei den Bezeichnungen für die Programmelemente in Director. Das Bildschirmfenster für die Animation wird „Bühne" genannt. „Darsteller" agieren auf dieser Bühne als „Sprites" (vergleichbar den Rollen, die ein Darsteller spielen kann). Und das Wichtigste ist der Regieplan, durch den fast alle Vorgänge auf der Bühne gesteuert werden und der den genauen zeitlichen Ablauf festlegt. Die Programmiersprache von Director, „Lingo", erlaubt es, Sprites wie „Puppen" in einem Marionettentheater tanzen zu lassen.

Das wichtigste sowohl für Macintosh als auch für Windows verfügbare regieorientierte Autorensystem ist **Macromedia Director**.

1.4.3 Strukturorientierte Autorensysteme

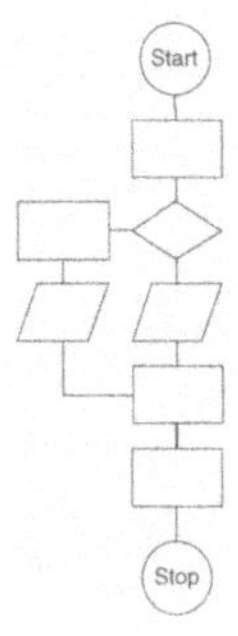

Besonders wenn ein größeres Projekt viele Verzweigungen verlangt, benötigt man in kartenorientierten und regieorientierten Autorensystemen wie z. B. Director zusätzliche Planungshilfsmittel, um nicht den Überblick zu verlieren (→ Kapitel 3.5.6). Strukturorientierte Systeme wollen dagegen bereits im Autorensystem mehr Übersichtlichkeit bieten. Die Arbeit erfolgt direkt in Flußdiagrammen. Auf eine Programmiersprache kann verzichtet werden. Eines der wichtigsten strukturorientierten Programme ist **Authorware Attain** von Macromedia. Mit der neusten Version gibt es das Entwicklungssystem nur noch für die Windows-Plattform. Allerdings soll es auch weiterhin Player für MacOS geben.

1.4.4 Andere Systeme

Obwohl Director bereits seit Jahren der eindeutige Marktführer unter den Autorensystemen ist, gibt es für nicht plattformüber-

greifende Projekte durchaus Konkurrenz. Von HyperCard bzw. SuperCard für die Apple-Macintosh-Plattform war bereits die Rede. Für ausschließlich auf Windows zielende Anwendungen kommt des öfteren das Paket **Toolbook** von Click2learn.com (früher Asymetrix) zum Einsatz. Es verwendet, wie schon der Name sagt, die Metapher eines Buches. Toolbook zeichnet sich vor allem durch eine gute Datenbankanbindung aus, bei Animationen erreicht es aber nicht die Performance von Director. Das Produkt hat sich allerdings in der letzten Zeit weitgehend aus dem allgemeinen Multimediabereich zurückgezogen und auf CBT-Anwendungen spezialisiert. Neben dem Instructor existiert für nicht so komplexe CBT-Anwendungen auch das einfachere Programm Toolbook Assistant.

1.5 Entwicklung von Macromedia Director

Die Version 3.1.3

Bereits die Version 3.1.3 von Director besaß alle für den Erfolg dieser Applikation wichtigen Schlüsselfunktionen, insbesondere ein leistungsfähiges Lingo mit den Möglichkeiten externer Ergänzungen.

Selbst lange nach der Markteinführung aktuellerer Director-Versionen arbeiten manche Firmen mit diesem Veteranen. Übrigens gehörte bei der Version 3.1.3 auch noch der wertvolle SoundEdit Pro zum Lieferumfang, mit dem Tondokumente hervorragend aufgenommen und bearbeitet werden können (sie läuft leider nicht auf dem PowerPC).

Die Version 4

Version 4 von Director war eine in vielen Punkten bereinigte und von den gröbsten Kanten und Graten befreite Software. Der Funktionsumfang war eher graduell ergänzt als revolutionär erweitert. Die Erhöhung der Anzahl von Sprites auf dem Bildschirm von 24 auf 48 gestattete es jetzt zum ersten Mal, auf einfache Weise Bildschirmtastaturen aufzubauen. Manche gute Idee, wie die automatische Positionierung des Fensters »Darsteller« am unteren Bildschirmrand bei Vergrößerung und Verkleinerung, kam allerdings unter die Räder der Vereinheitlichung.

Da Director 4 viel weniger Speicher beansprucht als sein Nachfolger und sogar einige Dinge beherrscht, die ab der Version 5 nicht mehr funktionierten (z. B. die automatische Umwandlung von Midi-Dateien in QuickTime-Filme beim Import), sollten Sie darüber nachdenken, ob Sie ihn wirklich einfach löschen wollen, wenn Sie ihn noch irgendwo auf Ihren Platten finden.

Die Version 5

In der Version 5 hatte Macromedia konsequent viele der kleinen Ärgernisse von Version 4 beseitigt und häufig geäußerte Vorschläge von Anwendern aufgegriffen. Neben einer allgemeinen Optimierung der Bedienung und der Geschwindigkeit sowie einer Normierung der Benutzeroberfläche seien hier die wichtigsten Einzelverbesserungen genannt:

- Endlich gab es mehrere Besetzungsfenster, was eine sehr viel übersichtlichere Organisation der Darsteller ermöglichte.

- Die Textfunktionen wurden stark erweitert. Import im RTF-Format (Rich Text Format) waren jetzt ebenso möglich wie Formatierung inklusive Einrückung, Tabulatoren, Unterschneidung etc.

- Ein neuer interaktiver „Debugger" ermöglichte schnellere Fehlersuche in Lingo-Programmen.

- Shockwave wurde erstmals voll unterstützt.

- Xtras boten eine neue zusätzliche Erweiterungsschnittstelle für Entwickler.

- Photoshop-Filter konnten nun direkt verwendet werden, um Darsteller zu modifizieren und Animationseffekte zu erzeugen.

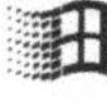

- Die Versionen für Windows NT und Windows 95 unterstützten jetzt ebenfalls alle Farbtiefen. Dies galt jedoch leider nicht für Windows 3.1.

- Director 5 für Windows war erstmals voll mit Windows 95 kompatibel und nutzte als echte 32-Bit-Applikation die Leistungsfähigkeit der Pentium-Rechner besser aus.

Die Versionen 6 und 6.5

- Das Drehbuch war nun auf 120 frei belegbare Kanäle ange-
wachsen.

- Sprites wurden seit Version 6 nun nicht mehr als einfache
Ansammlungen gleich belegter Zellen behandelt, sondern
gewannen mehr den Aspekt von Objekten, die sich über viele
Frames erstreckten.

- Sprites beinhalteten seither Schlüsselbilder (Keyframes), die
feste Punkte einer Animation darstellen. Damit wurden Pfad-
animationen möglich. Objekte bewegen sich dabei auf sichtbaren Kurven durch die Zeit.

- Verhalten (Behaviors) vereinfachten das Erstellen einfacher
Anwendungen ohne Programmierkenntnisse. Bei Behaviors
handelt es sich um eine Art von Spriteskripten. Eine Sammlung
häufig benötigter Behaviors wurde mitgeliefert.

- Netz-Lingo wurde fester Bestandteil der Programmiersprache.

- Integration von QuickTime VR.

- Directorfilme ließen sich jetzt unter gewissen Einschränkungen als Java-Applets exportieren.

- Eine Anzahl neuer Xtras wurden mit ausgeliefert, wie z. B. farbige und animierte Cursor.

Die Version 7

Die Version 7 von Director wurde von Grund auf neu programmiert, was sich vor allem an der erstaunlich gestiegenen Performance der Abspiel-Engine zeigt. Nachdem die ersten Kinder-
krankheiten überwunden sind, kommt der Anwender nun in den
Genuß zahlreicher neuer und verbesserter Features, von denen die
wichtigsten hier genannt seien:

- Es stehen nun bis zu 1000 Spritekanäle zur Verfügung.

- Sprites lassen sich auf der Bühne drehen und neigen.

- Die Möglichkeit des Imports von Alphakanälen in 32-Bit-Grafiken steht nun zur Verfügung.

- Die Geschwindigkeit der Bildrate wurde auf bis zu 999 Bilder pro Sekunde erhöht. Dies bringt den Vorteil mit sich, daß Lingo wesentlich schneller reagiert.

- Schriften können nun in Director-Filme eingebettet werden, um so bei einer Auslieferung nicht von den System-Schriftarten der jeweiligen Zielrechner abhängig zu sein.

- Auch in den fertigen mit Director erstellten Applikationen kann nun Text mit Antialiasing zur Laufzeit bearbeitet und über Lingo manipuliert werden.

- Vektorform-Darsteller bieten neue Möglichkeiten, Grafiken enorm platzsparend und mit sauberem Antialiasing zu erstellen.

- Die neue alternative Dot-Syntax von Lingo nähert die Sprache anderen objektorientierten Programmierumgebungen wie C++ und Java an.

- Die Importmöglichkeiten und Steuerungen importierter Medien wurden erweitert. Besonders erwähnenswert sind hier die Formate Animated GIF und Flash.

Fazit:

Was für frühere Director-Versionen galt, hat sich mit Version 7 bestätigt. Die beste Multimedia-Entwicklungsumgebung, die es je gab!

2

Entscheidungen im Vorfeld

2 Entscheidungen im Vorfeld

In diesem Kapitel werden wirtschaftliche und technische Überlegungen angesprochen, die am Anfang jeder Multimedia-Produktion stehen sollten, um den Arbeitseinsatz zu optimieren und die Erstellung von Projekten in jeder Hinsicht zu erleichtern.

2.1 Zielgruppe

Für viele Designgesichtspunkte und technische Entscheidungen ist es notwendig, die Zielgruppe der Multimedia-Anwendung möglichst genau eingrenzen zu können. Gerade durch die ungeheure Bandbreite möglicher Anwendungen, von der Reparaturanleitung bis zum Videospiel, die für sehr unterschiedlich vorgebildetes Publikum erstellt werden, ist die Anpassung an die spezielle Zielgruppe unbedingt notwendig.

Von der Zielgruppe ist es unter anderem abhängig, welches Vokabular verwendet werden darf, welche Sprecherstimme am besten eingesetzt wird und in welchem Stil und Abstraktionsgrad Bilder und Grafiken vorliegen sollen.

Typische Zielgruppen sind z. B. Kinder, Schüler, angelerntes Personal, Fachkräfte, Computer-Freaks, Intellektuelle etc.

Wählen Sie Beispiele, Bilder und Vokabular immer so aus, daß Ihre Zielgruppe darin Bekanntes wiederfindet. Wenn neue Begriffe unvermeidlich sind oder in der didaktischen Absicht der Anwendung liegen, sollten Sie den Anwendern genügend Unterstützung durch Worterklärungen bieten, beispielsweise durch Einsatz von Hypertext oder zusätzlichen gesprochenen Kommentaren.

2.2 Distribution

Die Entscheidung für ein bestimmtes Distributionsmedium wird von technischen und kaufmännischen Aspekten bestimmt. Die technischen Randbedingungen sind z. B. die benötigte Speicherkapazität, die erforderliche mittlere Zugriffszeit oder die Datentransferrate. Aus kaufmännischer Sicht spielt der Preis des Mediums samt Verpackung eine Rolle, und vor allem ist die Verbreitung der benötigten Abspielgeräte wichtig, da diese den möglichen Zielmarkt limitiert.

2.2.1 Zielmarkt

Laufwerkstechnologie

Heute verfügt praktisch jeder PC über ein CD-ROM- und über ein 3,5-Disketten-Laufwerk. Diese Medien stehen also in Sachen Verfügbarkeit der Endgeräte einsam an der Spitze. Während CD-ROM-Laufwerke normalerweise mit jedem neuen Rechner ausgeliefert werden, gibt es inzwischen allerdings auch neue Systeme ohne 3,5-Disketten-Laufwerke.

Besonders interessant ist, daß in vielen PCs DVD-Laufwerke inzwischen zur Standardkonfiguration gehören. Sie sind zusätzlich in der Lage, auch normale CD-ROMs zu lesen.

Zielplattformen

Die Zielplattform kann heute bis zu einem gewissen Grad unabhängig von der Entscheidung über die Entwicklungsplattform getroffen werden. Überlegungen zur Zielplattform müssen sich natürlich in allererster Linie auf die zu erwartende Verbreitung der möglichen Abspielgeräte bei der Zielgruppe konzentrieren. Interessanterweise ist das Apple-Macintosh-Betriebssystem bei Multimedia-Herstellern überproportional vertreten, obwohl als Zielmarkt eindeutig CD-ROMs für Windows bzw. Hybrid-CD-ROMs überwiegen. Dies liegt offenbar an der beispielhaften Ausgereiftheit und bequemen Bedienbarkeit des Macintosh-Betriebssystems. Ein weiterer Grund für eine Systementscheidung zugunsten von Apple liegt oft in der QuickTime-Software, die, obwohl inzwischen in gleichem Leistungsumfang für beide Plattformen verfügbar, auf ihrem Herkunftssystem von mehr Entwicklungswerkzeugen unterstützt wird und besser in das System integriert ist.

2.2.2 Distributionsformen

Vielleicht das wichtigste Entscheidungskriterium bei der Wahl des Distributionsmediums ist die Art der Anwendung. Man kann unterscheiden zwischen sogenannten „vertikalen" und „horizontalen"
Anwendungen. Unter vertikalen Anwendungen versteht man solche, bei denen die Applikation von der Idee bis zur Verwendung von einem Auftraggeber betreut wird. Typische Beispiele wären ein Produktkatalog oder eine technische Anleitung, die von einer Firma zur Versorgung ihrer Filialen mit Informationen in Auftrag

vertikale Anwendungen

gegeben werden. In solchen Fällen kann bereits bei der Projektplanung das Zielgerät festgelegt werden. Bei Tausenden von Einsatzpunkten freilich erfordern die Kosten für das Zielgerät besondere Aufmerksamkeit, da sie die geplanten Kosten für das Gesamtprojekt dominieren können. Die Distribution über Händler und die Verbreitung von Abspielgeräten spielen bei vertikalen Anwendungen im allgemeinen keine Rolle. Bei horizontalen Anwendungen hingegen, die klassisch vermarktet werden, erfordert das Distributionsmedium wesentlich mehr Aufmerksamkeit.

horizontale Anwendungen

Disketten

Durch die geringe Kapazität von 1,4 MByte bei klassischen Disketten kommt diese Lösung nur in bestimmten Fällen in Betracht. Für die Diskette sprechen die geringen Kosten ihrer Herstellung und Distribution. Beim Einsatz von Kompressionsprogrammen können etwas mehr Daten (ca. 3 MB) untergebracht werden. Trotzdem muß bei Auslieferung auf Diskette natürlich mit jedem Byte gegeizt werden. Hintergründe werden einfarbig, gemustert oder aus Objektverläufen (→ Kapitel 4.2.2) hergestellt, Texte nicht als Bitmap, sondern als Objekt gespeichert, Musik wird als Midi-Datei (→ Kapitel 8.2) eingesetzt, und Sprache muß praktisch immer ganz entfallen. Wenn aber auf diese Weise optimiert wird, läßt sich doch manche schöne Firmenpräsentation auf erstaunlich wenig Platz unterbringen.

Der Einsatz von Director / in Zusammenhang mit Diskettenprodukten ist problematisch, da volle Projektoren hierfür zu groß geworden sind. Firmen, die sich noch auf Diskettenproduktionen einlassen, weichen daher unter Verlust der schönen neuen Möglichkeiten auf ältere Director-Versionen aus oder setzen mehrere Disketten mit einem Installationsprogramm ein.

Festplatten

Bei manchen vertikalen Anwendungen und solchen, die das Internet oder die E-Mail-Distribution als Zwischenmedium nutzen, kann die Multimedia-Software direkt auf eine Festplatte des Kunden installiert werden. Der Hauptvorteil der Festplatten liegt in ihrer vergleichsweise schnellen Zugriffszeit und hohen Datentransferrate, was manchen etwas zu trägen Animationen auf die Sprünge

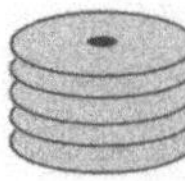

Festplatten sind das schnellste allgemein verfügbare Massenspeichermedium und eignen sich daher für zeitkritische Anwendungen.

helfen kann. Ein weiterer Vorteil ist, daß gerade bei kundenspezifischen Entwicklungen jederzeit problemlos Updates installiert werden können. Trotzdem sollte man auch in solchen Fällen erwägen, die endgültige Version der Software auf CD-ROM auszuliefern. Dies löst das Problem der Datensicherung, und es bedeutet ein nicht zu unterschätzendes psychologisches Moment, daß der Kunde seine u. U. für viel Geld erstellte Software nun zum ersten Mal körperlich anfassen und innerbetrieblich vorweisen kann.

Wechselplatten, magnetooptische Platten, Zip und Jazz

Wechselplatten und magnetooptische Platten sowie die Iomega-Datenträger Zip und Jazz kommen als Distributionsmedium praktisch nur in vertikalen Applikationen in Frage. Der vergleichsweise hohe Preis der Medien und vor allem die Uneinheitlichkeit der Formate (von historischen 44 MB, 88 MB und 270 MB bis in den Gigabytebereich) sind der Grund dafür, daß sie in der Praxis fast nur als Backup- oder Transfermedium eine Rolle spielen und nur in Ausnahmefällen zur Distribution vertikaler Applikationen.

CD-interactive

CD-i, der von Philips propagierte Standard für interaktive Videodisks, ist heute nur noch von historischem Interesse, obwohl er eine exzellente Qualität der Vollbild-Videos erlaubt. Das System setzt zum Abspielen keinen Computer ein, sondern neben einem gewöhnlichen Fernsehgerät ein eigenes Laufwerk. Zur Steuerung dient ein eigens dafür entwickeltes Eingabegerät, das eher an einen Joystick erinnert als an eine Maus und leider auch in der Präzision der Steuerung jenem nahesteht. Spätestens die Entwicklung der MPEG-2-Decoder für handelsübliche Rechner bedeuteten das weitgehende „Aus" für das proprietäre System.

CD-ROM

Das meist genutzte Medium für horizontal vermarktete Multimedia-Anwendungen ist natürlich die CD-ROM. Mittlerweile sind die Abspielgeräte für Varianten dieser Technologie Bestandteil aller Computer-Grundkonfigurationen. Die mit 650 MB auch für heutige Verhältnisse meist ausreichende Speicherkapazität und die mit neueren Laufwerken recht hohe Geschwindigkeit sichert

Die CD ist die Standard-Distributionsform für Multimedia.

der CD-ROM wohl noch einige Jahre die Zukunft. Das Format erreicht vor allem wegen der Abwärtskompatibilität der neuen DVDs weiterhin als Distributionsmedium einen großen Anwenderkreis.

Der Videostandard DVD (Digital Versatile Disk)

Der größte Vorteil der DVD-Datenträger ist ihre enorme Speicherkapazität von min. 4,7 GByte, die auch für sehr speicherhungrige Anwendungen ausreicht. Inzwischen werden bei vielen Rechnersystemen DVD-Laufwerke als Standard mitgeliefert. Da DVD-Laufwerke weiterhin auch CD-ROMs abspielen können, wird sich der Stellenwert der CD-ROM wohl über längere Zeit auch nicht vermindern. Die DVD arbeitet mit einer nur 0,6 mm dicken informationstragenden Schicht und der neuen „8 to 14 plus"-Modulation. Zwei solcher Schichten werden mit dem Rücken gegeneinandergeklebt und erlauben so eine beidseitige Nutzung des dann etwa 1,5 Millimeter dicken Datenträgers. Die Verwendung eines unterschiedlich tief fokussierten Lasers zur Abtastung ermöglicht in weiterentwickelten Systemen mit dem DVD-Standard sogar eine vierfache Flächennutzung. Die Speicherung von bis zu 133 Minuten Video (entspricht 8 normalen CDs) bzw. eine Kapazität von nicht weniger als ca. 4,7 GByte erreicht die DVD bereits pro Seite und Schicht. Es stehen insgesamt also bis zu 17 GB (8 Stunden Video bzw. 26 normale CDs) zur Verfügung.

Die Datenrate, die mit DVDs gleich zu Beginn erreicht wurde, ist mit 11,8 MBit/Sekunde ebenfalls rund achtfach höher als bei der klassischen CD. Moderne DVD-Geräte erreichen wiederum ein Mehrfaches dieser Leistung. Werden gewöhnliche CD-ROMs auf den DVD-Laufwerken abgespielt, ist die Datenrate zwar niedriger, sie kann aber noch immer mit modernen CD-ROM-Laufwerken konkurrieren.

Die DVD benutzt den MPEG-2-Datei- und Kompressionstandard. MPEG-2-Videos haben gegenüber dem älteren MPEG-1-Standard die vierfache Auflösung und können mit 60 Halbbildern pro Sekunde ausgelesen werden (bei MPEG-1 waren es 30 Vollbilder je Sekunde). Die Audioqualität der DVD ist vergleichbar der heutiger Compact-Discs.

Varianten der DVD-Technologie

DVD-5	4.7 GByte (SS/SL)
DVD-9	8.5 GByte (SS,DL)
DVD-10	9.4 GByte (DS,SL)
DVD-14	12.3 GByte (DS,ML)
DVD-18	17.0 GByte (DS, DL)
DVD-R	3.9 GByte pro Seite
DVD-RAM	2.6 GByte pro Seite

Speicherkapazitäten verschiedener DVD-Varianten mit 12 cm großen Disks.

SS = Einseitig (single sided)
DS = Doppelseitig (double sided)
SL = 1 Layer (single layer)
DL = 2 Layer (double layer)
ML = gemischt (mixed layer)
 = 1 Seite SL + 1 Seite DL

Weitere Formatvarianten existieren für DVD-Disks mit 8 cm Durchmesser.

Aufgrund dieser Eigenschaften und der aktuellen Marktzahlen kann also kaum ein Zweifel daran bestehen, daß die DVD nach und nach alle bisherigen Standards wie CD-i, LaserDisk und letztlich auch die CD-ROM verdrängen wird.

Internet, WWW

„Internet ist in", so schallt es durch alle Kommunikationskanäle der Welt. Und tatsächlich richtet sich auch Macromedia Director sehr stark auf diese Platform aus. Die Anwendungsmöglichkeiten sind reichhaltig, hier nur einige Beispiele:

* Nutzung von E-Mail oder ftp-Server zur Distribution kleinerer Anwendungen und Upgrades

* Zugriff einer CD-ROM-basierten Anwendung auf aktuelle Daten

* Ergänzung von Multimedia-Applikationen um ganze Programmteile

* Gestaltung ganzer Web-Sites über Shockwave

* Programmierung interaktiver Spiele im Netz

In diesem Zusammenhang sind besonders die Streaming-Techniken interessant,die es ermöglichen, Director-Shockwave-Filme sehr schnell starten zu lassen, während ein Film noch im Hintergrund weiter heruntergeladen wird. Durch Integration des Flash-Formats und Überarbeitung der Abspiel-Engine konnte die Dateigröße von Director-Filmen im Netz zudem weiter optimiert werden. Ein kleines Handicap besteht allerdings noch in dem für Browser erforderlichen Shockwave-Plugin, dessen Installation möglicherweise doch einige potentielle Anwender abschreckt. Vielleicht hilft es, daß das Plugin inzwischen auf Windows und auf MacOs mit Internet Explorer und Netscape Communicator ausgeliefert wird.

2.3 Verpackung

Abhängig von der Distributionsform, die für ein Multimedia-Produkt gewählt wird, kann die Verpackung wesentlich zum Verkaufserfolg beitragen. Dieser Punkt ist bei vertikalen Applikationen natürlich weniger wichtig als bei horizontal vermarkteten Produkten und innerhalb dieser wiederum bei Direktversand weniger wichtig als bei Ladenverkauf. Trotzdem sollte man der Verpackung die nötige Sorgfalt widmen, denn schließlich ist Software ein Produkt, das im Wortsinn nicht „begreifbar", sondern „unfaßbar" und als solches ohne Abspielgerät unsichtbar ist.

Um so wichtiger ist also, wie sich die Verpackung der Software dem potentiellen Kunden beim ersten Kontakt darbietet. Die Verpackung kann sehr wohl darüber entscheiden, ob ein Produkt als Qualitätsprodukt anerkannt wird, ob es die Berührungsschwelle überwinden läßt und jemanden veranlaßt, einen Teil seiner Zeit für die Beschäftigung mit dem Produkt aufzuwenden.

Jewelcase

Wird ein Vertrieb im stationären Handel erwogen, sollte als Verpackungsformat die Standard-Plastikverpackung der Audio-CD verwendet werden (Jewelcase). In dieser Verpackung können Sie der CD ein Büchlein mit bis zu 32 Seiten in den Maßen 11 cm x 11 cm beilegen. Die erste Umschlagseite des Büchleins dient unter dem Plastikdeckel meist gleichzeitig als Frontbeschriftung der CD-Verpackung. Im einfachsten Fall kann es sich dabei um eine erweiterte Darstellung des Themas der CD handeln, am besten sollte dabei eine künstlerische Aufwertung durch gedruckte Bilder und Grafiken angestrebt werden. Das Büchlein (booklet) sollte nicht nur Inhaltsverzeichnis und Bedienungsanleitung sein, sondern die spezifischen Möglichkeiten des Printmediums gegenüber der Bildschirmdarstellung für eine sinnvolle Ergänzung zu einem Gesamtwerk nutzen.

Jewelcase	95,0 g
Kart./Plast.	60,0 g
Karton	53,0 g
CD allein	13,0 g

Ungefähre Komplettgewichte einiger CD-Verpackungen und Beschriftungskartons inkl. CD

Die Beschriftung der Rückseite erfolgt über einen Einlegekarton mit Falz (Maße: 11 cm x 12,5 cm, Falz bei 0,5 cm).

Auch bei CDs, die in Zusammenhang mit einer kundenspezifischen Entwicklung als Kleinserie aus selbstgebrannten CD-R-Disks (das R steht für „recordable") ausgeliefert werden, sollte man aus psychologischen Gründen nicht auf eine ansprechende Gestaltung verzichten. Wir haben in diesem Zusammenhang gute Erfahrungen mit Backprint-Folien zum Einlegen in die Jewelcase-Packun-

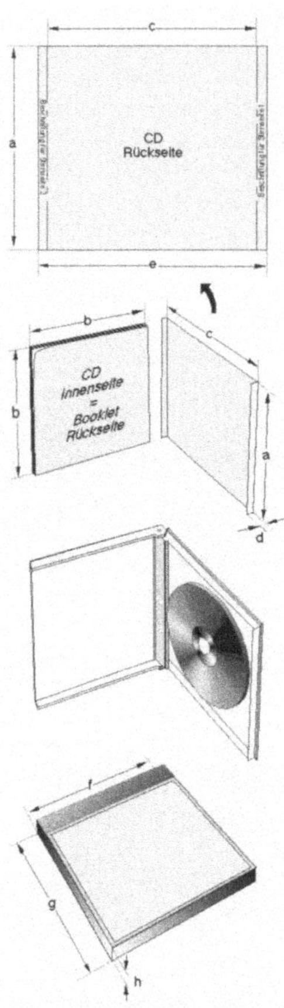

Die Jewelcase-Verpackung und deren Beschriftungsmöglichkeiten

a	11,8	cm
b	12,0	cm
c	13,8	cm
d	0,65	cm
e	15,1	cm
f	12,5	cm
g	14,2	cm
h	1,0	cm

Jewelcase-Abmessungen

gen gemacht. Diese einseitig beschichteten Folien werden mit einem Tintenstrahldrucker spiegelverkehrt von hinten bedruckt und erreichen eine erstklassige Brillanz und ein professionelles Aussehen auch bei Einzelanfertigung. Mit bedruckbaren CD-Etiketten läßt sich auch die CD ansprechend gestalten.

Beilage in einem Buch

Eine weitere mögliche Distributionsform für CDs stellt die Verbindung mit einem klassischen Buch (wie das vorliegende) dar.

Die Befestigung der CD im Buchdeckel sollte so sein, daß sie auf Dauer dort aufbewahrt werden kann, und nicht nach dem Aufreißen einer Papierbefestigung leicht herausfällt.

Spezielle Verpackungen für DVDs ?

DVDs haben dieselbe Größe wie klassische CD-ROMs und werden daher auch vielfach gleich verpackt. Allerdings sorgen sich einige Firmen um Kunden, die daraus vielleicht irrtümlich den Schluß ziehen könnten, eine erworbene DVD müßte auch in ihrem CD-ROM-Laufwerk funktionieren. Mit „keep case" von Amaray, „Snapper" von Time Warner und einigen anderen Verpackungsformaten sind daher auch Alternativen im Gespräch. Diese Verpackungen sind so breit wie die Jewelcase einer CD und so hoch wie eine VHS-Kassette und entsprechen damit den Empfehlungen der VSDA (Video Software Dealers Association) von 18,8 cm (7 $^3/_8$") Höhe und 14,3 cm (5 $^5/_8$") Breite. Welche Verpackungen sich endgültig am Markt etablieren werden, bleibt abzuwarten.

Buchähnliche Sonderformate

Sonderformate, bei denen z. B. die aus Plastik bestehende CD-Verpackung wie ein Buch gestaltet ist, bieten sich nur an, wenn kein Vertrieb über den stationären Handel geplant ist. Zudem sind hier auch die marktorientierten Umverpackungen zu nennen, die für den Vertriebsweg des stationären Handels besonders geeignet sind. Auch hier erwartet der Käufer aus Gewohnheit die Einhaltung einiger Gestaltungsregeln. So dient die Frontseite im allgemeinen dem Firmennamen und der künstlerischen Darstellung des Produkts. Eventuell können Elemente aus der Präsentation selbst übernommen und mit den Möglichkeiten des Printmediums gestaltet werden.

Die Rückseite sollte der Übermittlung von Produktinformationen dienen, besonders über die Kategorie der Software und über die Abspielplattform.

Abhängig von der Vertriebsschiene muß eventuell eine Barcode-Kennung des Produkts vorgesehen werden.

Karton	22,0 g
Folie	18,0 g
Papier	18,0 g
CD allein	13,0 g

Ungefähre Gewichte einiger CD-Einkleber für Bücher inkl. CD

2.4 Präsentationsmedium

Bei eigenen Anwendungen oder speziellen Kundenentwicklungen tritt die Frage des geeigneten Distributionsmediums (→ Kapitel 2.2) eher in den Hintergrund gegenüber der Entscheidung über das optimale Präsentationsmedium.

Sollen Multimedia-Anwendungen vor Publikum gezeigt werden, richtet sich die Entscheidung für ein Präsentationsmedium in erster Linie nach der Anzahl der Personen und den äußeren Umständen der Vorführung.

LCD-Panels

LCD-Projektoren eignen sich bis zu einem mittelgroßen Publikum von ca. 20 Personen. Moderne Aktivmatrix-Farbdisplays weisen heute in Kombination mit sehr hellen Overheadprojektoren eine ausreichende Lichtstärke auf, um auch noch in einem halb abgedunkelten Raum präsentieren zu können. Der Overheadprojektor sollte mindestens 500–600 Watt Leistungsaufnahme haben. Tatsächlich lassen nämlich auch moderne LCD-Panels nur ca. 5% des auftreffenden Lichts durch, den Rest verwandeln sie in Wärme. Vor dem Kauf eines LCD-Projektors sollten Sie diesen unbedingt an allen Rechnern ausprobieren, an denen Sie ihn später betreiben wollen. Achten Sie insbesondere darauf, daß die Auflösung des Projektors problemlos von der Videokarte Ihres Rechners unterstützt wird.

Achten Sie bei besonders günstigen Angeboten von Farb-LCD-Panels stets darauf, daß Sie ein Gerät mit der heute fast nur noch verwendeten Aktivmatrix-Technik erhalten. Nur diese Displays sind ausreichend schnell, um die mit 20 bis 30 Bildern pro Sekunde erfolgenden Bildwechsel bei Animation und Video zu verkraften. Ein zu träger Bildschirm zeigt von einem schnell bewegten Quick-Time-Film unter Umständen nur noch eine Fläche mit einheitlicher Farbe.

Als Lichtquelle für LCD-Panels eignen sich ausschließlich Durchlichtgeräte, die leider gegenüber den auf Reflexion basierenden Folienprojektoren wesentlich sperriger sind.

Optimal geeignet für mobiles Präsentieren vor kleineren Gruppen bis ca. 5 Personen ist übrigens auch ein Macintosh PowerBook in Kombination mit einem Flachbildschirm. Durch die eingebaute zweite Videoschnittstelle können Sie dann einfach einen zweiten Monitor ankoppeln und diesen dem Publikum zuwenden.

Beamer

Ein Beamer projiziert das rote, grüne und blaue Teilbild übereinander auf eine Leinwand.

Sollen Animationen vor einem großen Publikum von über 20 Personen vorgestellt werden, führt kein Weg an einem Beamer vorbei. Diese Geräte sind immer noch sehr teuer und in Preiskategorien ab ca. DM 10.000,– bis über DM 50.000,– zu erhalten. Bei einem Beamer wird die Bildinformation wie bei einem Farbfernseher oder Monitor aus einem roten, einem grünen und einem blauen Strahl zusammengesetzt, die meist über getrennte Linsen projiziert werden und genau justiert sein müssen.

Neuere Beamer sind inzwischen nicht mehr so unhandlich wie frühere Geräte dieser Gattung. Für ihren Preis bieten sie meist ein brillantes Bild, haben aber auch einen großen Verbrauch an Lampen.

Großmonitore

Für Präsentationen, die einige Zeit fest installiert werden, eignen sich auch Großmonitore für ein mittelgroßes Publikum.

Wenn ein Director-Film ausschließlich für die Wiedergabe auf solchen Großmonitoren erzeugt wird, kann man sich jegliche Mühe für ein sauberes Antialiasing sparen. Die bei diesen Geräten unvermeidliche Unschärfe wirkt wie ein unfreiwilliger Weichzeichnungsfilter und glättet automatisch alle Konturen. Das Bild kann aus diesem Grund auf dem Präsentationsmonitor sogar wesentlich besser wirken als auf dem scharfen Computerbildschirm.

Infoterminals

Vielfach werden Director-Anwendungen an Infoterminals (mit oder ohne Internet-Anbindung) gezeigt. Die Modelle unterscheiden sich stark im Preis und sind für den Innenbereich ab ca. DM 5000,– zu erhalten. Insbesondere sollten Infokioske vandalismussicher und ggf. witterungsfest sein. Die meisten Kiosksysteme verfügen über einen berührungsempfindlichen Bildschirm. Beachten Sie hierzu auch Kapitel 4.1.2.

2.5 Bildschirmauflösung

Director erlaubt innerhalb weit gesteckter Grenzen die Wahl verschiedener Bühnengrößen (die Bühne ist der Teil des Bildschirms, der für eine Animation genutzt wird). Da in Multimedia-Anwendungen in erster Linie mit Rastergrafik gearbeitet wird, muß die Bildschirmgröße des Zielgeräts bereits bei der Erstellung berücksichtigt werden.

Kleinster gemeinsamer Nenner ist heute, von Ausnahmen einmal abgesehen, eine Auflösung von 640 x 480 oder 800 x 600 Bildpunkten. Die absolute Bildgröße spielt meist keine Rolle. Standard

Größenvergleich verschiedener Bildschirme vom historischen 9"-Macintosh-Monitor bis zum modernen 22"-Apple-Cinema-TFT-Display (bei gleicher Auflösung)

| Breite | Höhe | Bezeichnung | Speicherbedarf eines Bildes | | | Aufl. | Diagonale | |
| | | | 8 Bit | 16 Bit | 24 Bit | | | |
[Pixel]	[Pixel]		[kByte]	[kByte]	[kByte]	[dpi]	[inch]	[cm]
640	480	14"-Hi-Res	300	600	900	72	11,1	28,2
800	600	SVHS	469	938	1406	72	13,9	35,3
832	624	Mac-16"	507	1014	1521	72	14,4	36,7
1152	768	19"	864	1728	2592	72	19,2	48,8
1280	1024	21"	1280	2560	3840	75	21,6	55,5
1600	1024	22"	1600	3200	4800	85	22	55,9

sind 72 dpi, was im ersteren Fall eine aktive Bilddiagonale von ungefähr 28,2 cm ergibt. Besonders Laptops arbeiten oft mit höheren Auflösungen von 75 oder 80 dpi.

Nur durch Beschränkung des Bildformats kann heute eine breite Anwendbarkeit eines Multimedia-Titels auf verschiedenen Rechnern und Systemplattformen gewährleistet werden.

Bei vertikalen Anwendungen besteht wesentlich häufiger die Möglichkeit, spezielle Bühnengrößen zu wählen. Kleinere Bühnen müssen verwendet werden, wenn das Zielgerät entsprechende Einschränkungen aufweist, z. B. bei der Entwicklung von Filmen für LED-Großbildwände.

Wenn bei einer vertikalen Anwendung besondere Qualität gefordert ist, kann heute auf Bildschirme mit Bildschirmdiagonalen bis 21" und 1600 x 1200 Bildpunkten zurückgegriffen werden. Bedenken Sie aber, daß mehr Bildpunkte bei bewegten Grafiken auch vom Prozessor entsprechend mehr Leistung verlangen. Zu beachten ist außerdem der Speicherbedarf für ein Vollbild, der bei mehr Bildpunkten natürlich quadratisch zur Bilddiagonalen zunimmt (siehe Tabelle auf voriger Seite).

LED-Großbildschirm mit einer mittels Director und Adobe Premiere realisierten Tricksequenz, dargestellt wiederum in einem Director-Präsentationsprogramm

Was tun bei kleinerem Bildschirm?

Meist ist es nicht mehr sinnvoll, kleinere Bildschirmauflösungen als 640 x 480 Pixel zu berücksichtigen. Die Zeiten des Mac SE mit dem winzigen 9"-Schwarzweißbildschirm sind endgültig vorbei, auch wenn mancher Macintosh-Anhänger noch träumend an den Bildschirm mit der vielleicht besten Bildqualität aller Zeiten zurückdenkt. Schwarzweiß ist eben nichts für Multimedia!

Probleme entstehen allerdings dann, wenn Anwendungen für höhere Auflösungen wie 800 x 600 erstellt sind, das Zielgerät (wie manche ältere Laptops oder Beamer) aber nur niedrigere Auflösungen darstellen kann. In solchen Fällen werden zumindest einige Teile der Bildfläche abgeschnitten (was die Anwendung in aller Regel unbedienbar macht). Oft ist infolge von Synchronisationsproblemen aber auch gar keine Darstellung mehr möglich. Prinzipiell kann man wohl mittels Lingo durch Veränderung der Eigenschaft **the drawRect** eine Skalierung erzwingen, die

Ergebnisse sind jedoch nur bei Vektordarstellern und Bitmaps akzeptabel. Die Schriftgrößen von Textfeldern werden nämlich dabei z. B. nicht mitskaliert und müßten per Lingo getrennt geändert werden.

Was tun bei größerem Bildschirm?

Ist der Bildschirm des Abspielgeräts größer als die Bühne, verbleibt normalerweise ein Rand um die Anwendung. Abhängig von der Einstellung „Vollbildmodus" beim Erstellen des Projektors wird hier der Bildschirmhintergrund sichtbar oder aber der Rand wird mit der Farbe abgedeckt, die im ersten Frame als Hintergrundfarbe eingestellt ist.

Wenn erforderlich können Anwendungen die Bühnengröße entsprechend dem angetroffenen Monitor selbst variieren. Dazu wird im einfachsten Falle per Lingo ein Fenster geöffnet und auf die gewünschte Größe und Position gesetzt. Die Bühne selbst bleibt winzig (1 x 1 Pixel in einer Bildschirmecke) und somit unsichtbar. Die Probleme sind die gleichen, die bereits oben beim Verkleinern angesprochen wurden. Falls nicht die gesamte Anwendung in mehreren Auflösungen erstellt oder mittels Vektor- und Flashdarstellern auflösungsunabhängig erzeugt wurde, ist man auf die fragwürdige Skalierung angewiesen.

Auflösung ändern

Bildschirme mit höherer Auflösung als 640 x 480 Pixel können normalerweise auch in niedrigerer Auflösung betrieben werden. Dies ermöglicht eine vergrößerte Darstellung und ist oft der günstigste Weg. Die volle Bildschirmfläche wird für die Präsentation genutzt, und die vergrößerte Darstellung erlaubt einen größeren Betrachtungsabstand, der in den meisten Fällen erwünscht ist.

Üblicherweise überläßt man es dem Anwender, den Bildschirm vor dem Starten der Anwendung auf die passende Auflösung umzustellen. Es geht aber auch eleganter:

Über Xtras (z. B. „DirectOS" oder „File Buddy") ist es heute auch möglich, per Lingo-Steuerung nicht nur die Farbtiefe, sondern

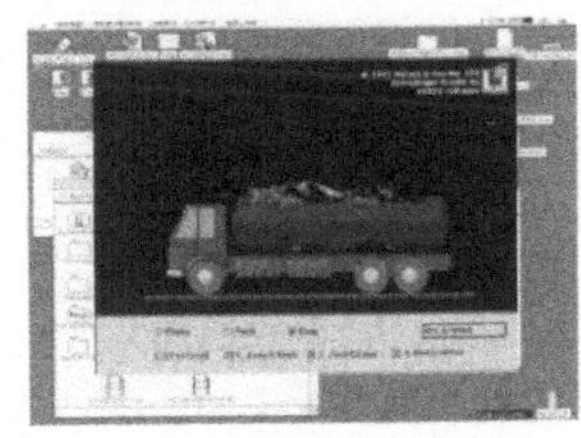

Finder im Hintergrund sichtbar

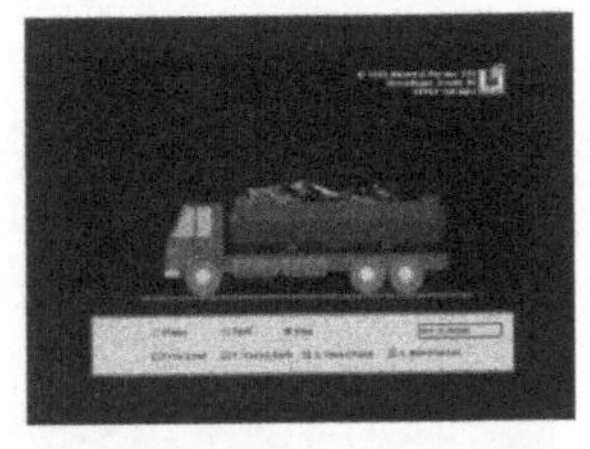

Finder abgedeckt

Vergrößerte Darstellung

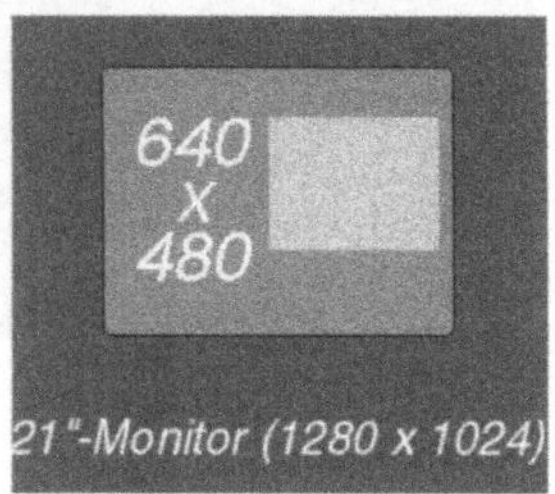

Das 640 x 480-Bild ist auf einem 21"Monitor bei einer eingestellten Auflösung von 1280 x 1024 Bildpunkten viel zu klein.
Das kleine helle Rechteck zeigt die Größe eines für Multimedia-Anwendungen typischen AVI oder QuickTime Digital-Video-Films mit 320 x 240 Bildpunkten Auflösung.

Bewegung eines Objektes in einem nicht rechteckigen Director-Fenster

selbst die Bildschirmauflösung des Macintosh- oder Windows-Computers zu ändern, wenn ein Director-Film startet:

Diese Xtra-Befehle stellen den Bildschirmmodus um auf 640 x 480 Pixel bei 32-Bit-Farbtiefe (die Xtras verhalten sich bei 2 angeschlossenen Bildschirmen etwas verschieden):

```
set  ret  = ¬
  dosSetDisplay(640,480,32,"Temporary")
```

```
set  ret  = ¬
        baSetDisplay(1024,768,32,"",0)
```

Dadurch kann man vermeiden, daß ein Film mit niedriger Auflösung wie z. B. 640 x 480 Pixeln nur noch eine winzige Fläche in der Mitte eines 21"-Monitors einnimmt. Bevor der Bildschirm umgestellt wird, sollte man natürlich zunächst die ursprüngliche Auflösung abfragen und in einer Variablen merken. Damit kann der Rechner beim Verlassen der Applikation wieder in den ursprünglichen Zustand versetzt werden.

Achtung! Testen Sie Ihre Umstellungsroutinen auch mit mehr als einem angeschlossenen Monitor. Die verschiedenen Xtras verhalten sich hier unterschiedlich und stellen evtl. den einen Monitor um, während die Anwendung auf dem anderen Bildschirm weiterhin in falscher Auflösung läuft. Verzichten Sie ggf. auf die Umschaltung, wenn mehr als ein angeschlossener Monitor detektiert wird (Sie können die Anzahl angeschlossener Monitore in Lingo über die Variable `the desktopRectList` abfragen).

Durch Xtras lassen sich noch mehr interessante Dinge mit der Bühne und den Director-Fenstern anstellen. Einige erlauben es, auch Fenster einzurichten, die keine rechteckige Begrenzung haben und sogar Löcher aufweisen können, durch die der Schreibtischhintergrund sichtbar wird.

2.6 Farbtiefe

2.6.1 Speicherung von Farben im Computer

Farben werden in Rechnern normalerweise definiert, indem ihre Komponenten der Farben Rot, Grün und Blau (Grundfarben der additiven Farbmischung) gespeichert werden. Für die Intensität jeder der Grundfarben sind bei heutigen Computern bis zu 256 Abstufungen vorgesehen, gerade so viele, wie in einem Byte gespeichert werden können. Auch die Elektronik für die Bildschirmansteuerung kann dementsprechend die Intensität des Elektronenstrahls in 256 Abstufungen einstellen. Damit sind theoretisch 256^3, d. h. ungefähr 16,7 Millionen verschiedene Farben erreichbar (in der Praxis können Sie aber nie so viele Farben gleichzeitig sehen, da dazu ein Monitor von 4096 x 4096 Bildpunkten notwendig wäre).

24/32-Bit-Farbe

Es werden also bei optimaler Farbdarstellung für jedes Pixel eines Rasterbildes drei Bytes an Information abgelegt, man spricht von „24-Bit-Farbe", „Echtfarben" oder „RGB-Modus". In manchem Zusammenhang ist auch von 32-Bit-Farbe die Rede. Das beruht auf der Bauweise der Computer, die mit einem 32-Bit-Bus arbeiten. Sie besitzen also 32 parallel laufende Datenleitungen zwischen ihren einzelnen Bauteilen. In einem so organisierten Computer ist der Zugriff auf vier Bytes (32 Bit oder ein „Langwort") schneller als der Zugriff auf nur drei Bytes. Statt 24 Bit werden daher oft 32 Bit intern verarbeitet, wobei das überschüssige Byte leer bleibt oder aber zusätzliche Information trägt, zum Beispiel zur Transparenz (man spricht dabei vom Alphakanal). Für unsere Zwecke können wir 24-Bit-Farbe und 32-Bit-Farbe als synonym betrachten. Die Speicherung von 24-Bit-Farbtiefe gewährleistet eine absolut fotorealistische Wiedergabe. Auch in Director ist es möglich, Farben von Hintergrund, Darstellern und Sprites nach ihren exakten RGB-Werten zu definieren ($\rightarrow$ Kapitel 6.1 und Glossar).

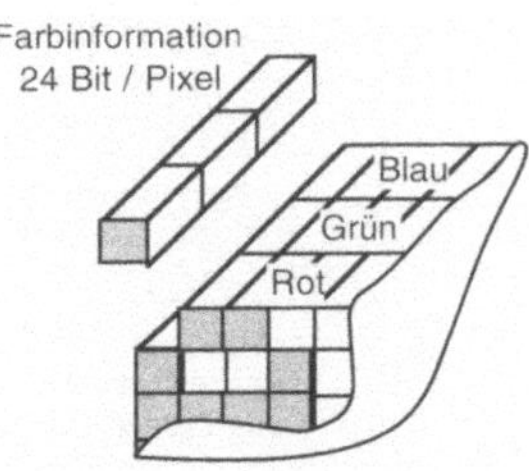

Information aus 3 Bytes trägt bei Echtfarben zum sichtbaren Farbwert an einem Bildpunkt bei.

16-Bit-Farbe

Oft werden Farben aber auch etwas sparsamer in nur 16 Bit pro Bildpunkt kodiert. Auch dann sind immer noch ca. 32.000 Farben möglich, und das subjektiv sichtbare Ergebnis kommt sehr nahe an die Echtfarbdarstellung heran. In Rechnern mit 32-Bit-Bus kann jeweils die Information von zwei Bildpunkten gleichzeitig verarbeitet werden, was in manchen Zusammenhängen eine entsprechende Geschwindigkeitssteigerung zur Folge hat. Bei einfachen Graustufenbildern sowie bei 24-Bit-Echtfarbe und bei 16-Bit-Farbtiefe dienen die als Bild gespeicherten Werte normalerweise unmittelbar zur Steuerung der Helligkeit eines weißen bzw. farbigen Bildpunkts; man spricht auch von direkter Farbdarstellung.

8-Bit-Farbe

Will man nur 8 Bit zur Speicherung der Farbe eines Bildpunkts aufwenden, können lediglich 256 verschiedene Farben in einem Bild dargestellt werden. Man benutzt in diesem Fall den Trick, die im Bild gespeicherte Zahl als Farbnummer statt als Helligkeit zu interpretieren.

8 Bit indiziert, Systempalette

Die eigentliche Definition darüber, welche Rot-, Grün- und Blauanteile die Farbe letztlich hat, wird einer sogenannten Farbtabelle (auch „Farbpalette" genannt) anhand der Farbnummer entnommen. Für diese indirekte Speicherung ist der Ausdruck „indizierte Farbdarstellung" gebräuchlich. Als Farbpalette wird häufig eine vom Betriebssystem vordefinierte Palette, die „Systemfarbpalette", benutzt. In dieser Palette sind die gebräuchlichsten Farben ungefähr gleichmäßig repräsentiert, so daß sie eine breite Anwendung finden können.

Achtung! Macintosh und Windows verwenden unterschiedliche Systemfarbpaletten. Das kann zu Problemen bei der Übertragung indizierter Farbbilder zwischen den Rechnern führen. Besonders kritisch sind Farbverläufe im Hintergrund, da sich vor allem in der Windows-Systempalette kaum geeignete Farben außer Blau/Schwarz für einen fließenden Verlauf finden lassen. Auch bei der Macintosh-Systempalette sind nur ganz bestimmte fließende Verläufe möglich (z B. rot/schwarz, blau/schwarz und weiß/schwarz).

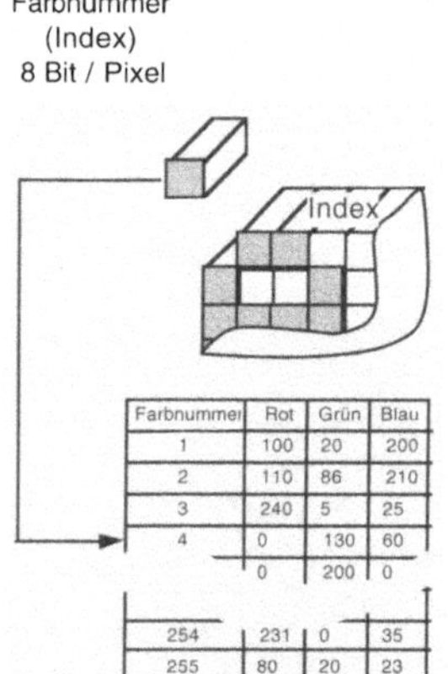

Farbnummer	Rot	Grün	Blau
1	100	20	200
2	110	86	210
3	240	5	25
4	0	130	60
	0	200	0
254	231	0	35
255	80	20	23

Farbinformation
aus Tabelle

Bei der indizierten Farbdarstellung wird zur Ermittlung der Farbwerte eines Bildpunktes auf eine Farbtabelle zugegriffen.

8 Bit indiziert, flexible Palette

Die meisten Bilder erfordern nicht alle Farben in gleichem Maße. Das Bild eines Waldes benötigt sicher mehr Grüntöne als Magentatöne, während für die Darstellung eines Sonnenuntergangs wiederum kaum Grüntöne verwendet werden. Dieser von Bild zu Bild variierende Bedarf an Farbtönen kann bei der Wahl der Farbpalette berücksichtigt werden. Indem das Bild statistisch nach den am häufigsten vorkommenden Farben untersucht wird, kann eine Farbpalette ermittelt werden, bei der gerade dieses Bild optimal dargestellt wird. Flexible Paletten erlauben auch auf Computern mit nur 8-Bit-Farbdarstellung eine beeindruckende, fast fotorealistische Wiedergabe der meisten Farbbilder. Die Methode findet allerdings ihre Grenzen bei Bildmotiven, die viele Verläufe erfordern. Denken Sie etwa an ein Bild mit wunderschön in allen Farben glänzenden Billardkugeln, bei denen für jede Farbe Verläufe von Weiß (Glanzfleck) über die volle Farbintensität nach Schwarz (Schatten) benötigt werden. Solche Motive können mit 8-Bit-Farbe nicht mehr befriedigend dargestellt werden.

2.6.2 Welche Farbtiefe für Ihre Anwendung?

Die Welt ist in den letzten Jahren farbiger geworden. Inzwischen verfügen praktisch alle neueren Rechner (Macintosh und Windows) über gute Grafikkarten und genügend Video-RAM, um zumindest bei den nicht allzu hohen Auflösungen der meisten Multimedia-Anwendungen Echtfarbe (16,7 Millionen Farben) dar stellen zu können. Für die höchsten Auflösungsstufen sind meist immer noch 32.000 Farben möglich. Da auch die Performance der Bildschirmausgabe von Director-Projektoren inzwischen mit höherer Farbtiefe kaum noch abfällt, sollte man in der Regel neuere Multimedia-Anwendungen in Echtfarbe erstellen.

Ausnahmen gibt es bei Anwendungen, in deren Zielgruppe noch größere Mengen älterer Computer verbreitet sind. Hier kann noch immer der Rückgriff auf 256 Farben notwendig werden. Bei sehr großen Darstellern, speziell bei Hintergründen, können auch Überlegungen zur Speichermenge und zu Ladezeiten Anlaß für die Verwendung niedrigerer Farbtiefen geben.

Einen mit 16 Bit angelegten Film einfach auf einem 256-Farben-Rechner abzuspielen, führt im allgemeinen zu unbefriedigenden Ergebnissen. Die einzelnen Bilder sollten nämlich durch sogenanntes „Dithering" (z. B. mit Photoshop oder einem Grafikkonverter) für die Anzeige bei weniger Farben optimiert sein. Hierbei stellt sich nun die Frage, ob man mit der Systempalette arbeiten kann oder ob eine befriedigende Bilddarstellung ausschließlich mit eigenen Farbpaletten zu erreichen ist. Die Benutzung flexibler Paletten, die jeweils mit dem Bild abgelegt und bei der Darstellung verwendet werden, führt oft – der Preis für die Perfektion – zu Problemen, denen man sich dann mit nicht zu unterschätzendem Zeitaufwand widmen muß:

- Sollen mehrere Bilder gemeinsam dargestellt werden, so muß dafür jeweils eine gemeinsame neue Palette ermittelt werden.

- Um zu vermeiden, daß auch Elemente des Benutzerinterfaces wie Rahmen und Buttons ihre Farbe von Bild zu Bild verändern, müssen deren Farben separat in der Palette berücksichtigt werden.

- Beim langsamen Überblenden von einem Bild in ein anderes muß auch die Palette geändert werden, was oft zu unschönen Farbeffekten während des Überblendvorgangs führt. Eine Ausweichlösung ist das Abblenden über Schwarz oder über ein Zwischenbild mit einer speziell für diesen Zweck erstellten Palette.

- Wenn die Animation nicht bildschirmfüllend eingesetzt werden soll, treten besonders unschöne Farbverschiebungen in den ggf. noch im Hintergrund sichtbaren Fenstern anderer Programme auf.

Man sollte sich also bei der Kostenkalkulation eines Projektes genau überlegen, ob flexible Farbpaletten wirklich erforderlich sind.

Unsere Empfehlung: Alle Bilder in 32 Bit erstellen und ggf. aus Speichergründen auf 16 Bit herunterrechnen, wo kein Qualitätsverlust sichtbar wird. Nur in Sonderfällen Farbpaletten einsetzen.

2.7 Internationale Sprachvarianten

Bevor Sie mit der Entwicklung einer Anwendung beginnen, sollten Sie unbedingt klären, ob später eventuell Varianten für unterschiedliche Sprachen erstellt werden müssen. Anpassungen an Fremdsprachen sind im allgemeinen viel weniger aufwendig durchzuführen, wenn sie von Anfang an eingeplant werden.

2.7.1 Was muß angepaßt werden?

Bei der Sprachanpassung einer Multimedia-Anwendung müssen normalerweise folgende Komponenten überarbeitet werden:

- Textobjekte, die auf dem Bildschirm erscheinen

- Bitmap-Texte, die z. B. mit Photoshop erstellt wurden

- Bilder mit länderspezifischem Inhalt

- gesprochene Texte

- Musik mit kulturspezifischer Bedeutung

Der Anpassungsaufwand ist bei den einzelnen Komponenten unterschiedlich. Oft kann die Anpassung von Bildern und Musik unterbleiben.

Sprachanpassung von Textobjekten und Sprachdaten

Feld- und Textdarsteller sind relativ leicht zu editieren und sollten daher bevorzugt werden, wenn Sprachvarianten gefordert sind. Bedenken Sie aber bei Ihrem Bildschirmlayout und bei der Synchronisation mit Bildern, daß die Texte in den verschiedenen Sprachen eine sehr unterschiedliche Länge haben können. Zum Beispiel sind ins Flämische übersetzte und gesprochene Texte durchschnittlich ca. 33 % länger als entsprechende englische Texte. Italienische Texte sind sogar ca. 40 % länger als englische Texte.

In den beiden Tabellen der Randspalte finden Sie Daten über ASCII-Textlänge und Speicherbedarf für Audiodateien, die in der Praxis anhand von ca. 80 Texten und Sounddateien ermittelt wurden.

Sprache	ASCII-Text [kByte]
Englisch	25,9
Deutsch	26,4
Flämisch	28,3
Französisch	26,9
Italienisch	26,8

ASCII-Textlänge für Dateien in verschiedenen Sprachen

Sprache	Speicherbedarf [MByte]
Englisch	6,6
Deutsch	6,5
Flämisch	8,8
Französisch	7,6

Speicherbedarf für Audio-Dateien in verschiedenen Sprachen

Die Verwendung von Director-Textdarstellern oder Feldern im Gegensatz zu importierten Bitmap-Texten ist wegen des geringeren Speicherbedarfs und der leichten Änderbarkeit vorteilhaft. Seit es möglich ist, beliebige Schriften plattformunabhängig in Projektoren zu integrieren, können diese Textdarsteller sogar zur Laufzeit editiert werden. Beachten Sie aber, daß bestimmte Funktionen wie **the mouseword** nur mit Textfeldern unterstützt werden und daß die Spationierung einzelner Zeichen in Textdarstellern sehr unexakt ist. Auch mit vielen Textformatierungen wie hoch- oder tiefgestellten Zeichen in RTF-Texten oder unterschiedlichen Zeilenabständen tauchen schwierige Probleme (bis hin zum Programmabsturz) auf. Hier muß wieder auf reine Bitmaps zurückgegriffen werden.

Anpassung von Bitmap-Texten

Sehr viel aufwendiger als bei Textobjekten gestaltet sich die Sprachanpassung von Text, der als Pixelgrafik Bestandteil eines Bildes ist. Um die Anpassung überhaupt durchführen zu können, müssen Sie unbedingt über die Originalbilder ohne Text verfügen. Der Text wird dann im Director-Malfenster oder in Photoshop neu ins Bild eingesetzt. Photoshop bietet dabei die Möglichkeit eines perfekt ausgeführten Antialiasing und der Nutzung von „Ebenen", um Ihre Quelldaten in mehreren Sprachvarianten zu halten. Bei der Erstellung der Bilder für eine Sprache werden dann die Bildebene und die entsprechende Textebene mit der richtigen Beschriftung sichtbar geschaltet und das Bild mit der wenig bekannten Tastenkombination <Befehl> <Umschalt> C gleichzeitig aus allen sichtbaren Ebenen in die Zwischenablage kopiert. Danach wird das Bild in die Director-Besetzung (s. u.) eingefügt. Achten Sie bitte darauf, daß der Hintergrund dabei nicht transparent ist, ansonsten erscheint das Bild in Director mit ausgefransten Rändern (bei transparenten Motiven müssen Sie die Photoshop-Datei importieren, statt über die Zwischenablage zu arbeiten, und evtl. das Xtra Photocaster einsetzen).

2.7.2 Wie werden die Sprachvarianten eingesetzt?

Recherchieren Sie, ob es wirklich notwendig und sinnvoll ist, daß die Anwendung jederzeit von einer Sprache in eine andere umgeschaltet werden kann. Es sind drei Stufen der Mehrsprachigkeit zu unterscheiden, die verschiedene Schwierigkeiten nach sich ziehen:

Mehrere getrennte Sprachversionen

Die verschiedenen Sprachversionen sind eigentlich unabhängige Anwendungen, die nicht gleichzeitig auf einem Rechner verfügbar sein müssen. Die einzige (oft nicht kleine) Schwierigkeit ist, die Versionen immer parallel zu bearbeiten und zu verhindern, daß sie sich auseinander entwickeln. Neben den Sprachversionen müssen natürlich, wie oben erläutert, die „Leerversionen" aller Bilder aufbewahrt werden, da sie für Korrekturen und weitere Sprachvarianten benötigt werden.

Sprachauswahl zu Beginn des Programms

Im allgemeinen wird ein kleiner „Vorfilm" verwendet, um dem Benutzer die Auswahl einer Sprachvariante zu gestatten. Über mehrsprachige Texte oder Flaggensymbole wird er aufgefordert, seine Variante zu wählen. Die einmal gewählte Sprache bleibt bis zum Ende des Durchlaufs erhalten. In diesem Fall ist zusätzlich zu beachten, daß die Datenmenge aller Sprachvarianten auf dem Medium untergebracht werden muß.

On-Line-Umschaltung der Sprache

Für manche Anwendungen (z. B. Infokiosk, Bankomat) ist eine sofortige Umschaltung der Sprache in nahezu jeder Programmsituation wünschenswert. Diese anspruchsvolle Variante der Umschaltung macht es notwendig, eine Möglichkeit zur Sprachumschaltung in die Standard-Benutzerführung einzubauen. Die naheliegende Möglichkeit, einfach für jede Sprache ein Flaggensymbol zum Anklicken auf dem Schirm nebeneinander anzubringen, hat einige Nachteile. Erstens nehmen mehrere Flaggensymbole unnötig viel vom wertvollen Bildschirmplatz weg, und zweitens sollte das System normalerweise später ohne Layoutänderung durch weitere Sprachen ergänzt werden können. Sinnvoll ist es, nur eine Schaltfläche (meist eine Flagge) für die Anzeige der aktuellen Sprache zu verwenden. Ein Klicken auf dieses Feld schaltet die Sprache weiter zur nächsten, und das Flaggensymbol wechselt entsprechend. Diese Schnittstelle kann universell für

Sprachumschaltungen verwendet werden. Nur wenn zwischen sehr vielen Sprachen gewählt werden muß, ist es vorteilhafter, die Flaggen in einer Art Popup-Menü anzuordnen, um dem Anwender das Durchklicken durch nicht gewünschte Sprachen zu ersparen.

Technisch werden Sprachvarianten in Director am besten dadurch realisiert, daß alle sprachabhängigen Daten in eine getrennte Datei (eine externe Besetzung) gelegt werden. Diese Datei kann nun einfach dupliziert und weitgehend unabhängig vom Restfilm übersetzt werden. Anschließend wird diese Datei manuell oder per Lingo ausgetauscht.

Die Arbeits-umgebung

3   Die Arbeitsumgebung

3.1   Systemanforderungen

Bei den Systemanforderungen muß man unterscheiden zwischen den Anforderungen an den Entwickler-Arbeitsplatz und den Anforderungen an das Zielsystem für das Abspielen einer Animation.

Es ist nicht in jedem Fall sinnvoll, für die Entwicklung unbedingt nur den schnellsten Rechner einzusetzen. Falls das Zielsystem für die Anwendung bekannt ist, kann es durchaus nützlich sein, genau auf diesem Modell zu entwickeln, da so eine dauernde Kontrolle über die zu erwartende Performance besteht. Es nützt niemandem, wenn eine Multimedia-Anwendung auf dem schnellen Entwicklungsrechner und bei den ersten Vorführungen perfekt läuft, im praktischen Einsatz aber ruckelt oder abstürzt.

Zwei Punkte, an denen beim Entwicklungsrechner allerdings keinesfalls gespart werden sollte, sind der Festplattenspeicher und die Bildschirmfläche (siehe unten).

Da nur selten das genaue Zielsystem einer Applikation bekannt sein wird, sollte man ein eindeutiges Minimalsystem (das Referenzsystem) definieren, auf dem die Anwendung noch befriedigend und mit vollem Funktionsumfang laufen muß. Während der Entwicklung sollten Sie die Anwendung immer wieder auf diesem System testen, um sicherzustellen, daß die Performance ausreicht. Notfalls sollten Sie besser auf einige besonders laufzeitkritische Effekte verzichten, als einen ruckelnden Ablauf riskieren.

Welche der beiden im folgenden beschriebenen Plattformen Sie für Ihre Entwicklung auch wählen, Sie sollten in jedem Fall berücksichtigen, daß bei allen Multimedia-Projekten sehr große Datenmengen entstehen. Statten Sie Ihr System also mit genügend großen Festplatten aus. Wenn mehrere Personen auf verschiedenen Rechnern an einem gemeinsamen Projekt arbeiten, müssen große Datenmengen transferiert werden. Der Einsatz eines schnellen Netzwerks (Ethernet) ist dann unverzichtbar.

3.1.1 Die Apple-Macintosh-Plattform

Grundkonfiguration für Multimedia-Entwickler

Da Apple-Macintosh-Computer mit Multimedia-Fähigkeiten wie Soundaufzeichnung, Soundwiedergabe und QuickTime zur Wiedergabe von Digital-Video hergestellt werden, sind nur selten zusätzliche Komponenten notwendig.

Die erforderliche Ausstattung besitzen alle Apple-Computer seit der Einführung der Mac-II-Familie, sie sind damit die klassischen Multimedia-Computer. PowerPCs ermöglichen zusammen mit dem Systembestandteil QuickTime schon in der Grundausstattung (abgesehen vom Arbeitsspeicher, der fast immer erweitert werden muß) nicht nur das Abspielen digitaler Videos, sondern auch eine effiziente Produktion von Multimedia-Titeln. Einige Geräte zählen zu ihrer Grundausstattung sogar Komponenten wie Karten für den Videoempfang und die Videoaufzeichnung. Man darf allerdings keine Wunder erwarten. Zu qualitativ wirklich hochwertiger Videobearbeitung sind auch heute noch grundsätzlich Erweiterungskarten im Preisbereich deutlich über DM 10.000,– erforderlich. Empfehlenswert für den Einsteiger sind Systeme mit folgender Ausstattung:

- G3-Rechner ab 300 MHz

- min. 128 MB RAM

- 8 GB Festplatte

Optimal geeignet für die Arbeit mit Director ist eine Konfiguration mit zwei Bildschirmen. Ein Bildschirm wird in der Zielauflösung betrieben und stellt nur die Bühne dar, auf der sich die Animation abspielt, während der andere Bildschirm möglichst groß sein sollte, um die vielen Fenster von Director und ggf. Fenster anderer Programme darstellen zu können.

Die Möglichkeit, auf zwei Monitoren zu arbeiten, sollte sogar absoluten Vorrang haben vor einem leistungsfähigeren Prozessor, da sie die Effizienz der Arbeit noch stärker beeinflußt.

Als Entwicklungsrechner kann durchaus auch ein PowerBook G3 dienen, der einen großen externen Monitor ansteuert (viele Modelle haben die zweite Videokarte hierfür bereits integriert). Eine Variante mit höherem Anspruch ist z. B. ein 450 MHz G3 Tower mit zusätzlicher Videokarte und zweitem Monitor.

Bei der Auswahl des Entwicklungsrechners sollte auch bedacht werden, daß oftmals gar nicht eine besonders schnelle CPU für den flüssigen Ablauf von Animationen ausschlaggebend ist, sondern vielmehr die Geschwindigkeit des Videointerfaces.

Die Vorteile des Apple-Macintosh als Entwicklungsrechner sind:

+ bereits in der Grundausstattung voll multimediafähig

+ einfachere Handhabung bei der Bedienung und Software-installation

+ einfachere Installation externer Komponenten (Festplatten, Scanner, Erweiterungskarten etc.)

+ aufeinander abgestimmte Komponenten und ausgereiftes Konzept

+ sehr gute Grafik-Performance auch bereits bei mittleren Systemen

+ höhere Rechenleistung der meisten PowerPCs gegenüber Pentium-Rechnern (z.B. erreichen moderne G4 PowerPCs bei 500 MHz die doppelte bis dreifache Geschwindigkeit eines 600 MHz Pentium III).

Nachteile der Apple-Macintosh-Plattform:

− noch immer geringfügig teurer (ca. 5–10 %)

− Hardwarekomponenten von weniger Herstellern verfügbar

− geringere Anzahl von Programmen verfügbar

3.1.2   Die Windows-Plattform

Auch sogenannte „IBM-kompatible" PCs eignen sich seit ca. 1991 für die Entwicklung von Multimedia-Anwendungen. Voraussetzung

ist in jedem Fall Windows 95, Windows 98 oder Windows NT (Director läuft nicht unter Windows 3.11).

Grundkonfiguration für PC-Entwickler

Im Jahre 1993 wurde die notwendige Grundausstattung für Multimedia-Entwickler als sogenannter MPC II-Standard festgelegt. Die hier geforderte Ausstattung (486-SX-Prozessor und 4 MB Arbeitsspeicher) reicht aber heute in keinem Falle mehr aus. Wenn Sie auf einem PC entwickeln, sollten Sie in jedem Fall einen Computer mit 400 MHz Pentium CPU und minimal 128 MB Arbeitsspeicher einsetzen. Eine SoundBlaster-kompatible Soundkarte mit Lautsprechern sollte ebenfalls zur Ausstattung Ihres PCs gehören.

Vorteile der Windows-PC-Plattform:

+ geringere Anfangsinvestition erforderlich

+ Vielfalt erhältlicher Hardwarekomponenten

+ größere Anzahl von Programmen

Nachteile der Windows-PC-Plattform:

− Kompatibilitätsprobleme zwischen einzelnen Komponenten, Netzwerkprobleme und Versionsprobleme zwischen Windows 3.1, Windows NT, Windows 95 und Windows 98

− komplexere Installationen der Software und Hardware mit zusätzlicher Arbeitszeit z.B. für Soundkarten, Treiber etc.

− häufig unausgereifte Produkte, was zu Abstürzen führen kann

− weniger einheitliche Standardformate

3.2 Director installieren

Da Director seine Anwender lobenswerterweise nicht mit umständlichen Kopierschutzprozeduren, unsichtbaren Dateien und speziellen Verzeichnissen im Systemordner ärgert, gestaltet sich die Installation des Programms vollkommen problemlos und für andere Softwareprodukte beispielhaft.

Nach Einlegen der ersten Installations-CD-ROM klicken Sie einfach auf „Installieren". Sie werden aufgefordert, einen Zielordner (Verzeichnis) für die Installation anzugeben.

Eine vollständige Installation von Director 7 erfordert ca. 74 MB freien Platz auf der Festplatte. Davon nimmt das Programm selbst nur etwa 4,2 MB ein. 11 MB beansprucht die Hilfe-Datei, und 2,1 MB benötigen die Runtime-Ressourcen, die zum Erstellen eines Projektors (→ Kapitel 10.6) verwendet werden. 23 MB des Speichers werden von mitgelieferten Extras (Xtras) beansprucht, der Rest sind in erster Linie Beispieldateien und mitgelieferte Demoversionen kommerzieller Produkte wie Beatnik und Photocaster.

3.3 Programm starten und beenden

Director verfügt über eine interaktive Entwicklungsumgebung, in der die normale Arbeit an einem Projekt durchgeführt wird. Nach dem Start von Director via Doppelklick auf das Programmsymbol werden auf dem Bildschirm normalerweise diejenigen Fenster sichtbar, die bei der letzten Programmbenutzung offengelassen wurden. Die Bestandteile der Entwicklungsumgebung sind über die in Kapitel 6 näher beschriebenen Fenster zugänglich. Die wichtigsten davon sind das Besetzungsfenster (hier werden alle Objekte gesammelt, die im Film vorkommen sollen) und das Drehbuch (darin wird die zeitliche Abfolge der Ereignisse auf dem Bildschirm festgelegt).

In der Entwicklungsumgebung können die erstellten Projekte sofort getestet und ggf. korrigiert werden. Director-Projekte werden übrigens auch oft einfach als „Filme" bezeichnet. Sie sollten sie aber nicht verwechseln mit QuickTime-Filmen (Digital-Video), die selbst Bestandteile eines Director-Films sein können.

Nicht immer ist es wünschenswert, daß Filme nach der Fertigstellung noch eingesehen und verändert werden können. Mit Hilfe einer in Kapitel 10.5 beschriebenen Funktion können Sie verhindern, daß Ihre Filme nochmals mit einer Entwicklerversion (auch Ihrer eigenen!) geöffnet werden.

Filme sind nur nützlich, wenn man sie abspielen kann. Man kann nicht voraussetzen, daß jeder Empfänger einer Präsentation auch über Director verfügt. Aus lizenzrechtlichen Gründen darf das Programm natürlich auch nicht einfach mitgeliefert werden.

Deshalb bietet Director die Möglichkeit, aus Ressourcen, die zum Abspielen einer Präsentation erforderlich sind, und einem oder mehreren Filmen ein allein lauffähiges Programm zu erstellen, einen sogenannten Projektor. Näheres hierzu finden Sie in Kapitel 10.6.

3.4 Einstellungen, die Director beeinflussen

Speicherverbrauch und -zuteilung

Leider gehört Director nicht zu den ausgesprochen schlanken Programmen. Mit 6–8 Megabyte RAM, bei Verwendung von Xtras oder Photoshop-Filtern sogar mehr, beansprucht es im Gegensatz zu seinen kompakten Vorgängerversionen schon sehr viele Ressourcen. Da während der Laufzeit von Multimedia-Anwendungen die Daten meist nur von der CD geladen und dargestellt werden müssen, können immerhin kompilierte Projektoren (die .EXE-Datei) mit vergleichsweise wenig Speicher auskommen. Trotzdem sollten Sie dem Speichermanagement bei größeren Projekten einige Aufmerksamkeit schenken, um längere Ladezeiten und die daraus resultierenden unerwünschten Pausen zu vermeiden (→ Kapitel 8).

Um den Speicher zu ändern, den das Macintosh-System für Director reserviert, muß das Programm geschlossen sein. Aktivieren Sie das Programmsymbol im Finder und wählen Sie dann »Ablage:Information:Speicher...«. Geben Sie im unteren Feld die gewünschte Zuteilung ein. Sie können die »Bevorzugte Größe« nicht kleiner stellen als die »Minimale Größe«. Sollte aber die Notwendigkeit bestehen, einmal mit etwas weniger Speicher auszukommen, ist es sehr wohl möglich, diese »Minimale Größe« noch etwas zu reduzieren. Es ist dann allerdings nicht mehr unbedingt gewährleistet, daß das Programm alle Funktionen ausführen kann und auch Abstürze werden wahrscheinlicher. Ganz analoge Einstellungen können Sie auch für die aus einem Director-Film erzeugten selbstlaufenden Projektoren durchführen.

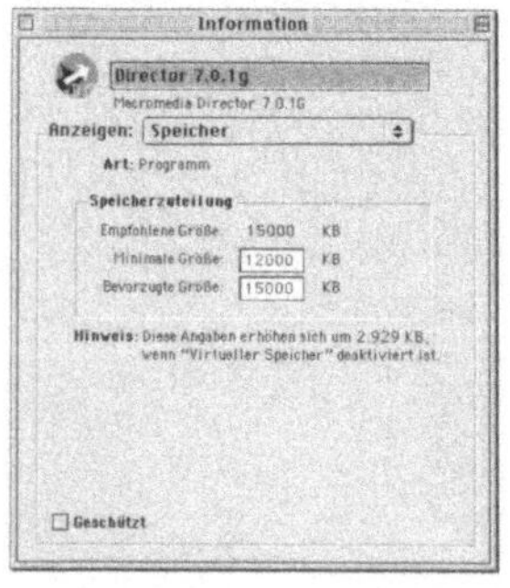

Die Speicherzuteilung für das Programm erfolgt im Finder.

Entsprechende Einstellungen sind unter den Windows-Systemen nicht möglich und auch nicht erforderlich. Die anders arbeitende

Speicherverwaltung stellt einem Programm unter Windows immer den erforderlichen Speicher zur Verfügung, bei RAM-Knappheit wird automatisch virtueller Speicher auf der Festplatte verwendet (diese muß dafür natürlich noch freie Kapazität besitzen), und das Programm wird einfach verlangsamt. Sie haben bei diesen Systemen also weniger Kontrolle über die Speicherverwendung, müssen sich aber andererseits auch weniger darum kümmern.

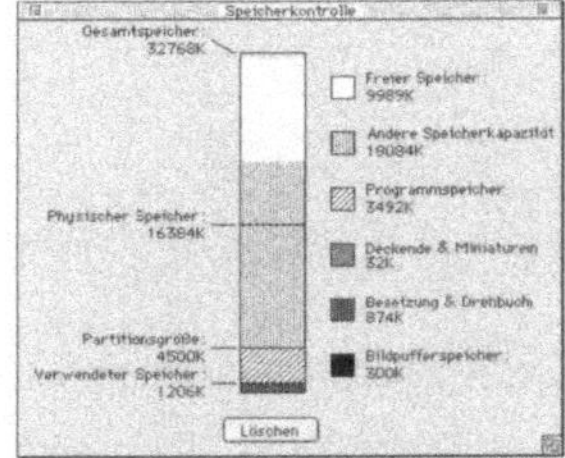

Die Palette »Speicherinspektor«

Zum Abfragen der aktuellen Speichersituation innerhalb des Programms können Sie über den Menübefehl »Fenster:Inspektoren: Speicher...« jederzeit eine Palette öffnen. In dieser Palette kann auch der Speicher soweit wie möglich gelöscht werden, um beispielsweise den Speicherbedarf nachfolgender Ladeoperationen genau verfolgen zu können. Achten Sie beim Löschen des Speichers darauf, daß nicht unbeabsichtigt andere Fenster geöffnet sind, sonst lädt Lingo die zur Anzeige benötigten Darsteller sofort wieder nach.

QuickTime-Version beachten

Sie sollten darauf achten, daß Sie stets die neueste Version der Systemerweiterung QuickTime verwenden. Diese Systemerweiterung wird von Apple ständig weiterentwickelt, und neuere Versionen weisen im allgemeinen durch verbesserte Algorithmen eine höhere Performance beim Abspielen von QuickTime-Filmen wie auch bei der Dateikomprimierung auf.

Neueste Systemerweiterung QuickTime verwenden

File Sharing ausschalten

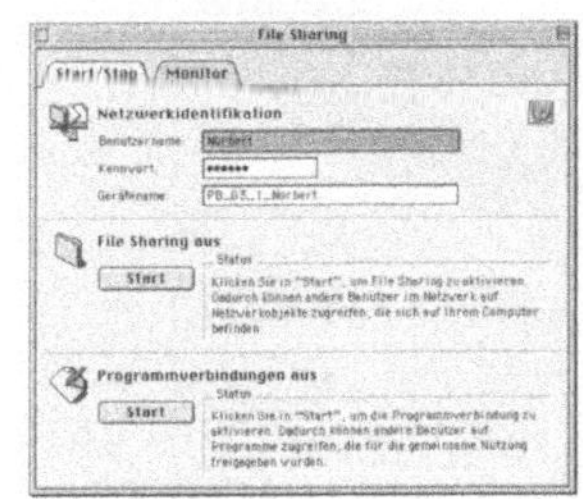

Zugriffe über das Netzwerk sind für den Ablauf einer Multimedia-Anwendung in jedem Fall störend. Schalten Sie daher bei Vorführungen den Zugriff anderer Benutzer auf Ihren Rechner nach Möglichkeit ab, indem Sie »File Sharing« im Kontrollfeld »Gemeinschaftsfunktionen« deaktivieren.

AppleTalk ausschalten

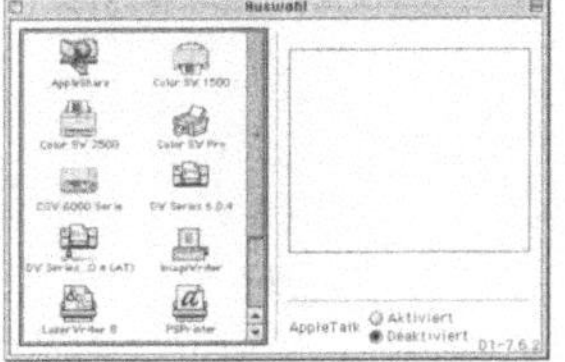

Während der Vorführungen einer Multimedia-Anwendung lohnt es sich, auch im Apfelmenü bei »Auswahl« AppleTalk zu deaktivieren. Sie erreichen dadurch in manchen Situationen eine bis zu 30 % höhere Performance.

Prozessorgeschwindigkeit

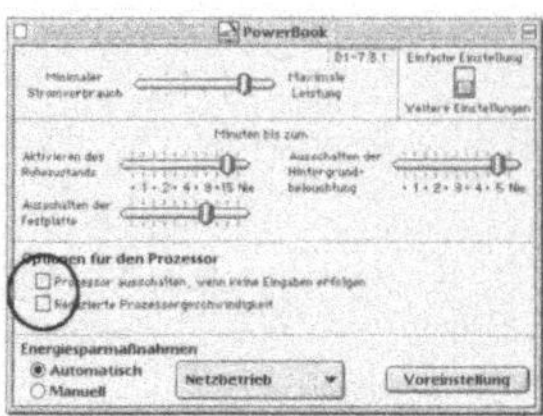

Die Stromsparmaßnahmen bei PowerBooks sollten abgeschaltet werden!

Bei Apple-PowerBook-Rechnern gibt es noch zwei weitere Optionen, die sich im Zusammenhang mit Multimedia-Anwendungen als störend erweisen können. Wählen Sie aus dem Apfelmenü das Kontrollfeld »PowerBook« und stellen Sie sicher, daß die Optionen »Prozessor ausschalten, wenn keine Eingaben erfolgen« und »Reduzierte Geschwindigkeit« nicht angeklickt sind. Diese Optionen schonen zwar die Batterie, nicht aber die Nerven der Benutzer. Sie haben nämlich zur Folge, daß jede selbstlaufende Sequenz nach einiger Zeit „einschläft", bis man wieder die Maus bewegt, bzw. daß die Anwendung einfach wegen der geringeren Rechenleistung zu langsam läuft.

Bildschirmschoner

Manche Programme aus dieser Kategorie stören durch unberechenbare Veränderungen auf dem Bildschirm, die selbst nach dem „Aufwecken" durch die nächste Eingabe nicht in jedem Fall verschwinden.

AutoDoubler

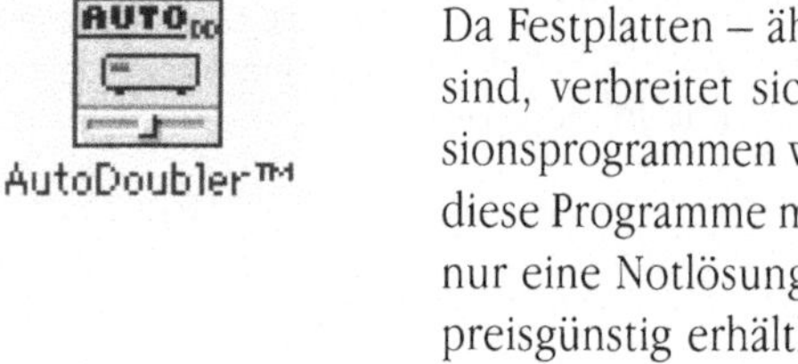
AutoDoubler™

Da Festplatten – ähnlich wie der Arbeitsspeicher – stets zu klein sind, verbreitet sich die Nutzung von automatischen Kompressionsprogrammen wie AutoDoubler in den letzten Jahren. Obwohl diese Programme mittlerweile recht gut funktionieren, stellen Sie nur eine Notlösung dar und können eine inzwischen auch recht preisgünstig erhältliche größere Platte nicht dauerhaft ersetzen. Auf Geräten, die häufig für Multimedia-Wiedergabe genutzt werden, und erst recht auf einem Multimedia-Entwicklungsrechner sollte man auf diese Hilfsmittel tunlichst verzichten. Bei einem Einsatz sollten Sie dabei aber zumindest die folgenden Regeln beachten, um sich störende Hintergrundaktivität und ruckelnde Applikationen zu ersparen:

* Achten Sie darauf, daß Sie den Ordner, in dem sich Ihr aktuelles Projekt mit allen eingebundenen Bild- und Sounddateien befindet, von der automatischen Komprimierung ausnehmen. Sie können dies über das Kontrollfeld »AutoDoubler™« einstellen. Für den Fall, daß bereits einige Dateien versehentlich von dem fleißigen Heinzelmännchen verpackt wurden, entkomprimieren

Sie vorsichtshalber den gesamten Ordner mit dem zum Lieferumfang von AutoDoubler gehörenden Programm „DD Expand".

- Schalten Sie, während Sie an einer Multimedia-Entwicklung arbeiten, den AutoDoubler möglichst für alle Festplatten ab, oder stellen Sie eine sehr lange Verzögerungszeit bis zum Aktivieren ein. Selbst die Hintergrundaktivität, mit der Auto-Doubler nach noch zu komprimierenden Dateien sucht, stört den Arbeitsablauf im allgemeinen deutlich.

Vorsicht! Wenn Sounddateien von Kompressionsprogrammen auf Betriebssystemebene versehentlich komprimiert wurden, kann es vorkommen, daß sie sich nicht nur langsamer, sondern überhaupt nicht mehr abspielen lassen. Auch externe Textdateien, die über das FileIO-Xtra in Director eingelesen werden, können völlig zerstört aussehen! Das Entkomprimieren dieser Dateien beseitigt das Problem.

3.5 Weitere empfehlenswerte Programme

Spätestens bei der praktischen Arbeit an Multimedia-Projekten werden Sie entdecken, daß die Welt nicht nur aus Director allein besteht. Um alle Möglichkeiten zu nutzen, empfiehlt sich für viele Zwecke, von der Bildbearbeitung bis zur Tonaufnahme, die Verwendung eines Spezialprogramms. Die wichtigsten Ergänzungsprogramme sind hier zusammengestellt.

3.5.1 Bildbearbeitung

Photoshop

Obwohl das in Director eingebaute Bildbearbeitungsmodul durchaus die Erstellung von Bitmap-Darstellern erlaubt, wird man in den meisten Fällen nicht auf die professionellen und in gewisser Weise perfekten Werkzeuge von Photoshop verzichten wollen. Von der Gesamtzeit, die zum Erstellen einer Multimedia-Applikation erforderlich ist, entfallen nicht selten 70 % auf das Gestalten von Hintergründen und Objekten. Jede Verbesserung in der Handhabung der Bilder bringt also einen enormen Effizienzvorteil. Insbesondere die Möglichkeit, Photoshop-Bilder in Director direkt oder mit dem mitgelieferten Xtra Photocaster zu öffnen und dabei auch

Illustrator

FreeHand

Darstellung einer FreeHand-
Grafik im swf-Format in Director

Flash

Info: Flash
URL: www.macromedia.com/
software/flash/trial

Transparenzinformation von Alphakanälen zu nutzen, prädestinieren die Programme zu engster Zusammenarbeit bei der Mediengestaltung.

3.5.2 Zeichnungen

Illustrator oder FreeHand

Komplexe Schrifteffekte, Logos und Masken erstellt man häufig in einem der beiden klassischen Vektorgrafik-Programme. Da die ewigen Konkurrenten sich mehr in der Handhabung als im erreichbaren Endprodukt unterscheiden, will ich hier keine Empfehlung für eines der beiden Programme geben. Wer schon mit einem der beiden gearbeitet hat, sollte bei seiner Wahl bleiben. Generell läßt sich sagen, daß FreeHand oft etwas intuitivere und leichter zu merkende Lösungen bietet, während Illustrator nahtloser mit Photoshop (aus dem gleichen Hause) zusammenarbeitet. Wiederum unterstützt FreeHand (wie Director von Hause Macromedia) direkt das hochinteressante Shockwave-Flash-Exportformat („.swf"). Damit erstellte Vektorgrafiken erreichen bei der Darstellung mit Director sogar eine höhere Qualität als in ihrem Erzeugungsprogramm FreeHand. Diese können ohne die geringsten Qualitätseinbußen zur Laufzeit skaliert und gedreht werden. Weitere Transfermöglichkeiten von FreeHand zu Director finden Sie in Kap 3.5.3.

Flash, Fireworks und andere

Ergänzend zu Photoshop und den in Werbeagenturen weit verbreiteten, auf PostScript-Basis arbeitenden Zeichenprogrammen Illustrator und FreeHand können für die Zusammenarbeit mit Director auch vorteilhaft Produkte eingesetzt werden, die sich auf die Erstellung sehr kompakter Grafik und Animation spezialisiert haben.

Das Programm **Flash** ähnelt von der Handhabung und den Werkzeugen (Radiergummi etc.) eher einem Bildbearbeitungsprogramm, es erzeugt aber ebenfalls hochkompakte Dateien im Shockwave-Vektorformat. Interessant ist auch, daß sich bereits mit Flash alleine, d. h. vollkommen ohne Director, kleine interaktive Animationen für das Netz erstellen lassen. Player für dieses Format existieren für Mac, Windows und für Unix. Ganze Flash-Filme lassen sich wiederum in Director-Filme als Darsteller einbetten und mittels der Verhaltensbibliothek oder Lingo steuern.

Fireworks beherrscht die Kunst hoher Komprimierung bei sehr guter Qualität auch für die Bitmap-Zielformate „.gif", „.jpg" und „.png", die insbesondere im Internet verbreitet sind. Bei allen genannten Exportformaten erreicht das Programm normalerweise höhere Kompressionsraten und eine bessere Qualität als etwa Photoshop. Die beiden Produkte Flash und Fireworks werden von Macromedia vertrieben, was die strategische Schlüsselstellung, die der Director-Hersteller bei Multimedia-Anwendungen im Internet innehat, noch stärkt. Ältere Produkte wie z. B. die QuickDraw-basierten Programme ClarisDraw und ClarisImpact oder Paintshop Pro, können mit diesen neuen Technologien in Sachen Qualität nicht mithalten.

Info: Fireworks
URL: www.macromedia.com/
software/fireworks/trial

3.5.3 Texte

In seinen neueren Versionen bietet Director mit den Textdarstellern (im Gegensatz zu den Textfeld-Darstellern) bereits einiges an Textverarbeitungsmöglichkeiten. War der Einsatz externer Programme zur Erstellung perfekt aussehender Texte früher unentbehrlich, ist man heute nur noch ausnahmsweise darauf angewiesen (z. B. bei besonderen Anforderungen an die Typographie, wenn der Text dort bereits im richtigen Layout vorliegt).

Schwächen zeigt Director z. B. in der nicht besonders gelungenen Zeichenspationierung und bei der Verwendung hochgestellter und tiefgestellter Zeichen in Formeln wie „H_2O" oder bei Einheiten wie „m^2". Recht gut anwendbar ist der Import von RTF-Texten aus Word, hierbei werden sogar Word-Tabellen und Hoch- /Tiefstellungen übernommen, obwohl diese nicht in Director selbst erzeugt werden können.

Beispiel:»Kap_03:Formeln.rtf«

Aber Vorsicht ist geboten: Der Director-interne Texteditor versteht sich nicht sehr gut mit solchen Exoten-Texten. Immer wieder kommt es, insbesondere bei mehrzeiligen Texten oder wenn mehrere RTF-Texte mit Sonderformaten in einem Film vorliegen, zu fehlerhaften Zeilenabständen oder sogar zu Programmabstürzen. Man kann in einem solchen Fall (wenn sich der Film noch öffnen läßt) die Textdarsteller in Bitmaps konvertieren (→ Kapitel 6.6).

Importieren mit Originaldaten
zur späteren Bearbeitung

Erzeugt man den Text in einem externen Programm, sollte man darauf achten, unbedingt die Quelldateien für spätere Korrekturen und Änderungen zu erhalten. Beachten Sie auch die neuen

Möglichkeiten, die kompletten Originaldaten mit in Director zu importieren und das externe Programm als Editor zu definieren. Denn ist ein Text erst einmal auf einer Ebene in ein Bild eingesetzt, so sind Bild wie Text für Korrekturen verloren und müssen für etwaige Änderungen neu erstellt werden.

Text, dessen Strichstärke auf dem Bildschirm zwei Pixel und mehr erreicht, sollte für optimale Qualität mit Antialiasing (→ Kapitel 4.5) versehen werden. Eine sehr gute Möglichkeit, komplex formatierten Text wie Formeln perfekt skalierbar und mit Antialiasing darzustellen, bietet auch das Flash-Format. Für die Erstellung von Texten in diesem Format geht man am besten von FreeHand aus. Wollen Sie den Text statt dessen in eine Bitmap umwandeln, kommen auch Illustrator, Photoshop oder ein Layoutprogramm wie QuarkXPress, PageMaker oder InDesign in Betracht.

Photoshop

Photoshop

Seit der Einführung von Textebenen kommt Photoshop auch als Quellprogramm für Texte in Frage, wobei die Layoutmöglichkeiten naturgemäß beschränkt sind. Erst die Kombination verschiedener Textebenen macht die Sache interessant, zudem können die Ebeneneffekte von Photoshop und die anderen grafischen Möglichkeiten (s.o) als Gestaltungsmittel mit eingesetzt werden.

Sehr häufig dient Photoshop auch als „Durchgangsstadium" für Texte, die ursprünglich in anderen Programmen (z.B. FreeHand, Illustrator, QuarkXPress) gesetzt und als EPS-Datei gesichert wurden. Beim Öffnen kann Photoshop EPS-Dateien auf Wunsch optimal glätten.

FreeHand

FreeHand

FreeHand ist nicht nur bei Grafiken, sondern auch bei Texten die erste Wahl, wenn komplex formatierte Zeichen, Formeln etc. in Director benötigt werden.

Seine neueren Versionen haben eine bedeutende typographische Flexibilität erreicht und bieten mit dem „Flash swf"-Exportformat ideale Möglichkeiten zur Übernahme der Typographie in Director.

Andere Wege, aus FreeHand heraus zu geglättetem Text für Director zu kommen, führen über Bitmaps:

Speichern Sie die FreeHand-Datei über den »Sichern als..«-Dialog mit der Option »Editierbare EPS«. Sie können die Datei dann aus Photoshop heraus öffnen und den Text von hier wie eine Grafik in Director transferieren.

Eine zweite Variante besteht im Export als „Photoshop 4/5 RGB EPS"-Format, Import in Photoshop und anschließende Übernahme in Director. Diese Variante vermeidet Farbverfälschungen, die beim Öffnen normaler EPS-Dateien häufig vorkommen.

Leider geschieht es immer wieder, daß sich Photoshop mit einem „Parser-Fehler" weigert, ein von FreeHand erzeugtes EPS zu interpretieren. FreeHand schreibt also offenbar nicht in jedem Fall sauberen PostScript-Code. Daher sei hier noch eine weitere Möglichkeit erwähnt, mit der sich eine klare Schriftdarstellung erreichen läßt:

Wählen Sie in FreeHand »Datei:Exportieren...« und als Format »PICT2 Datei«. Importieren Sie diese Datei in Photoshop mit dem Befehl »Datei:Importieren:Geglättetes PICT-Bild...«. Aber auch hier gilt es, kleinere Fallstricke zu umgehen: Stark kursiv stehende Schriften können am Zeilenende abgeschnitten werden. Als Gegenmittel hilft ein überzähliges unsichtbares Leerzeichen. Dadurch wird Photoshop dazu veranlaßt, auch den letzten Buchstaben vollständig darzustellen.

Für den Fall, daß Sie FreeHand zur Gestaltung eines ganzen Bildschirmlayouts einsetzen wollen, befindet sich auf der CD-ROM im Ordner »Kap_03« eine FreeHand-Vorlage, die die richtigen Lineal- und Seiteneinstellungen für 640 x 480 Pixel enthält (»FH Screen.ft8«).

Illustrator

Text, der in Adobe Illustrator gesetzt und als EPS-Datei gesichert wurde, kann mit den geringsten Komplikationen in Photoshop übernommen werden. Photoshop kann Dateien von seinem Schwesterprogramm direkt einlesen und dabei glätten.

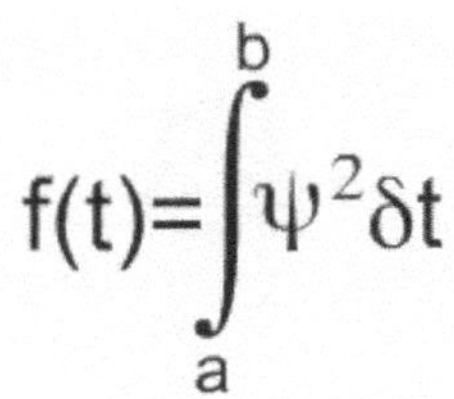

$$f(t)=\int_a^b \psi^2 \delta t$$

Das Flash-Format liefert perfekt formatierte und noch in Director transformierbare Texte mit Kantenglättung.

Beispiel:»Kap_03:Formel.swf«; »Kap_03:Reaktion.swf« und »Kap_03:Formel.DIR«

QuarkXPress

QuarkXPress

Die typographischen Möglichkeiten eines Layoutprogramms wie QuarkXPress mit optimaler Spationierung der Zeichen sind für die Erstellung von Textscreens von besonderem Interesse. Auch die Möglichkeit der Seitenverwaltung über Musterseiten ist oft von Vorteil. Sie können in QuarkXPress gestaltete Texte mit dem Befehl »Seite als EPS sichern...« abspeichern und danach in Photoshop öffnen. Eine vorbereitete Formulardatei mit der richtigen Bildschirmgröße finden Sie auf der CD-ROM im Ordner »Kap_03«.

Word und andere Programme

Um den Text (aber auch Grafik) in brauchbarer Qualität mit Antialiasing darzustellen, gibt es Tricks, die mit generell jedem Programm funktionieren und daher besonders interessant sind:

Druckfunktion für Antialiasing nutzen

Die besten Ergebnisse erhält man, wenn einfach die Druckfunktion dazu genutzt wird, eine PostScript-Datei zu erstellen, statt einen echten Drucker anzusprechen. Die entstehende „Generic PostScript"-Datei kann (neue Druckertreiber und Photoshop-Versionen vorausgesetzt) in Photoshop in einwandfreier Qualität als transparente Bildebene geöffnet werden. Der Text wird nun als Photoshop-Dokument gesichert und kann mit Alphakanal in Director importiert werden. Damit ist der Text in Director problemlos auf Bildern plazierbar.

Antialiasing durch Verkleinern

Ein anderer Trick: Legen Sie den Text in doppelter oder noch besser in vierfacher Größe im entsprechenden Programm an, übertragen Sie den nicht geglätteten Text als Bildschirmkopie auf weißem Hintergrund nach Photoshop und machen Sie daraus eine transparente Ebene, indem Sie die Ebene duplizieren und dann die undurchsichtige Hintergrundebene löschen. Stellen Sie den Text durch Auswahl der weißen Farbe und Löschen frei. Verkleinern Sie die entstehende Bitmap nun im Graustufen- oder RGB-Modus. Photoshop sorgt beim Verkleinern für ein brauchbares Antialiasing, da die dafür benötigte Information über den exakten Konturverlauf annähernd vorhanden ist. Damit die Sache funktioniert, müssen Sie in den allgemeinen Grundeinstellungen von Photoshop die Interpolationsmethode »Bikubisch« einstellen. Auch hier wird die Datei im Photoshop-Format gesichert und in Director importiert.

3.5.4 Tonbearbeitung

Musik und Töne für Multimedia-Anwendungen können in Director selbst über den Befehl »Besetzung:Sound aufzeichnen...« erfaßt werden. Diese Methode ist allerdings normalerweise nur für provisorische Eingaben während der Entwicklung geeignet. Meist müssen gesprochene Passagen zumindest geschnitten und so von störenden Pausen befreit werden. Musik wird häufig von einer GEMA-freien CD überspielt.

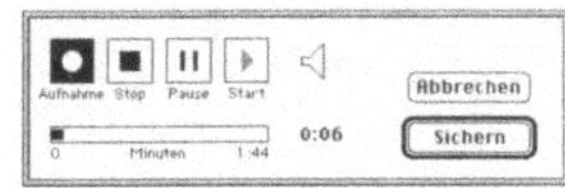

Die einfache Soundaufzeichnung in Director mit »Besetzung:Sound aufzeichnen« ist normalerweise nicht ausreichend.

SoundEdit 16

Häufig vorkommende Nachbearbeitungen von Tönen sind neben dem Schnitt die Geschwindigkeitseinstellung und Reduktion von Rauschen über Frequenzfilter. Alle Arbeiten dieser Art lassen sich hervorragend in SoundEdit durchführen. SoundEdit Pro gehörte ehemals (Director 3) zum Lieferumfang. Inzwischen liegt Sound-Edit 16 vor, das auch 16-Bit-Sound verarbeiten kann (ab MacOS 8 benötigen Sie den SoundEdit-2-Update auf Version 2.0.7). Für PCs steht das ähnliche Programm SoundForge zur Verfügung.

Tip: SoundEdit 16 Version 2.0.7 www.macromedia.com/support/soundedit/upndown/updates/updates.html

Balthazar

Ein großes Ärgernis für viele Macintosh-Anwender ist, daß es eine Menge Sound-CDs gibt, die das unter Windows verbreitete Dateiformat „Wave" (Dateiendung: .wav) verwenden. Mit Hilfe des Shareware-Programms Balthazar, das im Internet verfügbar ist, lassen sich solche Sounddateien bequem in das Macintosh-Format SND umwandeln (der umgekehrte Weg funktioniert ebenfalls). Dieses wiederum kann mit SoundEdit geöffnet und in das von Director auf beiden Systemen unterstützte Format AIFF verwandelt werden. Sie finden Balthazar auch auf der beiliegenden CD-ROM unter Shareware.

3.5.5 Automatisierungswerkzeuge

Sehr oft ergibt sich bei Multimedia-Projekten die Notwendigkeit, eine größere Anzahl von Screens auf die gleiche Weise zu beeinflussen. Dies ist sowohl zeitintensiv als auch fehlerträchtig – gute Gründe, nach Produktionshilfsmitteln und Automatisierungsmöglichkeiten Ausschau zu halten:

Grafikkonverter

ASCII
BMP
Clip
EPSF
Finder Icons
GEM-IMG/-XIMG
GIF
HP-GL/2
ICO
IFF/LBM
ISS
JPEG/JFIF
MacPaint
Movie (QuickTime)
PAC
PBM/PGM/PPM
PCX
PICS
PICT
PICT in Resource
PNG
ppat
PSD
PSION
PSION 5
RAW
RTF
SGI
SOFTIMAGE
Startup-Screen
SUN
TGA
TIFF (Packbits and LZW)
TIFF (uncomprimiert)
TRS-80
VPB
WMF
XBM
X-Face
XPM
XWD

Ausgabeformate des
Programms Grafikkonverter

Grafikkonverter

Obwohl Director inzwischen auf beiden Plattformen alle wichtigen Importformate beherrscht und die Automatisierungsmöglichkeiten von Photoshop so manche manuelle Serienarbeit abnehmen, ist dieser Veteran unter den Multimedia-Hilfsprogrammen noch so manches Mal von Nutzen. Ein Blick auf die von der Shareware unterstützte babylonische Vielfalt von Formaten hilft bei mancher Dateiübernahme in ein Multimedia-Projekt. Wenn einige hundert Dateien von einem exotischen Format in ein anderes gewandelt, beschnitten, skaliert oder in der Farbtiefe verändert werden müssen, lernt man schnell die „Batch"- oder „Stapelbearbeitungs"-Funktionen von Grafikkonverter zu schätzen. Nach Festlegen eines Quellordners und eines Zielordners verarbeitet Grafikkonverter auf Wunsch alle im Quellordner enthaltenen Dateien nach dem gleichen Schema.

Die nebenstehende Liste der möglichen Ausgabeformate ist zwar deutlich kürzer als die möglichen Eingabeformate, aber immer noch recht beeindruckend.

Der kleine Kasten auf der nächsten Seite zeigt Ihnen Beispiele für die Manipulationsmöglichkeiten, die Grafikkonverter für die Stapelbearbeitung zusätzlich zur Formatwandlung bereitstellt. Bei manchen Problemstellungen können diese Funktionen viele Nachtschichten ersparen. Grafikkonverter erledigt zuverlässig seine Arbeit, während Sie Ihre wohlverdiente kreative Pause einlegen.

Eine für die CD-ROM-Produktion besonders wertvolle Fähigkeit des Grafikkonverters ist die Umwandlung von mehreren Bilddateien (die z. B. im PICT-Format vorliegen) in einen QuickTime-Film; indem Sie den Dialog »Mehrfachkonvertierung« aus dem »Ablage«-Menü aufrufen, einen Ordner als Datenquelle selektieren und als Zielformat »Mov (QuickTime-Film)« wählen. Nach Drücken der Schaltfläche »Konvertieren« erscheint der Dialog »Zusätzliche Parameter für die Filmerzeugung«, in dem Sie »Aus allen Quellbildern einen Film erzeugen« wählen und die Größe und Farbtiefe des Films festlegen. Über die Schaltfläche »Kompression« läßt sich der für Filme am besten geeignete Kompressor „Cinepak" einstellen und sogar der Datendurchsatz begrenzen (siehe Kasten nächste Seite). Dies ist wichtig, um Filme zu erzeugen, die auf langsameren CD-ROM-Laufwerken noch flüssig ablaufen. Sie sollten die Datenrate

8BIM (Photoshop 2.0)	ICO/ICN - Windows Icon	PSD - Photoshop (2.5)
8BPS/PSD	IFF/LBM/HAM - Interch. File Format	PSION
Acorn Sprite	ImageLab/Print Technik	PSION 5
AFP	IMG/XIMG - ((Ext.) GEM Bit Image)	QDV
ALIAS pix	IPLab	QNT
AMBER	ISS	RAW
ANI (Anim. NeoChrome)	j6i	RIFF (Raster Image File Format)
Animation	JBI	RLA
Apple Preferred (IIgs)	JPEG/JFIF	RLE
ART	KDC (nur PPC)	RLE (Utah Raster Toolkit)
ASCII	KONTRON	Scitex-CT
BioRad	Layout	SCR (ScreenCapture)
BLD	Lotus-PIC	SCX (ColoRIX)
BMP (auch RLE komprimiert)	Lotus-PIC	SFW
CALS	MAC (MacPaint)	SGI (Silicon Graphics Image)
CAM	MacPaint	SHP (LightingPress)
CGM (Computer Graphics Metafile)	MAG	Sinclair QL
CLP	Meteosat5	SIXEL
CT (Scitex)	MSP	SKETCH
CVG	MSP (Microsoft Paint)	SOFTIMAGE
DCX (mehrere PCX)	MSX	SPC (Spectrum 512)
Degas	NASA Raster-Metafile	SPU/SPC
DESR VFF	NEO (NeoChrome)	Startup-Screen
DICOM	NIF	ST-X
DL	P?? (Degas)	SUN (Sun Rasterfile)
Dr. Halo	PAC	Super Hi-Res 3200
EletronicImage	PAC - STAD	TGA (Truecolor File Format (Targa))
EPSF (mit Hilfe von EPStoPICT)	PBM/PGM/PPM	TIFF (Tag Image File Format uncomp.)
ESM	PBM/PGM/PPM (Portable Bitmap)	TIFF (packbits, CCITT3/4, LZW)
FAX3	PCD	TIM
FAXstf	PCX - Paintbrush	TINY
FITS (Flex. Image Transport System)	PCX/SCR	TRS-80
FlashPix (mit QuickTime 4)	PIC - PC Paint	VB HB600
FLI/FLC (Animator (Pro))	PIC (16 bit)	VFF
GATAN	PIC (32K)	VITRONIC
GEM-IMG/-XIMG	PIC (ATARI)	Voxel
GEM-Metafile	PIC (PC Paint)	VPB
GFX	PICS (PICT-Sequenz)	WMF (Windows-Metafile)
GIF (Compuserve Graph. Interch. Form.)	PICT	WPG (Word Perfect Graphic)
GRP	PICT aus Resource	X11-Bitmap
HP-GL/2 (HP Graphics Language)	PM	XBM
HSI-BUF	PNG	X-Face
IBM-PIC	PORST	XPM (ASCII Bitmap)
IC (Imagic)	ppal	XWD (X-Windows Dump)

z. B. bei Produktionen für Double-Speed-Laufwerke (theoretische Datenrate 300 kB/Sekunde) in der Praxis auf ca. 200 kB/Sekunde begrenzen, um einen flüssigen Ablauf in allen Situationen zu gewährleisten.

▲ Eingabeformate für das Programm Grafikkonverter

Rand anf./löschen	invertieren	Maximale Größe
Skalieren	Spiegeln	Minimiale Palette
Auflösung	Helligkeit/Kontrast	
Farbtiefe	vorh. Abschnd.	

◄ Manipulationsmöglichkeiten mit dem Programm Grafikkonverter

Das Programm Grafikkonverter ist Shareware und kann aus dem Web heruntergeladen werden.

Die neueste Version von Grafikkonverter finden Sie unter: http://www.lemkesoft.de

DeBabelizer

Die neueste Version von DeBabilizer finden Sie unter:
http://www.equilibrium.com/

Dieses Produkt erlaubt die Konvertierung einer großen Anzahl von Dateiformaten und gleichzeitig die Automatisierung vieler Vorgänge (DeBabelizer ist AppleScript-fähig). Im Vergleich zu Grafikkonverter ist DeBabelizer von Equilibrium aber auch als „Light"-Variante noch sehr viel teurer. DeBabelizer ist auch für Windows verfügbar.

QuicKeys

Die neueste Version von QuicKeys finden Sie unter:
http://www.cesoft.com/quickeys/qkhome.html

Da bei der Erstellung von Multimedia-Produkten häufig gleiche Aktionen wiederholt werden müssen (Bildmanipulationen, Veränderungen an Tondateien etc.), sind die Möglichkeiten von QuicKeys oft unverzichtbar. Während Automatisierungen über AppleScript (s. u.) nur bei solchen Programmen möglich sind, die AppleScript explizit unterstützen (leider gehört ausgerechnet Photoshop nicht dazu), arbeitet QuicKeys auf einer anderen Ebene. Im Prinzip wird jedes Programm durch QuicKeys steuerbar, allerdings in nicht ganz so ausgefeilter Weise.

AppleScript

AppleScript, das ein Bestandteil des MacOS ist, bietet Möglichkeiten, bestimmte Abläufe auf dem Apple-Macintosh zu automatisieren. Wenn ein Programm „scriptable" ist, kann es vollkommen ferngesteuert und automatisiert werden. Sie können damit z. B. nacheinander alle Bilder einer PhotoCD über ein Werkzeug wie DeBabelizer beschneiden und in ein anderes Grafikformat umrechnen lassen. Dann wird QuarkXPress geöffnet, und es wird für jedes Bild ein Rahmen positioniert, in den die Bilder importiert werden.

Das größte Hindernis für eine breitere Anwendung von AppleScript besteht im Augenblick darin, daß gerade die sehr guten und viel genutzten Programme Photoshop und Illustrator von Adobe noch nicht „scriptable" sind.

Beispiele für AppleScript-fähige Programme sind der Finder, DeBabelizer, QuarkXPress, Excel und FileMaker Pro.

Manche Programme bieten eine noch weitergehende Unterstützung von AppleScript. Sie sind nicht nur „scriptable", sondern auch

„recordable", d. h., man kann die darin durchgeführten Aktionen ähnlich wie bei einem Tonband aufzeichnen und wieder ablaufen lassen. Dies erspart das mühevolle Erstellen der Skripte von Hand. Aufgezeichnete Skripte werden durch Programmierung nur noch variiert und verallgemeinert.

3.5.6 Planungshilfsmittel

Oft hat eine Multimedia-Anwendung eine komplexe Programmstruktur, die es bereits in der Entwurfsphase schwierig macht, den Überblick zu bewahren. Leider gibt Director hier im Gegensatz zu anderen Autorensystemen wenig Hilfestellung. Der Einsatz eines Fremdprogramms ist also für die vorbereitenden Arbeiten angesagt. Es kommen verschiedene Flow-Chart-Programme in Betracht.

Inspiration

Mit Inspiration können Abläufe und Sprungmöglichkeiten zwischen den Screens in Form eines Flußdiagramms geplant werden. Durch die dynamischen Verbindungslinien, die sich zwischen den Objekten einzeichnen lassen, ist es speziell für diesen Zweck jedem reinen Zeichenprogramm weit überlegen. Inspiration zeichnet sich besonders durch seine hohe Geschwindigkeit auch bei sehr großen Diagrammen aus. In dieser Hinsicht ist es dem nachfolgend beschriebenen ClarisImpact überlegen.

Inspiration™ 4.0d

Die neueste Version von Inspiration finden Sie unter:
http://www.inspiration.com/

ClarisImpact

ClarisImpact erweist sich als vielfach noch geeigneter, da es außer den genannten Funktionen auch als Zeichenprogramm zur Erzeugung von Objekten und Hintergründen verwendet werden kann und mit seinem Programmteil „Berichte" nebenbei noch zur schriftlichen Dokumentation in der Planungs- und Realisierungsphase einsetzbar ist. Wenn Sie auf einem PowerPC arbeiten, sollten Sie unbedingt die für diesen Prozessor optimierte Version des Programms einsetzen, da Geschwindigkeit, insbesondere bei größeren Diagrammen, nicht zu seinen Stärken zählt. Beachten Sie, daß zu ClarisImpact (wie übrigens auch zu Illustrator und FreeHand) zahlreiche Clipart-Bibliotheken gehören. Als Zutaten für

ClarisImpact

Das neueste Update finden Sie unter:
http://til.info.apple.com/techinfo.nsf/artnum/n26085

Ihre Bildschirmgestaltung können Sie diese Objekte gut in Director einsetzen.

3.5.7 Sonstiges

RAM Doubler

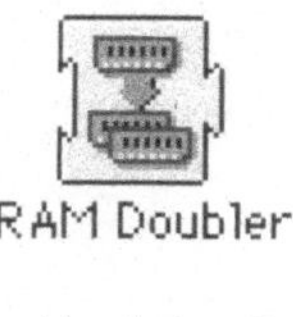

RAM Doubler finden Sie bei:
http://www.connectix. com/html/
ramdoubler

Da kein Speicher jemals groß genug ist und da man bei der Arbeit mit Director häufig zwischen diesem und anderen speicherhungrigen Programmen wechseln muß, empfiehlt sich der Einsatz des RAM Doublers oder des systemeigenen „Virtuellen Speichers". Dieses Programm stellt durch geschickte Umverteilung des freien Speichers, durch Datenkompression im Arbeitsspeicher und notfalls durch Auslagerung auf die Festplatte einen scheinbar doppelt so großen Arbeitsspeicher zur Verfügung. Im Vergleich zu der virtuellen Speicherverwaltung, die Apple im System integriert hat, arbeitet RAM Doubler schneller und mit weniger Platzverbrauch auf der Festplatte. Solange nur gewährleistet ist, daß das Betriebssystem zusammen mit dem größten der verwendeten Programme in real vorhandenes (physikalisches) RAM paßt, beeinflußt RAM Doubler die Performance nicht wesentlich, da er dann nur beim Wechsel zwischen den Programmen in Aktion tritt. Wenig bekannt ist, daß PowerPCs unter dem MacOS durch den (nicht übertriebenen) Einsatz von virtuellem Speicher im allgemeinen nicht langsamer, sondern sogar etwas schneller werden. Viele Programme laden nämlich unter diesen Betriebsbedingungen weniger Segmente in den Arbeitsspeicher und starten deshalb schneller . Trotz allem: Sparen Sie nicht am RAM-Ausbau Ihres Rechners, denn der „Virtuelle Speicher" arbeitet am besten, wenn er nur zur Abdeckung des Spitzenbedarfs zum Einsatz kommt.

Download von:
ftp://nic.uark.edu/pub/Macintosh/util/flashit3.0.2.sea.hqx

Flash-It

Oft benötigt man im Laufe einer Multimedia-Entwicklung einen Bildschirmdump, d. h. ein Bild, das genau den aktuellen Inhalt des Monitors wiedergibt. Auch hierfür sind Hilfsprogramme verfügbar, die diese Funktion flexibler bereitstellen als die Macintosh-Systemfunktion <Befehl><Umschalt>3. Flash-It ist ein Programm, das diese Anforderung erfüllt. Es gestattet zudem, einen Dump nur von einem Teilbereich des Bildschirms entweder in die Zwischenablage zu transportieren oder aber als PICT-Datei zu speichern.

Unter dem Windows-System können Sie einen Bildschirmdump des gerade aktuellen Fensters durch die Tastenkombination <Alt> <Print> erzeugen und in die Zwischenablage kopieren.

DiskDoubler, Compact Pro, StuffIt, DropStuff, ShrinkWrap u.a.

Diese Programme gehören zur Kategorie der Datenkompressoren und sind in ihrem Leistungsumfang vergleichbar. Sie können bei Multimedia-Entwicklungen auf verschiedene Weise nützlich sein:

DiskDoubler™

- Teilprojekte, die gerade nicht bearbeitet werden, können auf ungefähr 50 % ihrer Größe verkleinert werden. Dies entlastet etwas die ständig vollen Festplatten.

- Beim Übertragen von Dateien über zu kleine Datenträger können große Dateien in mehrere kleine zerschnitten und später wieder zusammengesetzt werden.

Compact Pro

- Präsentationen, die unbedingt auf einen einzigen Datenträger, etwa eine Diskette, passen müssen, können zu sogenannten „.sea"-Dateien gemacht werden. Das sind komprimierte Archivdateien, die selbst den notwendigen Programmcode beinhalten, um sich bei einem Doppelklick wieder entkomprimieren zu können (**s**elf **e**xtracting **a**rchive).

DropStuff™

Download von:
ftp://nic.uark.edu/pub/Macintosh/util/dropstuff512.sea.hqx

Gestaltung der Benutzer- oberfläche

4 Gestaltung der Benutzeroberfläche

Bis zu einem gewissen Grad gelten für die Gestaltung der Benutzeroberfläche von Multimedia-Anwendungen ähnliche Gesichtspunkte, wie sie bereits Anfang der 80er Jahre bei der Konzeption der Macintosh-Oberfläche von Apple definiert und in den Mac-Interface Guidelines [3] niedergelegt wurden. Bei beiden Aufgabenstellungen geht es darum, daß ein ungeübter Anwender sich in der virtuellen Welt zurechtfindet und möglichst intuitiv mit dem System umgehen kann. Konsequenz bei der Gestaltung von Elementen, die analog zu Schaltflächen und Menüs zu bedienen sind, stellt eine solche gemeinsame Notwendigkeit dar. Features „entdeckbar" zu machen, indem sie auf dem Bildschirm visualisiert und mit leicht verständlichen Symbolen versehen werden, sind ein anderes Beispiel.

Es gibt aber auch genügend Unterschiede zu einer Betriebssystemoberfläche, die ein Abweichen von der „Bibel der Oberflächengestaltung" rechtfertigen. Die dort empfohlene Vermeidung von Farben für die Komponenten des Benutzerinterfaces etwa erscheint bei Multimedia-Anwendungen in einem anderen Licht. Schließlich geht es hier nicht um ein Interface „für jeden Tag", bei dem bereits geringe überflüssige Reize schnell aufdringlich werden. Multimedia-Anwendungen gehören mit einem Bein in die Werbung und leben auch davon, aufzufallen und Kontraste zu bieten. Trotzdem sollte jede Abweichung von dezentem und ruhigem Design sorgfältig überdacht werden und immer sachlich oder künstlerisch gerechtfertigt sein. Bei einer Applikation, die einmalig angeschaut wird, z. B. bei der Vermarktung eines Produkts, kann man natürlich in dieser Hinsicht viel experimentierfreudiger verfahren als bei einem multimedialen Lexikon, das unter Umständen jahrelang das Tablett für die dargebotene Information ist und deshalb wesentlich neutraler gestaltet sein muß.

4.1 Bildschirmaufteilung

Die Aufteilung des Bildschirms steht am Anfang jeder Überlegung zum Design einer Multimedia-Anwendung. Getreu dem Motto „form follows function" muß zuerst geklärt werden, welche Ziele erreicht werden sollen und welche technischen Beschränkungen es dabei zu beachten gilt.

4.1.1 Gestaltungsvorgaben durch das Ziel

Die Freiheit der Gestaltung kann bereits durch das Ziel eines Multimediaprodukts eingeschränkt sein. Bei einer Firmen- oder Messepräsentation ist es z. B. oft erforderlich, daß während des gesamten Ablaufs ein Firmenlogo eingeblendet bleibt. Spiele, die der Werbung dienen, müssen das zu verkaufende Produkt in ihre Gestaltung einbeziehen oder regelmäßig ins Bild bringen.

4.1.2 Technisch begründete Gestaltungsvorgaben

Bestimmte technische Rahmenbedingungen haben ebenfalls auf die Gestaltung Einfluß.

Viele Multimedia-Anwendungen sollen z. B. später statt mit einer Maus über einen berührungsempfindlichen Bildschirm (Touchscreen) gesteuert werden. In diesem Fall müssen Sie darauf achten, daß Sie alle Schaltflächen groß genug wählen, damit sie mit dem Finger leicht bedient werden können.

Die meisten Benutzer sind Rechtshänder. Es wäre demnach aus ergonomischer Sicht unsinnig, die Bedienungselemente eines Touchscreens am oberen oder linken Bildschirmrand anzubringen, da der Schirm dann während der Bedienung durch die Hand verdeckt wird. Wenn ein bestimmter Bildschirmbereich für Meldungen vorgesehen ist, sollte dieser aus dem gleichen Grund links von den Bedienungselementen oder über diesen liegen.

Die erwähnten Einschränkungen gelten nicht im gleichen Maße für die Bedienung mit der Maus, obwohl Rechtshänder auch hier dazu tendieren, den Abstand des Mauszeigers von der rechts geführten physikalischen Maus zu minimieren, also den Mauszeiger im „Ruhezustand" eher rechts unten auf dem Bildschirm zu plazieren.

4.1.3 Wirkung und Funktionalität

Der Bildschirm wird entweder in seiner Gesamtheit zur Darstellung und für die Steuerung verwendet, oder aber er ist in deutlich getrennte Bereiche für die Bedienung bzw. den Inhalt unterteilt. Ein Beispiel für die erste Möglichkeit wäre etwa ein Stadtplan, bei dem man auf einzelne Teile klicken kann, um zu weiterer Information zu gelangen. Die Aufteilung in funktional getrennte Bereiche ist zum Beispiel in den Paletten und Menübalken von Programmen realisiert, aber auch in vielen Multimedia-Anwendungen.

Anwendungen mit getrennten Funktionsflächen sind strenger organisiert. Sie sind im allgemeinen leichter zu bedienen und mit geringerem Aufwand zu erstellen. Diese Lösungen sind für eher technische Anwendungen sehr gut geeignet, bei denen es in erster Linie auf eine effiziente Bedienung ankommt. Ein Nachteil deutlich abgetrennter Bedienungsoberflächen ist, daß sie schnell starr und langweilig wirken. Die Starrheit stört nicht nur optisch, sie wirkt sich meist auch auf die Vielfalt der Möglichkeiten aus, die der Bediener in einzelnen Situationen hat. Es sind nur bestimmte Funktionen vorgesehen, weswegen bei jeder Szene im wesentlichen dieselben Optionen zur Verfügung stehen.

Gut gemachte Anwendungen können sogar ganz ohne von vornherein sichtbare Bedienungselemente auskommen. Objekte, die im Bild zu sehen sind, übernehmen insbesondere bei vielen Spielen die Funktion von Schaltflächen. Langeweile kommt hier nicht auf. Doch hat man nie das Gefühl, eine solche Anwendung wirklich zu beherrschen. Man kann bei Anwendungen dieser Art nie ganz sicher sein, welche Bedienungsmöglichkeiten man eventuell noch übersehen hat.

Zwischen diesen theoretischen Extremen gibt es natürlich eine Menge Mischlösungen, in denen versucht wird, Elemente beider Vorgehensweisen zu einer optimalen Synthese zu bringen. Tatsächlich bewährt es sich oft, gewisse Grundfunktionen auf sichtbare Schaltflächen zu legen, um eine Grundnavigation in der Applikation sicherzustellen. Um keine zu starre Wirkung aufkommen zu lassen, werden diese Schaltflächen leicht wiedererkennbar gestaltet und in die dargestellte Information integriert, anstatt sie in einem eigenen Bedienungsfeld abzusetzen.

4.1.4 Ästhetische Gesichtspunkte

Naturgemäß ist die ästhetische Wirkung eines Designs stark vom subjektiven Empfinden des Betrachters abhängig. Generell fallen aber trotz wechselnder Modeströmungen einige Tendenzen bei der Beurteilung von Screendesigns auf.

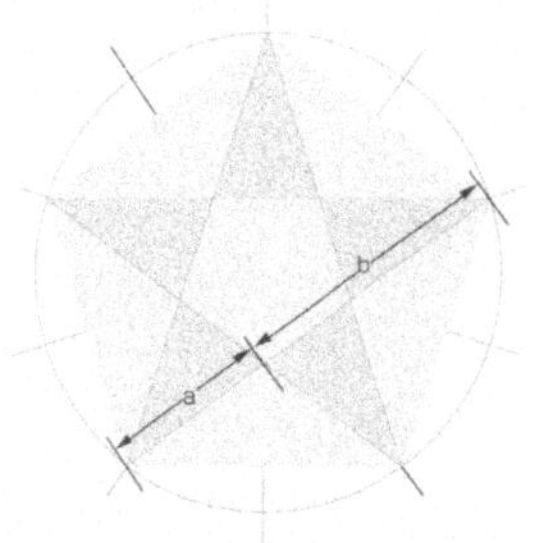

Geometrische Konstruktion des „Goldenen Schnitts"

Bildschirme mit senkrechter und waagrechter Aufteilung nach dem „Goldenen Schnitt"

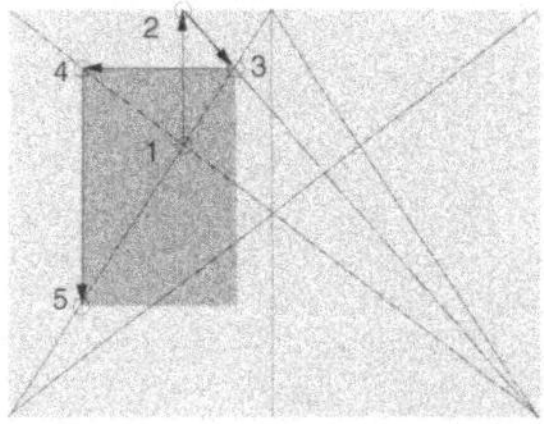

Eine der klassischen Konstruktionsmethoden zur Aufteilung von Seiten durch Gitternetzlinien

So wird z. B. ein Vollbild, bei dem die darzustellende Information den gesamten Bildschirm einnimmt, meist als eleganter eingestuft als ein Bild, das von einem sichtbaren Rahmen begrenzt wird. Genau gesagt haben insbesondere rechteckige Begrenzungsrahmen oft eine negative Wirkung. Das Rechteck ist die Form, die uns von der Technik allzu häufig und bis zur Übersättigung aufgezwungen wird, weil sie so ungeheuer praktisch ist. Aber es führt oft kein Weg vorbei – der Bildschirm ist nun einmal rechteckig; deshalb sollte man versuchen, das Beste daraus zu machen.

Für eine ausgewogene Aufteilung von Rechtecken wird von alters her der **„Goldene Schnitt"** eingesetzt. In diesem Verhältnis (a:b $\approx$ **1:1,618**) schneiden sich die Seiten eines gleichseitigen fünfeckigen Sterns.

Auch für die komplexere Aufgabe, ein Rechteck in den informationstragenden Bereich und in Ränder zu unterteilen, existieren ausgefeilte Konstruktionsmethoden. Diese klassischen Methoden der ästhetischen Seitenaufteilung gehen zurück auf Luca Pacioli (ca. 1445–1510), der sie in seinem Werk „De divina proportione" (im Druck erschienen 1509) [4] erstmals ausführlich schriftlich niederlegte. Das Werk wurde übrigens von Leonardo da Vinci (1452–1519) illustriert und ist bis heute grundlegend für Regeln ausgewogener Gestaltung. Bei Multimedia-Anwendungen gibt es allerdings engere technische Einschränkungen als im Buchdruck. Bildschirmplatz ist kostbar. Da die Auflösung der Bildschirme (72–80 dpi) heute noch hoffnungslos hinter der des Drucks (z. B. 1200 dpi) zurückbleibt, muß Schrift möglichst groß dargestellt werden ($\rightarrow$ Kapitel 4.5). Selbst bei nur geringen darzustellenden Textmengen fällt daher die Entscheidung schwer, mit breiten, ästhetisch wirkenden Rändern Bildschirmplatz zu „verschenken".

Man kann sich diesem Dilemma zum Teil dadurch entziehen, daß man entweder durch schwarze Hintergründe ($\rightarrow$ Kapitel 4.2) den oft vorhandenen, nicht ansteuerbaren schwarzen Bildschirmrand mit einbezieht oder aber, daß man versucht, durch unscharf begrenzte Bildränder das ästhetische Konzept „Rand" ganz zu vermeiden.

4.2 Gestaltung von Hintergründen

Die Wahl eines Hintergrundes ist eine wichtige Designentscheidung. Ein wesentlicher Teil des in Erinnerung bleibenden Gesamteindrucks wird durch den Hintergrund vermittelt. Sie sollten versuchen, Ihrer Anwendung durch Beibehalten eines oder einiger weniger Hintergründe ein konsistentes und ruhiges Erscheinungsbild zu geben. Für die Gestaltung werden in erster Linie ästhetische und funktionale Kriterien herangezogen, die sich natürlich den technischen Gegebenheiten unterordnen müssen.

Der Hintergrund soll tatsächlich Hintergrund bleiben, das heißt nie zum primären Interessenmittelpunkt werden – eine Gefahr, die hauptsächlich bei Hintergrundbildern (siehe unten) besteht. Aufgabe des Hintergrundes kann es manchmal nur sein, die dargestellte Information ästhetisch ansprechend zu präsentieren. In anderen Fällen übernimmt der Hintergrund weitere wichtige Aufgaben: Er kann z. B. eine beabsichtigte Grundstimmung evozieren oder die Information in einen bestimmten Kontext stellen (siehe z. B. nebenstehendes Bild „Industrieblech"). Durch den leitmotivischen Einsatz einiger weniger verschiedener Hintergründe für unterschiedliche Programmsituationen oder Themenbereiche kann auch die Orientierung und Navigation des Anwenders im Programm erleichtert werden.

Einstimmung auf das Thema durch den Hintergrund

4.2.1 Einfarbige Hintergründe

Einfarbige Hintergründe wirken im allgemeinen sehr statisch, unnatürlich und langweilig. Der Grund liegt offensichtlich darin, daß in der wirklichen Welt kaum völlig einfarbige Flächen vorkommen. Bedingt durch ungleichmäßigen Lichteinfall zeigen auch sogenannte „einfarbige" Flächen in der natürlichen Umgebung fast immer Farb- bzw. Helligkeitsverläufe. Eine bemerkenswerte Ausnahme bilden aber rein schwarze Flächen. Sie erinnern an den Nachthimmel, eine der wenigen wirklich einfarbigen Flächen, die wir aus der Natur kennen. Schwarze Hintergründe haben oft auch etwas von der Eleganz eines Nachthimmels und zudem weitere Vorteile: Der schwarze Bildschirmrand, der bei vielen Geräten vorhanden ist und oft als störend empfunden wird, fällt nicht auf; Farben erscheinen auf schwarzem Hintergrund besonders intensiv.

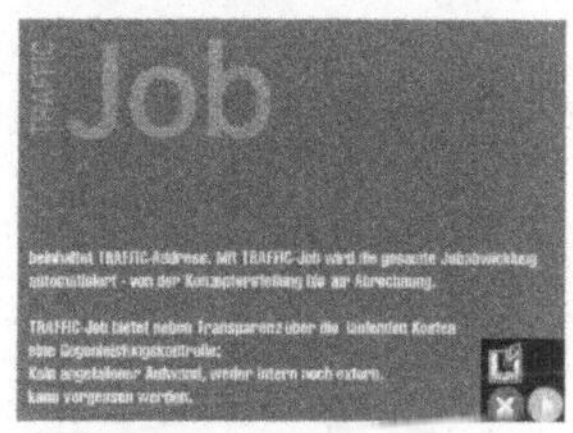

Einfarbige Hintergrundflächen, wie hier, wirken meist langweilig.

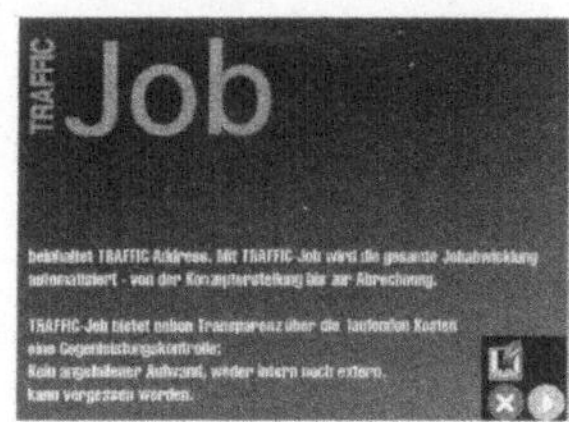

Ein sonst gleicher Bildschirmaufbau wirkt mit einem Verlauf im Hintergrund besser.

Die interessante Wirkung eines weichen schwarzen Randes erkennt man deutlich bei Vollbild-Darstellung.

Technisch gesehen sparen Hintergründe mit einfachen Farbverläufen oder nur einer Farbe natürlich Speicher, denn er kann als Vektorgrafik definiert sein. Bei Direktor kann auch die Standardfarbe der Bühne eingestellt werden, dadurch läßt sich der Bildaufbau beschleunigen, da als Hintergrund kein eigentliches Objekt vorliegt.

Will man die Begrenzung durch den schwarzen Bildschirmrand kaschieren, so besteht auch die Möglichkeit, den Hintergrund in den Außenbereichen nach Schwarz abzutönen. Zum Beispiel kann man dieses elegante Verfahren in der in Fachkreisen berühmt gewordenen CD-ROM „Doors of Perception" sehen. Um die Wirkung bereits bei der Gestaltung beurteilen zu können, ist der Vollbild-Modus von Photoshop nützlich.

4.2.2 Farbverläufe

Verläufe sind sehr gebräuchlich als neutrale und doch nicht langweilige Hintergründe. Bei der Verwendung von Verläufen sollten Sie wie auch sonst in erster Linie auf Konsistenz achten. Wenn Sie beispielsweise 3D-Buttons oder Rähmchen einsetzen, deren Schattierungen eine Beleuchtung von links oben vermuten lassen, sollte auch der Hintergrundverlauf links oben sein helleres Ende haben.

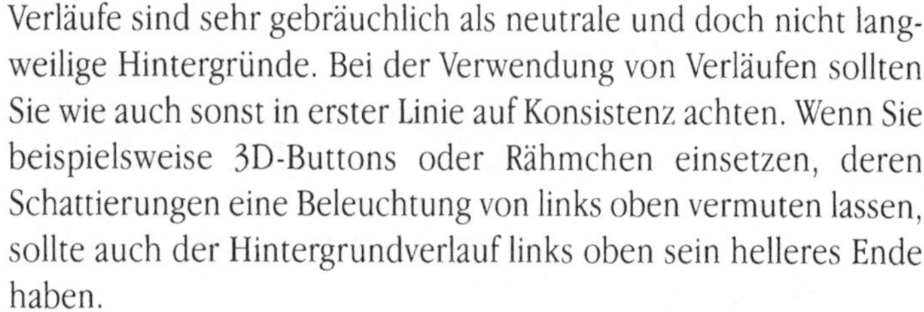

Wenn man in der Anzahl der Farben auf dem Bildschirm eingeschränkt ist, sollte man Verläufe vorsichtig einsetzen. Kaum etwas sieht unschöner aus als ein Verlauf, der aufgrund falscher Monitoreinstellung oder unpassender Farbpalette zu einer Ansammlung unästhetischer Streifen degeneriert. Bei Verwendung einer konstanten Palette von nur 256 Farben wie der Macintosh- oder Windows-Systempalette können nur sehr wenige saubere Verläufe gefunden werden.

Licht und Schatten nicht zufällig, sondern konsistent verwenden

Verläufe, die als normale Bitmaps gespeichert sind, benötigen jeweils ca. 300 kB Speicherplatz. Sie können den erforderlichen Platz bei mindestens gleicher Qualität auf wenige Kilobyte reduzieren, wenn Sie statt dessen auf die Director-Vektorformdarsteller oder einen importierten Flash-Darsteller zurückgreifen. Director kann auf diese Weise sogar Farbverläufe bei 256 Farben erstaunlich gut darstellen. Auch die aus früheren Versionen bekannten Geschwindigkeitsprobleme bei Animationen über Vektordarsteller treten nicht mehr spürbar auf.

Für Rastergrafik-Farbverläufe, die nicht diagonal, sondern vertikal oder horizontal liegen, funktioniert auch noch ein ähnlicher, speichersparender Trick: Laden Sie einen nur einen Pixel breiten bzw. hohen Verlauf in Director und dehnen Sie ihn hier auf die nötige Breite bzw. Höhe.

4.2.3 Abgetönte Bilder

Beliebte Hintergründe sind auch Bilder, die ganz oder teilweise nach einer Farbe, meist Weiß, abgetönt sind. Kritisch ist das Ausmaß der Einfärbung. Die Motive sollten noch erkennbar bleiben, um das Grundthema assoziieren zu lassen; gleichzeitig darf der Hintergrund jedoch nicht zu stark von der eigentlichen Vordergrundinformation ablenken, und die Beschriftung, die meist direkt auf das Hintergrundbild gesetzt wird, darf in der Lesbarkeit keinesfalls beeinträchtigt werden. Hier einen passenden Mittelweg zu finden, erfordert einiges an Erfahrung oder Geduld beim Ausprobieren!

Woher bekommt man das Rohmaterial für Hintergründe aus abgetönten Bildern?

In dieser Präsentation wurde der Hintergrund verwendet, um den Themenbereich „Technik" in Erinnerung zu halten.

Käufliche Bild-CDs

Am bequemsten ist es, auf käufliche Bild-CDs zurückzugreifen. Achten Sie dabei unbedingt darauf, daß Sie mit der CD auch die Verwendungsrechte der Bilder erwerben. Sie finden im Anhang die Bezugsadresse zweier solcher CDs.

Im Gegensatz zu solchen seriösen Anbietern gibt es aber auch Firmen, die – vielfach ohne dies in der Werbung erkennbar zu machen – nur die CD ohne Rechte verkaufen. Will man die Bilder tatsächlich verwenden, wird man für jedes einzelne nochmals zur Kasse gebeten. Diese – übrigens auch bei Audio-Clips auf CD verbreitete – Form des Vorgehens könnte man moralisch wohl mit Recht als Trickbetrug unter Ausnutzung der bestehenden Copyright-Bestimmungen werten.

Eine der Background-CDs von Studio ©, Wien (Bezugsquellen im Anhang)

Auftragsspezifische Hintergrundbilder sollten natürlich möglichst preisgünstig in den Rechner kommen. Je nach der Form, in der die Bilder vorliegen, bieten sich verschiedene Verfahren an, die selbstverständlich in ähnlicher Weise auch für darzustellende Vordergrundbilder gelten.

Scannen

Das Scannen vorliegender Papierbilder ist ein relativ teures Verfahren. Für einige wenige Hintergrundbilder stellt dies sicherlich kein Problem dar; wenn es aber um die Erfassung größerer Mengen von Produktfotos geht, kann das Scannen zu einem wesentlichen Kostenfaktor werden. Sie müssen für einen Scan mit Kosten von ca. DM 15,– bis 20,– rechnen.

Photo CD

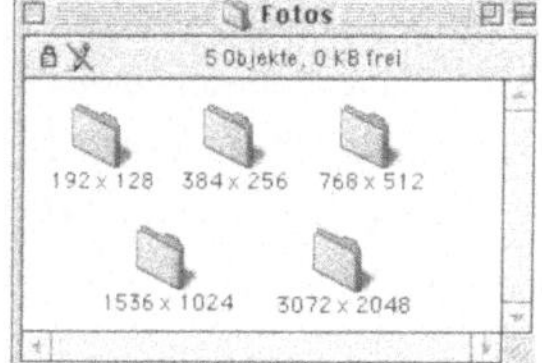

Wesentlich preisgünstiger als durch eigenes Scannen und mit mindestens ebenso hoher Qualität können Bilder über die Erstellung einer Kodak Photo CD digitalisiert werden. Sie geben dazu Ihren Kleinbildfilm (Negativ oder Diapositiv) einfach bei Ihrem Fotohändler ab und erhalten nach wenigen Tagen eine CD, auf der über 100 Bilder in fünf Qualitätsstufen untergebracht sind. Die höchsten Qualitätsstufen sind für Multimedia wegen der begrenzten Bildschirmauflösung meist nicht notwendig. Man begnügt sich mit dem mittleren Format von 768 x 512 Pixeln. Nach Randbeschnitt verbleibt ein Bild mit 640 x 480 Pixeln, wie es in der Regel maximal benötigt wird.

Digitale Photo- und Videokameras

Wenn die Fotos noch nicht vorliegen, bietet sich als weitere interessante Möglichkeit die Digitalisierung mittels einer Digitalkamera an.

Die »QuickTake 150« von Apple war in den frühen 90er Jahren eine der ersten preisgünstigen Digitalkameras, erreichte jedoch nur eine Auflösung von 640x480 Bildpunkten.

Qualitativ hochwertige Digitalkameras sind heute schon in einem Preisbereich von DM 1.500,– bis 10.000,– zu erhalten. Durch die höheren Pixelzahlen muß heutzutage auch nicht mehr unbedingt der Bildausschnitt von Anfang an richtig gewählt sein, da nun auch für Vollbilder genügend Reserven zum Beschneiden und Skalieren vorliegen.

Die meisten Digitalkameras werden über serielle Verbindungen an den Rechner angeschlossen. Dabei kommen noch ältere Standards wie V24 oder moderne serielle High-Performance-Bus-Systeme wie FireWire (IEEE 1394) mit bis zu 400 MBit/Sekunde zum Einsatz. Direkt oder über zwischengeschaltete Speichermedien werden die Bilder in den Macintosh oder Windows-PC geladen und dort z. B. mit Programmen wie Photoshop weiterverarbeitet.

Statt des Einsatzes einer Digitalkamera ist für Einzelbilder mit geringeren Qualitätsanforderungen oft auch die Verwendung einer handelsüblichen SVHS-Videokamera mit einer Digitalisierungskarte möglich.

Eine digitale Videokamera kann an Rechnern mit FireWire-Schnittstelle ohne Hardware-Erweiterung betrieben werden.

4.2.4 Strukturen

Strukturen, die ein sich wiederholendes Muster bilden, bieten eine elegante Möglichkeit, Hintergründe interessant und gleichzeitig speichersparend zu gestalten. Mit Director lassen sich bis zu acht eigene oder eingebaute mehrfarbige Muster festlegen, die exzellent als Hintergründe geeignet sind. Dadurch, daß ein Muster wiederholt wird, beansprucht es unabhängig von der dargestellten Fläche nur wenig Speicher. Bei Hintergrundmustern kann man zwei verschiedene Arten unterscheiden.

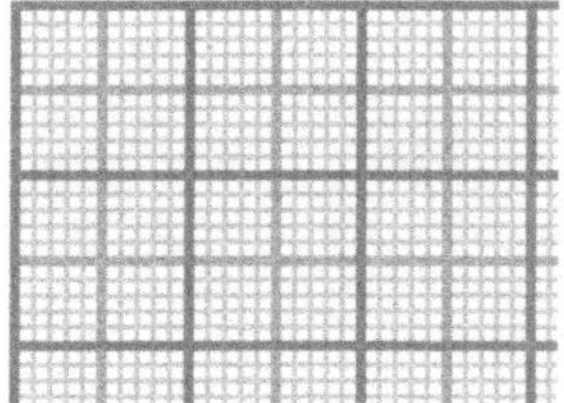

Repetitives Muster mit deutlich sichtbarer Wiederholungssequenz

Die einen (z. B. das nebenstehende „Millimeterpapier" oder das „Industrieblech" aus der folgenden Übung) betonen das sich wiederholende Muster. Viele technische zeichnerische Darstellungen wie Raster, Gitter, Gewebe, Symbole, Logos etc. fallen in diese Rubrik.

Ganz anders ist die zweite Kategorie geartet. Hier wird auf die Unfähigkeit des Betrachters spekuliert, ein regelmäßiges Muster in einem komplexen Bild zu erkennen. Gemeint sind z. B. Darstellungen natürlicher Muster wie Moos, Gras, Marmor, Sand, Kies. Bei der Festlegung solcher Muster muß immer darauf geachtet werden, daß die Bildparzelle keine auffällige Struktur (z. B. eine einzelne Blume im Gras) aufweist und daß die Flicken an den Rändern nahtlos zusammenpassen. Die zweite Forderung ist immer nur durch raffiniertes Retuschieren erreichbar. Auf der CD finden Sie im Ordner »Sammlung:Muster« einige Übungsmuster für eigene Gestaltungen.

Repetitives Muster mit schwer erkennbarem Wiederholungsbereich

4.3 Optische Gestaltung von Schaltflächen

Bei der Gestaltung von Schaltflächen muß man verschiedene einander zum Teil widersprechende Anforderungen zu einer guten Synthese führen.

Das Benutzerinterface sollte einerseits so unaufdringlich wie möglich sein; man sollte bei der Bedienung nie an das Interface, sondern immer an den Inhalt denken können. Auch beim Autofahren ist es ja so, daß jemand, der dauernd an das Schalten denken muß, nicht sehr gut fahren wird.

Andererseits existiert die Notwendigkeit, verfügbare Aktionen auf dem Bildschirm sichtbar zu machen, um auch dem Neuling eine Möglichkeit zu geben, sich in dem System zurechtzufinden.

Unsichtbare Schaltflächen

Unsichtbare Schaltflächen machen naturgemäß am wenigsten Kopfzerbrechen bei der optischen Gestaltung. Sie haben den großen Vorteil, daß sie die dargestellte Information nicht stören, und entsprechen damit auch am ehesten der Forderung, daß ein Benutzerinterface nie vom Inhalt ablenken darf. Eine Anwendung für unsichtbare Schaltflächen wäre z. B. das Bild einer Maschine, bei dem verschiedene Einzelteile zum Zweck näherer Information oder zur Vergrößerung angeklickt werden können.

Um unsichtbare Schaltflächen trotzdem für den Anwender entdeckbar zu machen, existieren verschiedene Lösungen. Man kann die Schaltfläche z. B. bei Berührung mit der Maus mit einem Rahmen versehen oder sonstwie in diesem Moment doch sichtbar machen. Man kann auch nur den Mauszeiger über einer unsichtbaren Schaltfläche entsprechend der möglichen Aktion verändern.

Sichtbare Schaltflächen

Die Gestaltung sichtbarer Schaltflächen ist natürlich sehr vom individuellen Stil des Entwicklers und von Kundenvorgaben abhängig.

Die in Director eingebauten Tasten nach Systemstandard werden in Multimedia-Applikationen selten verwendet. Sie kommen vor allem bei der Simulation von Programmen zum Einsatz und bei experimentellen Entwicklungen.

Man kann einige allgemeine Empfehlungen zur Tastengestaltung aussprechen, die allerdings nicht streng gelten, sondern in jedem Einzelfall überdacht werden sollten.

Damit eine Applikation einen durchgängigen Stil bekommt, sollte ein einmal gewähltes Design möglichst auch durchgehalten werden. Das heißt nicht, daß nur langweilige Pfeile und nachgebildete Tasten von Kassettenrecordern verwendet werden sollen. Das Design der Tasten kann und sollte der Thematik des Programms angepaßt sein. Es wäre z. B. ohne weiteres denkbar, daß in einer Anwendung, die die Tiere eines Zoos beschreibt, eine krabbelnde Schildkröte als Schaltfläche für „weiter" dient, oder, falls dies Langsamkeit suggerieren sollte, eben ein Känguruh.

Für die Schaltflächen und für die anderen Elemente der Benutzeroberfläche sollten nicht zu viele verschiedene Farben eingesetzt werden, wenn später mit individuellen Farbpaletten für einzelne Szenen gearbeitet werden soll. Vermeiden Sie also in diesem Fall Verläufe oder beschränken Sie sich auf höchstens einen Verlauf zwischen zwei Farben (in Tasten mit Metallic-Wirkung ist das nicht ganz leicht). Falls für die Anwendung nur eine indizierte 8-Bit-Darstellung gewählt wird (was heute eher selten der Fall ist), sollten insgesamt nicht mehr als ca. 30 Farben für das Benutzerinterface verwendet werden. So stehen noch über 200 Farben für die optimale Darstellung eines Fotos zur Verfügung.

Die Verwendung eingängiger Symbole statt mit Text beschrifteter Tasten bringt insbesondere dann Vorteile, wenn die Anwendung in mehrere Sprachen übersetzt werden soll. Die Symbole müssen aber eindeutig sein, und es sollte ein erklärender Textschirm als Hilfestellung vorgesehen werden.

Plazierung von Schaltflächen

Bei der Plazierung von Schaltflächen sollte man verschiedene Möglichkeiten erwägen. Es war schon die Rede von den Vorteilen der Plazierung am rechten oder unteren Bildschirmrand bei Touchscreens. Man sollte weiterhin darauf achten, Schaltflächen mit gleicher oder analoger Funktion auf verschiedenen Screens einer Applikation immer an derselben Stelle anzubringen, damit sich eine gewisse „blinde Sicherheit" bei der Bedienung einstellt.

In manchen Zusammenhängen kann es interessant sein, Schaltflächen beweglich auf dem Hintergrund anzuordnen. Mehrere Bedienungselemente kann man zu schwebenden Paletten zusammenfassen.

Generell sollte man die Anzahl der Bedienungselemente pro Bildschirm auf höchstens sieben begrenzen. Wenn dies nicht möglich ist, müssen sie deutlich erkennbar in mehrere Gruppen gegliedert sein. Psychologen haben herausgefunden, daß das menschliche Erkennungsvermögen nur etwa fünf bis sieben Objekte gleichzeitig, in einem Blick erfassen kann, ohne explizit nachzuzählen. Diese magische Grenze der Wahrnehmung limitiert natürlich ebenso die maximal sinnvolle Anzahl gleichzeitig dargebotener Aufzählungspunkte auf einem Bildschirm.

4.4 Interaktivität von Schaltflächen

Im Gegensatz zu einfachen Präsentationsprogrammen können mit Director sehr differenzierte Formen der Interaktion erzeugt werden, die weit über einfaches Klicken auf Schaltflächen hinausgehen. Einige gebräuchliche Interaktionsformen werden hier vorgestellt.

Reaktion auf Mausbewegung

Bereits die alleinige Bewegung der Maus ohne Klicken kann in Director registriert werden. Damit können Multimedia-Programme z. B. erkennen, daß ein Bediener sich mit dem Programm beschäftigt und möglicherweise noch längere Zeit unschlüssig ist, welche Taste er betätigen soll. Das Programm kann dann von sich aus die Initiative ergreifen und den Bediener ansprechen bzw. eine Hilfe einblenden.

Rollover

Die Bewegung der Maus über bestimmte sichtbare oder unsichtbare Bildbereiche kann registriert werden. Damit kann etwa ein Hilfesystem ähnlich des „Balloon-Help" im Macintosh-System realisiert werden. Solange der Mauszeiger sich über bestimmten Objekten befindet, werden einzelne Aktionen ausgelöst, Kommentare eingeblendet, verändern die Objekte ihr Aussehen oder wird ein Ton abgespielt. Eine beliebte Nutzung des Rollover besteht auch in der Veränderung des Mauszeigers über bestimmten Bildschirmbereichen.

Schaltflächen

Natürlich sind auch ganz normale Schaltflächen realisierbar, die sich beispielsweise wie die Standard-Buttons des Betriebssystems verhalten. Director läßt viele Variationen dieses Themas zu.

Die Kombination mit dem obengenannten „Rollover" kann Schaltflächen bereits bei Berührung mit der Maus hervorheben oder überhaupt erst sichtbar machen (oft möchte man z. B. ein ästhetisch wirkendes Bild nicht durch permanent sichtbare Schaltflächen verunstalten).

Schaltflächen mit Standardverhalten ändern ihr Aussehen, wenn die Maus gedrückt wird. Sie führen ihre Aktion aber erst aus, wenn die Maus über der Schaltfläche wieder losgelassen wird. Der Anwender hat so die Möglichkeit, das Auslösen noch im letzten Augenblick zu verhindern, indem er die Maus bei gedrückter Taste wegzieht und erst außerhalb der Schaltfläche losläßt. Diese Technik führt zu einem verstärkten Sicherheitsgefühl für den Anwender.

Die notwendige Veränderung beim Schaltvorgang ist mit Director sehr exakt steuerbar, indem einfach ein anderes Bild eingeblendet wird oder aber ein kleiner Film abläuft. Diese Aktion kann ebenso wie das Loslassen der Taste durch abgespielte Töne begleitet sein.

Sofortige Reaktion

In bestimmten Fällen möchte man vom Standardverhalten abweichen und Schaltflächen realisieren, die bereits beim Drücken der Maustaste reagieren. Mit Director kein Problem!

Direkte Reaktion beim Drücken der Maustaste ist z. B. auf Touchscreens sinnvoll, da der Vorgang des Antippens mit dem Finger nicht so schnell abgeschlossen ist wie ein Klick mit der Maus. Eine weitere Anwendung wären etwa die Tasten eines simulierten Spielautomaten, die extrem schnell reagieren müssen.

Auch bei Tasten, die bereits beim Drücken der Maustaste reagieren, sollte man nicht vergessen, daß der Anwender eine optische und akustische Reaktion als Bestätigung des Tastendrucks erwartet. Nur so wird ein sicheres Gefühl bei der Bedienung vermittelt.

Regler

Um analoge Größen einzustellen, bietet sich die Simulation von Schiebereglern auf dem Bildschirm an. In der Sprache Lingo sind einige Befehle speziell diesem Thema gewidmet.

Das Verhalten von Reglern kann in jeder Hinsicht exakt kontrolliert werden. So sind Regler machbar, die sich stufenlos einstellen lassen oder nur eine gewisse Anzahl von Einrastpunkten haben, solche, die ihre Arbeit still verrichten, und quietschende Exemplare, Regler, bei denen der eingestellte Zahlenwert in einem normalen Textfeld ausgegeben wird, und solche, bei denen das Textfeld nur während der Einstellung neben dem Schieber auftaucht, sowie viele weitere Varianten.

Zweidimensionale Regler

Zweidimensionale Regler können fast noch leichter erzeugt werden als die auf eine Schieberichtung beschränkten. Man benötigt sie z. B. für ein Farbauswahlfeld, für die Markierung einer Position auf einem Plan oder für die Steuerung der Flugrichtung eines Raumschiffes.

Pull-down-Menüs

Standardmenüs des Betriebssystems sind in Director sehr leicht machbar. Damit können ganze Applikationen für eine Präsentation simuliert werden, bevor sie programmiert sind. Auf einer Apple-Entwicklerkonferenz habe ich z. B. bereits vor einigen Jahren die Simulation der erst jetzt als ß-Release verfügbaren und von Apple für 1996 angekündigten „OpenDoc" Technologie als Director-Applikation gesehen.

Popup-Menüs

Etwas schwieriger als Pull-down-Menüs, aber noch mit vertretbarem Aufwand zu realisieren sind die Popup-Menüs. Sie können an jeder beliebigen Stelle auf dem Bildschirm erscheinen und sind z. B. gut einsetzbar, um bei knappem Bildschirmplatz mehrere Varianten einer Aktion hinter einer gemeinsamen Schaltfläche zu verstecken (z. B. »Drucken:Zusammenfassung« oder »Drucken:Langfassung«).

Steuergeräte

Nicht nur die normale Interaktion mit Maus und Tastatur kann in Director sehr flexibel erfolgen, sondern auch der Einsatz anderer externer Steuergeräte wie Tastatur, Touchscreen, CD-i-Steuerung, Joystick oder Maltablett bereitet keine Probleme.

4.5 Texte auf dem Bildschirm

Schrift

Wichtig ist es, sich bei Multimedia-Anwendungen auf wenig Text pro Bildschirm zu beschränken und eine gut lesbare, relativ große Schrift zu verwenden. Für Textpassagen ist eine Schriftgröße von mindestens 18 pt zu empfehlen. Überschriften und plakative Aussagen sollten in Schriftgraden ab 24 pt gesetzt werden. Es gelten im Prinzip ähnliche Regeln wie beim klassischen Satz, d. h., bei Überschriften sollte man Groteskschriften (serifenlose Schriften) bevorzugen, während Textpassagen eher in Antiquaschriften gut lesbar sind.

Generell sollte man bei Bildschirmlayouts eher fette Schriftschnitte einsetzen, da Buchstaben auf dem Bildschirm mindestens zwei Pixel Strichdicke haben sollten, um gut lesbar zu sein. Insbesondere bei billigeren Bildschirmen mit niedrig auflösender Lochmaske treten sonst starke Helligkeitsschwankungen zwischen benachbarten senkrechten Linien auf.

Wenn Sie beabsichtigen, Ihr Produkt auf VHS-Bändern auszuliefern, sollten Sie grundsätzlich keine Schriftgrößen unter 24 pt verwenden, da Schriften auf Fernsehbildschirmen noch wesentlich schlechter zu lesen sind als auf Computermonitoren.

Kontrast

Texte, die auf dem Bildschirm gut lesbar sein sollen, müssen natürlich einen ausreichenden Kontrast zum Hintergrund bieten. Sollen Texte direkt auf einem Bildhintergrund stehen, kann man sich oft mit einem schattierten Text behelfen. Zum Beispiel können Sie mit heller Schrift arbeiten, die auf dem Hintergrundbild einen harten oder weichen schwarzen Schatten wirft. Weiche Schatten sind dabei besonders vorteilhaft, da sie durch ihre Größe den Kontrast an allen Schriftkanten verbessern.

Längere Texte mit Schriftgraden kleiner als 24 pt sollten möglichst gar nicht auf Hintergrundbildern dargestellt werden, sondern auf gleichmäßigen Farbflächen.

Achten Sie bitte darauf, daß Kontraste nicht nur durch verschiedene Farben vermittelt werden, sondern immer auch durch unterschiedliche Helligkeit. Ein nicht zu vernachlässigender Teil der Bevölkerung verfügt über eingeschränkte Farbsichtigkeit und hätte daher unter Umständen Schwierigkeiten. Am häufigsten ist dabei die Rot-Grün-Blindheit mit 4 % bei Männern und 0,4 % bei Frauen vertreten. Vermeiden Sie also besonders solche Farbkontraste. Andere Ausfälle, wie die Blau-Gelb-Blindheit, treten weit seltener auf. Und denken Sie daran: Allgemeine Farbenblindheit tritt auf, wenn Ihre Applikation doch einmal auf einem Graustufen- oder Schwarzweißmonitor laufen sollte!

Auflösung und Antialiasing

Schrift, die auf einem Monitor ausgegeben wird, unterliegt immer der Gefahr, grob und unästhetisch zu wirken und schlecht lesbar zu sein. Hauptursache dafür ist die mit normalerweise 72 dpi viel zu geringe räumliche Auflösung heutiger Monitore. Der kleinste darstellbare Bildpunkt ist also normalerweise ca. 0,35 mm (1 Inch/72 = 2,54 cm/72) groß. Diese Größe ist nicht zu verwechseln mit der für manche Bildschirme angegebenen Auflösung der Lochmaske, z. B. 0,18–0,28 mm, ein Wert, der für eine scharfe Abbildung möglichst klein sein sollte.

Bei einer Größe von 1/72 Inch für einen Bildpunkt stellen DTP-Programme die Seiten in ihrer Originalgröße dar. 1 cm auf der gedruckten Seite entspricht also wirklich 1 cm auf dem Bildschirm, richtige Kalibrierung vorausgesetzt. Im allgemeinen ist es allerdings nicht sehr wichtig, ob die tatsächliche Größe eines Bildes oder Dokuments auf dem Bildschirm mit der Größe des gedruckten Originals übereinstimmt.

Unter diesem Gesichtspunkt weicht man häufiger vom 72-dpi-Standard ab und verwendet auch Monitore mit z. B. 75 dpi oder 80 dpi. Die sogenannten „Multisync"-Monitore, die in den letzten Jahren zunehmend Verbreitung finden, erlauben es ohnehin, z. B. einen 17"-Monitor mit unterschiedlichen „Auflösungen" wie 640 x 480 oder 800 x 600 zu betreiben. Ein Bildpunkt hat also heute keine wirklich vorhersagbare Größe, was besonders bei Multimedia-Projekten einleuchtet, die auf Großmonitoren oder durch Projektion zum Einsatz kommen.

Bei der Arbeit mit dem Monitor ist es auch nicht die absolute Größe eines Bildpunkts, die sich störend bemerkbar macht, sondern diese in Kombination mit dem zu geringen Betrachtungsabstand und der recht guten Bildschärfe. Im üblichen Betrachtungsabstand am Monitor von ca. 30 cm erscheint ein Bildpunkt unter einem Winkel von ca. 40" (Bogensekunden). Das „normale" Auflösungsvermögen (die Winkeldistanz, bei der zwei Punkte gerade noch getrennt wahrgenommen werden können) des Auges, bei dem die Sehschärfe von 100 % definiert ist, ist eigentlich schlechter, nämlich ganze 60". Allerdings erreichen viele Personen laut dieser Definition Sehschärfen bis zu 200 %. Weiterhin ist für die Erkennbarkeit von Treppenstufen, insbesondere bei dünnen Kanten mit starkem Kontrast, nicht exakt die Auflösungsgrenze maßgebend, sondern auch die Differenzierbarkeit von Helligkeitswerten. Dies hat zur Folge, daß deutlich sichtbare und störende Treppenstufen bis hinunter zu Betrachtungswinkeln von 10"–15" auftreten können. Verstärkt wird dieser Effekt noch dadurch, daß unser Auge besonders auf die Erkennung genau senkrechter und genau waagerechte Kanten spezialisiert ist. Diese „fallen stärker ins Auge" als schräge Kanten bei gleichem Kontrast.

Umgehen schräger Linien

Ein einfaches Mittel, die Darstellung von Schrift und anderen Objekten zu optimieren, ist, schräge Linien mit anderen Winkeln als 45°

zu vermeiden. Gute Beispiele für eine gelungene Optimierung dieser Art sind Schriften, die besonders für eine gute Lesbarkeit am Bildschirm konzipiert sind (z. B. die Apple-Systemschriften „Chicago" oder „Geneva"). Diese vermeiden flache Anstiege und Rundungen, soweit es gestalterisch möglich ist, und erreichen damit eine relativ gute Lesbarkeit auf Monitoren.

Auch bei der Gestaltung von Zeichnungen und Symbolen für Multimedia-Projekte sollte man horizontalen, vertikalen und 45° schrägen Kanten den Vorzug vor anderen Richtungen geben, um das bestmögliche Aussehen zu erreichen. Wenn man unbedingt vom 45°-Winkel abweichen muß, sollte man als nächstbeste Lösung 30° oder 60° verwenden.

Antialiasing

Senkrechte, fast senkrechte, 60° und 45° schräge Linien zeigen unterschiedlich ausgeprägte Treppenbildung. Zum Vergleich rechts eine fast senkrechte Linie mit Antialiasing (s. u.)

Die Treppenstufen aufgrund einzelner Pixel sind besonders dann störend, wenn sie einen starken Kontrast zum Hintergrund bilden. Einer der schlimmsten Fälle liegt bei Schwarz auf Weiß vor.

Wie wäre es aber, wenn man den Kontrast an der Treppenstufe abmildern könnte?

Tatsächlich erscheint eine derartig mit Zwischenfarben versehene Linie bei gleicher Pixelgröße wesentlich glatter (siehe nebenstehende Abbildung). Verfahren, die eine solche Kantenglättung bewirken, bezeichnet man als „Antialiasing". Es handelt sich dabei nicht nur um einen subjektiven Eindruck. Tatsächlich enthalten gut geglättete Bilder auch mehr Information über den Verlauf einer Kante als Bilder mit harten Pixelkanten. Die Mehrinformation über den tatsächlichen Konturverlauf steckt in der durch mehr Bits dargestellten Farbtiefe. Diese Information entsteht aber natürlich nicht nachträglich. Ein Bild, das einfach mit einem Weichzeichnungsfilter bearbeitet wird, zeigt wohl auf den ersten Blick Ähnlichkeiten mit echtem Antialiasing und auch eine – in diesem Fall freilich rein subjektive – Glättung; es erreicht jedoch nie die Qualität, die durch echtes Antialiasing möglich ist.

Es gibt aber durchaus Unterschiede in der Qualität des Antialiasing, die in den Algorithmen begründet liegen und in der vorliegenden Information. Sehr gutes Antialiasing läßt sich zum Beispiel erreichen, wenn Schriften mit der Option »Glätten« in Photoshop erstellt werden. Dabei liegt schließlich die Konturinformation der Zeichen exakt vor. Oft deutlich schlechteres Antialiasing entsteht bei Verkleinerung eines Bildes. Dabei ist die Qualität gewöhnlich gut, wenn in einem Schritt kräftig verkleinert wird; Verkleinerungen in mehreren einzelnen Stufen wirken sich negativ auf die Qualität aus.

Verkleinert man ein Bild in Photoshop, so muß darauf geachtet werden, daß unter »Ablage:Grundeinstellungen:Allgemeine…« der Rechenalgorithmus »Bikubisch« gewählt ist. »Bilinear« wirkt schlechter, und »Pixelwiederholung« erzeugt überhaupt kein Antialiasing.

Wie ebenfalls aus der nebenstehenden Abbildung hervorgeht, kommt Antialiasing hauptsächlich schrägen Kanten zugute; dünne gerade Linien, besonders senkrechte und waagerechte, kann es unter Umständen sogar dadurch subjektiv verschlechtern, daß sie einen grauen Schatten erhalten.

Geglätteten Text sollte man, wo immer möglich, für alle größeren Schriftgrade verwenden, insbesondere bei fettem Schriftstil. Notfalls kann für einen ähnlichen optischen Eindruck ein leichter Weichzeichnungsfilter über das Bild gelegt werden.

Bei Text mit geringer Strichdicke sollte man auf das Glätten allerdings verzichten, da hier deutlich sichtbare Kontraste für die Lesbarkeit wichtig sind.

Als Faustregel kann gelten, daß man alle Schriften und Symbole glätten sollte, die eine Strichstärke (Dickte) von drei Pixeln und mehr erreichen.

Buchstabe ohne und mit Antialiasing bei gleicher Auflösung

5

Begriffe und Konzepte

5 Begriffe und Konzepte

In Director gilt es, einige Begriffe und Grundkonzepte zu erlernen, die zum Verständnis des Programms von zentraler Bedeutung sind. Die Funktionsweise von Director soll zunächst in wenigen Sätzen formuliert werden, bevor dann auf die wichtigsten Konzepte näher eingegangen wird:

Das Programm gestattet es, in einem oder mehreren Fenstern mit der Bezeichnung »**Besetzung**« alle Komponenten wie Texte, Grafiken, Töne, Videoclips etc. zu sammeln, die für eine Animation benötigt werden. Ein Besetzungsfenster kann intern (als Teil des aktuellen Director-Films) oder aber als getrennte Director-Besetzungsdatei gespeichert werden (in diesem Fall können auch mehrere Filme auf dieselben Besetzungen zugreifen). Jeder Film enthält aber mindestens eine interne Besetzung.

Die Objekte in den Besetzungsfenstern werden als **Darsteller** bezeichnet. Sie können entweder in der Besetzungsdatei (bzw. bei internen Besetzungsfenstern im aktuellen Director-Film selbst) gespeichert sein oder aber nur aus einer Verknüpfung zu einer externen Datei (z. B. einer Ton- oder einer Grafikdatei) bestehen. Director stellt für manche Arten von Darstellern interne Editoren zur Verfügung; Darsteller können auch mit einem externen Editor bearbeitet werden.

Die **Bühne** zeigt die Anordnung der Darsteller zu jeder Zeit. Darsteller befinden sich jedoch nie selbst auf der Bühne, sondern nur sogenannte **„Sprites"**, die die Darsteller auf der Bühne präsentieren. Sie sind quasi einzelne Auftritte der Darsteller. Es können also gleichzeitig auch mehrere Sprites eines Darstellers auf der Bühne ihre Rolle spielen.

Mit Hilfe eines weiteren wichtigen Fensters, des Fensters »**Drehbuch**«, wird es möglich, durch die Zeit zu navigieren und den zeitlichen Ablauf des Films festzulegen. Aufeinanderfolgende Bühnenbilder (oft auch als „Frames" bezeichnet) sind in diesem Fenster als Spalten dargestellt, verschiedene mit Sprites besetzte Rollen als Zeilen.

5.1 Die Bühne

Die Bühne ist derjenige Teilbereich des Bildschirms, auf dem die erstellte Multimedia-Anwendung abläuft. Über »Modifizieren:Film: Einstellungen...« läßt sich die Größe und Positionsvorgabe der Bühne auf dem Bildschirm einstellen.

Auf der Bühne

Darsteller sind Objekte, die ähnlich wie Schauspieler auf einer wirklichen Bühne agieren können. Der Vergleich muß jedoch etwas überstrapaziert werden bis hin zu Darstellern, die in einem komischen Schauspiel z. B. einen Tisch, eine Wand (den Hintergrund) spielen oder die nur in Form ihrer Stimme (Sounddarsteller) auftauchen. Auch kann der gleiche Darsteller im selben Bühnenbild verschiedene Rollen spielen, wie man das von Playbacks kennt. Mag die Analogie bis hierher noch gelten, so kommt auf einer abstrakteren Ebene hinzu, daß z. B. auch Verhaltensskripte und Filmskripte als Darsteller behandelt werden und ihren Platz in einer Besetzung haben.

5.2 Bilder

Unter einem Bild (engl.: Frame) versteht man einen Zustand auf der Bühne. Aufeinanderfolgende Bilder sind eine Animation. Sie entsprechen also genau den Einzelbildern auf einem Filmstreifen. Ein Bild stellt die kleinste Zeiteinheit dar, in der automatisch eine Bildschirmaktualisierung stattfindet. In Director können Sie die Bildwiederholrate (Anzahl der pro Sekunde abgespielten Bilder) im Rahmen der Leistungsfähigkeit des Rechners auf verschiedene Weise festlegen. Für einigermaßen fließende Bewegungen müssen Werte von 16–30 Bilder pro Sekunde (BpS) erreicht werden. Bei diesen Geschwindigkeiten werden die Eindrücke im Gehirn zu einer scheinbar fließenden Bewegung verschmolzen.

Wird ein Director-Film mit vielen gleichzeitig bewegten Objekten auf einem Rechner wiedergegeben, der für diese Aufgabe zu langsam ist, so werden die Bilder langsamer abgespielt als beabsichtigt, es werden jedoch im Gegensatz zu QuickTime- bzw. AVI-Filmen keine Bilder ausgelassen. In diesem Punkt verhält sich Director also völlig anders als Digital-Video (QuickTime bzw. AVI) oder als Sounddaten, was die Ursache oft hartnäckiger Synchronisationsprobleme sein kann (→ Kapitel 8).

5.3 Sprites

Visuelle Darsteller wie Texte, Bilder, Videos etc., die für eine bestimmte Zeit (eine bestimmte Anzahl von Bildern) auf der Bühne agieren, werden Sprites genannt (die früher für „Sprite" gebräuchliche deutsche Übersetzung „Kobold" wurde von Macromedia aus dem Vokabular gestrichen). Erst in Form eines Sprites wird ein Darsteller auf der Bühne sichtbar. Ein Sprite enthält verschiedene zusätzliche Informationen über den Darsteller, z. B. über seine Position auf der Bühne, seine Skalierung, seinen Drehwinkel und seine Farbe. Durch das Konzept der Sprites kann ein Darsteller auch gleichzeitig mehrere Manifestationen auf der Bühne haben. Ein einziger Darsteller, z. B. ein einfarbiger Ball, kann gleichzeitig als roter, grüner und blauer Ball an verschiedenen Stellen der Bühne herumhüpfen. Die Nutzung mehrerer Sprites eines einzigen Darstellers spart im allgemeinen viel Speicherplatz gegenüber der Verwendung mehrerer getrennter Darsteller in einer Besetzung.

Ein Sprite kann man sich also als den Auftritt eines Darstellers auf der Bühne vorstellen. Dieser beginnt zu einem bestimmten Zeitpunkt an einem bestimmten Ort. Das Sprite kann sich dann über eine gewisse Zeit auf der Bühne umherbewegen, sein Aussehen verändern etc... Zu einem späteren Zeitpunkt endet das Sprite und es verschwindet wieder von der Bühne.

5.4 Schlüsselbilder

Da das manuelle Erstellen der notwendigen ca. 20 Einzelbilder pro Sekunde für eine flüssige Animation sehr aufwendig wäre, wurde bereits bei der früheren manuellen Zeichentrickerstellung zwischen gewöhnlichen Bildern und den sogenannten Schlüsselbildern (engl.: Keyframes) unterschieden. Letztere bezeichnen die Start- und Endpositionen eines elementaren Animationsschrittes. Aus den Schlüsselbildern können alle Zwischenbilder durch den Prozeß des „Tweening" (von engl.: between = zwischen) ermittelt werden. Während früher Assistenten des Zeichners diese undankbare Aufgabe übernahmen, erledigt Director heute das Tweening zwischen den von Ihnen definierten Schlüsselbildern ganz nebenbei durch das mathematische Verfahren der Interpolation. Ge„tweent" werden können die Eigenschaften Position (Pfad), Größe, Drehung, Neigung, Mischung sowie Vorder- und Hintergrundfarbe.

Die über „Tweening" erfolgende Schlüsselbildanimation ist übrigens durchaus nicht das einzige, aber wohl das am häufigsten angewandte Verfahren zur Erstellung von Animationen. Beispiele anderer Methoden sind die Einzelbildanimation, die Echtzeitaufzeichnung einer Bewegung oder die programmgesteuerte Animation. Alle diese Methoden können Sie auch mit Director einsetzen.

5.5 Kanäle

Kanäle in Director entsprechen möglichen Rollen von Schauspielern (oder auch von Kulissen). Director stellt neben einigen Sonderkanälen bis zu 1000 Kanäle für visuelle Darsteller zur Verfügung. In jedem Kanal, der im Drehbuchfenster als eine Zeile erscheint, können Position, Bewegung und weitere Eigenschaften eines Sprites festgelegt werden.

Die Anzahl der Kanäle stellt heute sicherlich keine relevante Limitierung mehr dar. Trotzdem sollte man insbesondere bei zeitkritischen Animationsanwendungen versuchen, z.B. durch Zusammenfassen unbeweglicher Hintergrundteile, mit möglichst wenigen Kanälen zu arbeiten. Unproblematischer ist eine große Kanalzahl bei eher statischen Anwendungen wie z.B. einer Bildschirmtastatur für Touchscreens. Jeder Taste wird dabei am einfachsten ein Sprite in einem Kanal zugewiesen.

Ein weiterer Vorteil des sparsamen Umgangs mit Kanälen ist die bessere Übersicht über das Drehbuch. Sowohl „lange" wie auch „hohe" Drehbücher sind auf dem Bildschirm nicht am Stück sichtbar und erschweren dadurch Überblick und Handhabung.

5.6 Lingo-gesteuerte Sprites

Kanäle können Sprites enthalten, die bei einer einfachen Director-Anwendung die räumliche und zeitliche Abfolge der Geschehnisse auf der Bühne vollkommen festlegen.

Weitergehende Möglichkeiten stehen durch das Konzept der „Puppen" (engl.: puppets) zur Verfügung. Ein Sprite wird als Puppe bezeichnet, wenn es über die Programmiersprache Lingo statt über das Drehbuch gesteuert wird. Es wird dann wie eine Marionette an den Fäden von Lingo geführt. Durch jeden Lingo-Befehl an ein Sprite wird automatisch dessen Puppenstatus aktiviert und es wird fortan ausschließlich über Lingo gesteuert. Dies betrifft all seine Sprite-Eigenschaften wie Bildschirmposition, Farbe, Skalierung, Rotation etc. Sogar die Darstellernummer selbst kann per Lingo geändert und damit ein Darsteller im Sprite ausgetauscht werden. Der Puppenstatus eines Sprites endet, wenn er explizit per Lingo ausgeschaltet wird, oder wenn der „Abspielkopf" des Drehbuchs den Bereich des Sprites im Kanal verläßt.

Die Lingo-gesteuerte Manipulation von Sprites bietet einige Möglichkeiten, die weit über die normalen Director-Funktionen hinausgehen. Damit lassen sich z. B. programmgesteuert Bühnenbilder zusammenstellen, das heißt, es muß nicht für jede möglicherweise auftretende Situation bereits ein Bild vorhanden sein. Nur so ist eine adäquate Reaktion auf komplexe Benutzereingaben möglich.

TEIL 2

Arbeiten mit Director

6

Die Fenster und Paletten von Director

6 Die Fenster und Paletten von Director

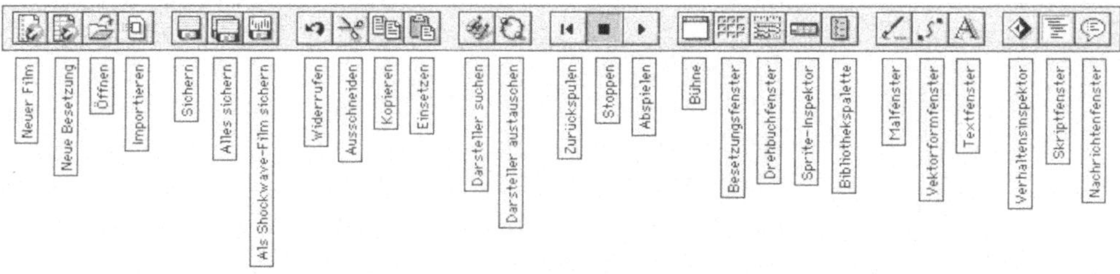

In diesem Kapitel sollen Sie eine Übersicht über alle in Director verfügbaren Fenstertypen und ihre jeweilige Funktion erhalten. Dazu werden die Fenster einzeln vorgestellt; zusätzlich demonstrieren einige Übungen ihren Gebrauch bei der Entwicklungsarbeit.

Die Symbolleiste bietet einen bequemen und schnellen Zugriff auf die wichtigsten Funktionen. Sie ist insbesondere nützlich beim Arbeiten mit nur einem Bildschirm, wenn nicht zu viele Fenster dauerhaft offen bleiben können. Dank der eingebauten Hilfefunktion, die bei kurzem Verweilen des Mauszeigers über einem Symbol seine Bedeutung anzeigt, birgt sie keine großen Geheimnisse. Trotzdem werden hier alle Funktionen kurz im Überblick vorgestellt.

Rechts von den Datei- und Editierfunktionen, die in ähnlicher Form auch in anderen Programmen üblich sind, befinden sich in der Symbolleiste die häufig benötigten Funktionen für Suchen und Austauschen von Darstellern. Die wichtigsten Steuerungen für den Filmablauf können ebenfalls über die Symbolleiste betätigt werden. Es folgen Schaltflächen für schnelles Ein- und Ausblenden der wichtigsten Fenster. Durch die Tastenkombination <Befehl> <Umschalt> <Wahl> B oder »Fenster:Symbolleiste« kann die Symbolleiste selbst ausgeblendet werden.

Zum schnellen Aufruf der häufig benötigten Fenster verwendet man dann vorteilhaft die Kürzel <Befehl>1 bis <Befehl>0 etc., wie sie aus der Abbildung des Menüs »Fenster« hervorgehen.

Alle offenen Fenster werden im Menü durch ein Häkchen vor dem Menüpunkt, das jeweils vorderste durch ein Karosymbol gekenn-

Die Fenstertypen in Macromedia Director und ihre Tastaturkürzel

123

zeichnet. Sind vom selben Typ mehrere Fenster geöffnet, hat der entsprechende Menüpunkt ein mit einem Keil markiertes Untermenü.

Die Fenster und Paletten überlappen sich häufig, besonders auf kleinen Bildschirmen. In solchen Fällen ist es hilfreich zu wissen, daß man auf Macintosh-Rechnern Fenster an ihrer Menüleiste auch hinter anderen Fenstern verschieben kann, ohne sie nach vorne zu holen, indem man die Taste <Befehl> festhält. Das funktioniert übrigens auch im Finder. Ein Doppelklick auf einen Fenstertitel klappt den Fensterinhalt zu bzw. wieder auf (in MacOS System 8.6 einstellbar durch das Kontrollfeld »Erscheinungsbild: Option«).

Wenig bekannt ist die Tatsache, daß sich gewisse Fenster in Director über den Befehl »Fenster:Neues Fenster« auch mehrfach öffnen lassen; eine Eigenschaft, die besonders bei Skriptfenstern sehr nützlich sein kann, um Zeit beim Vergleichen von Skripten zu sparen, oder bei Besetzungsfenstern, um Darsteller zwischen verschiedenen Besetzungen per Drag & Drop auszutauschen.

Ähnliche Funktionen der Fenster

In Director wurden die Bedienungselemente der verschiedenen Fenster so weit wie möglich vereinheitlicht. Viele der Fenster-

Die Fenstertypen in Director mit ähnlicher Tastenleiste

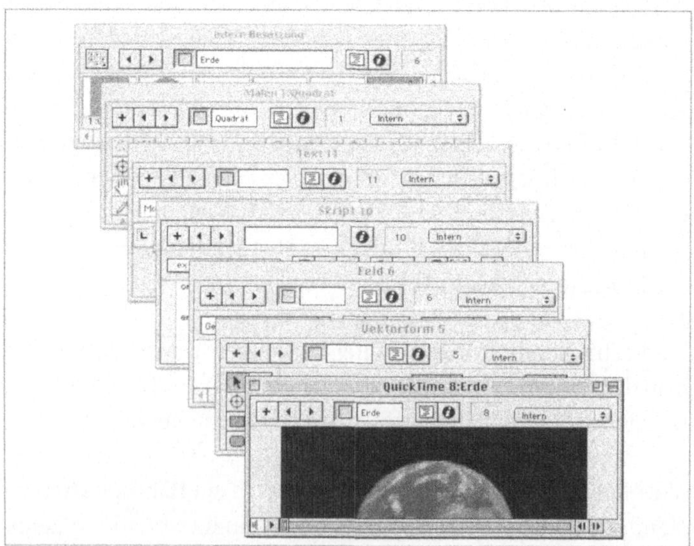

typen, nämlich »Besetzung«, »Malen«, »Vektorform«, »Text«, »Feld«, »QuickTime« und »Skript«, verfügen über sehr ähnliche Tastenleisten unterhalb des Fenstertitels. Diese allgemeinen Bedienungselemente sollen hier kurz erläutert werden, bevor wir uns in den folgenden Abschnitten den spezifischen Funktionen der einzelnen Fenster zuwenden.

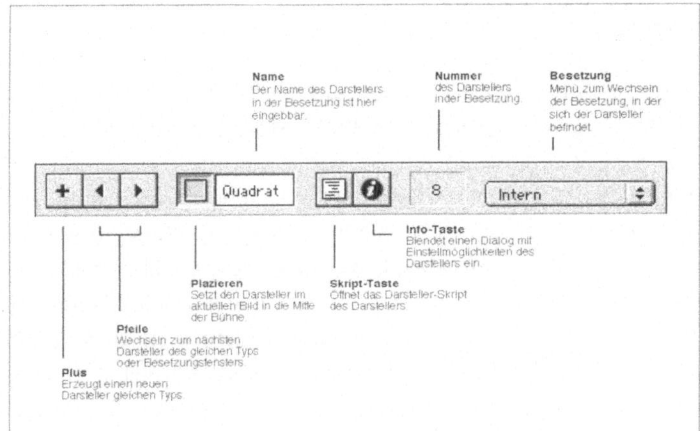

Funktionen der gemeinsamen Tastenleiste

Plus

Die Schaltfläche „Plus" erzeugt einen neuen Darsteller des im Fenster dargestellten Typs. Da im Besetzungsfenster Darsteller unterschiedlichen Typs verwaltet werden, entfällt diese Schaltfläche natürlich hier.

Pfeile

Die Schaltflächen „Linkspfeil" und „Rechtspfeil" stellen eine für Director charakteristische Methode der Verwaltung von Objekten dar. Betätigung dieser Schaltflächen führt zum jeweils nächsten Objekt gleichen Typs. Wenn die zu bearbeitenden Objekte (z. B. Bitmap-Darsteller im Fenster »Malen« oder Texte im Fenster »Text«) aufeinanderfolgen, ist die Verwendung der Pfeilschaltflächen eine schnelle Methode, sie nacheinander aufzurufen. Über die Tastatur funktioniert das auch: Benutzen Sie dazu die Rechts-/Linkspfeiltasten. Director ermöglicht es, mit mehreren Besetzungsfenstern zu arbeiten. Unterschiedliche Typen von Darstellern können in verschiedenen Besetzungen verwaltet werden. Die Verteilung der Darsteller in die Besetzungen erfolgt häufig nach ihrem Daten-

typ. Das hat unter anderem den Vorteil, daß beim Wechseln über die Pfeiltasten des gerade benutzten Fensters keine Darstellernummern übersprungen werden. Eine andere oft verwendete Methode zur Aufteilung der Darsteller in verschiedene Besetzungen ist deren logischer Zusammenhang oder Benutzung im gleichen Programmzweig.

Plazieren

Durch die Schaltfläche „Plazieren" können Sie ein Sprite eines Darstellers im gerade ausgewählten Bild und Kanal auf die Bühne ziehen. Statt über diese Schaltfläche wird das Sprite allerdings in der praktischen Arbeit meist durch direktes Ziehen eines Darstellers vom Besetzungsfenster auf die Bühne erzeugt. Das Sprite erstreckt sich im Drehbuch (also zeitlich) normalerweise über mehrere Frames (Bilder). Sie können die vorgegebene Einschlußdauer von 28 Frames über »Datei:Voreinstellungen:Sprite...« nach Wunsch ändern. Wird viel mit Lingo-Programmierung gearbeitet, genügt häufig ein einziges oder einige wenige Frames, da die Steuerung dann von der Programmiersprache übernommen wird. Beachten Sie aber, daß einige der Verhaltensskripte aus der mitgelieferten Bibliothek (→ Kapitel 9) mehr als ein Frame benötigen, um korrekt zu arbeiten.

Achtung: Sprites von zwei Frames Länge sind nicht empfehlenswert, da diese sich aufgrund eines unschönen Director-Verhaltens nicht mit der Maus im Drehbuchfenster verschieben lassen.

Nützlich für das Plazieren ist auch die Funktion »Darsteller in Kanal« des Menüs »Modifizieren«. Dabei werden alle in der Besetzung ausgewählten Darsteller nacheinander in einem Sprite plaziert, das sich dann über genau so viele Frames erstreckt.

Eine weitere Plazierungsmöglichkeit besteht darin, Darsteller direkt ins Drehbuch statt auf die Bühne zu ziehen (→ Kapitel 6.3). Nützlich ist dieses Vorgehen vor allem für Darsteller, die genau Bühnengröße haben (z. B. Bildhintergründe), oder für Darsteller, die ihren Registrierpunkt entsprechend ihrer Position auf der Bühne schon gesetzt haben; in diesem Fall wird nämlich automatisch zentriert und anschließende manuelle Positionierarbeit entfällt.

Darstellername

Das Feld rechts neben dem Plazierungswerkzeug dient der Eingabe eines Darstellernamens. Von dieser Möglichkeit der namentlichen Kennzeichnung von Darstellern sollten Sie reichlich Gebrauch machen. Denn je mehr Darsteller sich in einem Besetzungssfenster befinden, desto schwieriger gestaltet sich die Verwaltung und das Auffinden der einzelnen Objekte. Über ihren Namen sind die einzelnen Darsteller in der Besetzung leichter zu identifizieren oder auch über die Suchfunktion »Bearbeiten:Suchen:Darsteller...« aufzufinden. Auch wenn später Lingo-Skripte Bezug auf ein Objekt nehmen, macht die Verwendung von Namen die Programmtexte sehr viel besser lesbar. Besonders dann, wenn Darsteller in der Besetzung umsortiert werden, läßt sich nur durch einen Bezug über Namen verhindern, daß alle Skripte manuell angepaßt werden müssen.

Skript

Das jeweilige Darstellerskript wird über dieses Symbol in einem Skriptfenster eingeblendet. Naturgemäß fehlt die Schaltfläche in Fenstern vom Typ „Skript" selbst. Ist noch kein Darstellerskript vorhanden, so wird durch diese Schaltfläche ein neues Skript erstellt. Beachten Sie, daß Darstellerskripte im Gegensatz zu allen anderen Skriptarten nicht als eigenständige Darsteller in der Besetzung auftauchen.

Info

Die Schaltfläche „Info" zeigt einige vom Darstellertyp abhängige Informationen und Einstellungsmöglichkeiten an. Wir werden diese Informationsfenster bei den für den jeweiligen Darstellertyp zuständigen Fenstern beschreiben. Diese „Info" (<Befehl>I) über Darsteller sollten Sie nicht verwechseln mit den durch <Befehl><Umschalt>I abrufbaren Sprite-Informationen, die eine bestimmte Verwendung des Darstellers im Drehbuch betreffen und im folgenden Kapitel 6.1 angesprochen werden.

Besetzungsnummer

Rechts neben der Schaltfläche „Info" wird die Nummer des Objekts in seinem Besetzungsfenster angezeigt.

Besetzung auswählen

In diesem Popup-Menü kann man zwischen den Besetzungen wechseln. Diese Funktion ist insbesondere nützlich, um vor dem Neuanlegen eines Darstellers über die „Plus"-Schaltfläche (s.o.) die Besetzung festzulegen, in der er erzeugt werden soll.

6.1 Die Bühne

⌘ 1

⌘ ⌥ 1

Die grundsätzliche Funktion der Bühne wurde bereits in Kapitel 5.1 erklärt. Das Fenster „Bühne" kann mit dem Menü »Fenster:Bühne« oder über <Befehl>1 ein- und ausgeblendet werden. Über <Befehl><Wahl>1 ist es möglich zwischen dem Autoren- und dem Vollbildmodus umzuschalten.

Im folgenden Abschnitt erfahren Sie, wie Sie die Größe und Position der Bühne sowie deren Verhalten beim Öffnen eines Films einstellen können.

6.1.1 Modifizieren der Filmeigenschaften

⌘ ⬆ D

Die meisten Einstellungen, die den Film als Ganzes und damit die Bühne betreffen, sind in Director unter Modifizieren:Film:Eigenschaften…« (<Befehl><Umschalt>D) zusammengefaßt:

Einstellungen, die den Film als Ganzes und die Bühne betreffen

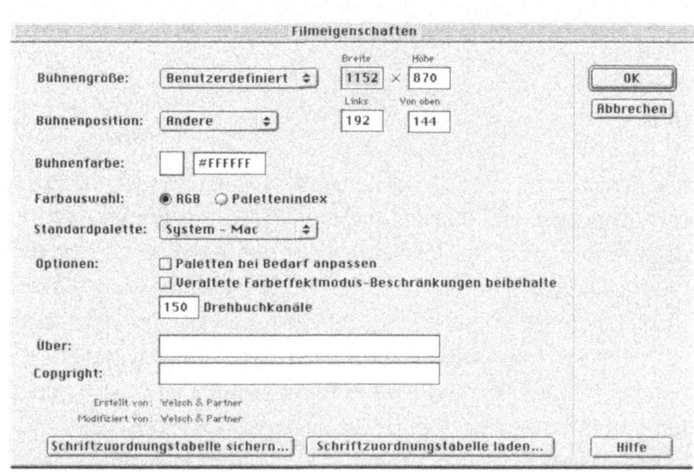

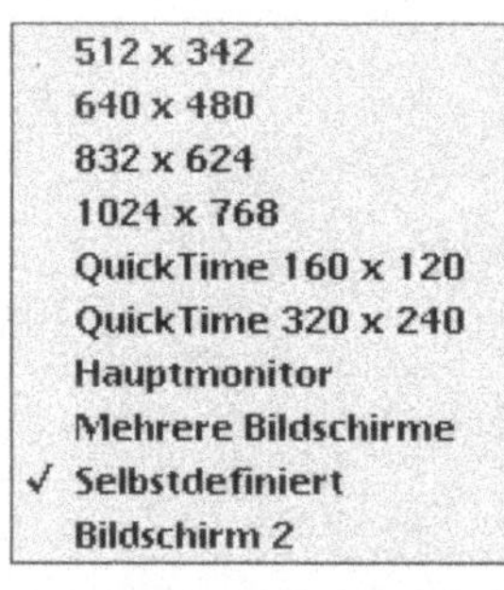

Einstellungen für Bühnengröße und -position

Beim Arbeiten mit zwei Monitoren ist die Einstellung »Bildschirm 2« aus dem Popup-Menü »Bühnengröße« besonders zu empfehlen (diese erscheint allerdings nur dann im Menü, wenn tatsächlich ein zweiter Monitor angeschlossen ist). Dabei setzen Sie einen Monitor, der in Größe und Farbtiefe Ihrem Zielgerät entsprechen sollte, zum Betrachten Ihrer Animation ein. Der (möglichst größere) Hauptbildschirm mit der Menüleiste bleibt der eigentlichen Entwicklungsarbeit mit den anderen Fenstern von Director und weiterer gleichzeitig benutzten Programmen wie Photoshop etc. vorbehalten.

Ein separater Monitor für die Bühne spart viel Zeit bei der Programmentwicklung!

Größe und Position

Hier stellen Sie die gewünschte Zielgröße des Bildschirms für Ihr Projekt ein (beachten Sie dazu bitte die Überlegungen in Kap. 2.5). Sind Sonderformate notwendig, wie z. B. für die Ansteuerung bestimmter LED-Wände oder für animierte Bestandteile einer HTML-Seite mit Shockwave, so kann die Bühnengröße darauf abgestimmt werden. Die Breite wie auch die horizontale Position der Bühne ist zwar hier exakt anwählbar, dies nützt allerdings sehr wenig: Beim späteren Abspielen in einem Projektor rundet Director nämlich jede Fensterbreite auf die nächste durch 16 teilbare Zahl, während für die Höhe bzw. für die vertikale Position alle Werte akzeptiert werden.

Wenn die Bühne wesentlich kleiner ist als der Bildschirm, ist es oft praktisch, sie bei der Entwicklung links oben zu positionieren. Ist der Monitor der Bühne auch der Hauptmonitor, wählt man beim Macintosh zweckmäßigerweise einen Abstand „von oben" von mindestens 21 Pixeln zur Berücksichtigung der Menüleiste. Bei eingeblendeter Symbolleiste müssen entsprechend 50 Pixel freigehalten werden, damit während der Arbeit kein Teil der Bühne verdeckt wird. Die Bühne kann in Director ab Version 7 wie jedes andere Fenster einfach an der Titelleiste auf dem Bildschirm verschoben werden. Die Einstellungen im Fenster »Filmeigenschaften« definieren aber weiterhin die Grundposition beim Öffnen.

An dieser Stelle sei vermerkt, daß es interessante Xtras auf dem Markt gibt, die es erlauben, eine Bühne ohne den obligatorischen schwarzen 1-Pixel-Rand darzustellen und sogar nichtrechteckige Bühnenbereiche zu realisieren.

• NoBorderWDEF 1.0a
• Winshaper Xtra
Eine Liste von Xtra-Quellen finden Sie unter: www.welsch.com

Bühnenfarbe

Die Hintergrundfarbe der Bühne findet sich ebenfalls im Dialog »Film:Eigenschaften...«. Über eine aufklappbare Farbpalette können Sie die Grundeinstellung wählen oder direkt den RGB-Wert oder den Palettenindex in das Feld eingeben. Beachten Sie, daß sich das Aussehen der Bühnen-Hintergrundfarbe bei Einsatz anderer Farbpaletten für bestimmte Bilder (Frames) entsprechend ändert. Sie können die eingestellte Bühnenfarbe über Lingo jederzeit umstellen (Eigenschaft: the stageColor).

Farbauswahl

Über die Auswahlschalter RGB bzw. Palettenindex legen Sie fest, ob im darüberliegenden Feld die Nummer der Farbe in der aktuellen Farbpalette oder der RGB-Farbwert im Hexadezimalcode ausgegeben wird (eingeben können Sie wahlweise beides). Damit sich die Einstellung auf die Anzeige auswirkt, müssen Sie allerdings nochmals die Farbpalette ausklappen. Angaben des RGB-Wertes (z.B. "#FF0055") bestehen aus drei hexadezimalen Ziffernpaaren für die Grundfarben Rot, Grün und Blau und einem optional davorstehenden Notenkreuz. Eine Hexadezimalziffer ist eine Zahl von 0 bis 15, bei der Werte größer 9 durch die Buchstaben A bis F ausgedrückt werden. Eine um eine Stelle weiter links stehende Ziffer hat jeweils den 16fachen Wert (z. B. #C3 = 12*16 + 3*1 = 195). Die so berechnete Intensität jeder Farbe liegt im Wertebereich zwischen 0 und 255.

Paletten bei Bedarf anpassen

Diese Option erleichtert die Darstellung mehrerer Sprites mit unterschiedlicher Farbpalette in einem Bild (Frame). Director ermittelt automatisch eine gemeinsame Palette, die für die Anzeige im jeweiligen Frame verwendet wird. Die Darsteller selbst werden dabei nicht modifiziert, lediglich ihre Anzeige.

Veraltete Farbeffektmodus-Beschränkungen beibehalten

Durch Ankreuzen dieser Option kann die Kompatibilität der Farbeffekte mit älteren Director-Versionen verbessert werden. Bei neuen Projekten sollten Sie dieses Feld nicht ankreuzen.

Drehbuchkanäle

Hier kann die Anzahl der verwendeten Kanäle angegeben werden. Um die Ausführung des Programms zu optimieren, sollte man sich auf die Anzahl der tatsächlich im Film genutzten Kanäle beschränken. Maximal können bis zu 1000 Kanäle angegeben werden.

Über Copyright

Wenn Ihr Film über das Internet heruntergeladen werden soll, können Sie an dieser Stelle die von Ihnen gewünschten Einträge machen.

Schriftzuordnungstabelle sichern / laden ...

Die Schriftzuordnungstabelle legt fest, welche Macintosh-Schriften bei der Übertragung zu einem Windows-Rechner auf welche Windows-Schriften abgebildet werden. Sowohl Schriftarten wie auch Größen und unterschiedliche ASCII-Codes für Sonderzeichen können hier zugeordnet werden. Diese Tabellen lassen sich in Textdateien sichern, dort mit einem üblichen Texteditor wie SimpleText verändern und erneut laden.

Einige Voreinstellungen des Films, die sein Verhalten während des Abspielvorgangs vom Datenträger bzw. aus dem Internet beeinflussen, sind im Dialog »Filmabspieleigenschaften« zusammengefaßt, der über »Modifizieren:Film:Abspielen...« aufgerufen werden kann:

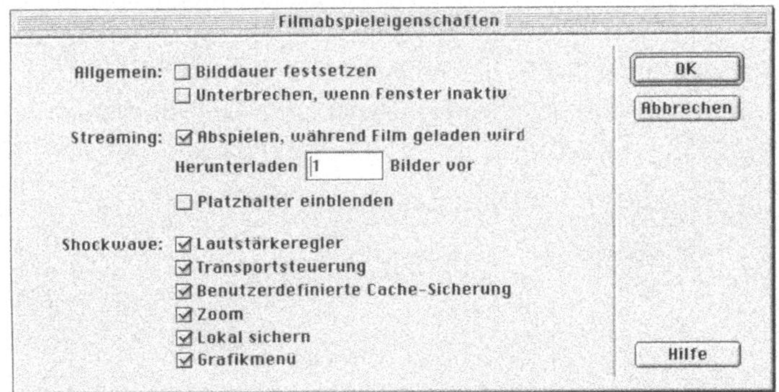

Bilddauer festsetzen

Sie können dieses Feld ankreuzen, wenn die Animation auf einem Referenzrechner getestet wurde und wie gewünscht abläuft. Damit läßt sich verhindern, daß der Film auf schnelleren Computern zu schnell läuft. Auf langsameren Maschinen kann der Film natürlich trotzdem langsamer ablaufen. Zum Aufzeichnen der Abspielgeschwindigkeit auf dem Referenzrechner darf die Option nicht ausgewählt sein.

Unterbrechen, wenn Fenster inaktiv

Normalerweise wird ein Director-Film in einem Fenster auch dann weiter abgespielt, wenn sein Fenster in den Hintergrund geschaltet und ggf. sogar durch andere Fenster teilweise oder ganz verdeckt wird. Ankreuzen dieser Option läßt den Film nur dann weiterlaufen, wenn er sich im vordersten Fenster befindet oder der Hauptfilm läuft. Die ähnliche Einstellung „Im Hintergrund animieren" für das Verhalten eines Films bei Aktivieren eines Fensters, das zu einem anderen Programm gehört, finden Sie unter »Datei:Voreinstellungen:Allgemeine…«. Ob ein aus dem Film erzeugter Projektor im Hintergrund animiert wird, kann wiederum unabhängig von dieser Option über den Dialog »Projektoroptionen« festgelegt werden.

6.1.2 Allgemeine Voreinstellungen für die Bühne

Verschiedene allgemeine Voreinstellungen des Programms im Dialog »Datei:Voreinstellungen:Allgemeine…« beeinflussen die Position der Bühne beim Öffnen eines Films. Ganz ähnliche Einstellungen für einen aus dem Film generierten Projektor finden Sie auch unter »Optionen...« im Dialog »Datei:Projektor erstellen...«.

Allgemeine Voreinstellungen beeinflussen die Bühne in Director und das sonstige Verhalten des Programms.

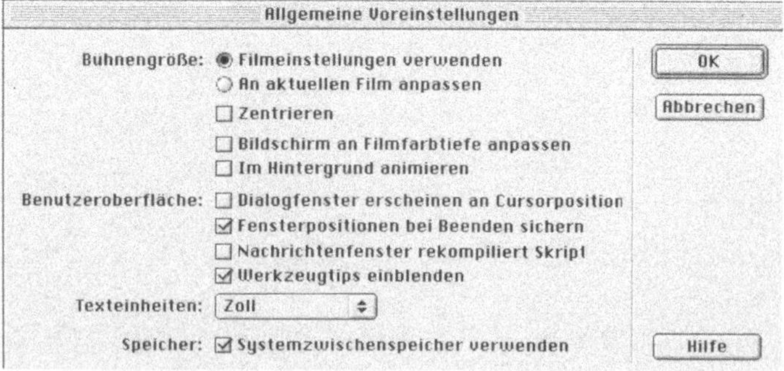

Bühnengröße

Die Bühnengröße, mit der ein Film erstellt wurde, wird auch im Film gespeichert. Sie können daher beim Öffnen eines Films festlegen, ob sich die Bühnenposition an die des neuen Films anpassen soll oder ob die aktuelle Größe weiterverwendet wird. Diese Optionen ermöglichen es also, z. B. bei einer Sequenz von Filmen mit unterschiedlichen Einstellungen, die Bühnenposition nur beim ersten Film angeben zu müssen.

Bühnenposition

Die Option »Zentrieren« legt fest, ob die Bühne beim Laden eines Films jeweils in der Mitte des Bildschirms zentriert werden soll.

Bildschirm an Filmfarbtiefe anpassen

Als Farbtiefe eines Films gilt die Farbtiefe, die beim Sichern des Films eingestellt war. Durch die Option »Bildschirm an Filmfarbtiefe anpassen« wird die Farbtiefe des Monitors beim Abspielen wieder auf den Wert beim Sichern des Films eingestellt. Diese Option hat unter Windows allerdings nicht mit allen Videokarten- und Videotreiberkombinationen eine entsprechende Wirkung.

Im Hintergrund animieren

Durch die Option wird festgelegt, ob eine Animation gestoppt wird, wenn ein Fenster eines anderen Programms als Director in den Vordergrund geholt wird. Dies hat außerdem zur Folge, daß die Bühne ausgeblendet wird, wenn z. B. im Apple-Finder ein anderes Programm aufgerufen wird. Leicht zu verwechseln ist diese Option mit der entsprechenden Einstellung für Projektoren (»Datei:Projektor erstellen…:Optionen…«) und der Einstellung des Verhaltens gegenüber dem Wechsel in ein anderes Film-Fenster von Director (»Modifizieren:Film:Eigenschaften…«).

Benutzeroberfläche

Die restlichen allgemeinen Voreinstellungen betreffen das allgemeine Erscheinungsbild und Verhalten von Director. Letztlich entscheiden Ihre Arbeitsgewohnheiten darüber, welche Einstellungen für Sie günstig sind.

Die Option »**Dialogfenster erscheinen an Cursorposition**«
kann nützlich sein, wenn Sie mit mehreren Monitoren arbeiten,
insbesondere dann, wenn Sie die Gewohnheit haben, Dialogfenster durch ihre Tastenkürzel aufzurufen.

»**Fensterpositionen beim Beenden sichern**« hilft den „aufgeräumten" Menschen, deren Arbeitsstil es ist, jedes Fenster an eine
ganz bestimmte Position zu legen und damit dann fast blind arbeiten zu können.

»**Nachrichtenfenster rekompiliert Skript**« ist wichtig, wenn
Sie eine geänderte Lingo-Prozedur häufig sofort im Nachrichtenfenster ausprobieren. Sie ersparen sich dann manches Nachgrübeln über scheinbar nicht funktionierende Skripte, bei
denen einfach vergessen wurde, sie zu kompilieren. Diese Einstellung ist also immer sinnvoll, da der Kompiliervorgang ausgesprochen schnell abläuft.

Die angekreuzte Option »**Werkzeugtips einblenden**« ist für das
Anzeigen der Kurzerklärungen zu Symbolen zuständig. Wer das
Programm schon gut kennt und sich durch die hilfreichen gelben Geister gestört fühlt, kann sie hier loswerden.

»**Texteinheiten**« definiert die im Texteditor (Textdarsteller) verwendete Maßeinheit.

»**Systemzwischenspeicher verwenden**« ist eine Option, die
nur auf Apple-Macintosh-Systemen angeboten wird. Bei Aktivierung verwendet Director über die eingestellte Speicherpartition
hinaus zusätzlichen Speicher, der vom Betriebssystem angefordert wird. Will man während der Entwicklung die Lauffähigkeit
unter beschränkten Speicherressourcen realistisch testen, sollte man das Feld deaktivieren.

6.1.3 Allgemeines zur Bühne

Von verschiedenen Fenstern aus (siehe oben) können Sie Sprites der Darsteller über die Taste „Plazieren" auf die Bühne bringen. Sie können die Sprites auf der Bühne mit Hilfe der Maus
oder über die Cursortasten der Tastatur exakt positionieren.

Die Bühne stellt immer den Zustand zum Zeitpunkt des aktuellen Bildes (Frames) dar, das im Drehbuchfenster durch eine senkrechte rote Linie markiert ist.

Mit den Tasten <Befehl>1 wird das Bühnenfenster geöffnet bzw. geschlossen.

Durch die Tastenkombination <Befehl><Wahl>1 werden alle offenen Fenster außer der »Bühne« vorübergehend ausgeblendet, wie es zum probeweisen Ablauf einer Animation normalerweise sinnvoll ist, zumindest wenn Sie mit nur einem Bildschirm arbeiten. Die Darstellung entspricht dem Vollbildmodus des Projektors. Leider wird nur bei Apple-Macintosh-Systemen der Rand auch in der Bühnenfarbe angezeigt. Denn es bietet den Vorteil, daß nicht erst ein Projektor generiert werden muß, um das Gesamtlayout der Anwendung zu betrachten. Erneute Betätigung der Tastenkombination blendet die zuvor offenen Fenster wieder ein. Ist die Bühne in einem Fenster und nicht im Vollbildmodus dargestellt, so kann sie in der Entwicklungsumgebung im Gegensatz zu älteren Director-Versionen wie jedes andere Fenster frei verschoben werden.

6.1.4 Sprites

Befinden sich Sprites auf der Bühne, kann eines oder mehrere davon mit der Maus aktiviert werden. Klicken Sie dazu auf das erste Sprite, das Sie auswählen wollen. Sollen weitere Sprites aktiviert werden, halten Sie die Taste <Umschalt> gedrückt, während Sie nacheinander auf die anderen Sprites klicken. Aktivierte Sprites sind an einem Rahmen und kleinen „Griffen“ an Ecken, Seitenmitten und in der Mitte zu erkennen. Zusätzlich wird bei entsprechender Einstellung im Menü »Ansicht:Sprite-Überlagerung:Info einblenden« an den Sprites das Sprite-Overlay angezeigt.

Es bietet Informationen über Darstellereigenschaften, Sprite-Eigenschaften und Verhalten des Sprites. Das Sprite-Overlay läßt sich über »Ansicht:Sprite-Überlagerung:Info einblenden« ein- oder ausblenden. Im Menü »Ansicht:Sprite-Überlagerung:Einstellungen« kann das Einblendverhalten des Sprite-Overlays verändert werden.

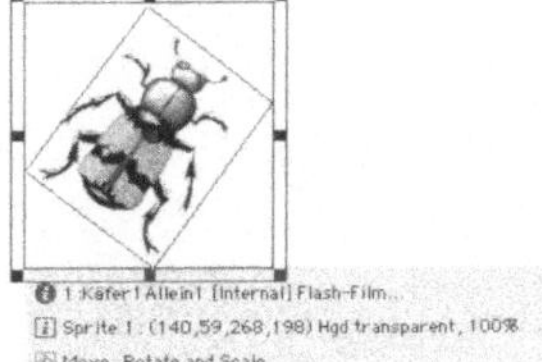

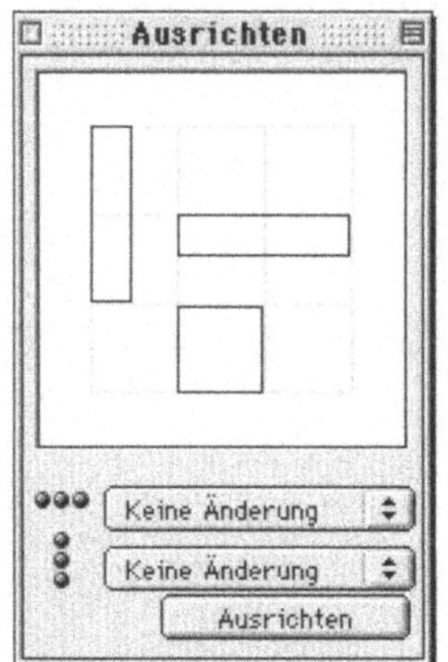

Die Palette zum Ausrichten funktioniert sowohl für Sprites, die sich zum gleichen Zeitpunkt auf der Bühne befinden, als auch für Sprites in verschiedenen Szenen (Frames).

⌘ K

Das Tastenkürzel <Befehl>K blendet die »Ausrichten«-Palette ein. (Kürzel für Sprite-Eigenschaften s.u.)

Sprites bewegen

Sie können Sprites auf der Bühne mit Hilfe der Maus bewegen oder mit Cursortasten verschieben. Normalerweise werden die Sprites durch die Cursortasten pixelweise verschoben. Mit gehaltener <Befehl>-Taste werden die Sprites um je zehn Pixel versetzt.

Director verfügt über eine sehr leistungsfähige Funktion zum Ausrichten von Sprites. Mehrere ausgewählte Sprites können damit ähnlich wie in einem Zeichenprogramm gegeneinander ausgerichtet werden. Sehr wichtig ist auch die Möglichkeit, Sprites in unterschiedlichen Frames auszurichten.

Die Palette zum Ausrichten der Sprites kann über das Menü »Modifizieren:Ausrichten« ein- und ausgeblendet werden (<Befehl>K).

Die Ausrichtung kann vertikal und/oder horizontal nach folgenden Kriterien geschehen:

Sprites skalieren

Wenn ein oder mehrere Sprites auf der Bühne ausgewählt sind, steht der Befehl »Modifizieren:Sprite:Eigenschaften...« zur Verfügung. Wir werden an dieser Stelle nur einige der Befehle des Menüs »Modifizieren« kennenlernen, da die anderen erst in Zusammenhang mit weiteren Fenstern sinnvoll angewendet werden können.

Um die Größe von Sprites zu verändern, können Sie diese an ihren Griffen skalieren. Um eine proportionale Skalierung vorzunehmen, muß die Taste <Umschalt> gedrückt und die Größe des Sprites durch Ziehen an einem seiner Eckanfasser geändert werden. Haben Sie mehrere Sprites gleichzeitig aktiviert, so werden sie gemeinsam skaliert, wenn Sie die Größe eines der aktivierten Sprites verändern.

Der Befehl »Sprite:Eigenschaften…« (<Befehl> <Umschalt>I) erlaubt es, Sprites über ein Dialogfeld exakt zu skalieren und zu positionieren. Die Skalierung wirkt jeweils von der aktuellen Größe aus. Das bedeutet, daß Sie, wenn Sie ein Sprite bereits auf 50% skaliert haben und es noch etwas größer haben wollen, eine Zahl von über 100% eingeben müssen. Durch diesen Dialog können Sie die Größe des Sprites auch wieder auf die Originalgröße des Darstellers zurückbringen, was allerdings nur mit Sprites von Rastergrafik-Darstellern funktioniert. Bei Formdarstellern wird von Director keine entsprechende Originalgröße verwaltet. Einige Eigenschaften wie Rotation oder Neigung finden sich nicht im Dialogfeld, diese werden auch nicht durch die Schaltfläche »Wiederherstellen« auf ihre Ausgangswerte zurückgesetzt. Der »Sprite-Inspektor« neuerer Director-Versionen (siehe Randspalte) hingegen bietet Ihnen alle wichtigen Eigenschaften eines Sprites viel bequemer an. Auch im oberen Bereich des Drehbuchfensters werden diese Angaben angezeigt.

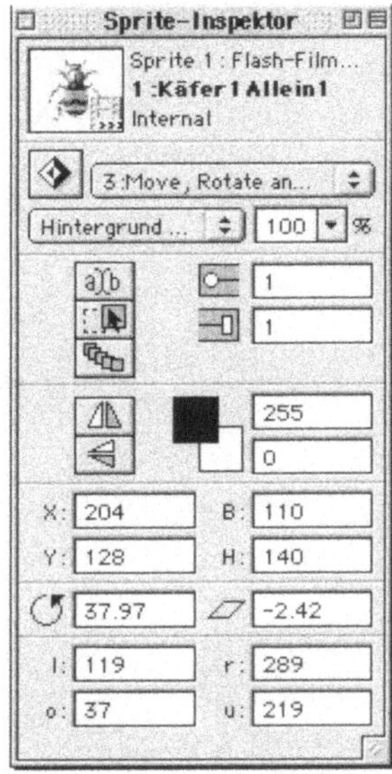

Der Sprite-Inspektor

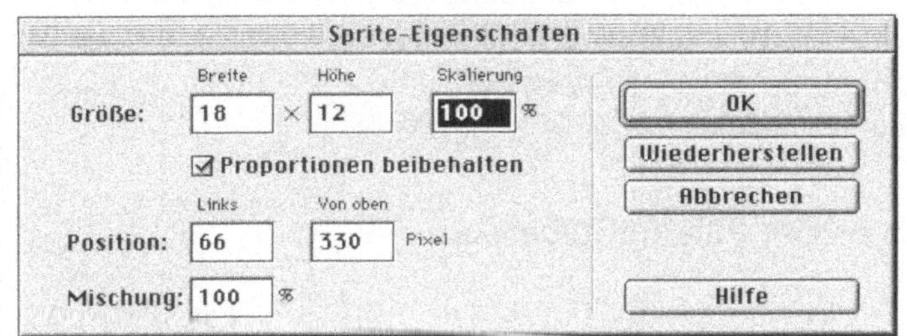

Dialog zum Befehl »Sprite: Eigenschaften...« aus dem Menü »Modifizieren«

Sprites löschen

Solange Sie nur mit dem Fenster »Bühne« arbeiten oder das Fenster »Drehbuch« als vorderstes Fenster geöffnet ist, können Sie Sprites einfach über die Taste <Löschen> entfernen. Alternativ können Sie den Menüpunkt »Bearbeiten:Sprites löschen« verwenden.

Vorsicht! Die Taste <Löschen> löscht die aktivierten Darsteller, wenn das Fenster »Besetzung« das aktive Fenster ist. Dies kann zur Folge haben, daß leere Verknüpfungen (Ghosts) in einzelnen Kanälen im Drehbuch bleiben. In einigen Fällen können diese Ghosts zu Programmabstürzen führen.

Die folgenden Übungsbeispiele finden Sie auf der beiliegenden CD-ROM im Ordner (Unterverzeichnis) »MMD_BSP«. Sie sind dort nach Kapiteln geordnet in Ordnern abgelegt.

ÜBUNG

Öffnen Sie bitte den Beispielfilm »Kap_06:Kugeln.DIR«.

Auf der Bühne befinden sich sieben Sprites. Klicken Sie auf eine der Kugeln und bewegen Sie diese. Aktivieren Sie eine weitere Kugel durch Festhalten der Taste <Umschalt> und Klicken. Bewegen Sie jetzt beide Sprites gemeinsam auf der Bühne. Sie können die Sprites wieder deaktivieren, indem Sie auf eine beliebige leere Stelle der Bühne klicken.

Verkleinern Sie nun ein Sprite durch Ziehen an einem der sichtbaren Griffe am Rand. Versuchen Sie das gleiche bei mehreren aktivierten Sprites.

Aktivieren Sie ein Sprite, und rufen Sie den Befehl »Modifizieren:Sprite:Eigenschaften...« auf. Geben Sie einen Skalierungsfaktor von 50 % ein, und bestätigen Sie mit »OK«. Wiederholen Sie die 50 %-Skalierung mit demselben Sprite. Stellen Sie für zwei der Sprites nacheinander einen Abstand von 100 Pixeln vom linken Bühnenrand ein.

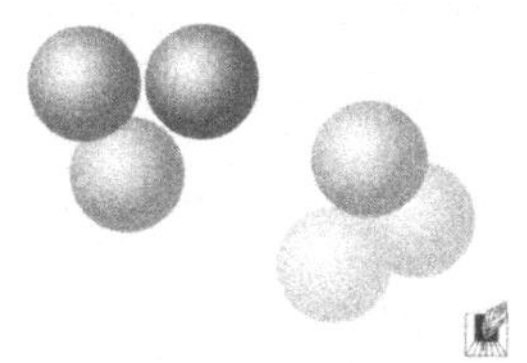

Der Übungsfilm »Kugeln.DIR«

6.2   Die Palette Steuerpult

⌘ 2

Die Palette »Steuerpult« wird mit <Befehl>2 ein- und ausgeblendet oder über den Menüpunkt „Fenster" der Menüleiste.

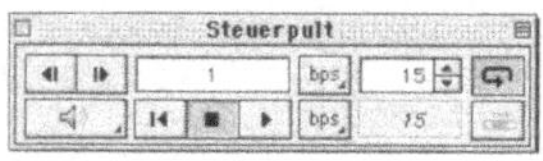

Die Palette »Steuerpult«

Das Steuerpult wird bei der Entwicklung verwendet, um Probeläufe des Films zu steuern und Geschwindigkeitsmessungen und -einstellungen vorzunehmen.

⌘ ⌥ R

Zu Bild 1

Die wichtigsten Funktionen des Steuerpultes betreffen die Grundfunktionen „Zurück zu Bild 1", „Bild zurück", „Stop", „Bild vor" und „Abspielen". Diese dauernd benötigten Funktionen sind auch bequem über Tastenkürzel erreichbar, die wichtigsten davon zusätzlich über die Symbolleiste.

Daneben enthält die Palette »Steuerpult« die Möglichkeit, den Lautsprecher unabhängig von den Einstellungen in den Soundkanälen abzuschalten und die Gesamtlautstärke zu regeln. Sie werden diese Taste bald zu schätzen lernen, wenn Sie länger an einer tonunterlegten Animation arbeiten.

Die Schaltfläche „Schleife" erlaubt es, einen Film als Endlosschleife ablaufen zu lassen, auch wenn kein Rücksprung zu Bild 1 in Lingo programmiert ist. Wenn diese Option nicht gewählt ist, hält der Film nach Erreichen des letzten Bildes an.

Die letzte Schaltfläche in der unteren Reihe des Fensters »Steuerpult« bewirkt, daß nur die jeweils aktivierten Bilder abgespielt werden. Bei längeren Filmen ist dies sehr nützlich, um die Sequenz zu testen, die sich gerade in Bearbeitung befindet. Diese Funktion arbeitet auch zusammen mit der Schaltfläche „Schleife" (s. o.).

Die Option „Nur ausgewählte Bilder" sollten Sie mit gebührender Vorsicht einsetzen, wenn Sie mit Lingo arbeiten und die Reaktion der bearbeiteten Bühnenbilder eventuell von Variablen abhängt, deren Werte früher im Film gesetzt werden. Die Variablen bleiben sonst eventuell uninitialisiert und führen leicht zu einem nicht reproduzierbaren Verhalten des Films.

Achtung! Die beiden letztgenannten Funktionen beziehen sich nur auf den Autorenmodus, im Projektor muß eine Endlosschleife also über einen entsprechenden Lingo-Befehl oder über ein Verhalten festgelegt werden.

Die Angaben und Einstellmöglichkeiten in der Mitte der oberen Reihe im Fenster »Steuerpult« beziehen sich auf die Position des Abspielkopfs im Film. Die aktuelle Bildnummer läßt sich durch direkte Eingabe in diesem Feld ändern. In der Praxis wird die aktuelle Position im Film allerdings meist durch Klicken mit der Maus im Fenster »Drehbuch« festgelegt.

Die Felder im oberen rechten Drittel der Palette »Steuerpult« dienen der Eingabe der gewünschten Abspielgeschwindigkeit des Films. Hier können Werte von 1 bis 999 **B**ilder **P**ro **S**ekunde (bps) ein-

Bild zurück

Stop

Bild vor

Abspielen

Bis Ende / In Schleife spielen

Nur ausgewählte / alle Bilder

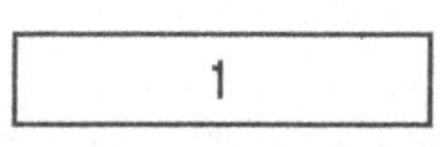

Position des Abspielkopfs

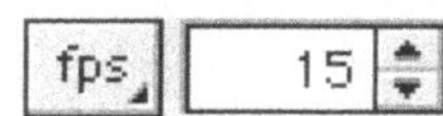

Soll-Abspielgeschwindigkeit

Geschwindigkeitsmodi

gegeben werden. Ein Menü unter der Einheit »bps« schaltet auf den Kehrwert um; die Angabe erfolgt dann in **S**ekunden **P**ro **B**ild (spb).

Die hier getroffenen Einstellungen sind nur Startwerte. Sie können durch Einstellungen im Tempokanal des Fensters »Drehbuch« und durch in Lingo programmierte Geschwindigkeitsänderungen jederzeit überschrieben werden.

Einstellungen von Geschwindigkeiten sind Sollwerte und haben unter Umständen wenig mit der tatsächlichen Abspielgeschwindigkeit zu tun, die sehr stark von der Leistungsfähigkeit des verwendeten Rechners, von der Komplexität des Bühnenbildes und von diversen anderen Unwägbarkeiten bestimmt ist. Einen einigermaßen flüssigen Film erhalten Sie ab etwa 15 Bildern pro Sekunde. Bei wenigen bewegten Objekten können auch häufig 30 Bilder pro Sekunde und mehr erreicht werden.

Bitte stellen Sie für Ihren Film keine sinnlos hohen Geschwindigkeitswerte ein, die auf Ihrem beabsichtigten Zielsystem ohnehin nicht erreicht werden. Im Gegensatz zu Digital-Video werden von Director bei zu geringer Rechenleistung nie Bilder ausgelassen, sondern die gesamte Abspieldauer verlängert sich. Ein Film mit sehr hoher Einstellung für die Bildrate würde auf jedem Computer mit der maximal erreichbaren Geschwindigkeit ablaufen, also z. B. auf einem schnellen G4 PowerPC vielleicht zwanzigmal schneller als auf einem langsamen Pentium oder einem 68k-Macintosh. Abgesehen davon, daß Animationseffekte meist eine ganz bestimmte Ablaufgeschwindigkeit für ihre optische Wirkung benötigen, wären dramatische Synchronisationsprobleme mit Ton und Digital-Video vorprogrammiert.

spb 0.067

reale / berechnete / kumulierte Abspielgeschwindigkeit

Das Einstellfeld unter dem Bereich für die Sollgeschwindigkeit dient der Messung der tatsächlichen Abspielzeiten. Aus dem Menü läßt sich einer von vier Anzeigemodi wählen. Bei der Angabe »bps« oder »spb« wird die tatsächlich erreichte Bildrate bzw. Bilddauer angezeigt. Die hier auf dem Zielsystem gemessenen Werte sollten die Basis bilden für die Einstellungen der Sollgeschwindigkeit (siehe oben). Wenn die von Ihnen gewünschte Geschwindigkeit auf dem Zielsystem nicht zu erreichen ist, sollten Sie versuchen, entweder die Anzahl oder die Fläche bewegter Darsteller oder die Farbtiefe aller Darsteller in den betroffenen Frames zu reduzieren.

In der Einstellung »Gesamt« können Sie der Anzeige die tatsächliche kumulierte Dauer einer Sequenz vom ersten Bild des Films bis zum Ende des aktuellen Bildes entnehmen. Voraussetzung für eine korrekte Anzeige in diesem Feld ist allerdings, daß der Film mindestens einmal mit der aktuellen Geschwindigkeitseinstellung abgespielt wurde.

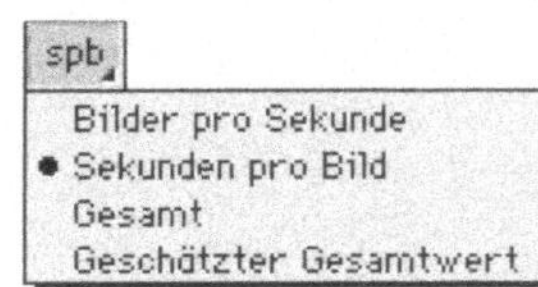

reale / berechnete / kumulierte Abspielgeschwindigkeit

Im Gegensatz zur Einstellung »Gesamt« benötigt »Geschätzter Gesamtwert« kein vorheriges Abspielen. Hierbei werden aber auch nur die kumulierten Sollzeiten vom Beginn des Filmes an angezeigt. Für die Berechnung werden sowohl Einstellungen im Steuerpult wie auch im Tempokanal des Fensters »Drehbuch« berücksichtigt, nicht jedoch in Lingo programmierte Geschwindigkeitsänderungen und Sprünge (dies wäre auch gar nicht möglich, da programmierte Einstellungen von diversen unvorhersehbaren Bedingungen abhängen können).

6.3 Das Fenster Besetzung

Die Fenster vom Typ »Besetzung« werden durch <Befehl>3 ein- und ausgeblendet. In jedem Director-Film existiert mindestens ein Fenster dieses Typs mit der Bezeichnung »Intern Besetzung«. Director kann mehrere interne und externe Besetzungsfenster verwalten. Dies gestattet es, die Darsteller in mehrere Besetzungen aufzuteilen. Die Verwaltung der unzähligen Bestandteile einer komplexen Multimedia-Entwicklung wird dadurch stark erleichtert, insbesondere dann, wenn mehrere Personen gemeinsam an einer Anwendung arbeiten und auch externe Besetzungen (s. u.) zum Einsatz kommen.

⌘ 3

Ein internes Besetzungsfenster

Es sind mehrere Varianten der Verteilung von Darstellern in Besetzungsfenster üblich. Sie kann z. B. so erfolgen, daß jeweils Darsteller eines Typs zusammengefaßt werden. Eine andere Variante besteht darin, die Darsteller nach ihrer Funktion im Film zu verteilen, also z. B. alle Darsteller, die für eine Intro benötigt werden. Oft werden auch eigene Besetzungen für solche Darsteller benutzt, die wie Dias in einer Sequenz von eins an durchnumeriert werden sollen.

Trotzdem können bei kleineren Projekten auch nach wie vor alle Objekte ungeachtet ihres Typs in einer einzigen Besetzung verwaltet werden.

Das Fenster »Importieren...«

6.3.1 Import von Darstellern

⌘ R

Zum Import von Darstellern dient der Menüpunkt »Datei:Importieren...«, der schneller über das Tastenkürzel <Befehl>R zugänglich ist.

In dem eingeblendeten Dialog können eine oder mehrere Dateien ausgewählt werden. Um nur die Darsteller eines bestimmten Dateityps anzeigen zu lassen, kann der gesuchte Typ zunächst über das auf der linken Seite abgebildete Popup-Menü definiert werden.

Das Auswahlmenü im Dialog
»Datei:Importieren«

Abspielen

Vorschau

Vom Inhalt der Datei kann bei eingeschalteter Option »Vorschau einblenden« links ein verkleinertes Abbild bzw. ein Symbol gezeigt werden. Als Vorschau dient, abhängig vom Datentyp, entweder ein Bild oder ein generelles Symbol (bei Tönen). Töne können an dieser Stelle auch zur Probe abgespielt werden. Das angezeigte Bild ist entweder das Icon der Datei, oder aber es wird über »Erstellen« aus der Datei ein spezielles briefmarkengroßes Bild generiert. Bitte beachten Sie, daß ein so erstelltes Vorschaubild ca. 4 kB groß ist und als PICT-Ressource der Quelldatei hinzugefügt wird. Bei dieser Methode zum Ablegen einer Vorschau, von der übrigens viele

Macintosh-Programme in kompatibler Weise Gebrauch machen, ändern sich also die Dateigröße und das Änderungsdatum der Quelldatei, wenn diese nicht auf einem schreibgeschützten Medium abgelegt ist. Das neue Änderungsdatum muß berücksichtigt werden, wenn die Datei eventuell parallel auf einem anderen Rechner noch bearbeitet wird. Automatische Programme für den Datenabgleich können unter Umständen versehentlich die geänderte Datei überschreiben, wenn bei einer an sich älteren Version eine Vorschau erstellt wurde.

Standardimport

Bei dieser Methode werden die Daten des importierten Darstellers komplett in die Director-Datei aufgenommen. Abhängig vom Datenvolumen der importierten Datei vergrößert sich der Director-Film dabei unter Umständen sehr stark. Auf Daten, die so integriert sind, kann Director am schnellsten zugreifen. Zum Import eignen sich alle von Director direkt oder über Xtras unterstützten Formate für Bilder, Töne, Texte oder Digital-Videos. Hinter den Sammelbezeichnungen im Menü verbergen sich in Wirklichkeit eine große Menge importierbarer Formate, so funktioniert z.B. bei Bitmap alles, angefangen von TIFF, JPEG und BMP bis hin zu normalen Photoshop-Dateien.

Importierbare Standardformate

Mit externer Datei verknüpfen

Bei den meisten Typen von Darstellern (PICT, Sound und Director-Film) besteht die Wahlmöglichkeit zwischen echtem Import, also Aufnahme der Daten in die Director-Datei, und der Möglichkeit, nur einen Verweis auf einen externen Darsteller zu erzeugen. Bei jeder Verwendung eines solchen externen Darstellers wird dieser jeweils erneut aus der Quelldatei gelesen, wenn er nicht bereits in den Arbeitsspeicher geladen ist. Beachten Sie: Verknüpfte Darsteller können nur mit dem entsprechenden externen Editor bearbeitet werden. Verweise auf externe Dateien haben verschiedene Vor- und Nachteile:

Importmethoden

+ Die Zusammenarbeit mehrerer Personen an einem Projekt wird erleichtert. Die Arbeit des Director-Programmierers wird bis zu einem gewissen Grad von der Bilderstellung entkoppelt. Es ist möglich, einfach vorübergehend mit Dummy-Bildern zu arbeiten (diese sollten jedoch bereits möglichst die endgültige Größe und Farbtiefe aufweisen).

+ Während der Entwicklung eingesetzt, erlauben es verknüpfte externe Darsteller, noch in letzter Sekunde Änderungen an einzelnen Darstellern durchzuführen, ohne den Film ändern und erneut testen zu müssen.

+ Der Endanwender kann unter Umständen selbst noch Änderungen an Darstellern vornehmen, ohne die Integrität des Films zu gefährden. Er muß dazu weder Director erlernen noch eine Lizenz erwerben.

+ Die unter Umständen recht großen Darsteller können bei einer Hybrid-CD sowohl für Windows als auch für Macintosh genutzt werden. Doppelter Speicherplatzverbrauch auf der CD-ROM wird also vermieden.

+ Dateikompressionsmethoden, die wie JPEG auf Systemebene anwendbar sind, können zu sparsamer Speicherung von Bildern herangezogen werden.

Bedenken Sie hierbei allerdings die eventuell auftretenden Verzögerungen durch die Entkompression beim Laden von Darstellern. Normalerweise unsichtbare kleine Farbverfälschungen durch den JPEG-Algorithmus bewirken zudem, daß die Methode absolut ungeeignet ist für Darsteller, die später freigestellt auf transparentem Hintergrund angezeigt werden sollen.

– Die Dateien für Darsteller müssen im Dateisystem mitverwaltet werden. Es besteht die Gefahr, solche Dateien bei Kopieroperationen zu vergessen oder aufgrund geänderter Zugriffspfade nicht mehr ansprechen zu können.

– Das Laden von Darstellern aus externen Dateien dauert ca. drei- bis viermal länger als bei wirklich importierten Darstellern.

Originaldaten zur Bearbeitung integrieren

Über diese Option kann Director veranlaßt werden, externe Dateien mit ihrer kompletten internen Struktur aufzunehmen und zu verwalten. Interessant ist dies in Zusammenhang mit der Verwendung eines externen Editors. Zum Beispiel ist es möglich, eine Photoshop-Datei mit all ihren Ebenen, Effekten und Pfaden etc. aufzunehmen und sie später wieder zu editieren. Diese Vorgehensweise führt allerdings normalerweise zu großen Datenmengen im Director-Film, ihre Praxistauglichkeit erscheint daher z. B. bei Rastergrafiken zunächst fragwürdig.

Brauchbar wird das Ganze jedoch dadurch, daß Director die überflüssigen Daten bei der Erstellung eines Projektors oder geschützten Films (DXR-Datei) wieder aus dem Projekt entfernt (nähere Information zu geschützten Filmen und Projektoren finden Sie in Kapitel 10). Die aus Filmen mit integrierten Originaldaten erstellten Auslieferungsdateien sind also nicht im mindesten größer, als sie ohne die Originaldaten wären (erstaunlicherweise meist sogar etwas kleiner!). Es können sich deshalb deutliche Vorteile bei der Verwaltung von Projekten und bei Änderungen ergeben. Sind die Originaldaten mit integriert, so kann es nicht vorkommen, daß die Produktionsquelldaten verloren gehen, der Director-Film enthält immer die aktuellste Version der Produktionsdaten.

Vergleich Dateigröße	
Photoshop	1,92 MB
DIR-Datei ohne	224 kB
DIR-Datei mit	2,1 MB
DXR-Datei ohne	220 kB
DXR-Datei mit	220 kB
Projektor ohne	3,42 MB
Projektor mit	3,42 MB

Verschiedene Produktionsstadien mit/ohne integrierte Originaldaten von Photoshop

PICT-Datei als PICT importieren

Director unterstützt auch den direkten Import von Vektor-PICT Dateien. Diese sind häufig speichersparender als ihre Bitmap-Pendants. Durch Einführung der Vektordarsteller und der Importmöglichkeit für das Vektorformat Shockwave-Flash (.swf) hat der PICT-Import seine frühere Bedeutung weitgehend verloren. PICT-Vektordaten werden nämlich im Gegensatz zu diesen modernen Formaten nicht mit Antialiasing dargestellt.

PICT- und Bitmap-Darsteller in einem Besetzungsfenster

Importieren durch Drag & Drop

Statt über den Importdialog zu gehen, können Sie Darsteller eines mit Director kompatiblen Typs (s.u.) auch direkt vom Schreibtisch in ein Besetzungsfenster ziehen.

6.3.2 Typen von Darstellern

Nicht alle Darsteller, die Sie in Besetzungen speichern können, werden durch den Befehl »Datei: Importieren...« in das Besetzungsfenster aufgenommen. Sie können Objekte auch in einer anderen Anwendung durch <Befehl>C in die Zwischenablage übernehmen und durch <Befehl>V direkt in ein freies Feld eines Besetzungsfensters einsetzen. Vektor-PICT-Bilder (siehe oben) werden dabei in 72-dpi-Rasterbilder konvertiert. Wenn Sie statt dessen den Menübefehl »Bearbeiten: Inhalt einsetzen: Als PICT« anwenden, bleibt das Objekt ein Vektor-PICT-Bild; es kann dann zwar nicht direkt innerhalb von Director bearbeitet werden, immerhin jedoch können Sie solche eingesetzten Vektorobjekte später wieder aus dem Besetzungsfenster in das ursprüngliche Programm kopieren, um sie dort zu editieren.

Vorsicht! Nicht alle eingesetzten Vektor-PICT-Bilder sind gleichermaßen speichersparend. Während z. B. ein einfaches Vektorpolygon aus ClarisImpact eingesetzt mit 500 Bytes auskommt, verbraucht das gleiche Objekt ca. 25 kB, wenn man es aus FreeHand kopiert. Das Problem mit FreeHand taucht übrigens nicht auf, wenn über Dateien importiert wird (s. o.).

Weitere Typen von Darstellern erzeugen Sie mit den Director-eigenen Möglichkeiten. Darsteller können entstehen durch die Fenster »Malen«, »Vektorform« und »Text«, durch die Palette »Werkzeuge« sowie durch direktes Aufzeichnen eines Tons mit dem Befehl »Einfügen:Mediaelement:Sound...« oder durch Erzeugen eines Skripts.

Benennung von Darstellern

Alle Darsteller in einem Besetzungsfenster sind durchnumeriert. Es können theoretisch so viele Darsteller pro Besetzung verwendet werden, wie Speicherplatz auf der Festplatte vorhanden ist. In der Praxis werden in einem manuell erstellten Film selten mehr als einige hundert Darsteller verwendet. Allerdings lassen sich Besetzungen auch hervorragend als Datenbank für Texte, Bilder Filme oder Tondaten einsetzen, eine Anwendung, bei der dann auch sehr große Darstellerzahlen auftreten können.

Jeder Darsteller wird als mehr oder weniger verkleinertes Bild in seinem Besetzungsfenster angezeigt. Abhängig von den Voreinstellungen (»Datei:Voreinstellungen:Besetzung...« wird er außerdem durch eine Nummer und einen individuell zu vergebenden Namen (z. B. „Feder") identifiziert. Der Typ des Darstellers ist jeweils an dem kleinen Symbol in der rechten unteren Ecke zu erkennen, ein Symbol in der linken unteren Ecke informiert ggf. über die Anwesenheit eines Darstellerskripts.

Interne und externe Besetzungen

Bei Director können beliebig viele unabhängige Besetzungen verwendet werden. Es gibt zwei verschiedene Typen von Besetzungen, interne und externe.

Wenn Sie einen Film erzeugen, legt Director automatisch eine **interne Besetzung** mit dem Namen »Intern« an. Interne Besetzungen werden in der Filmdatei gespeichert. Wenn ein Film gesichert wird, werden alle internen Besetzungen automatisch mit gesichert. Wenn Sie einen Projektor erstellen, werden alle internen Besetzungen in die Projektordatei aufgenommen. Interne Besetzungen können nicht von anderen Filmen mitgenutzt werden.

Externe Besetzungen werden nicht im Director-Film selbst gespeichert, sondern als eigene Dateien. Sie können von mehreren Filmen gleichzeitig genutzt werden. Wenn Sie eine neue Besetzung über »Datei:Neu...:Besetzung...«, über den Dialog des Befehls »Modifizieren:Film:Besetzungen...« oder über das entsprechende PopUp-Menü eines Besetzungsfensters anlegen, können Sie zwischen einer internen und einer externen Besetzung wählen. Bei ausgewählter Option „Im aktuellen Film verwenden" wird die externe Besetzung mit dem Film verknüpft, d. h., sie wird beim Öffnen des Films automatisch geöffnet und beim Sichern des Films ebenfalls gesichert. Ob eine externe Besetzung verknüpft ist, können Sie auch nachträglich über das Menü »Modifizieren: Film:Besetzungen...« festlegen (→ Kap. 10).

Nicht verknüpfte Besetzungsfenster dienen oft als Bibliotheken für Grafiken und Lingo-Verhaltensskripte. Übrigens: Sind solche Besetzungen direkt oder über ein Alias im Unterordner »Libs« des

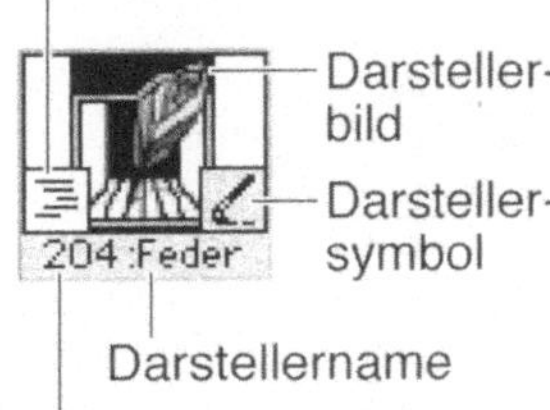

Anzeige eines Darstellers in einem Besetzungsfenster

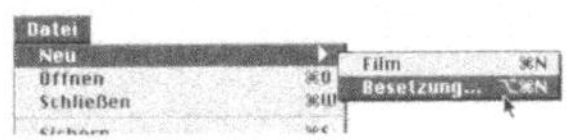

Neue Besetzung über das Menü »Datei:Neu:Besetzung...«

Neue Besetzung im Fenster erstellen

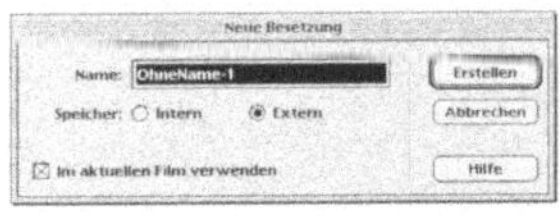

Wahl zwischen interner Besetzung oder externer Besetzung mit und ohne Verknüpfung

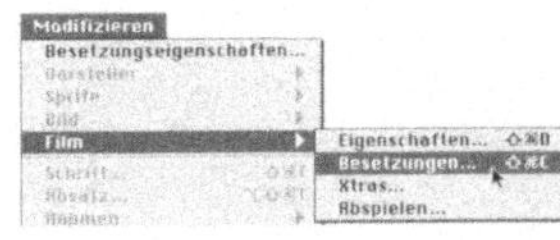

Nachträgliche Modifizierung der Besetzungseigenschaften

intern	extern	
☑	☑	Rastergrafik
▦	▦	Anim. GIF
☑		Vektorform
☑	☑	PICT-Grafik
☑		MMD-Form
☐		System-Taste
☒		Optionsfeld
☉		Auswahlfeld
A		Text
a|		Textfeld
◀	◀	Sound
	▦	Digital-Video
▦		Farbpalette
▤		Filmskript
▤		Drehbuchskript
◆		Verhalten
▦		Filmschleife
	▦	Director-Film
▦	▦	Flash-Film
▦		Farbpalette
◀		Shockwave
☑		Schrift
◄		Farbcursor
▶◀		Übergang
▦		Xtra
▦		OLE-Objekt

Director-Verzeichnisses vertreten, so erscheinen sie auch in der Bibliothekspalette. Sie erkennen geöffnete, aber nicht verknüpfte Besetzungen an einem dunkelgrauen Hintergrund des Fensters.

Achtung! Bevor Sie die Verknüpfung zu einer externen Besetzung unterbrechen, sollten Sie sämtliche Sprites von Darstellern dieser Besetzung gelöscht haben.

Der Umgang mit Darstellern in den Besetzungen ist unabhängig von der Art der Besetzung. In jeder Besetzung können beliebige Typen von Darstellern untergebracht werden. Neben der Möglichkeit, Darsteller über ihre einzelnen Editoren zu erstellen oder sie zu importieren, können sie auch über Befehle des Menüs »Einfügen« generiert werden. Die einzelnen Darstellertypen haben folgende Bedeutung:

Rastergrafik (Bitmap)

Dieser Darstellertyp kann im Fenster »Malen« oder einem externen Programm wie Photoshop hergestellt werden oder stammt von digitalisierten Fotos. Rastergrafiken speichern an jedem Bildpunkt die Farbinformation in einer Farbtiefe, die von der aktuellen Monitoreinstellung beim Import abhängt. Um eine genaue Vorstellung vom späteren Aussehen des Darstellers zu bekommen, ist es empfehlenswert, mindestens mit der Farbtiefe zu arbeiten, für die der Film vorgesehen ist. Üblicherweise arbeitet man heute mit Darstellern von 16 Bit oder 24 (32) Bit Farbtiefe. Bei neueren Betriebssystemen können Sie die Farbtiefe des Monitors im Rahmen der Möglichkeiten der vorhandenen Videohardware über das Kontrollfeld »Monitore« während der Arbeit umstellen. 32-Bit-Rastergrafikdarsteller können neben der RGB-Farbinformation in einem Byte einen sogenannten Alphakanal mit Transparenzinformation tragen (dieser kann aus Vorproduktionsprogrammen wie Photoshop übernommen werden). Mit Hilfe des Alphakanals kann exakte Kantenglättung auch bei Bewegung eines Bitmap-Sprites über verschiedenfarbigen Hintergrund gewährleistet werden. Solchermaßen ausgestattete Sprites behalten ihr gutes Aussehen sogar bei Drehung und mäßiger Verzerrung. Die besten Ergebnisse beim Import transparenter Photoshop-Ebenen erhält man nicht mit dem normalen Importfenster von Director, sondern mit dem Xtra »Photocaster« über das Menü »Einfügen: Media Lab Media«.

Objektgrafik (Vektorgrafik)

Als Objektgrafik bzw. mit dem Synonym Vektorgrafik bezeichnete Darsteller sind mathematisch über Punkte und Kurvenverläufe definiert, statt als Farbwerte der einzelnen Bildpunkte. Ihnen ist gemeinsam, daß sie im allgemeinen (s. o.) verhältnismäßig wenig Speicher benötigen. Die im folgenden aufgeführten Formate unterscheiden sich in der internen Struktur und damit in den verwendbaren Editoren und in der Exaktheit der Darstellung.

PICT-Objektgrafik (Vektorgrafik)

Darsteller dieses bereits oben angesprochenen Typs können durch Import einer PICT-Datei entstehen, die von den meisten vektororientierten Zeichenprogrammen auf dem Macintosh und von manchen auf Windows erstellt werden kann. Sie kann auch durch Einsetzen einer Objektgrafik über die Zwischenablage mit dem Befehl »Bearbeiten:Inhalt einsetzen:Als PICT« erzeugt werden. Es sollte beachtet werden, daß das schon etwas betagte und heute nicht mehr zu empfehlende PICT-Format recht unexakt dargestellt wird. Bei der Positionierung eingebundener Schriftzeichen, Eckenrundung, Linienenden etc. kann es zu kleineren Fehlern kommen. PICT-Daten werden zudem auf dem Bildschirm nicht mit Kantenglättung (Antialiasing) dargestellt und eignen sich daher eher für rechtwinklig begrenzte Grafiken wie Balkendiagramme, weniger für Rundungen. Ein weiterer Nachteil besteht darin, daß PICT-Darsteller nicht in Director selbst editierbar sind.

Formobjekte und Schaltflächen

Grafische Director-Objekte (Formobjekte), Felder (Textfeld-Objekte) und Schaltflächen (System-Tasten, Optionsfelder und Auswahlfelder) werden mit den Werkzeugen der Werkzeugpalette auf der Bühne gezeichnet.

Die geometrischen Grundformen, die damit erstellt werden können, sind, wie ein Versuch zur Übertragung zwischen Director und anderen PICT-fähigen Applikationen zeigt, nicht voll zum PICT-Format kompatibel. Sie können nur in einfachen Fällen verwendet werden, z.B. für Rahmen oder Trennlinien. Insbesondere wegen der auch hier wie beim PICT-Format fehlenden Kantenglättung sind sie für alle anspruchsvolleren grafischen Aufgaben ungeeignet. Hier werden besser Vektorform-Objekte oder importierte Flash-Grafiken eingesetzt.

Vektorform-Objekte

⌘ ⬆ U

Dieser erstmals mit Director 7 eingeführte Darstellertyp besticht durch seine perfekt geglättete Darstellung und vor allem dadurch, daß seine Linien- und Kurvenverläufe direkt mittels Lingo beeinflußt werden können. Die Darsteller werden entweder durch das Fenster »Vektorform« (<Befehl> <Umschalt> V) oder direkt über Lingo-Prozeduren erzeugt. Vektorform-Objekte können ohne jeden Qualitätsverlust gedreht, skaliert oder verformt werden. Einziger Nachteil: Sie können nur einen einzigen Kurvenzug enthalten, der, wenn er geschlossen ist, allerdings wenigstens mit Füllfarbe oder Verlauf versehen werden kann.

Felder (Textfeld-Objekte)

`the mouseChar`

`the mouseWord`

`the mouseLine`

Bei Feldern können im Gegensatz zu den weiter unten behandelten Texten während der Laufzeit einige nützliche Informationen mittels Lingo abgefragt werden. So ist es möglich, die Nummer des Zeichens, des Worts oder der Zeile herauszufinden, die sich gerade unter dem Mauszeiger befinden. Textfelder werden, sogar wenn sie mit unterschiedlichen Stilen formatierte Zeichen enthalten, beim Kopieren korrekt an Zeichenprogramme übergeben. Auch hier führt der Rückweg (ähnlich wie bei den Formobjekten) allerdings nur zu einer Rastergrafik oder zu einer nicht mehr im Programm selbst editierbaren PICT-Objektgrafik.

Versucht man, Schaltflächen in ein Zeichenprogramm zu exportieren, stellt man fest, daß nur der sichtbare Inhalt der Zelle des Besetzungsfensters zusammen mit Rähmchen und dem Hintergrund ankommt. Damit ist wohl in den wenigsten Fällen etwas anzufangen.

Texte

⌘ 6

Texte werden normalerweise im Textfenster (<Befehl>6) erstellt, oder aber über »Datei:Importieren…« aus einer RTF-Datei (**R**ich **T**ext **F**ormat) übernommen. Viele andere Programme wie z. B. Microsoft Word können Texte im RTF-Format ablegen. Solche Texte können mit unterschiedlichen Schriftarten, -größen, -stilen und -farben formatiert sein sowie absatzweise unterschiedliche Ausrichtungen und Tabulatoren aufweisen. Selbst komplizierte Formatierungen wie Word-Tabellen können über das RTF-Format in Darsteller importiert werden. Dabei erzeugt Director bei jedem harten Seitenumbruch oder Abschnittswechsel einen neuen Darsteller vom Typ Text.

Zwar können Textdarsteller wie Felder zur Laufzeit editiert werden und dabei im Gegensatz zu diesen sogar verzerrt und gedreht sein, sie werden aber während des Editierens nie transparent dargestellt. In Gegensatz zu älteren Director-Versionen werden Texte nicht mehr automatisch in Bitmaps umgewandelt. Sie verbrauchen deshalb im Director-Film und im Projektor deutlich weniger Speicherplatz. Texte werden mit sauber geglätteten Kanten (Antialiasing) dargestellt, auch wenn sie editierbar sind.

Schriftdarsteller

Werden Schriftarten verwendet, die nicht auf dem Zielsystem verfügbar sind, müssen sie vor der Auslieferung über »Einfügen: Mediaelement: Schrift...« in den Film aufgenommen werden. Dabei entsteht ein Schriftdarsteller, der die Schriftart plattformunabhängig und platzsparend ablegt.

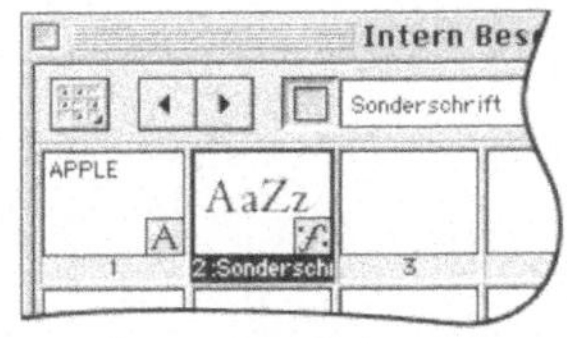

Schriftdarsteller speichern Fonts in einem plattformunabhängigen Format.

Texte, die zur Laufzeit nicht mehr editierbar sein müssen, können auch manuell in Bitmaps umgewandelt werden (»Modifizieren:In Bitmap konvertieren«). Diese Lösung funktioniert allerdings nur, wenn der Textdarsteller vor einer einheitlichen Hintergrundfarbe stehen soll, er erhält nämlich bei der Konvertierung keinen Alphakanal. Dies bedeutet, daß die Schrift nicht auf transparent, sondern nur auf die Hintergrundfarbe geglättet ist.

Schade ist, daß solche Texte nicht ausreichend direkt per Lingo formatiert werden können. Lediglich das Setzen eines neuen Textes ist so einfach möglich wie bei Feldern (nützlich für Sprachversionen!). Um Texte zu formatieren, muß tiefer in die Lingo-Trickkiste gegriffen werden. Fortgeschrittene Lingo-Programmierer sind in der Lage, die RTF- oder HTML-Repräsentation eines Textes so zu beeinflussen, daß formatierte Texte entstehen.

Sound (digitalisierter Ton)

Digitalisierter Ton wird entweder von einer CD oder einer Stereo-anlage überspielt oder direkt aufgenommen. Leider bestehen in Director nicht die geringsten Editiermöglichkeiten für Ton. Tonda-teien können wie Bilder entweder direkt in Director geladen oder extern gehalten werden. Externe Dateien sollten plattformunab-hängige Formate haben, wie z. B. AIFF oder das komprimierte MP3.

Digitalisiertes Video (QuickTime, AVI, AIFF und MIDI)

Als Format für digitalisiertes Video wird bei Macintosh und bei Win-dows QuickTime eingesetzt. Auf Windows wird zudem das dort gebräuchliche Format AVI unterstützt, auf Macintosh-Rechnern werden AVI-Filme beim Abspielen in QuickTime konvertiert. Selbstverständlich muß QuickTime auf dem Zielsystem installiert sein. Seit der Version 4 von Director werden leider keine einge-bundenen QuickTime-Filme mehr unterstützt, eine Möglichkeit, die in ganz frühen Macintosh-Director-Versionen vorhanden war. Man muß vermuten, daß dies der Kompatibilität mit dem anderen System zum Opfer fiel.

QuickTime kann nicht nur dazu verwendet werden, echte Filme (ggf. mit Tonspuren) in Director abzuspielen. Durch den Trick, Sounds und Midi-Dateien in einen QuickTime-Film ohne Bildka-nal zu konvertieren, kann man die ausgeklügelteren Kontroll- und Synchronisationsmechanismen, die für Digital-Video-Filme in Lingo vorgesehen sind, auch auf diese Daten anwenden. Beim Import von QuickTime-Filmen werden deshalb auch Sound- und Midi-Dateien angezeigt und von Director auf Wunsch konvertiert.

Farbpaletten

Farbpaletten werden meist zusammen mit 8-Bit-Bildern importiert, denen von der erstellenden Applikation (meist Photoshop) bei der Umwandlung in indizierte Farben eine flexible Palette zugewie-sen wurde. Sie kann von Director beim Import des Bildes in der Besetzung installiert werden. Später wird die Palette zur optima-len Anzeige des Bildes im Palettenkanal des Drehbuchfensters installiert oder durch Lingo gesteuert eingesetzt. Über das Fenster »Farbpaletten« (→ Kapitel 6.4.5 und 6.10) können Paletten in Director bearbeitet werden.

Skript (Lingo-Programmsegment)

In der Director-Programmiersprache Lingo können unterschiedliche Arten von Skripten verfaßt werden: Darstellerskripte, Filmskripte, Parent-Skripte und Verhalten (die Sammelbezeichnung für Skripte, die an Sprites oder Bilder angebracht sind). Bis auf die Darstellerskripte werden alle diese Skripte als eigene Darsteller in einem Besetzungsfenster angezeigt und verwaltet.

6.3.3 Umgang mit Darstellern

Darsteller auswählen

Sie können einen oder mehrere Darsteller im Besetzungsfenster durch Mausklick auswählen. Um einen kontinuierlichen Bereich von Darstellern auszuwählen, klicken Sie auf den ersten Darsteller und dann bei gedrückter <Umschalt>-Taste auf den letzten Darsteller der Gruppe. Durch Festhalten der Taste <Befehl> sind auch nicht benachbarte Darsteller gleichzeitig auswählbar. Auf die ausgewählten Darsteller können Sie, abhängig von deren Typ, verschiedene Befehle gemeinsam anwenden, so z.B. für Rastergrafiken »Modifizieren:Bitmap ändern...«, für Texte »Modifizieren: Schrift...« oder auch die Einstellung von Vordergrundfarbe und Hintergrundfarbe mit Hilfe des Fensters »Werkzeuge« (→ Kapitel 6.7).

Wenn in einem Film viele Darsteller verwendet werden, sind die Möglichkeiten des Befehls »Bearbeiten:Suchen:Darsteller...« sehr hilfreich. Sie können Darsteller nach ihrem Typ, nach dem Beginn des Namens oder nach der verwendeten Farbpalette suchen. Besonders nützlich ist die Funktion, um im Film nicht benutzte Darsteller zu suchen, die eventuell von Experimenten liegengeblieben sind.

Aber Vorsicht! Wenn Sie einen Darsteller nur über Lingo ansprechen, kann Director dies nicht feststellen (der Name des Darstellers könnte nämlich unter Umständen auch erst zur Laufzeit ermittelt werden).

Löschen Sie die so gefundenen Darsteller also nicht einfach unbesehen.

Um sich vor derartigen Problemen zu schützen, kann es nützlich sein, alle über Lingo angesprochenen Darsteller an einer Stelle des Films zu plazieren, die beim Ablauf nicht erreicht wird. Sie schützen sich dann vor dem Trugschluß, der Darsteller würde nicht verwendet.

Eine andere, vielleicht noch geschicktere Lösung könnte sein, alle von Lingo aus angesprochenen Darsteller mit einem bestimmten Namenskürzel (z. B. „lin_") beginnen zu lassen. Vor der großen Aufräumaktion bei Fertigstellung des Films kann man dann im Lingo-Programmtext nach diesem Kürzel suchen, um festzustellen, welche der Darsteller tatsächlich noch verwendet werden.

Darsteller bearbeiten

Ein Doppelklick auf einen der Darsteller blendet den Editor ein, mit dem der Darsteller ggf. bearbeitet werden kann. Objektgrafiken, Sound und Digital-Video können innerhalb von Director nicht bearbeitet werden, sondern nur mit externen Programmen, hier wird bei Doppelklick direkt der entsprechende Dialog für die Darsteller-Eigenschaften geöffnet.

Darsteller umordnen

Die aktivierten Darsteller können im Besetzungsfenster mit der Maus verschoben und so in eine übersichtlichere Ordnung gebracht werden. Zur Verwendung in Lingo siehe nächsten Abschnitt. Wenn Sie mehrere Besetzungsfenster zur Verwaltung Ihrer Darsteller verwenden, können Sie Darsteller auch einfach von einer Besetzung in eine andere ziehen.

Darsteller verwenden

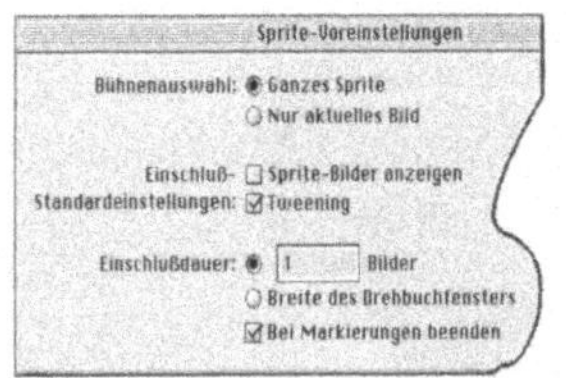

Fenster
»Sprite-Voreinstellungen«

Um Darsteller im Film zu verwenden, ziehen Sie sie einfach mit der Maus aus dem Besetzungsfenster auf die Bühne. Abhängig vom jeweils markierten Kanal im Fenster »Drehbuch« werden Sprites der auf die Bühne bewegten Darsteller im aktuellen Bild eingesetzt. Über wieviel Bilder sich das eingesetzte Sprite erstreckt, läßt sich im Dialogfeld »Datei:Voreinstellungen:Sprite...« unter »Einschlußdauer« festlegen. Die Sprites belegen vom aktivierten Kanal an aufsteigende Kanalnummern.

Statt einen der aktivierten Darsteller von der Besetzung auf die Bühne zu ziehen, können Sie auch die Taste „Darsteller ziehen" in der Tastenleiste des Besetzungsfensters auf die Bühne verschieben. Die Sprites werden mit ihrem Registrierpunkt an die Stelle der Bühne gesetzt, an der Sie die Maus loslassen. Wenn Sie Darsteller einzeln nacheinander auf die Bühne ziehen, können Sie diese gleich an der richtigen Stelle ablegen, ansonsten werden erst einmal alle Sprites an der gleichen Stelle aufeinandergelegt.

In bestimmten Fällen ist es sinnvoller, Darsteller nicht auf die Bühne, sondern statt dessen in das Drehbuchfenster zu verschieben. Auf diese Weise können z.B. ein Sounddarsteller oder eine Palette eingesetzt werden. Sound landet dabei in Kanal 1, wenn dieser frei ist, ansonsten in Kanal 2.

Auch bei Bilddarstellern kann es nützlich sein, sie ins Drehbuchfenster zu ziehen. Die Registrierpunkte der Sprites werden dabei nämlich automatisch auf der Bühne zentriert. So erspart man sich z.B. bei allen Bildern, die die volle Bühnengröße des Projekts einnehmen, das randfreie Ausrichten.

Vorsicht! Wenn Sie mit Lingo über Nummern auf Darsteller zugreifen, dann müssen Sie alle Referenzen in Skripten, beim Verschieben von Darstellern in der Besetzung manuell ändern. Verwenden Sie deshalb besser Referenzen auf die Darstellernamen. Es ist unbedingt zu empfehlen, alle Objekte, die später mit Hilfe der Programmiersprache Lingo manipuliert werden sollen, von vornherein mit einem Namen zu versehen.

Wenn dem Darsteller ein Skript zugeordnet ist, gibt ein Skriptsymbol in der linken unteren Ecke des Darstellersymbols hierüber Auskunft (Skripte, die direkt einem Darsteller zugeordnet sind, werden nicht wie andere Skripte an eigenen Positionen im Besetzungsfenster angezeigt.). Die Anzeige des Skriptsymbols ist über eine Option im Dialog »Datei:Voreinstellungen:Besetzung...« abschaltbar. Verlassen sie sich aber bitte nicht zu sehr auf diese Anzeige. Director verwaltet diese im Hintergrund. Nach Erzeugen oder Löschen eines Skripts kann es eine unbestimmte, in Einzelfällen auch recht lange Zeit dauern, bis ein Update erfolgt.

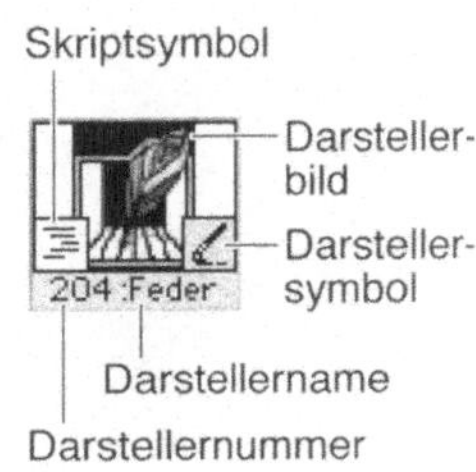

Darstellerinfos

⌘ I

Die „Info"-Taste in der Funktionsleiste blendet für einen Darsteller allgemeine und typspezifische Informationen ein (Tastenkürzel <Befehl> I).

Die allgemeinen Informationen betreffen Speicherbedarf und Priorität beim Entfernen aus dem Arbeitsspeicher. Letztere ist an dieser Stelle auch auswählbar. Die typspezifischen Informationen werden bei den einzelnen Editorfenstern besprochen. Die Informationen über den Darsteller sind nicht zu verwechseln mit Sprite-Informationen (Tastenkürzel <Befehl> <Umschalt> I) (→ Kapitel 6.1), die z. B. auch die Position beinhalten.

⌘ ⬆ I

Löschen von Darstellern

Darsteller können durch einfache Betätigung der Löschtaste bei aktiviertem Besetzungsfenster gelöscht werden, oder aber durch den Menübefehl »Bearbeiten: Darsteller löschen«. Bei nur einem einzelnen ausgewählten Darsteller funktioniert auch »Bearbeiten: Darsteller ausschneiden« (<Befehl> X).

⌘ X

Vorsicht ist bei Darstellern geboten, die ein Darstellerskript tragen. Dieses gehört direkt zum jeweiligen Darsteller und wird deshalb ohne Warnung mitgelöscht. Um dieses Risiko möglichst gering zu halten, ist zu empfehlen, größere Prozeduren grundsätzlich in Filmskripten abzulegen und nur von einem einzeiligen Darstellerskript aus aufzurufen.

Wenn ein Darsteller gelöscht wird, von dem Sprites im Film bzw. im Drehbuchfenster existieren, bleiben diese mit allen ihren Eigenschaften unabhängig vom Darsteller erhalten (sogenannte „ghosts").Wird später ein Darsteller in die gleiche Nummer im Besetzungsfenster eingefügt, so taucht er an allen Positionen der verwaisten Sprites auf der Bühne auf und nimmt deren Eigenschaften (Größe, Farbe etc.) an.

Wie Sie Darsteller von Sprites auch mit einem speziell dafür vorgesehenen Befehl austauschen, werden Sie in Kapitel 6.4 kennenlernen. Dabei übernimmt der neue Darsteller nur einige der Sprite-Eigenschaften wie z. B. die Position, nicht aber Größe und Farbe.

6.4 Das Fenster Drehbuch

Das Fenster »Drehbuch« wird durch <Befehl> 4 ein- und aus-geblendet.

⌘ 4

Dieses Fenster stellt den eigentlichen Kern von Director dar. Im Drehbuchfenster wird der zeitliche Ablauf der Animation durch einzelne Bühnenbilder festgelegt.

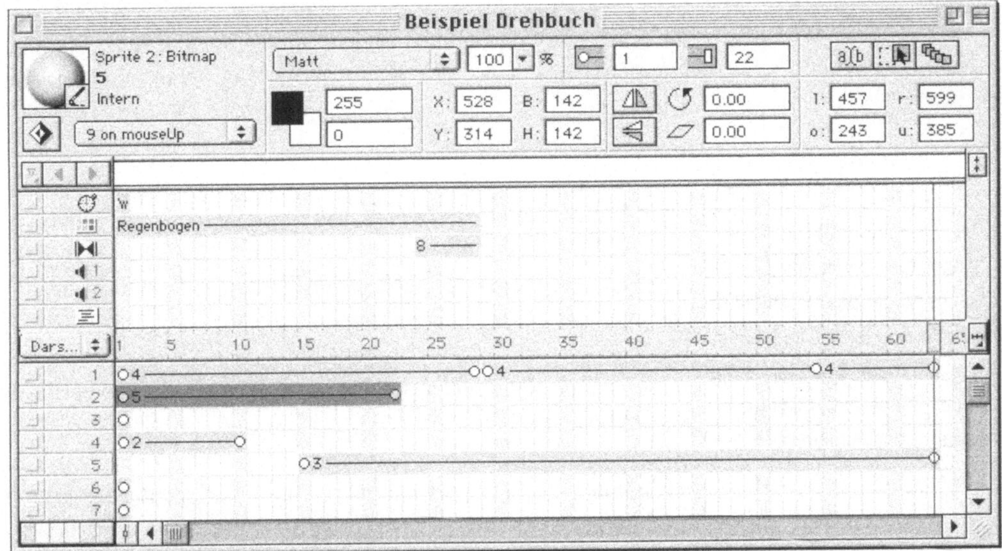

Das Fenster »Drehbuch«

6.4.1 Wichtige Elemente des Drehbuchfensters

Bilder

Die Horizontale des rollbaren Bereiches im Fenster »Drehbuch« stellt den Ablauf eines Films in einer Art Zeitachse dar. Diese Achse ist in einzelne Spalten eingeteilt, die „Bilder" (engl.: frames) genannt werden. Sie beschreiben – ähnlich klassischen Bühnen-bildern – den Zustand der Bühne zu einem bestimmten Zeitpunkt. Im allgemeinen werden die Bilder von links nach rechts durch-laufen. Diese natürliche Reihenfolge kann allerdings durch Lingo-Befehle verändert werden. Die Geschwindigkeit, mit der die Bil-der durchlaufen werden, ist in weiten Grenzen wählbar und kann auch innerhalb eines Films beliebig häufig wechseln.

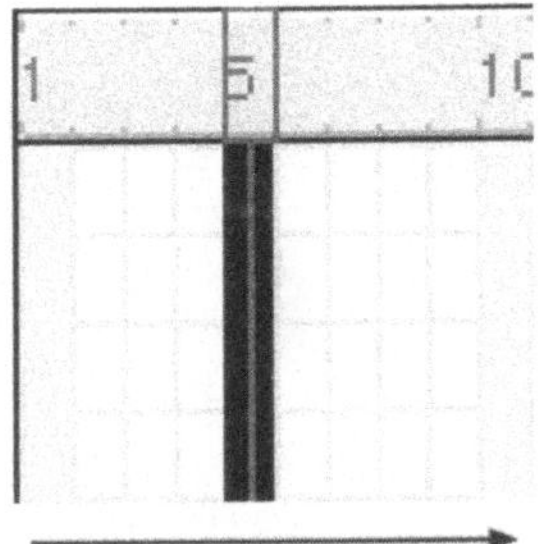

Eine Spalte im Drehbuchfenster stellt den Zustand der Bühne zu einer bestimmten Zeit dar.

Über das Fenster »Steuerpult« (→ Kapitel 6.2) ist die Geschwindigkeit des Bildwechsels einstellbar. Sie werden später weitere Möglichkeiten kennenlernen, die Ablaufgeschwindigkeit von Filmen über den Zeitkanal des Fensters »Drehbuch« und durch Lingo-Programmierung zu bestimmen.

Kanäle

Eine Zeile im Drehbuch wird als „Kanal" bezeichnet. Wie die verschiedenen Rollen in einem Schauspiel können Kanäle jeweils eine Repräsentation eines Darstellers aufnehmen. Man nennt solche Rollen eines Darstellers auch Instanzen oder mit dem Director-eigenen Jargon „Sprites".

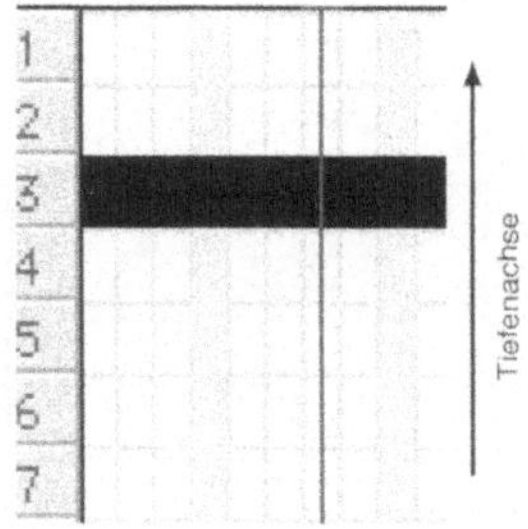

Eine Zeile (Kanal) im Drehbuchfenster repräsentiert aufeinanderfolgende Positionen eines Sprites. Sprites in tieferen Kanalnummern befinden sich auf der Bühne hinter Sprites in höheren Kanalnummern.

Nicht alle Kanäle im Drehbuchfenster sind gleichwertig. Oberhalb der von 1 bis max. 1000 durchnumerierten Sprite-Kanäle für grafische Darsteller existieren auch sieben Sonderkanäle (Effektkanäle), die zuständig sind für Markierungen, Zeitsteuerung, Farbpaletten, Überblendungen, Sounds (2 sichtbare) und Skripte. Wir werden uns später in diesem Kapitel ausgiebig mit der Verwendung aller dieser Kanäle befassen.

Sie können alle Effektkanäle außer dem Markierungskanal und dem Bildkanal über die vorgesehene Schaltfläche im rechten oberen Bereich des Drehbuchfensters ein- und ausblenden, um auf dem Bildschirm mehr Platz für Grafikkanäle zu gewinnen

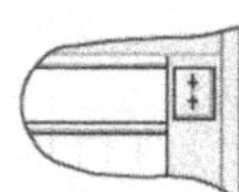

Sonderkanäle ein-/ausblenden

Zellen und Sprites

Der Schnittpunkt einer Bildspalte mit einer Kanalzeile ist eine Zelle. Sie repräsentiert das Auftreten eines Darstellers zu einer bestimmten Zeit an einem bestimmten Ort. Sprites können sich über eine oder mehrere horizontal benachbarte Zellen ausdehnen und definieren so die Bewegung eines Objekts in der Zeit.

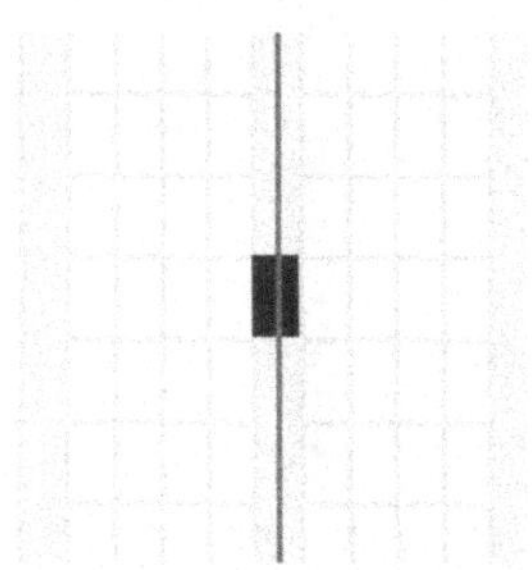

Eine Zelle im Drehbuchfenster beschreibt einen Darsteller zu einem bestimmten Zeitpunkt.

Das Konzept der Sprites ist eine sehr elegante Methode zur Erstellung drehbuchbasierter Animationen (→ Kapitel 7). Trotzdem ist es manchmal nützlich, auch einzelne Bilder eines Sprites (Zellen) unabhängig vom gesamten Sprite bearbeiten zu können, wie dies bis zur Director-Version 5 üblich war. Director 7 sieht daher beide Bearbeitungsmodi vor. Durch Doppelklick bei gedrückter Taste

<Wahl> kann die Bearbeitungs- und Darstellungsweise gewechselt werden zwischen den beiden auch über das Menü »Bearbeiten« verfügbaren Methoden »Sprite-Bilder bearbeiten« und »Ganzes Sprite bearbeiten«.

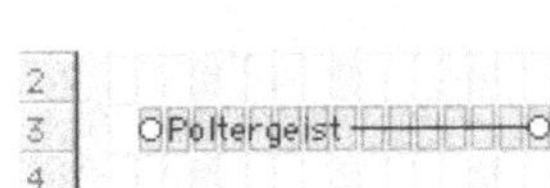

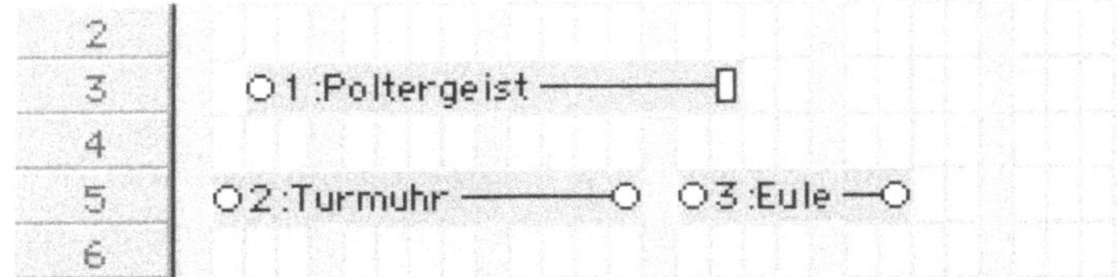

Spritedarstellung im Modus »Sprite-Bilder bearbeiten«

◀ Sprites, die sich über unterschiedliche Zeiträume erstrecken.

Üblicherweise wird im Bereich eines Sprites die Nummer und der Name des Darstellers angezeigt, der durch das Sprite repräsentiert wird. Das Sprite braucht im Startbild und im Endbild nicht die gleichen Eigenschaften zu haben, wenn es auch am Ende ein durch einen Kreis markiertes Schlüsselbild enthält. Sprites, die mit einem Rechteck enden, haben nur ein Schlüsselbild und ändern sich nicht.

Durch das Popup-Menü »Anzeige« links im Drehbuchfenster kann auf andere Anzeigemodi umgeschaltet werden, die wahlweise Verhalten, x-y-Position, Farbeffekt oder Deckkraft darstellen. Ändern sich Werte wie beispielsweise die Position während der Existenz eines Sprites, so beziehen sich die Anzeigen stets auf den Spritebeginn bzw. auf das letzte Schlüsselbild in Richtung Filmanfang. In aller Regel wird man mit der Grundeinstellung arbeiten, während in bestimmten Fällen auch andere Modi zum Einsatz kommen. Bei der Einstellung »Position« etwa kann man die Möglichkeit nutzen, über »Datei:Voreinstellungen:Drehbuch...« auf die Zellenanzeige der älteren Director-Version 5 zurückzuschalten. Im Drehbuch wird dann die Relativbewegung des Darstellers vom letzten Bild zum aktuellen über kleine Pfeilchen angezeigt. So lassen sich leicht versehentliche Verschiebungen um einzelne Pixel bei Sprites ausfindig machen, die eigentlich stillstehen sollten, jedoch wegen Änderung anderer Eigenschaften mehrere Schlüsselbilder haben. »Verhalten« gibt Auskunft über verwendete Spriteskripte, über die man sonst leicht die Übersicht verliert. Im Modus »Erweitert« wird jeder Kanal wesentlich höher dargestellt, so daß alle wesentlichen Informationen über ein Sprite gleichzeitig angezeigt werden können.

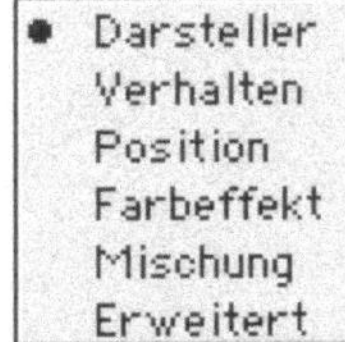

»Anzeige« im Fenster »Drehbuch«

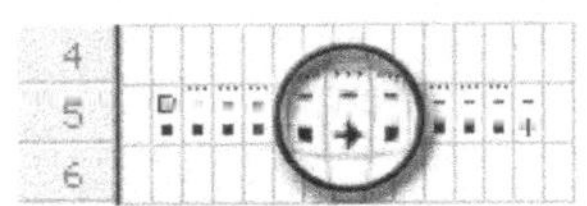

»Position« im Drehbuch-Anzeigemodus der Version 5 zeigt kleinste Verschiebungen.

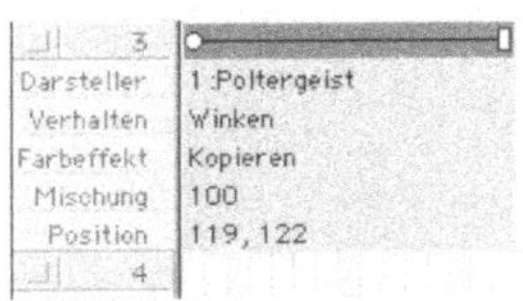

Erweiterte Darstellung zur gleichzeitigen Anzeige aller wichtigen Sprite-Informationen

Auch horizontal können Sie Zellen vergrößert anzeigen lassen, und zwar über das »Zoom«-Menü rechts neben der Bildnumerierung. Diese Option ist besonders nützlich, wenn sie vorwiegend mit Spri-

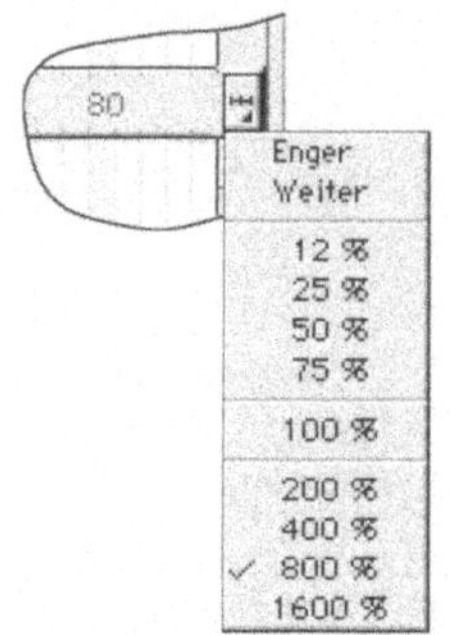

tes arbeiten, die nur ein oder wenige Bilder lang sind, wie es bei Lingo-gesteuerten Anwendungen die Regel ist. Ein horizontaler Zoom von 800 % stellt sicher, daß Darstellernummer und -name auch dann noch im Drehbuchfenster lesbar sind.

Abspielkopf

Der Abspielkopf, der als kleines hellrotes Rechteck auf der Bildnumerierung sichtbar ist, bestimmt, welches Bild aktuell auf der Bühne angezeigt wird. Eine rote Hilfslinie läuft über das gesamte aktuelle Bild. Sie können den Abspielkopf entweder über die Bedienungselemente des Steuerpultfensters (→ Kapitel 6.2) bzw. über die entsprechenden Tastenkürzel oder durch direktes Ziehen mit der Maus bewegen.

Eine sehr gute Methode, die Unterschiede zwischen zwei benachbarten Bildern festzustellen, besteht darin, den Abspielkopf im Fenster »Drehbuch« zwischen den beiden Bildern hin- und herzuziehen, während man die Bühne beobachtet.

Das »Zoom«-Menü zur Einstellung der Breite von Zellen im Drehbuch

Sprites auswählen und verschieben

Für den Umgang mit Sprites sollten Sie zunächst sicherstellen, daß in Ihrem Autorensystem unter „Kompatibilität" im Dialog »Datei:Voreinstellungen:Drehbuch...« nicht die Option »Drehbuchanzeige wie in Director 5« ausgewählt ist, da sich die Darstellung und Handhabung seit dieser Version stark geändert hat. Während früher der Einzelbildcharakter der Drehbuchzellen im Vordergrund stand, behandeln die neueren Director-Versionen ein Sprite mehr als ein Objekt, das sich durch die Zeit bewegt.

Der Dialog
»Voreinstellungen:Drehbuch...«

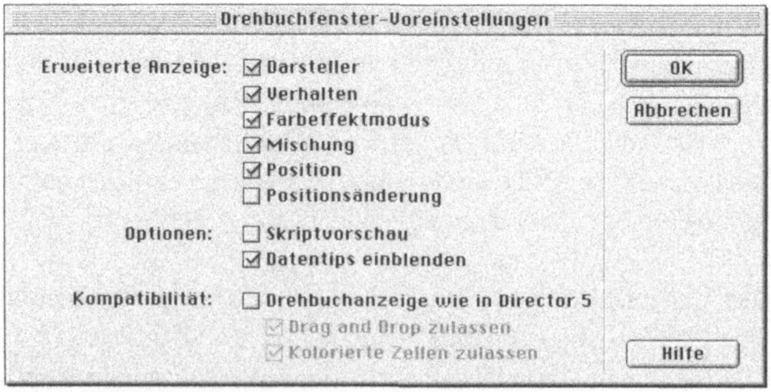

Sprites im Drehbuchfenster können mit der Maus einfach in einen anderen Kanal oder in einen anderen Frame verschoben werden. Beachten Sie, daß dabei nicht etwa die x-y-Position des Sprites auf der Bühne oder dessen Bewegungsabfolge verändert wird, das Sprite wird vielmehr insgesamt in der Zeit bzw. der Darstellungsebene verschoben.

Ziehen des Sprites nach unten in einen Kanal mit höherer Nummer bringt das Sprite auf der Bühne lediglich weiter „nach vorne", so daß es Sprites niedrigerer Kanalnummern verdecken kann. Ziehen nach rechts verschiebt das Sprite in der Zeit, d. h. es wird erst später angezeigt, wenn der Abspielkopf im entsprechenden Bildbereich angekommen ist.

Bewegen eines Sprites in der Darstellungsebene (Tiefe) und in der Zeit

Die häufig benötigte Funktion, ein ausgewähltes Sprite in höhere oder tiefere Kanalnummern zu verschieben, ist auch über die Unterpunkte des Menüpunktes »Modifizieren:Anordnen« erreichbar. Es ist vor allem bei Sprites nützlich, die genau zwei Bilder lang sind, denn bei diesen funktioniert die viel schnellere Variante der direkten Verschiebung nicht. Natürlich können Sie Zellen grundsätzlich nur zwischen Kanälen gleichen Typs verschieben. Ein Sound kann also z. B. nur zwischen den Soundkanälen bewegt werden.

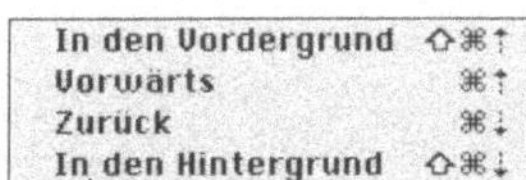

Anordnen von Sprites in der Tiefe über »Modifizieren:Anordnung«

Oft müssen mehrere Sprites gleichzeitig ausgewählt werden, etwa um sie dann gemeinsam zu verschieben oder ihnen allen eine Eigenschaft oder ein Verhalten zuzuweisen. Wenn Sie mehrere Sprites im Drehbuchfenster auswählen wollen, deaktivieren Sie zunächst alle eventuell schon ausgewählten durch Klicken auf eine beliebige unbenutzte Zelle. Klicken Sie dann auf die erste gewünschte Zelle und ziehen die Maus bei gedrückter Maustaste über den ganzen auszuwählenden Drehbuchbereich. Der Auswahlbereich kann sich über mehrere Bilder und über mehrere Kanäle erstrecken. Wird mit dem gezogenen Rechteck eine Zelle berührt, die einem Sprite zugehört, so wird sofort das gesamte Sprite ausgewählt. Nach Loslassen der Maustaste bleiben alle so aktivierten Sprites ausgewählt.

Achten Sie darauf, daß Sie bei der Auswahl mehrerer Zellen nicht auf einem Sprite beginnen, da Sie dieses sonst verschieben, statt Zellen auszuwählen. Sie können beim Auswählen einer Drehbuchregion auch so vorgehen, daß Sie zunächst nur die erste Zelle des auszuwählenden Bereichs aktivieren und danach die Auswahl verlängern, indem Sie bei gedrückter <Umschalt>-Taste auf die letzte Zelle des gewünschten Bereichs klicken.

Nicht zusammenhängende Kanäle können ebenfalls über einen ganzen Bereich von Bildern hinweg ausgewählt werden. Drücken Sie dazu die Taste <Befehl> und klicken dann mit dem Mauszeiger auf eine Zelle des zusätzlichen Kanals.

Während der Auswahl folgt der Abspielkopf dem Ziehen mit der Maus bzw. wechselt in das zuletzt aktivierte Bild.

Mehrere ausgewählte Zellen (Kanäle) innerhalb eines Bildes entsprechen mehreren ausgewählten Sprites auf der Bühne. Wenn Sie eines dieser Sprites auf der Bühne verschieben oder skalieren, so sind davon alle ausgewählten Sprites betroffen. Sie können auch allen ausgewählten Sprites gleichzeitig neue Attribute oder Farben zuordnen.

Ganzen Kanal aktivieren

Durch Doppelklicken auf eine Kanalnummer können Sie einen gesamten Kanal mit allen darin liegenden Sprites bis zur höchsten im Film benutzten Bildnummer auswählen. Bewegen Sie ein so aktiviertes Sprite auf der Bühne, werden auch alle anderen ausgewählten Sprites desselben Kanals mitbewegt, auch wenn sie im aktuellen Bild nicht auf der Bühne sichtbar sind.

Ganzes Bild aktivieren

Entsprechend können Sie durch Doppelklick in den Bereich der Bildnummern ein komplettes Bild aktivieren. Aber Vorsicht! Bewegen Sie einen Darsteller nun auf der Bühne, so fügen Sie möglicherweise in alle Sprites, die sich auf der Bühne befinden, neue Schlüsselbilder ein, was in der Regel nicht erwünscht ist. Sinnvoll ist die Sache allerdings für 1-Bild-Sprites, da nun alle Sprites wirklich nur parallel verschoben werden.

Sprites kopieren

Kopieren eines Sprites beim Bewegen durch gedrückte <Wahl>-Taste ( )

Ausgewählte Sprites können mit den üblichen Editierfunktionen »Kopieren«, »Ausschneiden« und »Einfügen« des »Bearbeiten«-Menüs bearbeitet werden. Eine andere Variante des Kopierens ist jedoch meist schneller: Halten Sie die Taste <Wahl> gedrückt, wenn Sie nun das Sprite verschieben, wird eine Kopie erzeugt.

6.4.2 Arbeiten im Drehbuchfenster

Über das Menü »Einfügen:Bilder...«, lassen sich ganze Bilder in den Film einfügen bzw. daraus löschen. Werden Bilder in einem Bereich eingefügt, in dem sich Sprites befinden, werden diese entsprechend verlängert, d.h. bei bewegten Sprites wird die Bewegung entsprechend langsamer (bzw. ruckelfreier, wenn Sie eine höhere Bildrate verwenden).

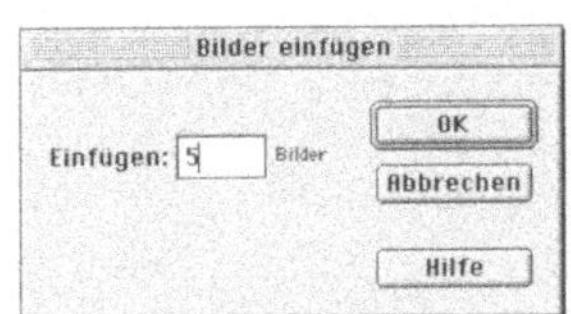

Der Dialog »Bild einfügen«

Zum Herauslöschen überflüssig gewordener Bilder können Sie die Funktion »Bild entfernen« des Menüs »Einfügen« verwenden. Wieder werden betroffene Sprites entsprechend gekürzt. Werden Bilder aus bewegten Sprites zwischen Schlüsselbildern herausgenommen, so läuft die Bewegung schneller ab.

Einige Eigenschaften, die ganze Bilder (Frames) betreffen, werden über das Menü »Modifizieren:Bild« festgelegt. Die entsprechenden Dialoge sind auch durch Doppelklick auf Zellen der Effektkanäle erreichbar.

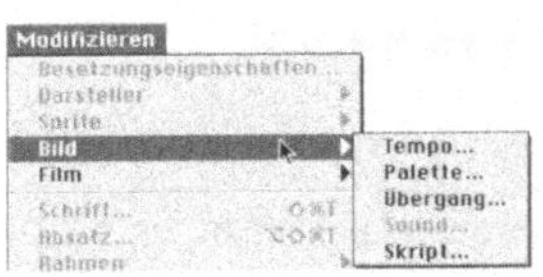

Festlegung von Bildeigenschaften über »Modifizieren: Bild«

Ein Tip: Mit Hilfe der Farbfelder in der linken unteren Ecke des Drehbuchfensters können Sie Sprites in einigen Farbtönen einfärben. Die Orientierung im Drehbuch läßt sich deutlich verbessern, wenn man die Spritefärbung zur Strukturierung nutzt. So kann z. B. jedes Sprite mit der ungefähren Farbe des Darstellers auf der Bühne markiert werden, ein roter Button wird auch im Drehbuch rot, eine grüne Linie entsprechend grünlich eingefärbt.

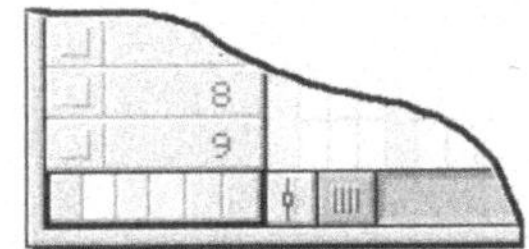

Farbfelder

6.4.3 Markierungen

Oberhalb des Anzeigebereichs des Abspielkopfs können entlang der Zeitachse des Drehbuchfensters Marken angebracht werden. Dazu klicken Sie einfach an der gewünschten Stelle in den Kanal. Es erscheint ein dreieckiges Markierungssymbol und rechts daneben ein ausgewählter Text. Geben Sie nun eine eigene Bezeichnung anstelle des Textes „Neue Markierung" ein. Marken dienen der eigenen Orientierung bei der Konstruktion eines Films, aber auch als Ansprungpunkte für Lingo-Befehle und manche Verhalten. Wenn programmgesteuert von einer Stelle im Film an eine andere gesprungen werden soll, ist die Verwendung solcher Sprungmarken statt Bildnummern sehr zu empfehlen, da sie bei

Marken im Fenster »Drehbuch«

jedem Einfügen und Löschen von Bildern automatisch mitverschoben werden und somit ihre Gültigkeit behalten.

Links neben dem Markierungskanal weisen Pfeile auf die Möglichkeit hin, von Marke zu Marke vorwärts oder rückwärts durch den Film zu springen bzw. über ein Popup-Menü direkt zu einer Marke zu gelangen. Besonders bei längeren Animationen sollten Sie von dieser schnellen Navgationsmöglichkeit Gebrauch machen.

Über das Menü »Fenster« läßt sich eine Liste aller verwendeten Marken einblenden. Benutzen Sie möglichst kurze, aber aussagekräftige Bezeichnungen in der ersten Textzeile (diese erscheint im Drehbuchfenster), denen eine ausführlichere Erklärung nachgestellt werden sollte. Texte bei Marken erleichtern anderen und auch einem selbst nach längerer Zeit die Orientierung im Film und sind Bestandteil einer professionellen Dokumentation.

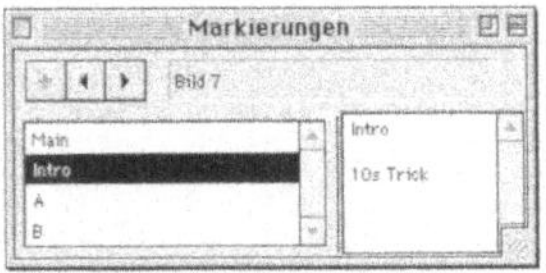

Anzeige der Marken mit erklärendem Text im Fenster »Markierungen«

6.4.4 Zeitsteuerungskanal

Der Zeitsteuerungskanal enthält Befehle für Filmgeschwindigkeit und Wartezeiten.

Ein Doppelklick auf eine Zelle dieses Kanals führt zu einem Dialog »Tempo einstellen«. Mit »**Tempo**« läßt sich die anfänglich im Steuerpult vorgegebene Abspielgeschwindigkeit verändern, wenn das Bild durchlaufen wird (→ Kapitel 6.2). Wird die Geschwindigkeit allerdings durch Lingo gesteuert (mit Befehlen wie `puppetTempo`), so werden die Einstellungen im Zeitsteuerungskanal ignoriert. Die alternativen Optionen des Dialogs bestimmen, wie lange der Abspielkopf im Bild verbleibt. Das Ereignis, das den Film zum Wechsel in das nachfolgende Bild veranlaßt, kann eine abgelaufene Zeit (»**Warten**«), ein Benutzerereignis (»**Mausklick/Tastendruck abwarten**«) oder ein medienabhängiges Ereignis (»**Aufruf abwarten**«) (→ Kapitel 6.9) sein.

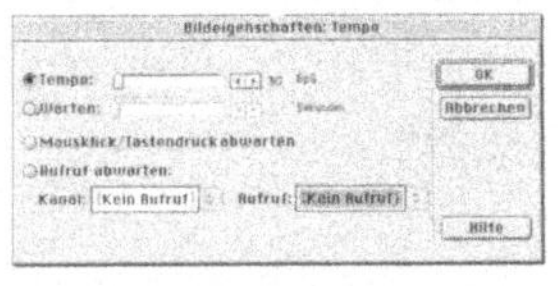

Der Dialog »Tempo einstellen«

6.4.5 Farbpalettenkanal

Über die Darstellung von Farben in Computern wurde bereits in Kapitel 2.6.2 ausführlich berichtet. Director verfügt über einige Möglichkeiten, Farbpaletten für die Darstellung von Bildern einzusetzen und diese zu manipulieren.

Im Farbpalettenkanal wird definiert, bei welchen Bildern von der Filmpalette abgewichen wird.

Zum Einsatz kommen Farbpaletten hauptsächlich dann, wenn nicht mit der vollen Informationsmenge der darstellbaren Farben gearbeitet werden soll. Der Grund hierfür kann sein, daß der Zielrechner über zu wenig Videospeicher verfügt, um die volle Farbdarstellung zu ermöglichen. Die auf einem Rechner eingestellte Farbtiefe kann von Director aus über die Lingo-Systemvariable `colorDepth` abgefragt und in modernen Betriebssystemen auch programmgesteuert verändert werden.

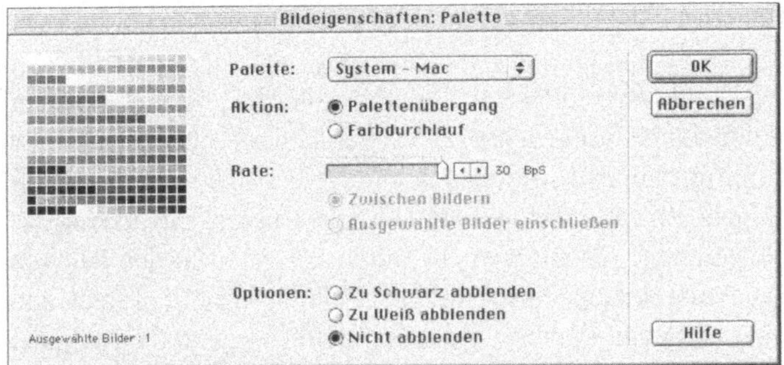

Zuweisung einer Farbpalette für ein Bild

Auch bei Verwendung einer Farbpalette müssen natürlich schlußendlich die RGB-Anteile der Farben zur Verfügung gestellt werden, die die Elektronik zur Ansteuerung des Bildschirms benötigt. Dies geschieht, wie wir bereits in Kapitel 2.6.2 gesehen haben, in diesem Fall aber nicht durch Speicherung von drei Bytes pro Bildpunkt, sondern indirekt. Es existiert eine Tabelle, die Farbpalette, in der für alle verwendeten Farben, normalerweise 256 verschiedene, jeweils deren Rot-, Grün- und Blauwert abgelegt ist. Man kann sich eine Farbpalette etwa wie einen großen Wasserfarbkasten vorstellen, bei dem alle Farbschälchen durchnumeriert sind. Bei einem farbigen Bild wird in jedem Bildpunkt nur noch die Nummer des Farbschälchens gespeichert, nicht der Farbwert selbst.

Normalerweise arbeitet Director mit der jeweiligen Systemfarbpalette. Darin sind alle Farben entsprechend ihrer normalen Häufigkeit etwa gleichmäßig vertreten. Darsteller können aber auch andere, spezielle Farbpaletten zugewiesen bekommen. Wir ersetzen also, um beim Beispiel zu bleiben, in unserem Farbkasten einige oder alle der vom Hersteller gelieferten Farbschälchen durch eigene, hinzugekaufte, die mehr Abstufungen unserer am häufigsten verwendeten Lieblingsfarben erlauben. Über solche Farbpaletten, die gerade die besonders oft vorkommenden Farbtöne enthalten, lassen sich viele Bilder auch bei nur 256 Farben in einer Qualität darstellen, die einer Vollfarbdarstellung erstaunlich nahekommt (→ Kapitel 4.3 und 6.10).

Neben den vordefinierten Farbpaletten stehen eigene in Director erzeugte oder mit Bildern geladene Farbpaletten zur Wahl.

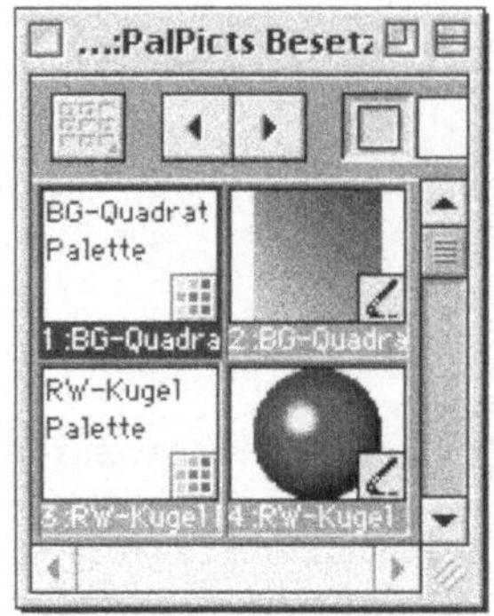

Nach dem Import liegen Paletten normalerweise unmittelbar vor den zugehörigen Darstellern.

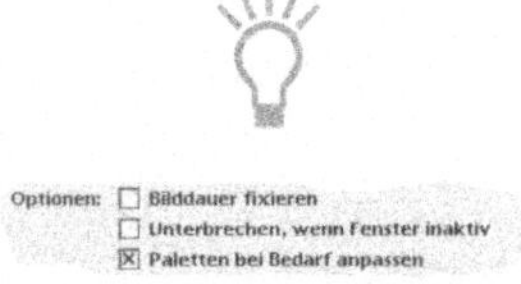

Palettenanpassung durch die Option im Dialog »Modifizieren:Film:Eigenschaften...

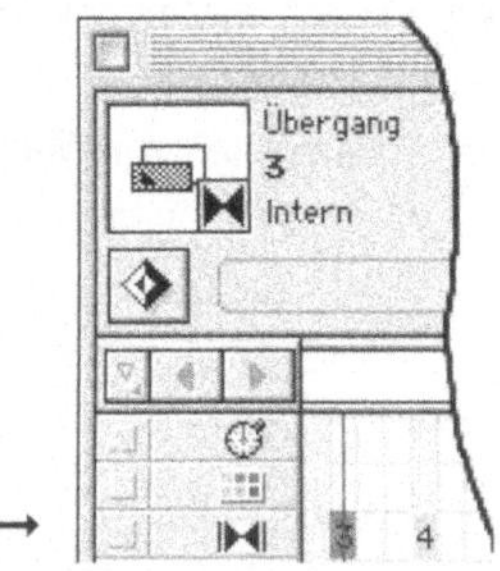

Überblendungen ermöglichen effektvolle Übergänge zwischen den Bildern.

Farbpaletten werden wie andere Darsteller im Fenster »Besetzung« abgelegt. Sie können mit einem indizierten Farbbild automatisch importiert werden oder entstehen durch Duplizieren und Abwandeln der in Director vorgegebenen Paletten. Director stellt Sie beim Import indizierter Farbbilder (ausgeführt bei Monitoreinstellung von 256 Farben) vor die Wahl, entweder die Palette in der Besetzung zu installieren oder alternativ das Bild mit oder ohne Rastern auf die Palette des Films anzupassen. Sie können auf Paletten doppelklicken, um sie in einem eigenen Fenster (»Farbpaletten«, → Kapitel 6.10) darzustellen. Über das Menü »Einfügen:Mediaelement:Farbpalette« können Sie neue Farbpaletten in die aktive Besetzung einfügen. Dabei wird die jeweils aktuelle Farbpalette dupliziert. Die neue Palette kann hiervon ausgehend abgewandelt werden. Durch Einsetzen in den Palettenkanal, durch Doppelklick auf eine Zelle des Palettenkanals oder über das Menü »Modifizieren:Bild:Palette...« wird die Farbpalette festgelegt, die für das entsprechende Bild (Frame) gültig ist. Haben mehrere indizierte Farbbilder dieselbe Palette, wird sie nur einmal in der Besetzung installiert.

Mit dem Programm Grafikkonverter (→ Kapitel 3.5.5) ist es möglich, eine gemeinsame Farbpalette aus mehreren in einem Ordner gespeicherten Bildern zu ermitteln. Dies ist insbesondere dann vorteilhaft, wenn mehrere Bilder den gleichen Hintergrund haben. Auch Director bietet in seinem Menü »Modifizieren:Film: Eigenschaften...« eine Option, mit der sich die aktuelle Palette zur Laufzeit automatisch anpassen läßt, wenn Bitmaps mit unterschiedlicher Farbpalette im gleichen Bild (Frame) angezeigt werden.

6.4.6 Übergangskanal

Jede Präsentation von Standbildern gewinnt enorm durch gut gewählte Übergänge (Überblendungen) von einem Bild zum nächsten. Director stellt hier eine breite Palette von möglichen Übergangseffekten zur Verfügung (→ Randspalte übernächste Seite).

Ein Übergang wirkt sich beim Eintritt in das Bild aus, in dem er definiert ist. Im nebenstehenden Bild etwa wird beim Übergang von Bild 1 zu Bild 2 der Effekt mit der Nummer 50 ausgeführt. Sie definieren Übergänge durch Doppelklick auf eine Zelle des Übergangskanals oder aber durch das Menü »Modifizieren:Bild:Übergang...«. Bei vielen Effekten besteht eine Wahlmöglichkeit, ob sich dieser nur auf den geänderten Bereich oder die gesamte Bühne auswirken soll.

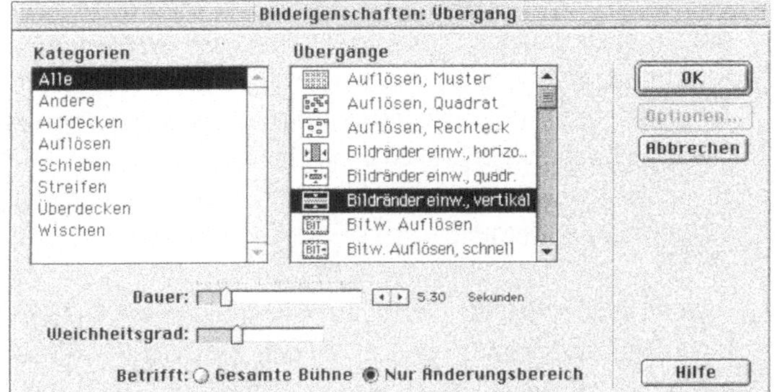

Der Dialog
»Modifizieren:Bild:Übergang...«

Vermeiden Sie es bitte, im gleichen Bild Zeitsteuerungen und Übergänge zu definieren, da Director in dieser Konstellation häufig unsauber arbeitet. Duplizieren Sie notfalls ein Bild, und machen Sie die notwendigen Einstellungen einfach vor oder nach der Überblendung.

Sie sollten bei Übergängen darauf achten, daß die beteiligten Bilder möglichst dieselbe Farbpalette benutzen. Sonst besteht die Gefahr, daß während des Übergangs häßliche Farbverfremdungen auftreten, obwohl Director versucht, die Farbpaletten langsam ineinander übergehen zu lassen. Bei den Übergängen, die eine über den Bildschirm verteilte Auflösung verwenden (z. B. »Auflösen pixelweise«), wirken sich unterschiedliche Farbpaletten weniger störend aus als bei Schieben, Wischen, Blenden etc., also Effekten, bei denen beide Bilder in deutlich abgegrenzten Bereichen des Bildschirms sichtbar sind. Eine Möglichkeit, unerwünschte Farbveränderungen zu vermeiden, ist, die Palette zunächst auf Schwarz abzublenden und erst im nächsten Bild auf die zweite Palette zu wechseln.

Im Film »PalChng.DIR« sehen Sie ein Beispiel für Farbveränderungen bei Übergängen mit Palettenwechsel.

ÜBUNG

Manche der Auflösen-Übergangseffekte können auf Windows-Computern wesentlich gröber ausfallen als auf einem Macintosh. Prüfen Sie daher alle Übergangseffekte auch darauf, wie sie auf einem

Überblendungseffekte in
Macromedia Director

Aufdecken nach links
Aufdecken nach links oben
Aufdecken nach links unten
Aufdecken nach oben
Aufdecken nach rechts
Aufdecken nach rechts oben
Aufdecken nach rechts unten
Aufdecken nach unten
Auflösen bitweise
Auflösen bitweise, schnell
Auflösen in Mustern
Auflösen in Quadraten
Auflösen in Rechtecken
Auflösen pixelweise
Auflösen pixelweise, schnell
Blende auf, horizontal
Blende auf, Quadrat
Blende auf, vertikal
Blende zu, horizontal
Blende zu, Quadrat
Blende zu, vertikal
Jalousien
Schachbrett
Schieben nach links
Schieben nach oben
Schieben nach rechts
Schieben nach unten
...

Windows-System aussehen. Im Gegensatz dazu laufen Übergänge, bei denen Bilder verschoben werden, manchmal auf Windows-Computern schneller und flüssiger ab.

Achtung! Die mit den Director-Überblendungen hergestellten Effekte sind nur beim Abspielen eines Director-Films mit dem Programm selbst oder bei der Ausführung eines Projektors in jedem Fall sichtbar. Bei vielen Exportmethoden gehen sie verloren, da sie sich „zwischen" den Bildern abspielen und erst zur Laufzeit errechnet werden.

Wenn Sie Übergänge und Paletteneffekte in einem QuickTime-Film aufzeichnen wollen, wählen Sie »Datei:Exportieren...« und »QuickTime-Film« als Ausgabe-Dateiformat. Klicken Sie »Optionen« an und wählen Sie für die Bildrate »Tempoeinstellungen«. Bei der Einstellung »Echtzeit« kann Director nämlich keine Übergänge aufzeichnen!

Vorsicht ist auch geboten, wenn Sie eine Animation auf Video überspielen wollen. Nur bei direkter Echtzeitaufnahme über das Monitorsignal bleiben die Effekte erhalten, nicht hingegen bei der teureren und sonst qualitativ besseren Technik der Aufzeichnung von Einzelbildern. Oft wird daher für die Aufzeichnung der Umweg über einen QuickTime-Film gewählt, z. B. um nachträglich Tonspuren zu synchronisieren. Auch in diesem Fall müssen Sie obigen Tip beachten, andernfalls bleiben alle Director-Überblendungen auf der Strecke.

Wenn Sie Überblendungseffekte beim Export als PICT oder PICS benötigen, hilft eventuell eine der folgenden Lösungen:

- Erstellen Sie bei der Bildrate »Tempoeinstellungen«, wie oben beschrieben, zunächst einen QuickTime-Film und konvertieren Sie ihn dann mit einem geeigneten Programm (z. B. → Grafikkonverter, Kapitel 3.5.5) in PICT.

- Setzen Sie für diese Sequenzen Programme wie Adobe Premiere oder Avid Video-Shop ein, mit denen Sie echten QuickTime-Videoschnitt mit noch mehr Überblendungsmöglichkeiten als bei Director durchführen können. Den resultierenden QuickTime-Film können Sie wiederum als solchen oder als numeriete Einzelbilder in Director importieren und mit Animationen mischen.

- Simulieren Sie Überblendungen durch Animationen. Das Schieben eines Bildes über ein anderes oder ähnliche Überblendungseffekte können auch schnell mit dem Befehl »Linear füllen« als Animation im Fenster »Drehbuch« erzeugt werden. Andere Überblendungen lassen sich durch Abdecken eines Teils der Bühne mit schwarzen Flächen oder durch Skalieren von Objekten gut simulieren. Ein so erstellter Übergang läßt sich problemlos als PICT oder PICS exportieren.

- Eine Notlösung stellt auch das Überspielen eines Director-Films mit Überblendungseffekten in Echtzeit auf Video und erneute Digitalisierung des Videoclips dar. Je nach der zur Verfügung stehenden Videohardware muß dabei allerdings unter Umständen mit starken Qualitätseinbußen gerechnet werden.

Sie sollten beachten, daß Übergänge, Paletteneffekte und Details in Bildern bei einem Export eventuell nicht exakt erhalten bleiben. Dies resultiert aus nicht ganz verlustfreien Kompressionsalgorithmen sowie aus der Tatsache, daß die Veränderung von Farbpaletten z. B. in QuickTime anders gehandhabt wird als in Director.

6.4.7 Soundkanäle

Über das Drehbuchfenster stehen in Director zwei Tonkanäle zur Verfügung. Wenn Sie zur Steuerung der Sounds Lingo verwenden, sind Sie nicht auf die zwei Soundkanäle des Drehbuchfensters beschränkt. Sie können Sounds dann in bis zu acht parallelen Kanälen abspielen. Jeder dieser Soundkanäle kann in sich bereits vollen Stereoton wiedergeben. Bei einem Macintosh werden die Soundkanäle zur Laufzeit gemischt und wiedergegeben.

Wenn Sie für die Windows-Hardware entwickeln, sollten Sie sich maximal auf die ersten vier Soundkanäle beschränken, da ein Abspielen vieler Kanäle nicht immer problemlos möglich ist. Die Mischung zur Laufzeit beansprucht zudem viel Rechenleistung. Verwenden Sie deshalb eine Applikation wie SoundEdit 16 (Mac) oder SoundForge (PC), um die Tondateien vorher manuell zu mischen.

...
Treppe links, nach oben
Treppe links, nach unten
Treppe oben, nach links
Treppe oben, nach rechts
Treppe rechts, nach oben
Treppe rechts, nach unten
Treppe unten, nach links
Treppe unten, nach rechts
Vertikale Jalousien
Wischen nach links
Wischen nach oben
Wischen nach rechts
Wischen nach unten
Zoom auf
Zoom zu
Zudecken nach links
Zudecken nach links oben
Zudecken nach links unten
Zudecken nach oben
Zudecken nach rechts
Zudecken nach rechts oben
Zudecken nach rechts unten
Zudecken nach unten
Zufallsreihen
Zufallsspalten

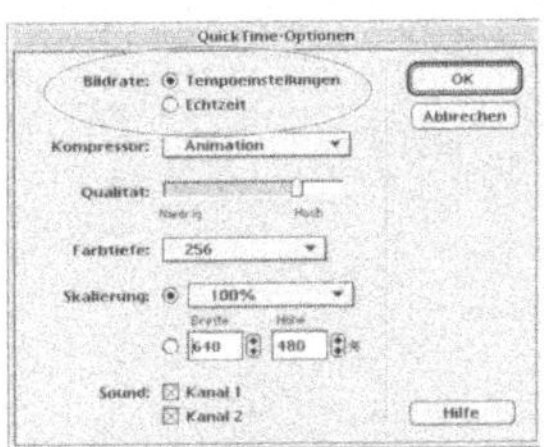

Bei diesen QuickTime-Exportoptionen werden Überblendungen und Palettenübergänge beibehalten.

6.4.8 Verhaltenskanal (Skriptkanal)

Der Verhaltenskanal (in früheren Director-Versionen „Skriptkanal"
genannt) des Fensters »Drehbuch« ist für Bildverhalten (Bildskripte) vorgesehen. Abhängig von ihrem inneren Aufbau und
ihren Aufgaben können Verhalten aus der Director-Bibliotheks-
palette nur auf Sprites, nur im Verhaltenskanal oder auf beide Weisen angewendet werden. Alternativ können Sie ein Bildverhalten
auch direkt durch Doppelklick in eine Zelle des Verhaltenskanals
erzeugen und die erforderlichen Lingo-Befehle direkt eingeben.
Das Bildskript wird immer aufgerufen, wenn der Abspielkopf in
ein Bild (Frame) bewegt wird oder wenn er ein Bild verläßt.

Entsprechend befinden sich in Bildskripten oft Prozeduren (sogenannte „Handler"), die von den Nachrichten `enterFrame` oder
`exitFrame` ausgelöst werden. In einem Bild können auch beide
Arten von Handlern nebeneinander vorkommen. Außerdem werden alle Ereignisse zum Bildskript geleitet, die auf einem Sprite
in diesem Bild auftreten (etwa `mouseDown`) und die nicht
bereits durch ein Spriteverhalten oder ein Darstellerskript abgearbeitet wurden.

6.4.9 Animationskanäle

Die in der Grundeinstellung mit 1 bis 120 bezeichneten Kanäle des
Fensters »Drehbuch« dienen der Steuerung des Geschehens auf
der Bühne. Jede Zelle stellt ein im allgemeinen auf der Bühne
sichtbares Sprite dar. Wenn Sprites sich auf der Bühne überlappen, werden die Sprites mit niedrigerer Kanalnummer durch solche mit höherer Nummer verdeckt, man blickt also, bildlich
gesprochen, von unten auf das Drehbuchfenster. Sie können die
in Ihrem Film tatsächlich benötigte Anzahl von Animationskanälen
über »Modifizieren:Film: Eigenschaften...« auf bis zu 1000 erhöhen.
Stellen Sie hier möglichst keine unsinnig hohen Werte ein, da dies
die Performance des Director-Films negativ beeinflussen kann.

Darsteller austauschen

⌘ E

Die Funktion »Darsteller austauschen« (<Befehl>E) kann in viel-
fältigen Zusammenhängen nützlich eingesetzt werden. Wenn Sie
zum Beispiel in aufeinanderfolgenden Bildschirmen einer Diashow

Texte erstellen wollen, die an genau der gleichen Stelle, aber mit anderem Inhalt stehen, können Sie so vorgehen:

- Erzeugen Sie zunächst einige Texte als Darsteller im Besetzungsfenster und geben Sie ihnen die gewünschten Schriftattribute. Benutzen Sie dazu z. B. das Textfenster (→ Kapitel 6.6).

- Positionieren Sie den ersten Textblock im ersten Bild.

- Bringen Sie nun das Sprite des Textblocks im Fenster «Drehbuch» auf die Länge, die der Anzahl der Texte entspricht, die Sie unterbringen wollen.

- Doppelklicken Sie bei gedrückter Taste <Wahl> auf das Sprite, um in den Modus »Sprite-Bilder bearbeiten« zu gelangen, oder wählen Sie die gleichnamige Option aus dem »Bearbeiten«-Menü.

- Aktivieren Sie jetzt den zweiten Textdarsteller, wechseln Sie in das Fenster »Drehbuch«, und betätigen Sie die Tastenkombination <Befehl>E, während Sie das Sprite im zweiten Bild aktiviert haben. An der Stelle des alten Sprites taucht nun der neue Text auf.

- Wiederholen Sie die letzten Schritte in den nachfolgenden Bildern, bis alle neuen Texte plaziert sind.

- Doppelklicken Sie erneut bei gedrückter Taste <Wahl> auf das Sprite, um wieder in den Modus »Ganzes Sprite bearbeiten« zurück zu gelangen, oder wählen Sie die gleichnamige Option aus dem »Bearbeiten«-Menü.

Ein einzelnes Sprite kann also, wie in dieser Übung ersichtlich, durchaus zur Anzeige unterschiedlicher Bilder verwendet werden. Alternativ können Sie natürlich auch getrennte 1-Bild-Sprites plazieren und mit der Palette »Ausrichten« zueinander ausrichten. Danach können Sie die Sprites aktivieren und über »Modifizieren:Sprite verbinden« (<Befehl> J) vereinigen. Diese Methode hat den Vorteil, daß die einzelnen Darstellernamen auch nach dem Verbinden noch erkennbar sind, für jedes Ausgangssprite entsteht nämlich im verbundenen Sprite ein Schlüsselbild (→ Kapitel 7.3).

ÜBUNG

Textsprite über vier Bilder (bei Zoomeinstellung 800 %)

Textsprite im Modus »Sprite-Bilder bearbeiten«

⌘ E

Verbundenes Sprite mit Schlüsselbildern

⌘ J

Sprite-Eigenschaften einstellen

Eine wichtige Funktion des Drehbuchfensters besteht darin, die Anordnung von Sprites zu beeinflussen und ihre Eigenschaften festzulegen. Aus diesem Grund werden diese auch über den Sprite-Inspektor verfügbaren Werte zusätzlich im oberen Bereich des Drehbuchfensters zugänglich gemacht:

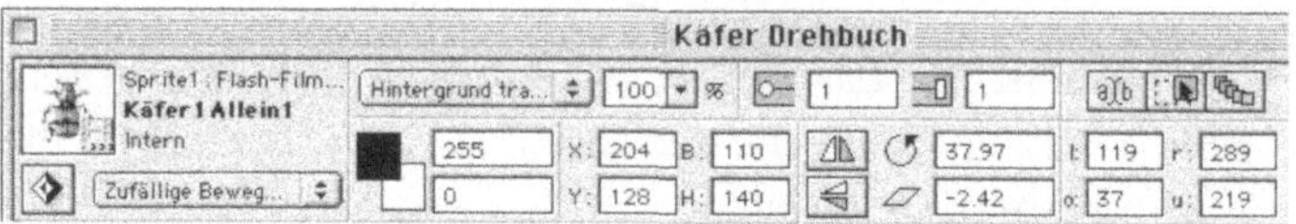

Die Anzeige in der linken oberen Fensterecke läßt sofort den vom Sprite repräsentierten Darsteller mit allen wichtigen Daten erkennen. Ein Doppelklick in diesem Bereich führt, soweit verfügbar, zum Editor für den entsprechenden Darstellertyp.

Verhalten

Das PopUp-Menü neben dem Verhaltenssymbol unterhalb des Darstellerbildes zeigt an, welche Verhaltensskripte dem Sprite zugeordnet wurden.

Achtung! Vorsicht ist geboten, wenn Sie hier <Multiple> lesen. Obwohl es völlig korrekt ist, einem Sprite mehrere Verhalten zuzuweisen, entstehen multiple Zuweisungen häufig versehentlich und verhindern dann eventuell eine korrekte Funktion der Anwendung. Überzeugen Sie sich also, daß Sie genau wissen, was Sie tun, und kontrollieren Sie die Verhalten ggf. nochmals im Verhaltensinspektor.

Farbeffekte

Durch das Farbeffekte-Popup-Menü im Drehbuchfenster können Sie den Sprites Attribute zuweisen, die festlegen, wie die Farbe eines Sprites mit dahinterliegenden Objekten verrechnet wird.

Die Attribute haben noch immer einen deutlichen Einfluß auf die erreichbare Animationsgeschwindigkeit, lassen aber die Grafikleistung nicht mehr so extrem abfallen, wie es in früheren Director-

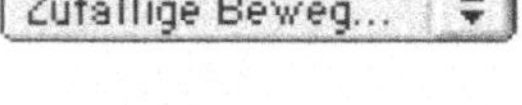

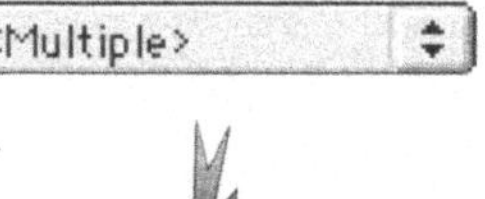

Der Sprite-Inspektor

Versionen der Fall war. Wann immer möglich, sollten Sie trotzdem das Attribut »Kopieren« verwenden, das den Rechner bei einer Animation am wenigsten belastet.

Oft werden auch die Attribute »Matt« (Deckend) und »Hintergrund transparent« benötigt, die in vielen Fällen optisch das gleiche Erscheinungsbild bieten. Bei »Matt« wird wie beim Farbeffekt »Hintergrund transparent« die Hintergrundfarbe nicht dargestellt; allerdings werden nur solche Pixel transparent, die nicht von andersfarbigen umschlossen werden. Objekte, die auch im Inneren an manchen Stellen die Hintergrundfarbe zeigen, haben also dort keine „Löcher". Die für die Transparenz relevante Hintergrundfarbe läßt sich mit Hilfe der Werkzeugpalette einstellen.

Die Farbeffekte »Matt« und »Hintergrund transparent« haben übrigens noch andere wichtige Konsequenzen für den Einsatz nichtrechteckiger Schaltflächen. Während z. B. als kreisförmige Schaltflächen eingesetzte Bitmaps bei transparentem Hintergrund auch auf Anklicken der unsichtbaren Ecken reagieren, wird dies beim Attribut »Matt« vermieden. Mit diesem Attribut sind also beliebig geformte Schaltflächen (z. B. Landkarten) in Director realisierbar.

Achtung! Importierte Flash-Darsteller und Vektorform-Darsteller reagieren etwas anders auf die Farbeffekte als Bitmaps. Der Modus »Matt« wird hier wie »Kopieren« behandelt, dafür aber reagieren die transparenten Bereiche bei den Modi »Hintergrund transparent« und »Transparent« auch nicht auf Mausklicks.

Die restlichen Farbeffekte des Menüs werden vergleichsweise selten eingesetzt und sollen hier nicht im einzelnen durchgesprochen werden. Es sei aber noch angemerkt, daß sich insbesondere mit »Maske« (hier wird das im nächsthöheren Darsteller liegende Graustufenbild als Transparenzinformation benutzt) hochinteressante Effekte erreichen lassen.

Mischung

Die Deckkraft (Opazität) eines Sprites läßt sich numerisch in 1%-Schritten einstellen. Dies ermöglicht sehr schöne grafische Effekte bei Collagen und langsame Einblendungen, die meist eine viel genauere Kontrolle erlauben als Überblendungen.

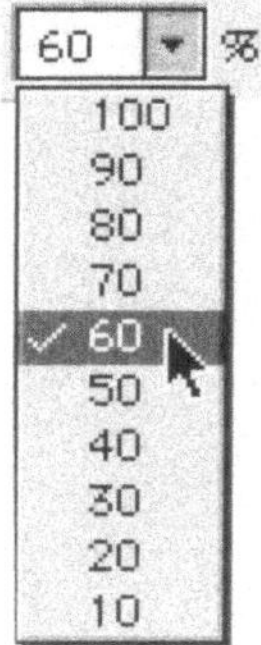

Attribute (Farbeffekte) für Sprites

Opazität einstellen

Start- und Endframe

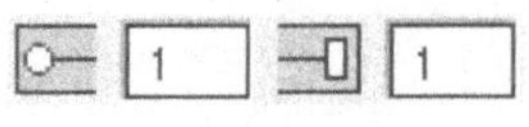
Start- und Endframe

Statt ein Sprite wie im Drehbuch bis zum gewünschten Start- und Endframe zu ziehen, läßt sich seine zeitliche Ausdehnung auch direkt eingeben. Die tatsächliche Dauer des Sprites hängt natürlich von den aktuellen Tempoeinstellungen ab.

Bearbeitbar

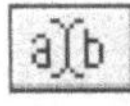
Feld / Text bearbeitbar schalten

Feld- und Textdarsteller, die dieses Attribut tragen, können vom Benutzer zur Laufzeit des Programms ausgefüllt werden. Bei entsprechender Einstellung im Informationsdialog des Darstellers besteht automatisch die Möglichkeit, mit der <Tabtaste> zwischen den bearbeitbaren Textobjekten zu wechseln. Die in Textfelder eingegebenen Informationen können Sie über ein Lingo-Skript auswerten. Auf diese Weise lassen sich z. B. leicht Eingabemasken (sogenannte „Frontends") zu Datenbanken realisieren.

Verschiebbar

Sprite auch ohne Verhalten verschiebbar machen

Sprites, bei denen das Attribut »Verschiebbar« angekreuzt wurde, lassen sich zur Laufzeit des Films mit der Maus auf der Bühne umherbewegen, Sie benötigen in diesem Fall nicht unbedingt ein Verhalten. Die Koordinaten eines solchen verschobenen Sprites lassen sich durch Lingo-Skripte auslesen und für Programmentscheidungen verwenden. In den meisten komplexeren Anwendungen wird man Sprites nicht mit dieser Option, sondern durch Lingo-Skripte verschiebbar machen, da so eine genauere Kontrolle (Einschränkung der Bewegung, Kollisionsdetektion etc.) möglich ist.

ÜBUNG Öffnen Sie bitte den Beispielfilm »PenMove.DIR«. Schalten Sie im Steuerpult die „Loop"-Option ein und starten Sie den Film. Sie können den Stift nun mit der Maus bewegen. Die aktuellen Koordinaten werden von einer kleinen Lingo-Prozedur ausgegeben.

Spuren

Bei Bewegung Spuren nachziehen

Normalerweise muß jedes Macintosh- oder Windows-Programm sich alles, was in einem Fenster ausgegeben wird, nochmals intern merken. Das ist notwendig, damit das Programm den Fensterinhalt restaurieren kann, wenn z. B. ein Fenster eines anderen Programms im Vordergrund weggenommen wird; es kostet aber zusätzlich

Zeit. Ähnlich muß Director den Bildinhalt unter einem Sprite verwalten und ihn restaurieren, wenn das Sprite bewegt wird.

Durch Ankreuzen von »Spuren« können Sie Director erlauben, den Hintergrund bei der Bewegung eines Objekts nicht zu restaurieren. Sie sparen dadurch Rechenzeit ein, aber der Sprite hinterläßt bei jeder Bewegung eine Spur. Kreuzen Sie »Spur« an, wenn Sie sicher sind, daß der Sprite nicht bewegt werden soll, oder wenn gerade der Spureffekt (z. B. für Handschrift) genutzt werden soll.

Sprites, die sich vor einem mit dem Attribut «Spuren» versehenen Objekt bewegen, werden dadurch nicht beeinflußt (abgesehen von der höheren Geschwindigkeit).

Sie können »Spuren« dazu benutzen, einfache Maloperationen auf der Bühne auszuführen, Sie müssen Ihr Programm aber darauf einstellen, daß die so hinterlassenen Spuren sofort wieder ausradiert werden, wenn sich ein anderes Sprite darüberbewegt oder wenn ein Fenster vor der Malfläche weggenommen wird. Auch müssen Sie beim Malen mit Spuren damit rechnen, daß beim manuellen Herumziehen eines Sprites nicht genügend Malvorgänge pro Sekunde auftreten und daher eine unterbrochene Linie entstehen kann. Weniger kritisch ist dies beim sogenannten „algorithmischen Malen", bei dem eine Lingo-Prozedur dafür sorgt, daß ein Spuren hinterlassendes Sprite über die Bühne bewegt wird (Lit. [8], „Making a Paint Box with a Memory").

Ein anderes Beispiel für algorithmisches Malen, das aus unserer eigenen Produktion stammt, ist die Darstellung von Winkelbögen in einer Geometrie-Anwendung. Mit früheren Director-Anwendungen war dies sogar die einzige Möglichkeit, frei zu Zeichnen. In vielen Fällen wird man algorithmisches Zeichnen heute durch die mit Director 7 verfügbar gewordenen und per Lingo steuerbaren Vektorform-Darsteller (→ Kapitel 6.17) ersetzen.

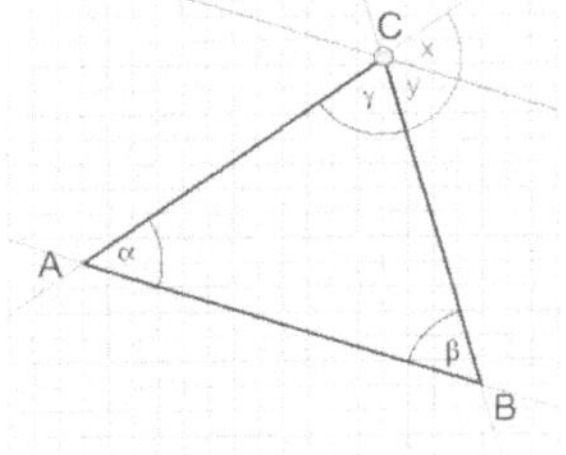

Algorithmisches Malen mit Hilfe von Spuren am Beispiel der Geometrie-Anwendung „Mathematik-Mediothek", die wir für den Klett-Verlag, Stuttgart realisiert haben.

Vorder- und Hintergrundfarbe

Die Vorder- und Hintergrundfarbe von Sprites wirkt sich nur bei einigen Spritearten wie 1-Bit-Bitmaps und Formdarstellern übersichtlich aus. Bei anderen Darstellertypen wie Text, Feld, Vektorform und Bitmaps höherer Farbtiefen überlagert sich die Spritefarbe und ggf. im Darsteller selbst festgelegte Farben (Bitmap-

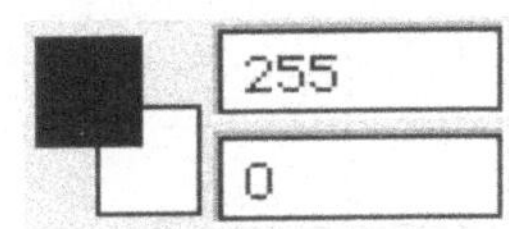

Farbeinstellungen für das Sprite

Farbbilder, Einfärbungen einzelner Buchstaben in Texten etc.) in teilweise schwer vorhersehbarer Weise. Sie sollten die Spritefarben für solche Darstellertypen am besten auf schwarzem Vordergrund und weißem Hintergrund belassen.

Position und Größe

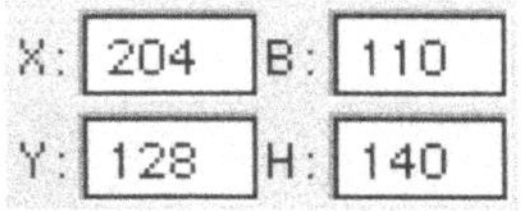

Spritekoordinaten und -größen

Änderung der Spriteposition und -größe werden üblicherweise durch Bewegen und Skalieren auf der Bühne durchgeführt. Ist hingegen die Eingabe exakter Werte gefragt, kann ein Sprite auch über die Eingabefelder auf die gewünschte Größe (in Pixeln) gebracht und positioniert werden. Die angezeigte Position bezieht sich auf den Registrierpunkt, dessen exakte Position im Darsteller bei manchen Darstellerarten (Bitmaps, Vektorform) genauer definiert werden kann, und ist von der linken oberen Bühnenecke aus gemessen. Die Qualität von Form-, Vektorform- und Flash-Darstellern wird bei der Skalierung in keiner Weise beeinflußt. Bitmaps sollten möglichst nicht skaliert, insbesondere nicht vergrößert werden, da sie dabei an Qualität einbüßen. Bei Texten und Textfeldern wird nicht die Schriftgröße, sondern nur die Größe des Objekts geändert. Horizontale Skalierung bewirkt hierbei eine Änderung der Satzbreite. Vertikale Änderungen können überhaupt nur eingegeben werden, wenn der Text bzw. das Feld nicht die Darstelleroption „Anpassen" eingestellt hat (<Befehl>I, Schaltfläche »Optionen«). Die häufig benötigten Werte für das Begrenzungsrechteck des Sprites sind ebenfalls verfügbar.

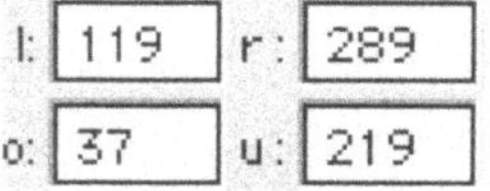

Begrenzungsrechteck des Sprites

Spiegelungen

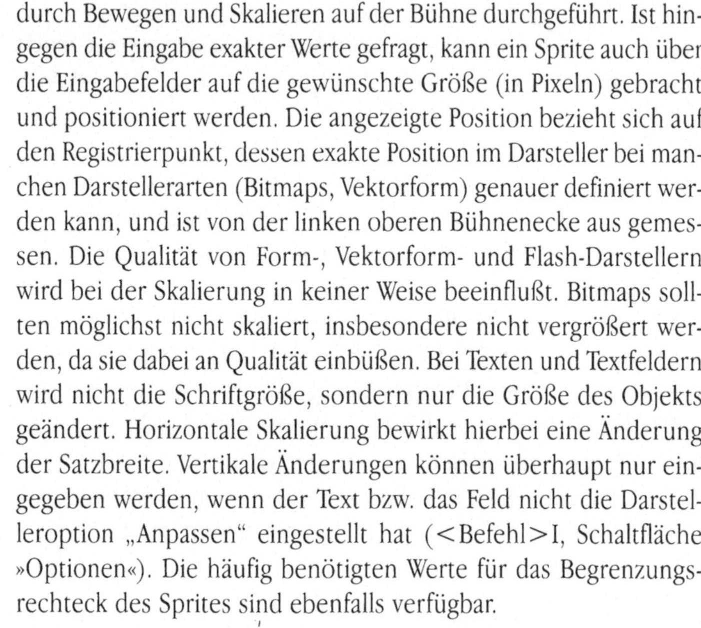

Spiegeln von Sprites

Durch Aktivieren dieser Optionen kann jeder Darsteller am Registrierpunkt horizontal bzw. vertikal gespiegelt werden. Der eigentliche Darsteller bleibt davon unberührt. Textdarsteller können sogar im gespiegelten Zustand editiert werden, Felddarsteller hingegen lassen sich nicht spiegeln.

Drehwinkel und Neigungswinkel

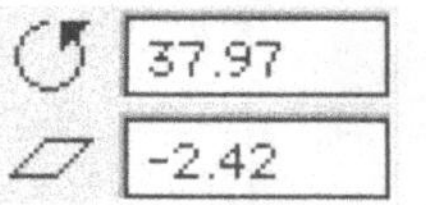

Drehen und Neigen von Sprites

Die Möglichkeit, Sprites zur Laufzeit in sehr guter Qualität zu drehen und zu neigen reduziert den Speicherbedarf vieler Anwendungen enorm. Drehungen erfolgen bei der Eingabe positiver Werte im Uhrzeigersinn (also im mathematisch negativen Sinn).

6.5   Das Fenster Malen

Das Fenster »Malen« wird durch <Befehl>5 ein- und ausgeblendet. Ebenso kann es auch durch einen Doppelklick auf einen Bitmap-Darsteller im Besetzungsfenster oder auf den Sprite eines solchen Darstellers auf der Bühne geöffnet werden.

⌘ 5

Dieses Fenster enthält mit seinen vielen Optionen ein für sich
gesehen durchaus ansehnliches Bildbearbeitungsprogramm. Ein
Bildbearbeitungsmodul muß sich aber heute an der zugegebe-
nermaßen sehr hoch angesetzten Meßlatte eines „Adobe Photoshop" messen lassen. Natürlich kann niemand erwarten, alle Funktionen eines solchen Programms auch in Director wiederzufinden.
Andererseits sollten Funktionen und Tastenkürzel, soweit sie gleiche oder sehr ähnliche Aktionen betreffen, sich an einem welt-
weit anerkannten Standard orientieren. Es ist nicht einzusehen,
warum eine andere Tastenbelegung oder eine abweichende Realisierung gewählt wird, wenn damit keine Vorteile verbunden sind.
Man bemerkt, daß die Programmierer von Director sich bemüht
haben, eine reichhaltige Funktionalität bereitzustellen. Schade,
daß einige einfache Funktionen an verschiedenen Stellen sehr
gewöhnungsbedürftig implementiert sind. Hier sei nur erwähnt,
daß in jedem Standardprogramm das Festhalten der <Wahl>-
Taste beim Zeichnen von Kreisen diese vom Zentrum ausgehend
zeichnen läßt oder daß die <Umschalt>-Taste das Zeichnen von
Geraden, Ellipsen und Rechtecken auf horizontale und vertikale
Linien bzw. auf Kreise und Quadrate einschränkt. Wohl funktioniert das auch bei Director, jedoch leider nur, wenn man die
Tasten bereits vor Beginn des Ziehens drückt, nicht aber, wenn
man die Tasten drückt, während man bereits zieht.

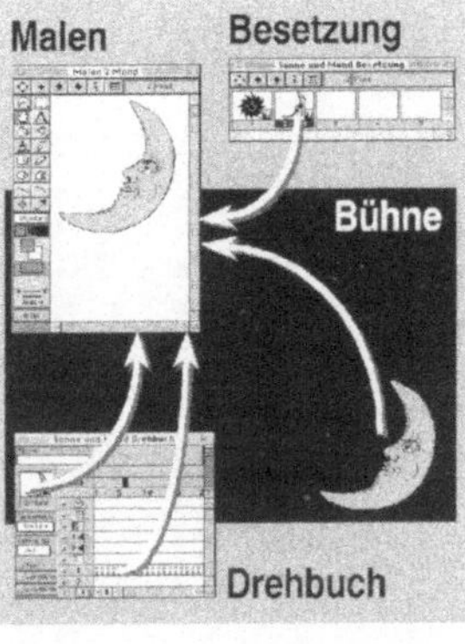

Aufruf des Fensters »Malen«
aus verschiedenen Fenstern
durch Doppelklick

Man könnte solche Feinheiten in der Bedienung der künstlerischen Freiheit der Programmierer zuordnen, wenn man nur mit
einem Programm arbeiten müßte. Sobald man mit mehreren Programmen regelmäßig umgeht, stellen solche ungewöhnlich
implementierten Grundfunktionen eine ständige Quelle des
Ärgers dar. Es ist zu hoffen, daß Macromedia in den nächsten
Programmversionen Abhilfe schafft und sich in der Grundfunk-
tionalität des Malfensters enger an Produkte wie Adobe Photoshop oder die Claris-Produktpalette anlehnt. Die Mängel begin-

nen bereits bei der für viele Funktionen nicht unterstützten »Widerrufen«-Funktion und ziehen sich durch das gesamte Malfenster.

Achtung! Das Fenster »Malen« funktioniert auch nicht korrekt, wenn man mit zwei Bildschirmen arbeitet, die unterschiedliche Farbtiefen eingestellt haben. Stellen Sie also in diesem Fall am besten beide Schirme gleich ein.

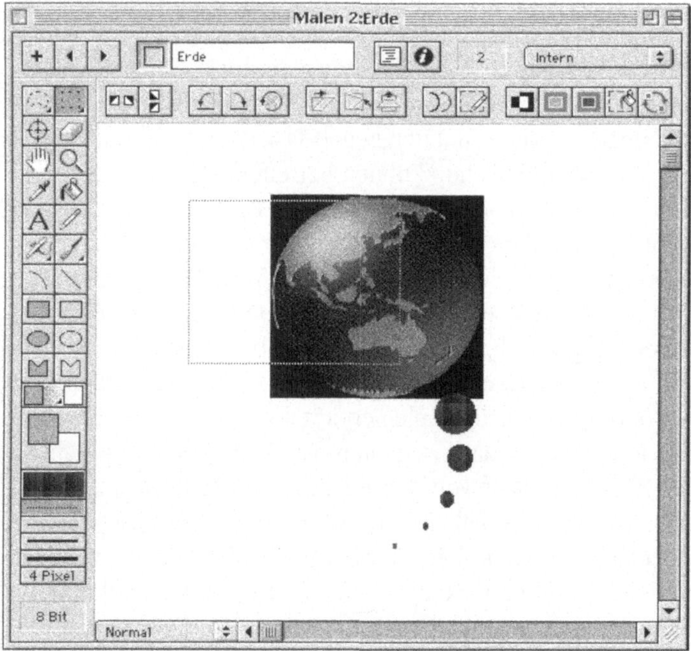

Obwohl das Fenster »Malen« in der aktuellen Version einige kleinere Fehlerkorrekturen erfahren hat, wird man noch immer möglichst viele Bearbeitungsschritte in Photoshop als externem Editor durchführen und das Malfenster nur für einfache Aufgaben und kleine Korrekturen heranziehen.

Von dieser generellen Regel gibt es nur wenige Ausnahmen:

- 8-Bit-Farbverläufe können im Malfenster gut erzeugt werden, wenn das etwas gewöhnungsbedürftige Konzept von Vordergrundfarbe, Hintergrundfarbe, Bühnenfarbe, Startfarbe und Zielfarbe schließlich durchschaut ist.

- Zum Auswählen stellt das Fenster »Malen« mit dem selbstanpassenden Lasso und dem Rechteckwerkzeug einige Funktionen zur Verfügung, die selbst Photoshop in dieser Form nicht bietet (dort erfüllt das Werkzeug »Zauberstab« ähnliche Funktionen).

- Die phantastische Option »Zwiebelschichteneffekt« (s. u.) ermöglicht die direkte Einpassung von Darstellern in Hintergründe während des Zeichnens oder die gleichzeitige Beobachtung anderer Phasenbilder bei der Erstellung von Zeichentrickfiguren.

Director bietet die Möglichkeit, externe Editorprogramme wie z. B. Photoshop für verknüpfte Bitmap-Darsteller festzulegen (eine analoge Funktion existiert auch für Ton- und Videodarsteller). Director ruft dann über den Befehl »Bearbeiten:Externen Editor starten« (<Befehl> ,) direkt das Editorprogramm auf und veranlaßt dieses gleich zum Laden der Datei des Darstellers. Wird der verknüpfte Darsteller im externen Editor nach einer Veränderung gespeichert, lädt Director den Darsteller automatisch neu in die Besetzung.

⌘ ,

Bei der Bearbeitung von Bitmap-Darstellern im Fenster »Malen« wie auch in anderen Bildbearbeitungsprogrammen sollten Sie darauf achten, in welchem Anzeigemodus sich Ihr Bildschirm befindet. Director kann zwar auch Darsteller bearbeiten, die nicht der aktuellen Bildschirm-Farbtiefe entsprechen, in diesen Fällen können Sie aber nicht unbedingt davon ausgehen, daß Sie den Darsteller so sehen, wie er später in der Animation erscheinen wird.

Beim Importieren oder beim Einsetzen von Darstellern aus der Zwischenablage beläßt Director eine Bitmap in der jeweiligen Farbtiefe des Bildes oder konvertiert sie auf die aktuell eingestellte Farbtiefe der Bühne. Bei Bildern mit Farbpalette kann diese als eigener Darsteller importiert oder aber die Farben des Bildes an eine bereits vorhandene Palette angepaßt werden.

Behandlung eines Bildes beim Import oder dem Einsetzen aus der Zwischenablage

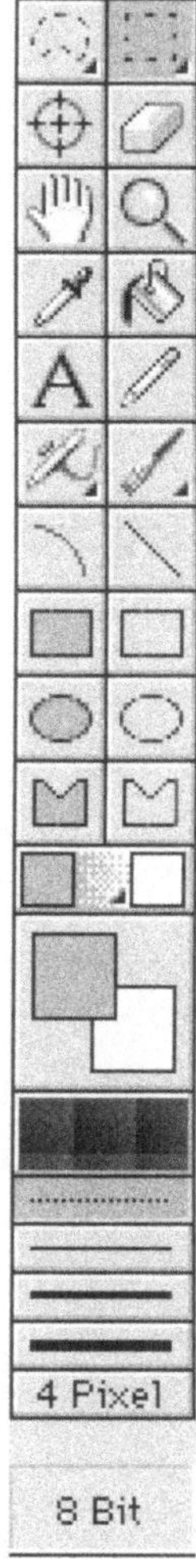

Die Option »Rastern« bewirkt, daß einheitliche Farbflächen, deren genauer Farbton nicht in der neuen Palette verfügbar ist, aus einer passenden Mischung von Bildpunkten ähnlicher Farben zusammengesetzt werden.

Beachten Sie, daß einmal aufgerasterte Bilder auch durch Bildbearbeitungsprogramme nicht ohne weiteres in ungerasterte zurückkonvertiert werden können. Gerasterte Bilder sind im allgemeinen durch Kompressionsprogramme sehr schlecht komprimierbar, da sie weniger Regelmäßigkeiten enthalten als Bilder mit flächiger Farbverteilung.

Das Konzept der Farben

Director unterscheidet zwischen Vordergrundfarbe (Startfarbe), Hintergrundfarbe und Zielfarbe. Die Vordergrundfarbe definiert die Malfarbe aller Malwerkzeuge mit Ausnahme des Radiergummis, der sich nach der Hintergrundfarbe richtet. Die Zielfarbe wird bei Farbaustausch und bei Verläufen verwendet.

6.5.1 Die Funktionen der Werkzeugleiste

Wir werden die Funktionen der Malwerkzeuge hier nur kurz ansprechen. Sie werden in den folgenden Übungen Gelegenheit erhalten, alle Werkzeuge zu benutzen.

Einige der Werkzeuge zeigen winzige Dreiecke rechts unten in ihrem Symbol. Diese Dreiecke bedeuten, daß solche Werkzeuge über ein Popup-Menü voreingestellt werden können.

Wenn Sie gewohnt sind, mit anderen Malprogrammen zu arbeiten, werden Sie feststellen, daß sich beim Malfenster von Director die Logik der Benutzeroberfläche leider in vielen Details von der anderer Programme unterscheidet.

Die Werkzeugleiste des Fensters »Malen«

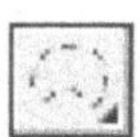

Das Lasso

Um nur bestimmte Teile eines Bildes zu beeinflussen, erzeugt man eine Auswahl. Eine Auswahl ist bei Director an der blinkenden Begrenzung (bei allen anderen Programmen an einer laufenden gestrichelten Umrandung!) zu erkennen. Ausgewählte Bereiche können bewegt, kopiert oder farblich verändert werden.

Das Lasso dient der Auswahl unregelmäßig geformter Bereiche. Ist das Werkzeug mit Hilfe des Popup-Menüs auf »Nicht schrumpfen« eingestellt, so schnurrt die Auswahl nach Loslassen der Maustaste über Flächen der neutralen Farbe sofort zusammen, bis es eine davon abweichende Farbe vorfindet. Diese neutrale Farbe, die vom Lasso nicht beachtet wird, ist davon abhängig, auf welchem Farbwert Sie mit dem Ziehen des Lassos begonnen haben; sie ist nicht notwendigerweise Weiß und auch nicht von der Hintergrundfarbe der Bühne abhängig.

Ist der Modus »Transparentes Lasso« ausgewählt, so werden eventuell im ausgewählten Bereich vorhandene Inseln der neutralen Farbe nicht mit ausgewählt, sie wirken daher nach dem Verschieben der Auswahl wie transparente Löcher. Mit dem gleichnamigen Farbeffekt »Transparent« (siehe weiter unten), mit dem diese Funktion verschiedentlich in der Literatur verwechselt wird, hat sie nichts direkt zu schaffen, führt allerdings oft zu ähnlichen Ergebnissen. Die feineren Unterschiede bemerkt man, wenn man nicht auf weißem Hintergrund arbeitet, sondern z. B. einen Buchstaben von einem farbigem Hintergrund einmal mit der Lassoeinstellung »Schrumpfen« und dem Farbeffekt »Transparent« und einmal mit der Lassoeinstellung »Transparentes Lasso«, aber dem Farbeffekt »Normal« auf einen andersfarbigen Hintergrund kopiert.

Die eleganten Funktionen des Lassowerkzeugs decken zum Teil den Leistungsumfang des »Zauberstab« genannten Werkzeugs von Photoshop ab. Insgesamt erreichen sie aber nicht dieselbe Leistungsfähigkeit und Flexibilität, die dieses Werkzeug bietet. Dies zu verlangen, wäre wohl auch etwas zu hoch gegriffen, schließlich sollte sich Director auch nicht zu einem speicherfressenden Moloch entwickeln. Konzepte wie eine „weich" begrenzte Auswahl können ruhig speziellen Bildbearbeitungsprogrammen vorbehalten bleiben.

Das Rechteck-Auswahlwerkzeug

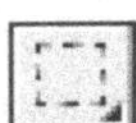

Die vier Optionen dieses Werkzeugs reagieren teilweise recht unterschiedlich und dienen auch verschiedenen Zwecken. Während die Einstellungen »Lasso» und »Transparentes Lasso« sich allein dadurch vom eigentlichen Lassowerkzeug unterscheiden, daß die ausgewählten Bereiche nur rechteckig umfaßt werden kön-

Schrumpfen
✓ Nicht schrumpfen
Lasso
Transparentes Lasso

nen, dienen die Modi »Schrumpfen« und »Nicht schrumpfen« tatsächlich zum Erzeugen eines rechteckigen Auswahlbereiches. Rechteckige Auswahlen sind Voraussetzung für viele der Transformationsfunktionen des Fensters »Malen«. Einige dieser Befehle wie »«, »Füllen«, »Abdunkeln«, »Aufhellen«, »Weichzeichnen« und »Farbe austauschen« funktionieren freilich auch mit einer beliebig geformten Auswahl.

⌘ C
⌘ V

Der ausgewählte Bereich kann mit der Maus verschoben werden. Wird dabei die Taste <Wahl> festgehalten, so wird der Bereich dupliziert (dies entspricht den aufeinanderfolgenden Tastaturbefehlen <Befehl>C, <Befehl>V).

Leider bleibt eine Auswahl in Director nicht erhalten, wenn auf ein anderes Werkzeug gewechselt wird. Somit ist es nicht möglich, den maskierenden Effekt einer Auswahl zusammen mit anderen Werkzeugen zu nutzen. Auswahlen können auch nicht nachträglich, z.B. durch Hinzunehmen oder Wegnehmen einiger Bereiche, verändert werden. Auch hier besteht also noch ein weites Wirkungsfeld für die Director-Programmierer, die die guten Ansätze und Konzepte, die in dem Programm reichlich vorhanden sind, in zukünftigen Programmversionen bis zu Ende denken sollten. Dabei sind sie um die vielen Entscheidungen, welche Funktionen unbedingt notwendig sind und welche das Programm nur unnötig überfrachten würden, sicherlich nicht zu beneiden.

ÜBUNG

Bitte öffnen Sie die Übungsdatei »Malen.DIR«. Stellen Sie das Lassowerkzeug auf »Nicht schrumpfen«. Wählen Sie das Wort „Konzepte" durch vorsichtiges Umfassen mit dem Lasso. Achten Sie darauf, daß Sie in der grauen Fläche mit der Auswahl beginnen und diese beim Einkreisen des Wortes nie verlassen. Die Buchstabenkon-turen werden ausgewählt. Kopieren Sie das ausgewählte Wort versuchsweise unter Festhalten der <Wahl>-Taste auf die schwarze Fläche. Wie sich zeigt, sind die grauen Inseln im „O" und „P" mit ausgewählt worden. Klicken Sie nicht daneben. Auch das Einstellen des Farbeffekts »Transparent« bringt keine Verbesserung des Resultats. Entfernen Sie das Wort wieder von der schwarzen Fläche durch Betätigung der <Löschtaste>. Sollten Sie Ihr Bild aus Versehen zerstört haben, wählen Sie bitte einfach »Datei:Zurücksetzen«.

Stellen Sie nun das Werkzeug »Lasso« auf »Transparentes Lasso«. Wiederholen Sie die Auswahl von eben, und kopieren Sie das Wort jetzt noch einmal auf die schwarze Fläche. Diesmal sind die Buchstabeninseln sauber ausgespart, auch bei eingestelltem Farbeffekt »Normal«. Löschen Sie das Wort trotzdem noch einmal; Sie werden gleich eine bequemere Methode zum Auswählen kennenlernen.

Stellen Sie das Rechteck-Auswahlwerkzeug auf »Transparentes Lasso«, wählen Sie wieder das Wort „Konzepte" aus, und kopieren Sie es in das schwarze Feld. Bei rechteckig umfaßbaren Objekten ist diese Methode wesentlich schneller!

Schalten Sie schließlich das Rechteck-Auswahlwerkzeug auf »Lasso«, und wählen Sie das Firmenlogo mit Feder aus. Achten Sie darauf, daß der Farbeffekt auf »Normal» steht. Bewegen Sie das Logo nun bitte in das schwarze Feld rechts neben das Wort „Konzepte". Das Logo wird freigestellt, aber ohne transparente weiße Bereiche eingesetzt.

Das Registrierpunkt-Werkzeug

Das Registrierpunkt-Werkzeug legt fest, an welchem Punkt des Darstellers sich Director beim Positionieren eines Sprites auf der Bühne orientiert. Im Gegensatz zum Hand-Werkzeug, das keinen Einfluß auf die Bühnenposition von Sprites hat, ändert sich tatsächlich die Position aller Sprites eines Darstellers auf der Bühne entsprechend, wenn der Registrierpunkt verändert wird.

Der Radierer

Der Radierer dient dazu, versehentlich gemalte Pixel wieder zu entfernen, er radiert aber nicht auf der aktuellen Hintergrundfarbe (diese bezieht sich nämlich ausschließlich auf Füllmuster). Daß Director hier vom Verhalten anderer Applikationen abweicht, ist verständlich. Schließlich dient das Malfenster zum Erstellen von Darstellern, die nicht notwendigerweise rechteckig sind. So ist also ein Konzept für Transparenz unumgänglich. Transparenz und den Unterschied zu Weiß am Bildschirm darzustellen, ist naturgemäß ein Problem. Seit Adobe Photoshop 3.0, der ersten Version, die echte Transparenz kennt, werden transparente Bereiche zur Anzei-

ge mit einem Schachbrettmuster gefüllt. Es wird bereits im Bild unterschieden zwischen transparenten Pixeln und solchen, die einen weißen oder sonstigen Farbauftrag haben.

Das Verhalten von Director ist hier etwas anders, was nicht zuletzt mit dem Konzept der Sprites zusammenhängt. Über das Popup-Menü »Farbeffekt« des Fensters »Drehbuch« und das Fenster »Werkzeuge« kann im nachhinein eine beliebige Farbe eines Sprites als transparent definiert werden (in den häufigsten Fällen wird dies tatsächlich die Farbe Weiß sein).

Vorsicht ist geboten bei einem Doppelklick auf den Radierer. Director löscht das ganze Malfenster durch diesen Befehl ohne weitere Rückfrage auf weiß. Zum Glück arbeitet an dieser Stelle die Widerrufen-Funktion (»Bearbeiten:Bitmap widerrufen«) korrekt.

Die Hand

Das Werkzeug »Hand« dient zum Verschieben des Bildes im Malfenster. Beachten Sie bitte, daß dadurch keine Änderungen am Darsteller erfolgen. Auch wenn sich Sprites des Darstellers auf der Bühne befinden, ändern sie ihre Position nicht, wenn das Bild des Darstellers im Malfenster mit der »Hand« verschoben wird. Wenn Sie gerade mit einem anderen Werkzeug arbeiten, können Sie durch Festhalten der <Leertaste> temporär die Hand einschalten.

Die Lupe

Das Werkzeug »Lupe« vergrößert einen Ausschnitt des Fensters »Malen«. Durch wiederholtes Klicken auf ein Detail im Bild kann so jeder einzelne Bildpunkt exakt editiert werden. Rechts oben im Bild bleibt die Originalgröße als Übersichtsbild eingeblendet. Ein Klick in diesen Bereich setzt den Vergrößerungsmodus ganz zurück. Vergrößerte Darstellungen können wieder stufenweise verkleinert werden, indem beim Klicken die <Umschalt>-Taste festgehalten wird (wieder einmal weicht Director von gebräuchlichen Standards ab, für diese Funktion ist die <Wahl>-Taste üblich). Eine Verkleinerung des Darstellers gegenüber der Originalgröße ist mit der Lupe nicht möglich.

Die Pipette

Durch Klicken mit gewähltem Pipettenwerkzeug auf eine Stelle des Bildes wird deren Farbe zur aktuellen Vordergrundfarbe. Bei gleichzeitigem Festhalten der <Umschalt>-Taste wird statt der Vordergrundfarbe die Hintergrundfarbe verändert. Drücken der Ta <Wahl>-Taste bewirkt dagegen eine Änderung der Zielfarbe für Verläufe.

Sehr praktisch ist die Möglichkeit, die Pipette durch Drücken der Taste <Wahl> kurzzeitig einzublenden, während gerade ein anderes Werkzeug, wie z.B. der Farbeimer, ausgewählt ist.

Der Farbeimer

Der Farbeimer füllt zusammenhängende Flächen exakt gleicher Farbe mit dem aktuellen Muster.

Sie müssen nicht darauf achten, daß die zu füllende Fläche ganz im Fenster sichtbar ist. Die Füllung endet nur dann am Fensterrand, wenn Sie die weiße Hintergrundfläche vollgießen. Hier zeigt sich deutlich das Konzept von Director, die Malfläche dynamisch bis zum jeweils äußersten gemalten Pixel zu erweitern.

Öffnen Sie das Dokument »FarbW&P.DIR«. Gießen Sie die Buchstaben mit Hilfe des Farbeimers voll. Benutzen Sie dazu verschiedene Vordergrundfarben.

ÜBUNG

Das Textwerkzeug

Wenn Sie Bitmap-Texte in Director selbst erstellen wollen, können Sie das Textwerkzeug verwenden. Bitmap-Texte haben gegenüber Objekt-Texten den Vorteil, daß die Schriftart nach dem Erstellen nicht mehr verfügbar sein muß. Wenn Sie allerdings Bitmap-Texte direkt in ein Bild einsetzen, können diese nach ihrer Erstellung nicht mehr korrigiert werden, ohne den Bildhintergrund zu zerstören. Benutzen Sie deshalb entweder separate Darsteller für Text und Hintergrund. Wenn Sie für Bitmap-Texte Antialiasing verwenden, was für ein professionelles Erscheinungsbild Ihrer Animation sehr zu empfehlen ist, verwenden Sie dazu Textdarsteller. Wollen Sie Text mit Antialiasing jedoch unbedingt im Malfenster bearbeiten, besteht noch die Möglichkeit, einen temporären Textdarsteller auf der Bühne zu plazieren, mit einem Werkzeug wie

»Flash-It« eine Bildschirmkopie anzufertigen und diese schließlich ins Malfenster einzusetzen. Für alle aufwendigeren Arbeiten ist jedoch unbedingt Photoshop mit seinen getrennten Textebenen zu empfehlen.

ÜBUNG

Klicken Sie im Fenster »Malen« des Übungsdokuments »Malen.DIR« auf die Taste „Plus": Ein neuer Bitmap-Darsteller wird angelegt. Klicken Sie bitte in das Textwerkzeug und dann in die Zeichenfläche. Ein Text-Eingabefeld erscheint. Tragen Sie dort Ihren Namen ein. Solange Sie das Textfeld nicht verlassen, haben Sie noch Gelegenheit, eventuelle Schreibfehler zu korrigieren. Sie können auch noch die Schrift- oder Hintergrundfarbe dazu einstellen oder z. B. durch einen Doppelklick auf das Werkzeugsymbol über den Dialog »Schrift« die Schriftart, die Schriftgröße oder den Stil ändern.

Schriftfestlegung über den Dialog »Schrift« (Einblendung durch Doppelklick auf das Textwerkzeug-Symbol)

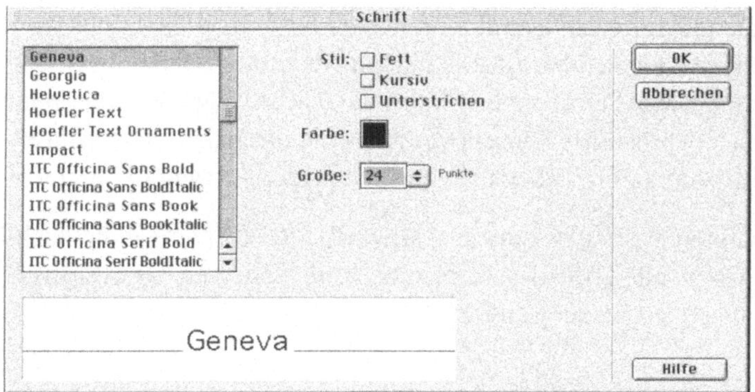

Jedes Textfeld kann nur eine einzige Schriftvariante annehmen. Sie können diese Eigenschaften deshalb keinem Teiltext zuweisen. Sobald Sie das Textfenster verlassen, besteht der Text für Director nur noch aus einer Ansammlung gefärbter Punkte. Korrekturen sind nun nur noch durch Radieren oder Übermalen möglich.

Der Stift

Der Stift schaltet einzelne Pixel zwischen der Vordergrundfarbe und der Hintergrundfarbe hin und her.

Ein Doppelklick auf den Stift bringt das Malfenster in einen Vergrößerungsmodus (wie auch das Werkzeug „Lupe"). Sie sehen jedes Pixel einzeln und rechts oben das unvergrößerte Bild im Überblick. Einmaliges Klicken in diesen Bereich oder ein erneuter Doppelklick auf das Werkzeug »Stift« beendet den Vergrößerungsmodus.

Der Stift ist besonders dazu geeignet, Objekte pixelgenau nachzubearbeiten. In Zusammenhang mit solchen Retuschearbeiten muß die Vordergrundfarbe häufig auf eine Farbe gestellt werden, die bereits im Bild vorhanden ist. Klicken auf einen Punkt im Bild macht dessen Farbe zur aktuellen Vordergrundfarbe, erneutes Klicken zur Hintergrundfarbe.

Falls Sie die Übungsdatei »Malen.DIR« nicht geöffnet haben, laden Sie sie bitte erneut. Klicken Sie auf den Rechtspfeil in der Tastenleiste unter dem Fenstertitel, um den zweiten Bitmap-Darsteller im Fenster »Malen« anzuzeigen. Wie Sie erkennen können, hat das Logo am oberen Rand keine saubere Begrenzung zum schwarzen Hintergrund. Die Spitze der Feder zeigt unschön ausgefranste Bereiche. Ein Fall für das Stiftwerkzeug! Schalten Sie den Vergrößerungsmodus ein, und arbeiten Sie den fehlenden Rand und die Feder entsprechend nach.

ÜBUNG

Die Spritzpistole (Airbrush)

Beim Spritzpistolen-Werkzeug wie auch beim Pinselwerkzeug (s. u.) besteht eine halbherzig implementierte Möglichkeit, zwischen mehreren Sätzen von Werkzeugeinstellungen zu wählen. Es sind nur fünf Varianten einstellbar. Daß diese allerdings nicht mit eigenen, beschreibenden Namen bezeichnet werden können, schränkt die Praxistauglichkeit dieser Funktion ein; man muß sich die aktuellen Einstellungen auswendig merken bzw. notieren.

Ein Doppelklick auf das Werkzeugsymbol führt zu einem Dialog, in dem das Verhalten näher definiert werden kann.

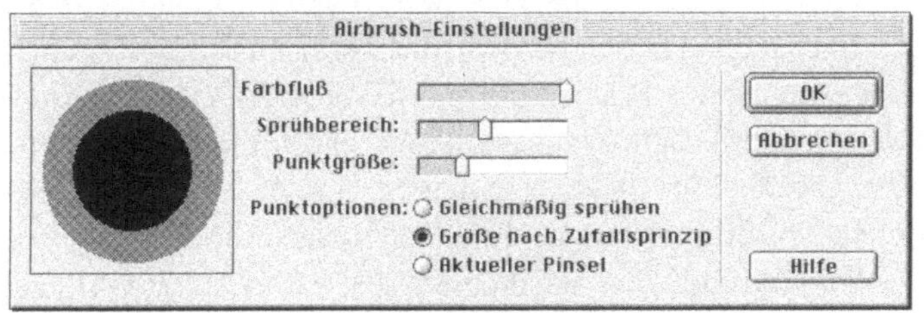

Der Dialog »Airbrush Einstellungen«

Hier bietet Director flexiblere Einstellungen als die meisten anderen Malprogramme. Die Einstellung »Gleichmäßig sprühen« legt eine konstante Größe runder Farbtropfen fest. »Größe nach Zufallsprinzip« variiert den Tropfendurchmesser zwischen 1 Pixel und dem bei »Punktgröße« gewählten Höchstwert. »Aktueller Pinsel« bewirkt, daß als Tropfenform die Form des gerade eingestellten Pinsels verwendet wird.

Mit der Einstellung »Sprühbereich« wird der besprühte Bereich bezeichnet, also eine Art „Öffnungswinkel" der gedachten Düse. Die Spritzpistole versprüht Tropfen im eingestellten Bereich je nach gewähltem »Farbfluß« in mehr oder weniger kurzen Intervallen. Sie können den eingestellten Sprühbereich und die Tropfengröße im Feld links kontrollieren. Sollte allerdings die Option »Aktueller Pinsel« gewählt sein, so wird die aktuelle Pinselform in diesem Feld nicht angezeigt. Um auch dann die aktuelle Tropfenform herauszufinden, müssen Sie auf das Pinselwerkzeug doppelklicken oder probesprühen.

Spritzpistolen arbeiten nur mit einigen der Farbeffekte zusammen. Die restlichen sind vom Programm gesperrt, wohl um mehr Übersichtlichkeit zu erreichen. Ohnehin ist es manchmal nicht leicht, die Wirkung von Farbeffekten nachzuvollziehen.

Interessant wirkende Farbeffekte sind »Durchlauf« und »Transparent«. Bei »Durchlauf« wird die Farbe bei jedem gesprühten Tropfen gewechselt. Beginnend bei der Vordergrundfarbe durchlaufen die Tropfen bis hin zur Zielfarbe einen Farbzyklus über alle in der Farbpalette dazwischen liegenden Farben. Diese Funktion ist am einfachsten einzusetzen, wenn man die Vordergrundfarbe und die Zielfarbe so aus der Palette wählt, daß ähnliche Farben dazwischen liegen. Man kann dadurch mit geeigneten Pinselformen z. B. Blätter oder Gräser mit automatisch wechselnden Grüntönen sprühen.

ÜBUNG

Doppelklicken Sie auf das Pinselwerkzeug (s. u.), und erstellen Sie eine eigene Pinselspitze in der Form eines Grasbüschels oder eines Blattes. Wählen Sie für die Vordergrundfarbe aus der Palette einen hellen Grünton, der am linken Ende eines Bereiches grüner Töne liegt. Nehmen Sie für die Zielfarbe einen dunkleren Grünton einige Paletteneinträge weiter rechts von der Vordergrundfarbe. Schalten Sie den Farbeffekt auf »Durchlauf«, und sprühen Sie mit einer auf »Aktueller Pinsel« gestellten Spritzpistole.

Die Pinsel

Das Pinselwerkzeug dient zum Malen von Darstellern. Wie auch bei den Spritzpistolen sind in der gegenwärtigen Programmversion fünf Pinselvarianten aus einem Popup-Menü abrufbar. Ein Doppelklick auf das Werkzeugsymbol führt zum Dialog »Pinseleinstellungen«, in dem Sie der gerade eingestellten Pinselnummer eine von dreißig vordefinierten Formen zuordnen oder auch selbst neue Formen erzeugen können. Beachten Sie ferner die Schaltflächen »Kopieren« und »Einsetzen«, mit denen es möglich ist, benutzte Pinselformen mit der Zwischenablage auszutauschen, um sie anschließend in andere Darsteller, externe Programme oder das Album einzusetzen.

Die möglichen Pinselformen sind in Director auf eine Matrix von 16 x 16 Pixeln beschränkt. Die Schaltflächen unter der Zeichenfläche erlauben es, den Pinsel in dieser Matrix zu verschieben und zu invertieren.

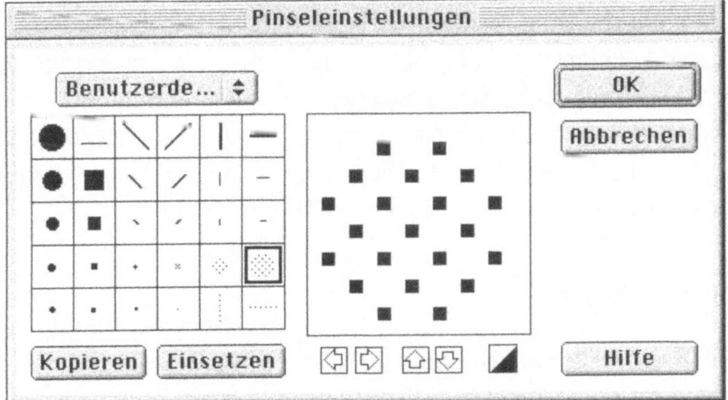

Der Dialog »Pinseleinstellungen«

Bitte erstellen Sie einen tropfenförmigen Pinsel wie in der Abbildung. Probieren Sie die Werkzeugform im Malfenster mit dem Pinselwerkzeug und mit der Spritzpistole aus.

Besondere Möglichkeiten ergeben sich für Pinselformen in Kombination mit dem Farbeffekt »Verlauf«. Damit können Sie z. B. erreichen, daß Tropfen direkt beim Malen eine dreidimensionale

Wirkung bekommen. Dies funktioniert allerdings nicht, wenn die Pinselform für die Spritzpistole verwendet wird, da mit dieser der Farbeffekt »Verlauf« nicht zur Verfügung steht.

Die Werkzeuge Rechteck, Ellipse und Polygon

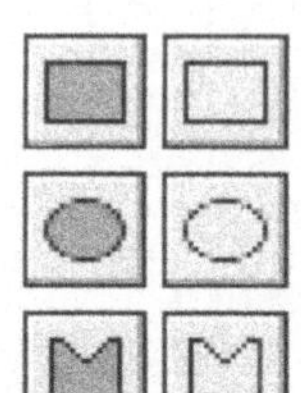

Die Malwerkzeuge »Rechteck« und »Ellipse« haben ebenso wie das »Polygonwerkzeug zwei nebeneinander stehende Varianten. Wenn Sie ein Werkzeug aus der rechten Hälfte wählen, zeichnen Sie ungefüllte Figuren mit der aktuell eingestellten Strichdicke (siehe unten), die linke Hälfte ist für gefüllte Flächen zuständig. Flächen werden mit dem aktuell eingestellten Füllmuster gefüllt.

Wenn die Begrenzungslinie einer Figur nicht nur in der Vordergrundfarbe gezeichnet, sondern ebenfalls mit dem aktuellen Füllmuster versehen werden soll, müssen Sie beim Beginn des Zeichnens die Taste <Wahl> festhalten.

Das Kurvenwerkzeug und das Linienwerkzeug

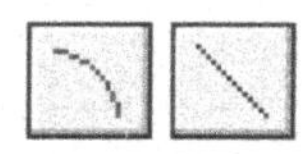

Das Kurvenwerkzeug und das Linienwerkzeug arbeiten mit der im Strichstärke-Feld eingestellten Liniendicke. Werte von 1, 2, 3 Pixeln sowie eine beliebige weitere Stärke können dort vorgegeben werden. Mit der Einstellung für „keine" Strichstärke, die bei den Rechtecken, Ellipsen und Polygonen verwendet werden kann, wird beim Linienwerkzeug ebenfalls eine 1 Pixel dicke Linie erzeugt. Wie allgemein bei den Zeichenwerkzeugen kennt Director auch bei der Linie bzw. dem Bogen im Malfenster kein „Glätten".

Die Farbeffekte

Die Farbeffekte, einstellbar über das Popup-Menü links neben dem horizontalen Rollbalken des Fensters, bestimmen die Art, wie die Vorder- und die Hintergrundfarbe beim Malen von Volltonflächen und von Füllmustern auf das bestehende Bild angewendet werden. Die Wirkung anderer Farbeffekte als »Normal« ist oft recht un-übersichtlich, insbesondere, wenn sie zusammen mit farbigen Füllmustern (siehe unten) eingesetzt werden.

»Normal« ist der Modus, in dem Sie bisher meist gearbeitet haben. Beim Malen wird die aktuelle Vordergrundfarbe verwendet und,

Das Popup-Menü »Farbeffekte«

soweit normale Muster eingestellt sind, auch die aktuelle Hintergrundfarbe für die „weißen" Bereiche des Musters.

Der Farbeffekt »Transparent« ist sehr brauchbar, um normale Füllmuster (s. u.) über ein Bild zu legen. Die Hintergrundfarbe wird bei dieser Einstellung ignoriert, sie erscheint transparent.

Laden Sie bitte die Übungsdatei »Malen DIR«. Bringen Sie einen der Darsteller auf die Bühne, und ziehen Sie über das Bild ein angedeutetes Koordinatensystem, indem Sie mit dem Werkzeugfenster einen rechteckigen Formdarsteller auf der Bühne erzeugen, ein relativ grobes Gitter als Füllmuster (s. u.) auswählen und den Farbeffekt »Transparent« anwenden.

Hinweis! Beachten Sie, daß Muster beim Zeichnen des gefüllten Rechtecks immer an den gleichen Stellen des Fensters erscheinen, unabhängig vom Ansatzpunkt Ihres Rechtecks. Auch wenn Sie mehrere so gefüllte Bereiche nacheinander zeichnen, passen die Teilmuster also immer exakt aneinander. Die Position des Musters ist hingegen abhängig von der Position des Bildes im Malfenster. Dies kann man gezielt ausnutzen, indem man den Fensterinhalt vor dem Zeichnen eines Musters zum Beispiel mit dem Werkzeug »Hand« ein wenig bewegt.

»**Umkehren**« (Invertieren) eignet sich besonders für Effekte im schwarzweißen Bereich. Für diesen Farbeffekt ist die aktuelle Einstellung der Vordergrund- und Hintergrundfarben unerheblich. Leider haben die inversen Farben bei Director im allgemeinen wenig mit den Komplementärfarben zu tun. In Kombination mit Füllmustern (s. u.) werden Pixel des Muster-Vordergrundes invertiert, Hintergrundpixel sind transparent.

Öffnen Sie die Übung »Invers.DIR«. Benutzen Sie den Farbeffekt »Umkehren« sowie das Werkzeug »Ellipse«, und legen Sie einen zweiten Kreis auf die Schrift „Point". Erzeugen Sie einige farbige Darsteller, und testen Sie den inversen Kreis, wenn er über farbigen Sprites liegt. Verwenden Sie unterschiedliche Einstellungen für Vordergrundfarbe und Hintergrundfarbe in der Werkzeugpalette.

Mit dem Farbeffekt »**Zwischenablage**« lassen sich nicht etwa Muster aus der Zwischenablage mit der aktuellen Pinselform ins

Bild malen, wie man denken könnte, sondern die komplette rechteckige Zwischenablage wird als Pinselform genommen. In dieser Form ist die Funktion nur nützlich, um Bilder, die man in die Zwischenablage kopiert hat, durch einzelne Klicks im Bild zu verteilen. Sie können auf diese Weise z. B. aus einem Stern einen Sternenhimmel erzeugen.

ÜBUNG
Kopieren Sie die kleinere Variante der Sonne in Darsteller 4 des Beispieldokuments in die Zwischenablage. Verwenden Sie hierzu das Rechteck-Auswahlwerkzeug mit der Option »Schrumpfen«.

Erzeugen Sie einen neuen Darsteller durch die Taste „Plus“, wechseln Sie zum Pinsel, und schalten Sie den Farbeffekt »Zwischenablage« ein. Durch jeden Klick in die Zeichenfläche können Sie nun eine Sonne ins Bild übertragen. Leider funktioniert das Ganze nur für rechteckige Bereiche in der Zwischenablage.

Zielfarbe bei Verläufen und Farbaustausch

Die Zielfarbe ist diejenige Farbe, in die die Vordergrundfarbe übergeht, wenn bei eingestelltem Farbeffekt »**Verlauf**« gemalt wird. Auch die Funktion »Austauschen« benutzt die Zielfarbe. Gegen diese Farbe werden alle Pixel ausgetauscht, die die Vordergrundfarbe zeigen.

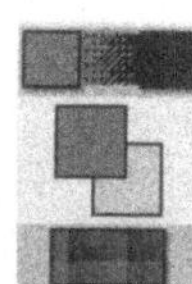

Wahlfelder für Vordergrund- und Zielfarbe, für Vordergrund- und Hintergrundfarbe sowie für Füllmuster

Vordergrundfarbe und Hintergrundfarbe

Die beiden Farbwahlfelder erlauben die Einstellung der Vordergrundfarbe und der Hintergrundfarbe, die für die normalen zweifarbigen Füllmuster bei eingestelltem Farbeffekt »Normal« (s. o.) benutzt werden. Die Vordergrundfarbe wird üblicherweise zum Zeichnen von Linien und für die Malwerkzeuge verwendet, ebenso für Begrenzungslinien von Rechtecken, Ellipsen und Polygonen.

Füllmuster

✓ **Selbstdefiniert**
Schattierungen
Standard
QuickDraw

Füllmuster-Arten

Im Feld »Füllmuster« unterhalb der Farbwahlfelder wird ein Ausschnitt aus dem aktuell eingestellten Muster angezeigt. Bei Füllmustern ist zu unterscheiden zwischen normalen zweifarbigen und speziellen eingebauten oder sogar selbstdefinierten farbigen

Füllmustern. Durch Doppelklick auf das Füllmusterfeld oder alternativ auch über das Menü »Malen« erreichen Sie einen Dialog, in dem verschiedene Typen von Füllmustern zur Auswahl stehen. Director erlaubt als Füllmuster Graustufen, Standard-Bitmap-Muster, QuickDraw-Muster sowie selbstdefinierte Muster. In den untersten acht Feldern können über »Malen:Kacheln« Darsteller (sogar farbige) als Muster definiert werden.

Bei normalen Füllmustern wird der schwarze Musterteil in der aktuellen Vordergrundfarbe gezeichnet, der weiße Teil standardmäßig in der aktuellen Hintergrundfarbe. Wenn Sie allerdings den Farbeffekt »Transparent« (s. o.) einschalten, wird die Hintergrundfarbe transparent, und Sie können beispielsweise Gittermuster über ein Bild legen.

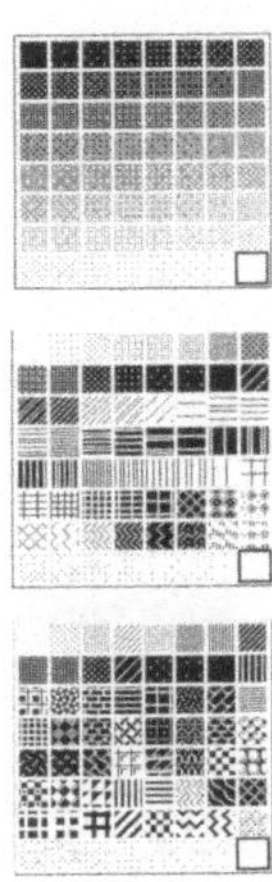

Vorgegebene Füllmuster-Arten

Öffnen Sie bitte das Dokument »Parabel.DIR«. Betrachten Sie die Verwendung des Millimeterpapier-Musters in diesem Film. Tauschen Sie den Hintergrund gegen ein andersfarbiges Millimeterpapier aus. Sie finden entsprechende Muster auf der begleitenden CD-ROM.

ÜBUNG

Strichdicke

Die Strichdickeneinstellung (0, 1, 2, 3 und »Andere«) gilt nur für Objekte, die eine Kontur statt einer Füllung besitzen. Director kennt im Malfenster keine Objekte, mit Kontur und Füllung. Benötigen Sie ein solches, müssen Sie zwei Zeichenoperationen hintereinander ausführen.

Versuchen Sie nicht, dafür das Werkzeug »Kontur nachzeichnen« (s. u.) zu verwenden, da dieses die Füllung wieder löscht.

Einstellfeld für Strichdicke

Farbtiefe

Unterhalb des Einstellfeldes für die Strichdicke finden Sie im Fenster »Malen« die Anzeige der Farbtiefe des Darstellers. Auf dieses Feld können Sie doppelklicken, wenn Sie die Farbtiefe des Darstellers ändern wollen. Sie erhalten denselben Dialog, der auch über das Menü »Modifizieren:Bitmap transformieren...« aufgerufen werden kann (durch den Menübefehl können Sie Änderungen auch gleichzeitig an mehreren in einem Besetzungsfenster aus-

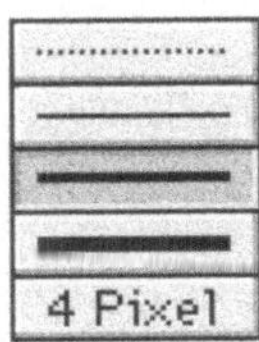

Einstellfeld für die Farbtiefe

Der Dialog »Bitmap transformieren...«

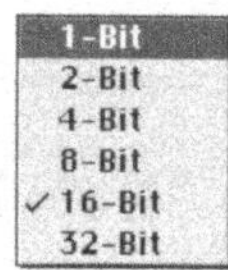

Farbtiefe auf 1 Bit reduzieren

Horizontale Werkzeugleiste im Fenster »Malen« bei rechteckiger Auswahl

⌘ ⇧ H

gewählten Darstellern durchführen). Eine Reduktion der Farbtiefe bedeutet nicht immer einen Verlust an Information. Oft werden schwarzweiße Grafiken nur deshalb als 8-Bit-Darsteller angelegt, weil Director neue Bilder beim Erstellen im Fenster »Malen« in der aktuellen Farbtiefe des benutzten Monitors erzeugt. In solchen Fällen können Sie sehr viel Speicherplatz sparen, indem Sie die Farbtiefe der Darsteller auf 1 Bit reduzieren.

Beachten Sie bitte, daß Sie auch Sprites von 1-Bit-Darstellern über die Werkzeugpalette eine Farbe zuweisen können. Wenn Sie einen einfarbigen Darsteller zu diesem Zweck auf 1 Bit reduzieren, sollten Sie im Dialog »Bitmap transformieren...« die Option »Farben zuordnen« wählen.

6.5.2 Transformationen von Bitmaps

Die Funktionen zur Transformation von Bitmaps, die in früheren Director-Versionen in einem eigenen Menü untergebracht waren, sind nun bequemer über eine waagerechte Werkzeugleiste im Fenster »Malen« zugänglich. Zusammen mit den anderen Werkzeugen kann sie über den Menüpunkt »Ansicht:Malwerkzeuge« (<Befehl><Umschalt>H) ein- und ausgeblendet werden.

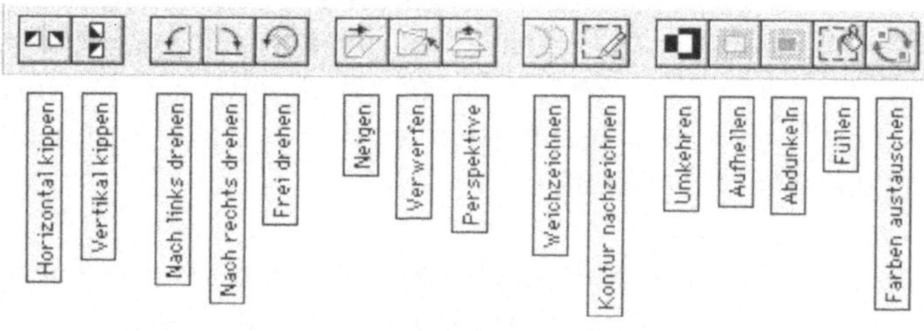

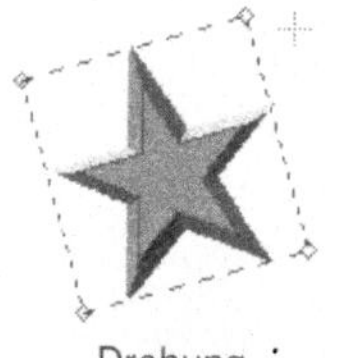

Drehung

Achtung! Viele der Transformationen im Fenster »Malen« (alle außer der rechten Fünfergruppe) stehen nur dann zur Verfügung, wenn zuvor eine **rechteckige** Auswahl getroffen wurde! Schalten Sie also das Auswahlrechteck für diese Funktionen nicht etwa auf den Modus »Lasso«.

»**Horizontal kippen**« und »**Vertikal kippen**« (spiegeln) benötigt keine weitere Erläuterung.

Für rechteckige Bereiche stehen **Drehungen** um 90° oder frei mit der Maus definierbare zur Verfügung. **Perspektivische** Verzerrung, **Verwerfen** (frei Verzerren) und **Neigen** (Scheren) können Bildern eine räumliche Wirkung verleihen.

Perspektivische Verzerrung

»Weichzeichnen« kann dazu verwendet werden, weiche Schatten zu erzeugen. Diese wirken meist viel realistischer als eine harte Begrenzung (siehe Bild in der Randspalte).

»Kontur nachzeichnen« zeichnet die äußere Kontur gemalter Objekte im ausgewählten Bereich nach. Leider wird dabei die ursprüngliche Füllung entfernt. Sie sollten »Kontur nachzeichnen« nur anwenden, wenn die Objekte mit dem nicht angepaßten Auswahlrechteck erfaßt wurden (sonst zeigen Kreise z. B. abgeschnittene Segmente an allen vier Seiten).

Weichzeichnen

»Umkehren« macht aus schwarzweißen Grafiken ihr Negativ. Bei allen anderen Farben erzeugt Director völlig unberechenbare „Komplementärfarben". Immerhin verwandeln sich diese bei nochmaliger Anwendung der Funktion tatsächlich wieder in die Originalfarben zurück.

»Aufhellen« und **»Abdunkeln«** sind gut brauchbar, um eine schwach hervorgehobene Variante von Objekten zu erstellen, die z. B. eingeblendet wird, wenn sich der Mauszeiger über bestimmte Bildbereiche bewegt. Der Effekt ist in der Grundeinstellung recht schwach und muß eventuell mehrfach angewendet werden. Sie können die Intensität dieser Funktionen auch über den Dialog »Malfenster-Voreinstellungen« (s. u.) verändern.

»Füllen« füllt den gewählten Bereich mit der Vordergrundfarbe.

»Farben austauschen« ersetzt innerhalb des ausgewählten Bereichs alle Pixel, die exakt die Vordergrundfarbe haben, durch die Zielfarbe.

All diese Funktionen könnten an sich besser in Photoshop durchgeführt werden, schon weil das dort mögliche Antialiasing für glattere Kanten nach den Operationen sorgt. Die Kombinationsmöglichkeit mit »Auto-Verzerrung…« (s. u.) macht geometrische Transformationen mit der Werkzeugleiste aber dennoch interessant.

»Xtras:Auto-Verzerrung...«

Der Befehl »Auto-Verzerrung...« wird erst nach einer Operation, z. B. einer Drehung, aufgerufen. Nachdem Sie die gewünschte Schrittzahl eingegeben haben, führt Director die unmittelbar vorher durchgeführte Operation nochmals in entsprechend vielen einzelnen Zwischenschritten aus und erzeugt bei jeder Stufe einen eigenen neuen Bitmap-Darsteller. Durch »Darsteller in Kanal« lassen sich auf diese Weise sehr schnelle Animationen erzeugen.

Da »Auto-Verzerrung...« hauptsächlich in früheren Director-Versionen zum Erzeugen von Einzelbildern für rotierende animierte Objekte verwendet wurde, hat es mit Einführung der Drehbarkeit von Sprites viel von seiner früheren Bedeutung verloren. »Auto-Verzerrung...« arbeitet vergleichsweise unexakt und benötigt für die vielen Einzelbilder viel mehr Speicherplatz. In Anbetracht dessen, daß die Director 7 Abspiel-Engine auch eine sehr hohe Performance beim Drehen von Bitmaps zur Laufzeit erreicht, entfällt auch das Geschwindigkeitsargument und »Auto-Verzerrung...« sollte möglichst in neueren Produktionen nicht mehr zum Einsatz kommen.

Malfenster-Voreinstellungen

Das Malfenster besitzt verschiedene Optionen, die Sie über das Menü »Datei:Voreinstellungen:Malen...« erreichen:

Das Fenster »Malfenster-Voreinstellungen«

Zu den Dingen, die man in diesem Fenster im allgemeinen ändern wird, gehört auch das in der Grundeinstellung zu geringe Ausmaß des Abdunkelns bzw. Aufhellens bei der Arbeit mit den entsprechenden Werkzeugen.

6.6 Das Fenster Text

Das Fenster »Text« wird durch <Befehl>6 ein- bzw. ausgeblendet. Die Textobjekte, die im Fenster »Text« verwaltet werden, sind dieselben, die auch mit dem Textwerkzeug des Fensters »Werkzeuge« erstellt werden können (→ Kapitel 6.7). Die Verwaltung im Fenster »Text« ist oft bequemer, insbesondere wenn viele Textdarsteller produziert werden müssen, die eventuell noch nicht sofort auf der Bühne plaziert werden sollen.

⌘ 6

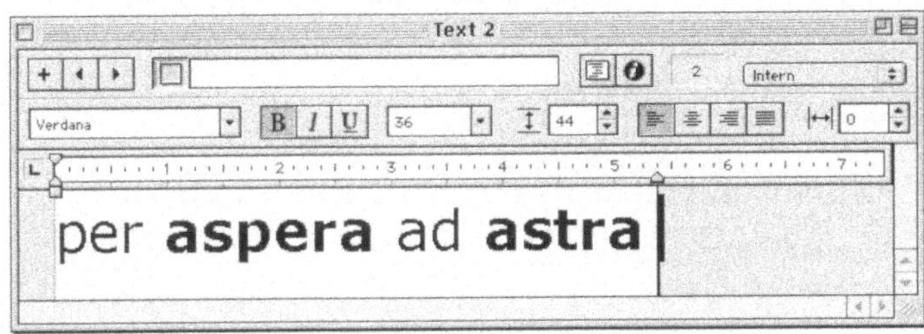

Das Fenster »Text« erlaubt das Erstellen von Texten mit Zeichenformatierung, Absatzformatierung, Kerning und Antialiasing. Formatierte Texte können auch im RTF- oder HTML-Format importiert werden.

Die in diesem Fenster verwalteten **Texte** haben in Director 7 viele Verbesserungen erfahren. Sie ersetzen in den meisten Anwendungsfällen die von früheren Director-Versionen bekannten Felder (oft auch als Textfelder bezeichnet), mit denen sie nicht verwechselt werden sollten.

Aus Kompatibilitätsgründen und für spezielle Lingo-gestützte Anwendungen (→ Kapitel 6.3.2) sind die älteren **Felder** ebenfalls weiterhin verfugbar, obwohl heute auch Texte zur Laufzeit der Anwendung eingebbar geschaltet werden können. Ebenso können sie z. B. von einem Skript generiert oder aus einer Datei gelesen werden. Diese Felder werden in einem sehr ähnlichen Fenster »Feld« verwaltet, das durch <Befehl>8 eingeblendet wird (→ Kapitel 6.8).

Per Lingo können Sie den Inhalt eines Textes durch „the text of member" festlegen, jedoch im Gegensatz zu Textfeldern keine direkten Formatierungen vornehmen (diese sind jedoch durch Manipulation der internen RTF-Darstellung per Lingo möglich).

Felder (Textfelder)
→ Kapitel 6.8

Textdarsteller sind eigentlich nicht mehr integraler Bestandteil von Director, sondern werden durch einen Satz von Xtras realisiert. Sollen Informationen über Textdarsteller abgerufen werden (durch Auswählen im Fenster »Besetzung« und Menübefehl »Modifizieren:Darsteller:Eigenschaften...« [<Befehl>I] oder wahlweise über „Info"-Taste der Tastenleiste), wird daher zunächst nur der allgemeine Dialog »Xtra-Darsteller-Eigenschaften« angezeigt.

⌘ I

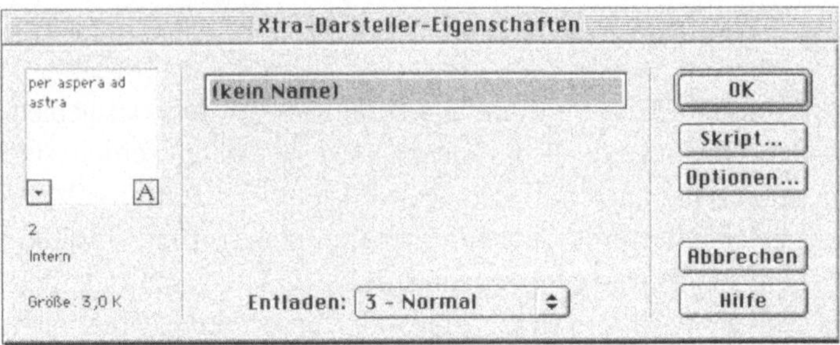

Im abgebildeten Dialogfeld werden die Ladeeigenschaften festgelegt. An die Informationen, die wirklich den Text betreffen,
kommt man über die Schaltfläche »Optionen...«.

Von den als »**Rahmen**« bezeichneten Varianten zur Anzeige eines
Texts ist besonders das »Rollen« interessant. Auf diese Weise ist es
leicht möglich, sogar rollende Texte mit Antialiasing vor transpa-
rentem Hintergrund zu realisieren. Gefallen Ihnen die Standard-
Systemrollbalken nicht, müssen Sie statt dessen den Menüpunkt
»Fest« verwenden und den Rollvorgang dann über einen eigenen
Rollbalken per Lingo steuern.

Über das Menü »**Pre-Render**« und die Option »**Bitmap speichern**«
kann Director dazu veranlaßt werden, Texte ähnlich wie in älteren
Versionen zu behandeln und vorgerenderte Bitmaps der Texte zu
speichern. Dies ist eine (allerdings normalerweise speicherin-
tensivere) Alternative zur Einbindung exotischer Schriften als

Darsteller, zumindest dann, wenn der Darsteller nicht zur Laufzeit editiert werden muß. Im Gegensatz zum manuellen Konvertieren in eine Bitmap über »Modifizieren:In Bitmap konvertieren« bleibt der Darsteller weiterhin editierbar. Bei Texten können Sie also die Vorteile von Vektorgrafik-Text und von Bitmap-Text bis zu einem gewissen Grad kombinieren.

Wird die Option »**Bearbeitbar**« aktiviert, läßt sich der Textdarsteller auf der Bühne zur Laufzeit editieren. Bei Texten mit transparentem Hintergrund sollten Sie beachten, daß Director während des Editierens auf den Farbeffekt »Kopieren« umschaltet (was nicht allen Layouts gut bekommt). Bei Verwendung von Feldern tritt dieser störende Effekt nicht auf, dafür fehlt aber hier das Antialiasing.

»**Mit Tabulatortaste zum nächsten Element**« ermöglicht in Eingabemasken das automatische Springen zum nächsten eingebbaren Objekt. Wenn Sie dem Anwender erlauben wollen, Tabulatorzeichen in den Text selbst einzugeben, können Sie diese Automatik natürlich nicht verwenden. Weiterspringen ist dann höchstens Lingo-gesteuert (z. B. durch Festhalten einer Sondertaste) möglich.

»**Direkt auf Bühne**« bewirkt, daß der Textdarsteller auf der Bühne direkt in den Bildschirmspeicher gezeichnet wird, das sonst übliche „double buffering" unterbleibt. Ergebnis: Die Darstellung ist etwas schneller, es kann jedoch nichts über den Darsteller gelegt werden außer andere Objekte mit der gleichen Option. Zwischen solchen Objekten ist jedoch prinzipbedingt keine saubere Verwaltung des Bildschirmupdates möglich, Sie sollten diese Option möglichst nicht verwenden, auf keinen Fall aber für editierbare Texte.

Passagen eines Textes können Sie als Hyperlinks definieren. Sie markieren dazu einfach das entsprechende Textstück und geben in der Palette »Textinspektor« (s. u.) eine URL (Web-Adresse: **Uni**fied **R**esource **L**ocator) oder eine beliebige andere Zeichenkette ein, die dann aber über ein Verhalten oder über ein Lingo-Skript weiterverarbeitet werden muß (die Zeichenkette wird als Parameter an die Prozedur `hyperLinkClicked` weitergeleitet). Passende Verhalten zum Thema Hyperlink finden Sie in der Bibliothekspalette unter dem Oberbegriff »Text«. Damit können Sie einfache vorgefertigte Hyperlink-Funktionalität auch ohne direkte Lingo-Programmierung erreichen.

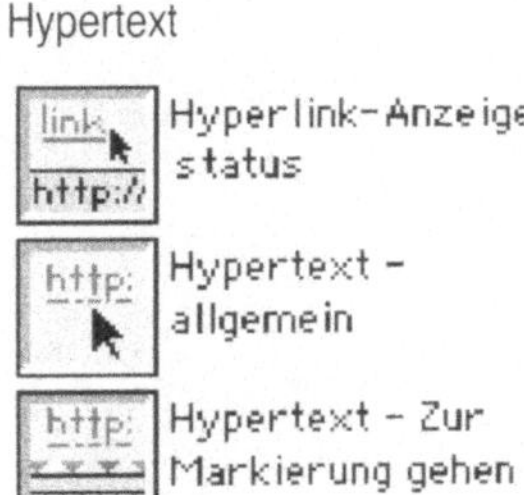

Hypertext

Hypertext-Verhalten aus der Bibliothekspalette

Nur wenn die Option »**Hypertext-Stil verwenden**« ausgewählt ist, sollten automatisch alle definierten Hyperlinks blau und unterstrichen dargestellt werden, und der Mauszeiger sollte sich über diesen Textpassagen in einen Handcursor verwandeln. Nach Anklicken des Links wird dieser violett dargestellt. Entgegen anderslautender Aussage im Handbuch, läßt dich jedoch nur das Cursorverhalten über die Option abschalten, die Textformatierung jedoch nicht immer. Da die Unterstreichung im Text nicht jedermanns Sache ist, müßten Sie ggf. ganz auf die eingebaute Hyperlink-Funktionalität verzichten und die Hyperlinks bei Mausklick durch Lingo verwalten.

Es gibt allerdings ein Mittel, den kleinen Initialisierungsfehler, der offensichtlich nur in manchen Fällen (Director 7.0.2 unter dem MacOS) auftritt, zu umgehen: Geben Sie für irgendeinen Textdarsteller mit Hyperlink im Nachrichtenfenster den Befehl

```
member("Beispiel").useHyperTextStyles
= FALSE
```

ein, während die Option im Dialog aktiviert ist. Director initialisiert sich nun richtig und verhält sich anschließend dauerhaft korrekt.

Die Palette »Textinspektor« erlaubt bequemen Zugriff auf die Formatierungswerkzeuge für Texte und Textfelder sowohl direkt auf der Bühne als auch in den entsprechenden Fenstern.

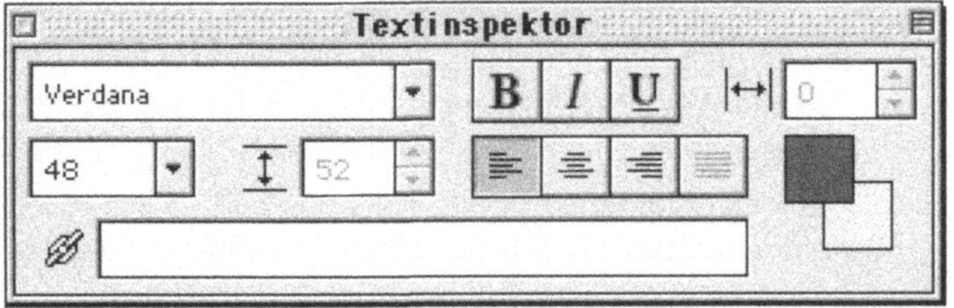

Über die auch in Textfeldern verfügbaren Zeichenattribute wie **Schriftart, Schriftgröße**, **Farbe** und **Stil** sowie den Grundfunktionen für die Absatzausrichtung (**Linksbündig**, **Zentriert**, **Rechtsbündig** und **Blocksatz**) und Randeinstellung hinaus unterstützt Director bei Textobjekten auch das Setzen von **Tabulatoren**, **Einrückungen**, **Zeilenabstand** und sogar **Unterschneidung** von Zeichen (**Kerning**). Leider ist die Zeichenpositionierung auf 1 Pixel Genauigkeit bei kleinen Schriftgraden für höhere typographische Anwendungen nicht ausreichend, in bestimmten Fällen wird man daher noch immer Texte mit speziellen Programmen wie QuarkXPress oder FreeHand erzeugen und als Bitmaps bzw. im Flash-Format importieren.

Beachten Sie bitte, daß Sie Tabulatoren wie auch Einrückungen und Zeilenabstand in einem Text jeweils absatzweise definieren können. Bei Betätigung der Zeilenschaltung nach einem Absatz werden die Einstellungen auch für den neuen Absatz übernommen. Nachträgliche Änderungen beziehen sich auf die ganz oder teilweise markierten Absätze bzw. auf den Absatz, in dem sich die blinkende Texteinfügemarke befindet.

Am Beispiel der abgebildeten kleinen Tabelle erkennen Sie die umfangreichen Möglichkeiten durch Absatzformate, die sich durchaus mit denen einer kleinen Textverarbeitung messen lassen:

Anwendung verschiedener Arten von Tabulatoren

Wenn Sie die Einstellungen für einen bestimmten Absatz im Lineal ablesen wollen, genügt es, die Texteinfügemarke in den entsprechenden Absatz zu setzen oder ein Stück Text in diesem Absatz zu markieren.

Tabulatoren können Sie einfach durch einen Klick mit der Maus an die entsprechende Stelle im Textlineal setzen. Vorhandene Tabulatoren können durch Ziehen mit der Maus an eine andere Stelle gebracht oder gelöscht werden. Zum Löschen eines Tabulators ziehen Sie ihn einfach nach unten oder nach oben aus dem Lineal heraus. Director kennt die üblichen vier Tabulatortypen für linksbündige, rechtsbündige, zentrierte und dezimale Ausrichtung. Ein Klick auf das Tabulatorsymbol links vor dem Textlineal schaltet zyklisch zwischen den möglichen Typen von Tabulatoren um.

Rechte und linke **Einrückungen** sowie eine ggf. abweichende Einrückung für die erste Zeile sind durch die Schieber im Textlineal einstellbar.

Der **Zeilenabstand** wird bei Änderung der Schriftgröße im Textfenster oder in der Palette »Textinspektor« vorgegeben. Sie können ihn bei Bedarf absatzweise in den vorgesehenen Feldern ändern. Zusätzlicher Abstand wird dabei **vor** jeder einzelnen Zeile eingefügt.

Linksbündig

Rechtsbündig

Zentriert

Dezimal

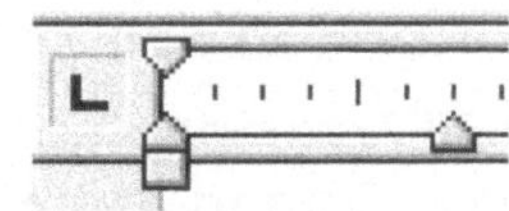

Schieber für Einrückungen

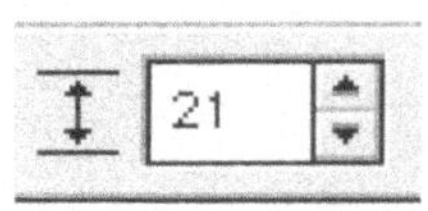

Einstellen des Zeilenabstands

Einstellen des Abstands zwischen den Zeichen

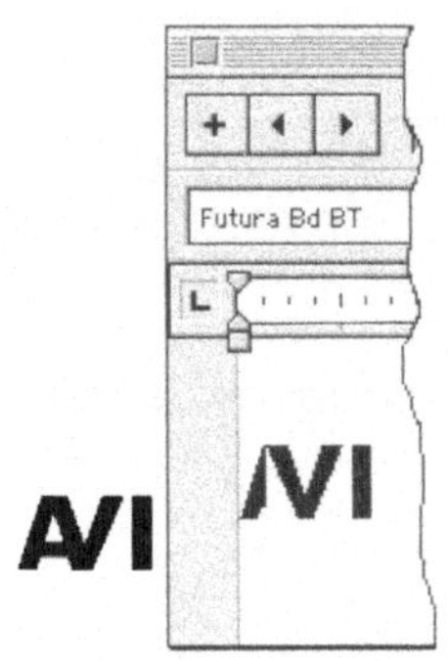

Darstellungsproblem bei starker Unterschneidung von Zeichen

Die Funktion zum Verändern des Zeichenabstandes (**Spationierung**, **Unterschneidung**, **Kerning**) funktioniert nur, wenn Sie eines oder mehrere Zeichen aktiviert haben, jeweils für die Lücke hinter jedem Zeichen. Steht die Texteinfügemarke zwischen zwei Buchstaben, kann der Wert wohl scheinbar eingestellt werden, er wird aber sogleich wieder vergessen. Man kann hoffen, daß dieses unschöne Verhalten bald beseitigt wird.

Auch Texte mit extremem Kerning (Zeichenunterschneidung) erscheinen auf der Bühne einwandfrei und laden ein zu eigenen Schrift-Compositionen mit Director. An dem Darsteller links vom Bild auf der Bühne ist auch sehr gut die Wirkung von Antialiasing zu erkennen.

Import im RTF- und HTML-Format

Fertig formatierte Texte können über den Befehl »Datei:Importieren…« im Dateiaustauschformat **RTF** (**R**ich **T**ext **F**ormat) eingelesen werden. Sehr viele Textverarbeitungsprogramme wie z. B. Microsoft-Word unterstützen RTF als Exportformat. Sie können in einem Textverarbeitungsdokument gleich mehrere formatierte Textdarsteller definieren. Jeder explizit gesetzte Seitenumbruch in der Textverarbeitung führt beim Import zur Erzeugung eines neuen Textdarstellers.

Im RTF-Format kann komplett formatierter Text importiert werden, der in Programmen wie Microsoft-Word erstellt wurde.

Beachten Sie bitte, daß Director nicht restlos alle Möglichkeiten von RTF unterstützt. So entfallen etwa die weiche Zeilenschaltung und der Abschnittswechsel. Trotz dieser kleinen Einschränkungen ist diese RTF-Importfunktion für viele Projekte enorm wichtig.

In einigen Director-Versionen wurden Abstürze beobachtet, wenn mehrere RTF-Texte importiert werden, die Formatierungen enthalten, die in Director selbst noch nicht unterstützt werden (z. B. Hoch- und Tiefstellungen). Das Problem konnte in solchen Fällen nur durch Umwandlung der Texte »In Bitmap konvertieren« umgangen werden.

Auch das Internet-Format **HTML** kann inklusive Formatierungen direkt als Director-Text importiert werden. Dabei werden aber wiederum längst nicht alle HTML-Feinheiten interpretiert.

Tatsächlich hält Director von jedem Textfeld intern auch eine RTF- und eine HTML-Repräsentation bereit, auf die, z. B. zu Formatierungszwecken, aus Lingo heraus zugegriffen werden kann. Interessant ist in diesem Zusammenhang auch die Möglichkeit, Textdateien im RTF-Format von anderen Programmen (z. B. von Datenbanken, von C-Programmen oder von Lingo-Programmen) automatisch erstellen zu lassen.

6.7 Das Fenster Werkzeuge

Das Fenster »Werkzeuge« wird durch <Befehl>7 ein- und ausgeblendet.

⌘ 7

Es dient zum Erstellen von Vektorgrafik-Objekten, auch als Formdarsteller bezeichnet, die alternativ zu Bitmap-Objekten als Darsteller in Director verwendet werden können. Im Gegensatz zu den Vektorform-Darstellern (→ Kapitel 6.17) können die mit der Werkzeugpalette erstellbaren einfachen Formdarsteller nicht mit Antialiasing ausgestattet werden. Sie kommen daher in neueren Applikationen weniger zur Anwendung. Formdarsteller benötigen im allgemeinen wesentlich weniger Speicher als entsprechende Bitmap-Objekte, da z. B. bei einem Rechteck nicht die Farbe jedes einzelnen Bildpunktes gespeichert wird, sondern nur die Objektdefinition mit Vordergrundfarbe, Hintergrundfarbe, Liniendicke und Nummer eines Musters. Selbst gegenüber den neueren Vektorform Objekten sind Formobjekte noch speichersparender.

Im Gegensatz zu früheren Director-Versionen sind Vektorgrafik-Objekte im Bildaufbau nicht mehr langsamer als Bitmaps, sondern sogar etwas schneller. Der Vergleich zwischen Bitmap- und Vektorform-Objekten zeigt, daß auch diese nur ca. 10 % langsamer als Bitmaps sind, angesichts der perfekten Darstellungsqualität eine erstaunliche Tatsache.

Das Fenster »Werkzeuge«

Die Textobjekte und Textfeld-Objekte, die mit den Werkzeugen der Palette direkt auf der Bühne erzeugt werden können, sind später im Fenster »Text« bzw. »Feld« editierbar. In diesen Fenstern und mit Hilfe der Palette »Textinspektor« können Texte formatiert werden. Sie können die Palette »Textinspektor« über das Menü »Fenster:Inspektoren:Text« (<Befehl> T) einblenden.

⌘T

Zeigepfeil

Der Pfeil links oben in der Palette dient als neutrales Werkzeug zum Bewegen und Skalieren vorhandener Objekte.

Dreh- und Neigewerkzeug

Das Drehwerkzeug kann viele Arten von Sprites auf der Bühne um ihren Registrierpunkt drehen (z. B. Text-, Bitmap- und Vektorform-Darsteller). Das Werkzeug dient gleichzeitig zum Neigen von Objekten, dazu müssen Sie das Sprite zwischen seinen Eckpunkten an einer Begrenzungslinie fassen.

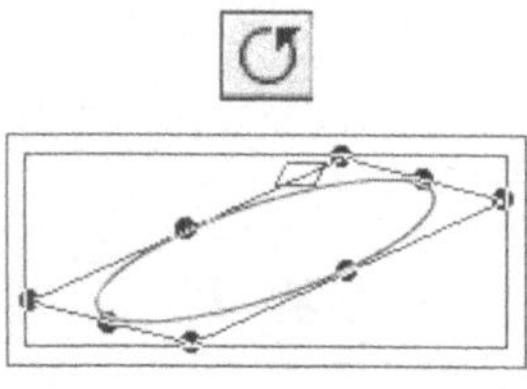

Neigen eines Sprites

Textwerkzeug

Unter dem Pfeil befindet sich das Werkzeug zum Erstellen von Textdarstellern. Um einen Textdarsteller herzustellen, klicken Sie einmal an der gewünschten Stelle auf die Bühne, oder ziehen Sie dort mit der Maus ein Rechteck mit der gewünschten Spaltenbreite und geben den Text ein.

Vorsicht! Textobjekte müssen mindestens ein Leerzeichen enthalten, sonst kann es passieren, daß sie sich in älteren Director-Versionen von selbst wieder auflösen oder zumindest die festgelegten Schriftattribute vergessen.

Ausgewählter Text auf der Bühne

Wollen Sie einzelne Zeichen eines Texts oder eines Textfelds (s. u.) direkt auf der Bühne formatieren, müssen Sie zuerst per Doppelklick in den Textbearbeitungsmodus wechseln und die zu ändernden Zeichen mit der Maus selektieren. Sie können dann über die Palette »Textinspektor« und über die Farbauswahl der Werkzeugpalette alle notwendigen Einstellungen vornehmen.

Durch Doppelklick im Textbearbeitungsmodus aktivierter Text

In Director ist es auch möglich, mehrere Text- oder Textfeld-Darsteller gleichzeitig mit einem neuen Textformat zu versehen. Dazu werden sie gemeinsam aktiviert und die Funktionen der Palette »Textinspektor« angewendet. Leider ist diese zeitsparende Funktion noch nicht für die Farbeinstellung vorhanden. Statt Texte und Textfelder wie hier beschrieben direkt auf der Bühne zu editieren, ist es manchmal bequemer, die dafür vorgesehenen Fenster »Text« (→ Kapitel 6.6) bzw. »Feld« (→ Kapitel 6.8) zu verwenden.

Linien

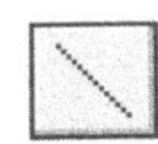

Auch die anderen über das Fenster »Werkzeuge« definierbaren Objekte werden zunächst einfach auf der Bühne gezeichnet, während sich der Abspielkopf im gewünschten Bild befindet.

In früheren Director-Versionen beschränkte das Drücken der <Umschalt>-Taste vor dem Zeichnen einer Linie diese auf die Möglichkeiten horizontal, vertikal und 45°-diagonal. Offensichtlich wurde von den Entwicklern versucht, diese Funktionalität (wie in anderen Applikationen üblich) auf das Drücken der Taste während des Zeichenvorgangs zu erweitern. Leider ist dabei ein häßlicher Fehler entstanden: Die Sache funktioniert nur noch bei 45°-Linien nach rechts unten, bei den anderen müssen Sie sich nun auf Ihr Augenmaß verlassen oder numerische Eingaben der Sprite-größe machen.

Rechtecke, abgerundete Rechtecke und Ellipsen

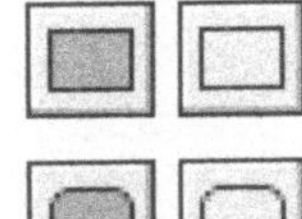
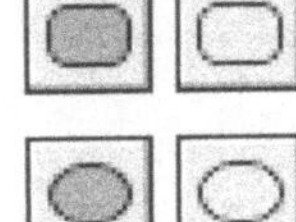
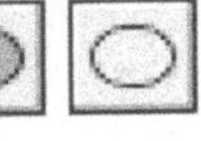

Director enthält Werkzeuge zum Erstellen der geometrischen Formen Rechteck, abgerundetes Rechteck und Ellipse. Diese Werkzeuge sind in zwei Spalten nebeneinander angeordnet und erlauben rechts das Zeichnen eines Rahmens, während links gefüllte Flächen entstehen, die keinen zusätzlichen Rahmen haben. Wenn Sie also eine Farbfläche mit Rahmen benötigen, müssen Sie zwei aufeinanderliegende Objekte verwenden.

Drücken der <Umschalt>-Taste **während** dem Zeichnen eines Objekts schränkt die Form auf quadratische bzw. kreisförmige Objekte ein.

Standard-Schaltflächen für Option und Auswahl

Werden Standard-Schaltflächen für die Auswahl zwischen mehreren Möglichkeiten („Radio-Buttons") oder für die Einstellung einer Option benötigt, wie sie von den Fenstern des Betriebssystems und der Applikationen normalerweise verwendet werden, können auch diese über das Fenster »Werkzeuge« erstellt werden.

Da ihre Anwendung einfacher ist als die Definition eigener Tasten, werden sie häufig in Prototypen von Multimedia-Projekten eingesetzt, in denen nur die Programmfunktionalität getestet werden soll. Später werden sie dann aus Designgründen oft durch Tasten mit eingängigen Symbolen ersetzt, die auch optisch an die Multimedia-Anwendung angepaßt sind. Standard-Schaltflächen werden natürlich auch dann verwendet, wenn eine Multimedia-Anwendung sich genau wie ein normales Programm verhalten soll oder einen Entwurf für ein geplantes Programm darstellt.

Textfelder

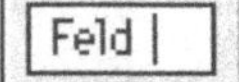

Das Werkzeug »Feld« dient der bequemen Erzeugung von klassischen Texteingabefeldern auf der Bühne. Textfelder werden ausgiebig in Kapitel 6.8 besprochen. In Kapitel 6.6 finden Sie Hinweise zur Abgrenzung der Textfelder von Textobjekten. Die Bearbeitung von Textfeldern auf der Bühne geschieht analog zu den nicht eingebbaren Texten (s. o.).

Standard-Schaltflächen

Ähnlich wie mit den Werkzeugen für Auswahl- und Optionsschaltflächen, lassen sich mit diesen Werkzeugen auf einfachste Weise Schaltflächen erzeugen, die aussehen wie in normalen Programmen. Der Text solcher Schaltflächen kann auf der Bühne eingegeben werden, ist aber auch über das Fenster »Feld« editierbar (→ Kapitel 6.8).

Vordergrundfarbe und Hintergrundfarbe

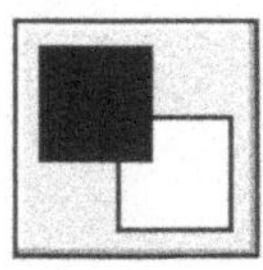

Die Farbfelder im Fenster »Werkzeuge« dienen zum Einfärben der in diesem Fenster erstellbaren Objekte sowie interessanterweise auch zur Farbdefinition von Bitmap-Darstellern, die nur 1-Bit-Farbtiefe aufweisen. Damit kann besonders speichersparend gearbeitet werden. Bei Bitmaps und anderen farbigen Darstellertypen mit höherer Farbtiefe interagiert die hier einstellbare Spritefarbe natürlich mit den Farben des Darstellers, was teilweise zu etwas schwer einschätzbaren Ergebnissen führt.

Füllmuster

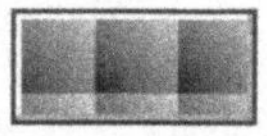

Auch Muster können den mit dem Werkzeugfenster erstellten Objekten zugewiesen werden. Dies ist eine sehr speichersparende Methode, gemusterte Hintergründe zu definieren, zumal sich auch die acht farbigen Muster verwenden lassen, die man im Fenster »Muster:Kacheln-Einstellungen« kann. Die Definition eines Füllmusters nimmt dann sehr wenig Platz in Anspruch; trotzdem können viele, auch großflächige Objekte das Muster benutzen. Allerdings können diese Muster nicht 1-Bit-Bitmap-Darstellern zugewiesen werden, obwohl sich dies logisch nicht widerspräche.

Liniendicke

Objekten, die mit dem jeweils rechts stehenden Werkzeug für Rechteck, gerundetes Rechteck oder Ellipse bzw. mit dem Linienwerkzeug erstellt wurden, kann eine bestimmte Liniendicke zugewiesen werden. Die oberste Einstellung (Strichdicke Null) führt dazu, daß das Objekt unsichtbar ist. (Solche unsichtbaren Objekte sind durchaus nicht ganz nutzlos. Sie können z. B. dazu verwendet werden, per Lingo zu testen, ob ein Mausklick innerhalb eines Bereichs stattgefunden hat, oder dazu, die Beweglichkeit eines anderen Objekts auf einen solchen Bereich einzuschränken!)

6.8 Das Fenster Feld

Das Fenster »Feld« wird durch < Befehl > 8 ein- und ausgeblendet. Bereits oben wurde auf die Unterscheidung zwischen Text**feldern** und den neueren „normalen" Texten hingewiesen. Felder sollten Sie nur dann verwenden, wenn Sie auf felderspezifische Eigenschaften wie Informations- und Formatierungsmöglichkeiten in Lingo oder Eingabe auf transparentem Hintergrund angewiesen sind. Wegen des fehlenden Antialiasing können Felder nämlich nicht so perfekt dargestellt werden wie Texte. Die Felder, die im Fenster »Feld« verwaltet werden, sind dieselben, die auch mit dem Feldwerkzeug des Fensters »Werkzeuge« erstellt werden können (→ Kapitel 6.7).

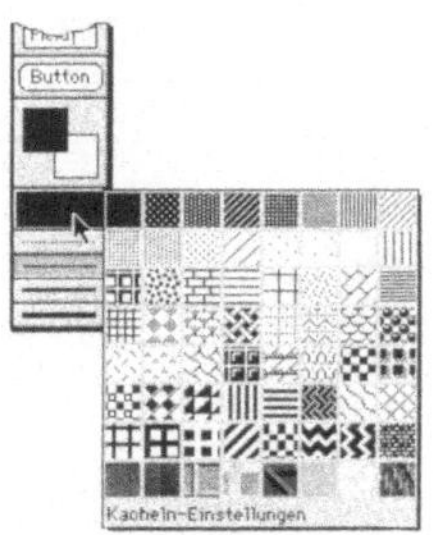

Manipulation von Kacheln über das Füllmuster-Feld

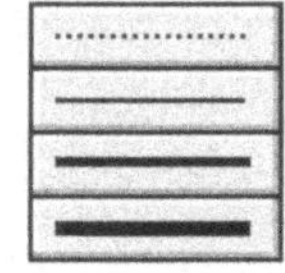

⌘ **8**

Texte → Kapitel 6.6

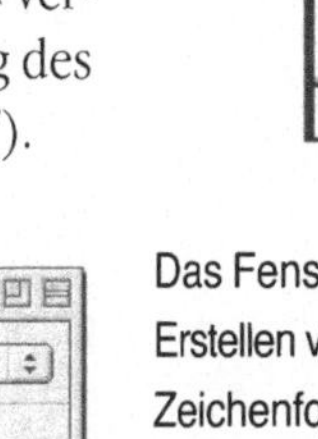

Das Fenster »Feld« erlaubt das Erstellen von Texten mit einfacher Zeichenformatierung. Weitergehende Formatierungsmöglichkeiten bestehen im äußerlich ähnlich aufgebauten Fenster »Text« (→ Kapitel 6.6).

In diesem Abschnitt geht es also um die bereits von den frühesten Director-Versionen bekannten Textfelder. Diese Darstellerart müssen Sie verwenden, wenn Sie per Lingo Feld-Eigenschaften wie die Textzeile oder das Wort oder Zeichen unter dem Cursor feststellen müssen (dies stellt eine beliebte Methode zur Programmierung sehr großer Mengen von Hyperlinks dar).

Eigenschaften von Textfeldern

Textfeld-Darsteller können ähnlich verwendet werden wie Textdarsteller (→ Kapitel 6.6), sind jedoch noch etwas speichersparender als diese. Sie dienen entweder nur passiv zur Anzeige eines festen Textes, oder aber die zugehörigen Sprites werden in einigen Bildern (Frames) über das Fenster »Drehbuch« oder mit Hilfe von Lingo als »Bearbeitbar« definiert. In diesem Fall kann der Anwender Daten in die Textfelder eintragen. Mit Hilfe von Lingo-Befehlen können diese Daten ausgelesen und dann im Programm weiterverarbeitet werden. Auch die Ausgabe eines über das Programm festgelegten Textes, z. B. einer Fehlermeldung oder Hilfeinformation, ist über Textfelder möglich.

Die Textfelder von Director verhalten sich bei der Eingabe ähnlich wie normale Textfelder in anderen Programmen. Ohne weiteres Zutun können die Standard-Editierbefehle wie Pfeiltasten und die Löschtaste sowie ggf. die Tabulatortaste (s. u.) verwendet werden. Um auch die üblichen Funktionen für Ausschneiden, Kopieren und Einsetzen zur Verfügung zu haben, ist leider etwas Lingo-Programmierung erforderlich.

Der Dialog »Felddarsteller-Eigenschaften«

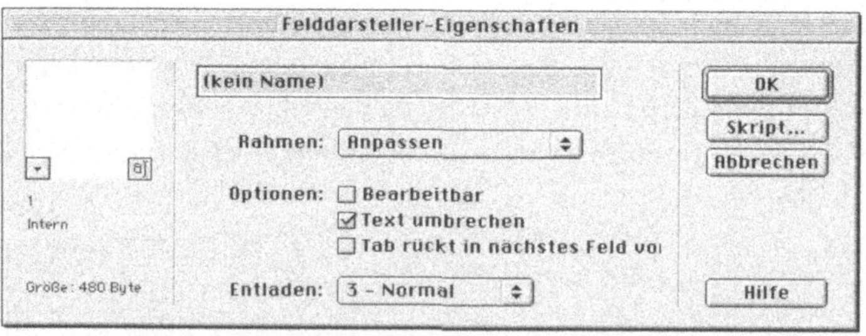

Optionen für Textfelder lassen sich festlegen, indem der Textdarsteller im Fenster »Besetzung« ausgewählt und der Menübefehl »Modifizieren:Darsteller:Eigenschaften...« bzw. das Tastenkürzel <Befehl>I oder die „Info"-Taste der Tastenleiste angewendet werden. Im abgebildeten Dialogfeld wird das genaue Aussehen und das Eingabeverhalten bestimmt.

Textfelder können sich z. B. bei Eingabe einer Zeilenschaltung automatisch nach unten vergrößern (»**Anpassen**«). Sie können aber auch einen automatisch verwalteten Rollbalken beinhalten (»**Rollen**«) und auf diese Weise mehrzeiligen Text erlauben. Die Einstellung »**Fest**« läßt zwar Texteingabe über das Ende des Feldes hinaus zu, dieser Text ist aber nicht mehr sichtbar, sondern wird optisch abgeschnitten. Felder mit der Einstellung »**Auf Feldgröße beschränken**« erlauben nur die Eingabe so vieler Zeichen, wie in der Feldbreite Platz finden (natürlich passen mehr schmale Buchstaben in das Feld als breite wie z. B. „W").

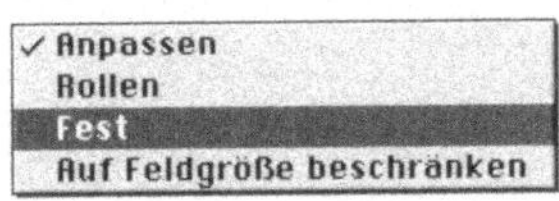

Verschiedene Varianten eines Textfeldes

Eine Kontrolle auf die Anzahl eingegebener Zeichen kann leicht in Lingo realisiert werden. Um nur ganz bestimmte Zeichen in der Eingabe zuzulassen, Zahlen zu formatieren oder zum Beispiel eingegebene Kleinbuchstaben automatisch in Großbuchstaben umzuwandeln, können Sie eine Kombination der mitgelieferten Text-Verhalten aus der Bibliothek verwenden.

Nützliche Text-Verhalten für Eingabefelder

Das Ankreuzen des Feldes »**Bearbeitbar**« bewirkt, daß das Textfeld überall bearbeitbar ist, wo es im Drehbuch auftaucht. Die gleichnamige Drehbuchoption für einzelne Sprites (s. o.) wird dann ignoriert.

»**Text umbrechen**« legt fest, ob automatischer Zeilenumbruch am rechten Rand des Eingabefeldes stattfindet. Weitere dort eingegebene Zeichen sind sonst einfach nicht sichtbar und erscheinen nicht in der nächsten Zeile. Manuelle Eingabe einer Zeilenschaltung ist aber trotzdem jederzeit möglich.

Das Eingabeverhalten eines Textfeldes definieren

Die unterste Option »**Tab rückt in nächstes Feld vor**« bewirkt, daß der Benutzer, wie in anderen Anwendungen üblich, über die Tabulatortaste zum nächsten Feld wechseln kann (leider funktioniert nicht gleichzeitig auch das übliche <Umschalt><Tab> für den Rücksprung zum vorherigen Feld). Die Tab-Reihenfolge entspricht der Reihenfolge der Darsteller in der Besetzung. Durch Verschieben der Darsteller im Besetzungsfenster können Sie also die gewünschte Tab-Reihenfolge festlegen. Abweichungen von dieser Reihenfolge und die Implementierung eines <Umschalt><Tab> sind über Lingo möglich.

Schrift in Textfeldern

In Director kann einem Text, wie oben gezeigt, auf Einzelzeichenebene Schriftart-, Schriftgröße-, Stil- und Farbattribut zugewiesen werden. Zur Formatierung von Textfeldern auf Einzelzeichenebene im Fenster »Feld« können Sie genau wie bei Feldern auf der Bühne die Schaltflächen der Palette »Textinspektor« verwenden, die bis auf die fehlenden Möglichkeiten für Kerning und Zeilenabstand denen des Fensters »Text« entsprechen. Die Farben einzelner ausgewählter Zeichen im Text werden über die Farbpalette für Vordergrundfarbe eingestellt; Änderungen der Hintergrundfarbe gelten immer für das komplette Textfeld.

Die Eigenschaften von Textstücken in Feldern können im Gegensatz zu Textdarstellern direkt per Lingo eingestellt werden. Beispielsweise können durch einen Befehl wie:

```
set the fontStyle of char 1 to 3 of word 2
of field "Beispiel"= "bold,italic"
```

beliebige Formate wie Schriftgröße, Schriftstil, Schriftart oder Schriftfarbe für einzelne Zeichen festgelegt werden.

Wollen Sie Felder und Texte gemischt einsetzen, sollten Sie beachten, daß sich die exakte Laufweite und damit auch der Umbruch sogar bei gleich eingestellter Schriftart und -größe zwischen Texten und Feldern meist unterscheidet. Gleicher Satz tritt nur bei sogenannten „monospaced" Schriften auf, bei denen alle Zeichen im Gegensatz zu Proportionalschriften den gleichen Platz einnehmen. Nichtproportionale Schriften sind z. B. „Courier", „Monaco" und „Comic Sans Serif".

Ein anderes Problem kann beim Transfer zwischen der Mac- und der Windows-Plattform entstehen: Bei Feldern nämlich ist (im Gegensatz zu Textdarstellern) der Zeilenabstand fest mit der Schriftgröße gekoppelt – aber leider auf beiden Systemen in unterschiedlicher Weise.

Und noch ein kleiner Fehler bei Feldern (und Texten) bleibt zu erwähnen, den Director schon über mehrere Versionen mitschleppt:

Wenn Textfelder als »**Fest**« definiert sind, läßt sich deren Größe mit »Spriteinfo...« und mit den entsprechenden Lingo-Befehlen nicht ändern. Nur durch Ziehen mit der Maus kann die Größe eingestellt werden.

Verfügbarkeit von Schriften

Wenn Sie Felder mit speziellen Schriften verwenden wollen, sollten Sie unbedingt sicherstellen, daß diese Schriften beim Abspielen der Animation auf dem Kundenrechner auch wirklich verfügbar sind, Sie können sonst fast sicher sein, daß in Ihrer Applikation unerwünschte Zeilenumbrüche auftreten. Selbst im besten Fall verändert sich zumindest ihr sorgfältig gewähltes Design.

Seit Director 7 besteht die phantastische Möglichkeit, Schriften über »Einfügen:Mediaelement:Schrift..« in einem plattformunabhängigen Format als Darsteller in eine Director-Besetzung aufzunehmen. Damit entfällt nun die bisher bestehende Notwendigkeit, Schriften entweder unter Windows im System zu installieren oder Schriftressourcen auf der Macintosh-Plattform über das Hilfsprogramm ResEdit direkt in einen Projektor zu importieren.

6.9 Das Fenster QuickTime

Das Fenster »QuickTime« wird durch <Befehl>9 ein- und ausgeblendet.

⌘ 9

Im Fenster »QuickTime« lassen sich QuickTime-Filme ansehen, die über »Mit Datei verknüpfen« importiert sind. Der direkte Import von QuickTime-Filmen als Bestandteil des Director-Films wird leider schon seit der Version 4 von Director nicht mehr unterstützt.

Mit den am unteren Fensterrand sichtbaren Reglern und Schaltflächen läßt sich der Film abspielen, einzelbildweise ansehen und bei Tonfilmen die Lautstärke einstellen. Rechts unten ist das Fenster in seiner Größe veränderbar.

Ein QuickTime-Film im Fenster »QuickTime«. Der schwarze Bereich im Regler kennzeichnet den Filmausschnitt, der unter Festhalten der <Umschalt>-Taste zum Kopieren selektiert ist.

Achten Sie darauf, daß das Fenster groß genug für Ihr Filmformat gewählt ist, sonst sehen Sie eventuell nur den zentralen Teil des Films. Dieser wird nämlich (unabhängig von einer eventuell im Informationsdialog für den QuickTime-Darsteller gewählten Option „Skalieren") im QuickTime-Fenster nicht skaliert, sondern einfach an der Fenstergrenze abgeschnitten.

Leider gibt es in Director 7 keine einfache Möglichkeit mehr, das QuickTime-Fenster auf die Maße des QuickTime-Films zurückstellen.

Durch Festhalten der <Umschalt>-Taste und Ziehen der Maus im Schieberegler lassen sich Sequenzen eines Films markieren, ausschneiden und in andere Programme einsetzen. Das Einsetzen einer solchen Sequenz als neuer Director-Darsteller funktioniert leider nicht mehr. Es wird nur noch ein Einzelbild eingesetzt. In früheren Director-Versionen wurde dabei eine neue Filmdatei auf der Festplatte angelegt, mit der der Darsteller verknüpft war, damit war also sogar ein einfaches Zuschneiden eines Videos möglich.

Um einen QuickTime-Film vollständig zu sehen, muß sich der Director-Abspielkopf während der gesamten Spielzeit des Films im Bereich des QuickTime-Sprites befinden. Dieses muß also entweder die korrekte Länge haben, oder der Abspielkopf muß im Sprite festgehalten werden (→ Kapitel 8.3).

6.10 Das Fenster Farbpaletten

⌘ ⌥ 7

Das Fenster »Farbpaletten« wird durch <Befehl><Wahl>7, durch Doppelklick auf »Vordergrund- & Hindergrundfarben« im Menü »Malen« oder über die Menüleiste mit »Fenster:Farbpaletten« ein- und ausgeblendet.

Spezifische Farbpaletten werden z. B. für folgende Aufgaben eingesetzt:

- Optimale Darstellung von Bildern bei nur 256 Farben

- Abblendungen durch Änderung der Farbpalette auf weiß oder schwarz

- Animationen durch Änderung der Farbpalette

Die in erster Linie bei Vollbildern eingesetzte Technik zur verbesserten Darstellung bei 256 Farben nutzt die Tatsache aus, daß in einem Bild gewöhnlich nicht alle Farben in gleichem Maße benützt werden. Beispielsweise wird ein Bild von einem Herbstwald natürlich viele Rot-, Gelb- und Grüntöne benötigen, kaum

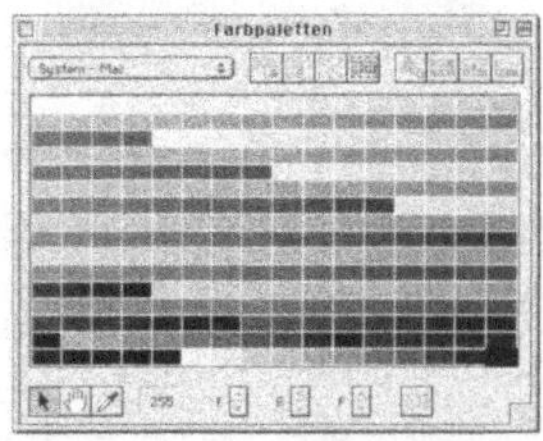

Das Fenster »Farbpaletten«

jedoch Abstufungen von Blau. Bei den meisten Videokarten können nun die 256 gleichzeitig darstellbaren Farben beliebig aus den 16,7 Millionen denkbaren Farben gewählt werden, die sich aus je 256 Abstufungen der Grundfarben Rot, Grün und Blau ergeben. Durch optimale Wahl der verwendeten Farben, also einer spezifischen Farbpalette, kann eine sehr viel bessere Darstellung erreicht werden, als dies bei Verwendung immer derselben Farben für alle Bilder möglich wäre. Wenn veränderte Farbpaletten bei anderen als Vollbildern zum Einsatz kommen, tritt das Problem auf, daß auch die Farben anderer Objekte auf dem Bildschirm mit beeinflußt werden. Es ist daher erforderlich, einen Teil der 256 Farben fest für diese Objekte (Text, Tasten etc.) zu reservieren und nur die restlichen Farben optimal anzupassen.

Achten Sie möglichst bereits bei der Erstellung darauf, daß Ihre Bilder keine absolut weißen Stellen enthalten. Da Weiß in der Farbpalette nicht verändert werden kann, treten damit bei Überblendungen immer wieder häßliche Artefakte auf. Reduzieren Sie einfach die Helligkeit des Bildes ein klein wenig, um die weißen Stellen hellgrau zu machen.

Eine Möglichkeit, optimale Farbpaletten zu erzeugen, die weniger als 256 Farben benutzen, besteht darin, das meist ursprünglich vorliegende RGB-Bild mit dem Programm Photoshop in den Modus »Indizierte Farben...« zu schalten.

Wählen Sie dabei für die Farbtiefe das Auswahlfeld »Andere...«, und geben Sie die gewünschte Farbanzahl ein. Von den 256 zur Verfügung stehenden Farben fallen Schwarz und Weiß in jedem Fall weg. Sie müssen nun die Farben aller Elemente des Benutzerinterfaces (Trennlinien, Bildrähmchen, Tasten, Hintergrund etc.) abziehen. Sinnvollerweise beschränkt man sich dabei auf möglichst wenige Farben; je mehr Farben Sie für die Darstellung des eigentlichen Bildes benutzen können, desto besser wird die Bilddarstellung. Meist, insbesondere bei Fotos, ist es günstiger, bei »Dither« die Option »Diffusion« zu wählen. Wenn im Bild allerdings viele gleichmäßige Farbflächen und wenig Übergänge vorhanden sind, kann die Einstellung »Kein« vorteilhafter sein. Beachten Sie bitte auch, daß „geditherte" Bilder in jedem Fall viel schlechter komprimierbar sind.

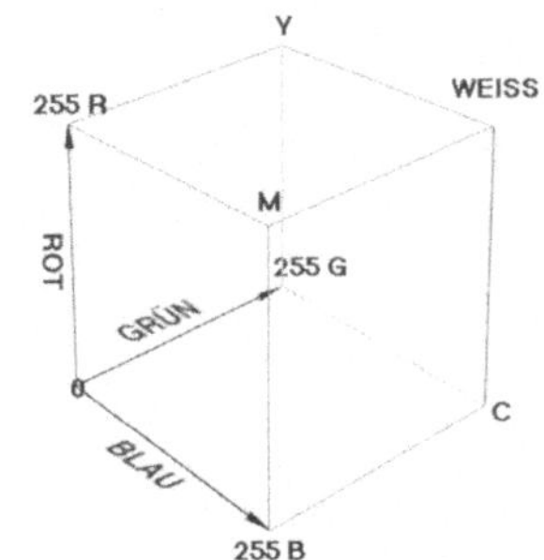

Der volle RGB-Farbraum – Jede Farbe kann als Punkt mit den drei Koordinaten für Rot, Grün und Blau dargestellt werden.

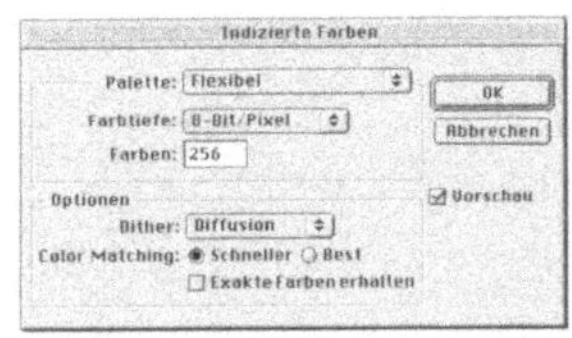

Erstellen einer Farbpalette mit einer bestimmten Farbenanzahl in Photoshop

Speichern Sie das Bild von Photoshop aus als PICT und importieren Sie es dann in Director. Wählen Sie die Option »Palette in Besetzung installieren«. Sie können die Palette nun im Palettenfenster aufrufen und die noch freigebliebenen Farben durch Doppelklick auf die Farbwerte der Elemente Ihres Benutzerinterfaces einstellen. Sie können Farben auch zwischen zwei Paletten durch »Kopieren« und »Einsetzen« transportieren.

6.11 Das Fenster Skript

⌘ 0

Das Fenster vom Typ »Skript« wird durch < Befehl > 0 ein- und ausgeblendet.

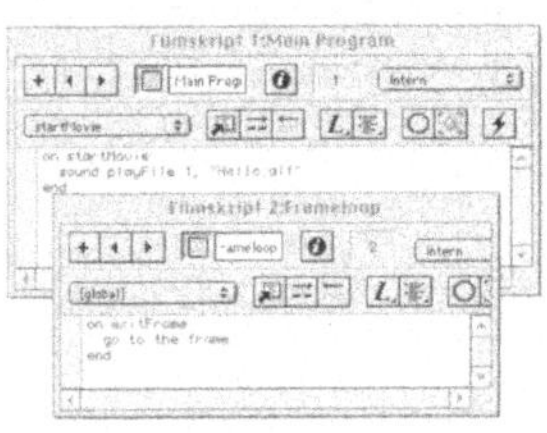

Mehrere Skriptfenster mit Lingo-Programmtext

Sie können das Fenster »Skript« mit Hilfe des Menüpunkts »Fenster:Neues Fenster« einfach duplizieren und darin über die Pfeiltasten der Tastenleiste des Fensters ein anderes Skript anzeigen. Dies ist insbesondere nützlich, um die Zusammenarbeit mehrerer Skripte zu verfolgen.

Jedes dieser Fenster ist ein sogenannter „Editor" für Lingo-Programme. Darin schreiben Sie die für Ihr Programm erforderlichen Befehle in der Sprache Lingo. Einige wenige Lingo-Ausdrücke haben Sie bereits in diesem Buch kennengelernt. Zum Erlernen der kompletten Programmiersprache Lingo müssen wir auf weitergehende Literatur ([8]) verweisen.

In der Titelleiste der Skriptfenster erscheinen die Skriptart und die Darstellernummer sowie ggf. der Darstellername, den das Skript im Besetzungsfenster hat. Bildskripte und Spriteskripte sind unter ihrem Oberbegriff „Drehbuchskript" zusammengefaßt.

Mit Hilfe der Pfeiltasten in der Tastenleiste wird zwischen den einzelnen Skriptdarstellern des Besetzungsfensters gewechselt. Aber nicht nur die explizit im Besetzungsfenster erscheinenden Filmskripte und Drehbuchskripte (Bild- und Spriteskripte) erscheinen beim Blättern, sondern ebenso die Darstellerskripte, die nur an der Markierung in der linken unteren Ecke der Darsteller-Piktogramme zu erkennen sind.

Die eingegebenen Befehlszeilen werden im Skriptfenster automatisch formatiert, d. h., bedingte Anweisungen werden eingerückt, wie es bei Programmiersprachen zur besseren Übersicht üblich ist. Abhängig von den Einstellungen im Dialog »Datei:Voreinstellungen:Skript...« kann Director den eingegebenen Skripttext auch selbständig farblich auszeichnen, was der Übersichtlichkeit sehr zugute kommt. Wollen Sie die Textfarbe, Schriftgröße etc. selbst bestimmen, müssen Sie die Automatik abschalten. Eine durchgängige und konsistente Formatierung manuell zu erstellen und bei allen Ergänzungen zu erhalten, erfordert aber so viel Disziplin, daß wir eher die Automatik empfehlen.

Und hier noch eine nützliche Abkürzung: Die vielbenutzte Tastenkombination <Befehl><Umschalt>U öffnet ein Skriptfenster und zeigt darin das erste Filmskript der Besetzung an. Wenn noch kein Filmskript existiert, wird ein neues erzeugt.

⌘ ⇧ U

6.12 Das Fenster Nachricht

Das Fenster »« wird durch <Befehl>M (engl.: Message) ein- und ausgeblendet.

⌘ M

Sie können das Fenster »Nachricht« dazu verwenden, direkte Befehle an den Lingo-Interpreter, die Programmiersprache von Director, zu geben. Nützlich ist insbesondere, die aktuellen Werte von Variablen abzufragen oder den Programmablauf anhand von Kontrollausdrucken an verschiedenen Programmpunkten zu verfolgen.

Das Fenster »Nachricht«

6.13 Die Palette Schub

Die Palette »Schub«, erreichbar über <Befehl><Umschalt>K oder » Modifizieren:Schub...«, dient dazu, die im Fenster »Drehbuch« aktivierten Sprites exakt auf der Bühne zu verschieben. Zunächst wird mit der Maus im linken Feld oder durch zahlenmäßige Eingabe im rechten Feld die gewünschte Schubrichtung und -distanz gewählt, dann das Sprite durch die Taste »Schub« jeweils um den eingestellten Betrag bewegt. Besonders im Zusammenhang mit Animationen (→ Kapitel 7) stellt dies eine gute Alternative zum freien Verschieben mit der Maus oder zum Verschieben um Einzelpixel mit Hilfe der Pfeiltasten auf der Tastatur dar.

⌘ ⇧ K

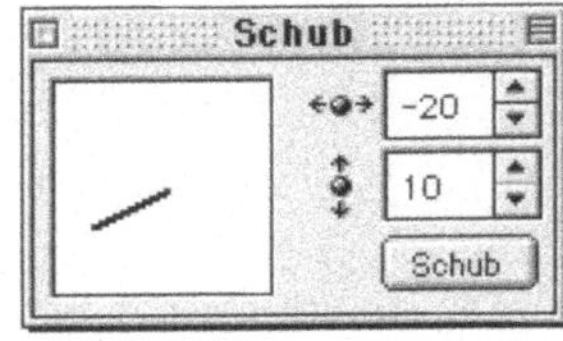

Die Palette »Schub«

215

6.14   Das Fenster Markierungen

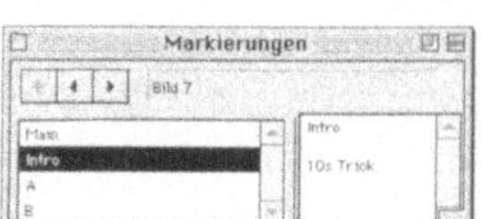

Das Fenster »Markierungen«

In diesem Fenster kann zu jeder Marke (→ Kapitel 6.4) ein kurzer Text zur Dokumentation eingegeben und später wieder gelesen werden.

6.15   Das Fenster Debugger

Dieses Fenster stellt für den Programmierer eine absolute Notwendigkeit dar. Im Debugger-Fenster können Sie Lingo-Prozeduren bei der Abarbeitung beobachten, Haltepunkte in Prozeduren setzen, problematische Stellen schrittweise durchgehen und sich jeweils die aktuellen Werte von Variablen ansehen. Der Debugger ist erst in Zusammenhang mit Lingo-Prozeduren sinnvoll.

6.16   Das Fenster Watcher

Während schon im Debugger-Fenster die Werte aller Variablen der aktuellen Prozedur angezeigt werden, ist die Verfolgung einzelner Variablen oder Ausdrücke beim Testen eines Programms über einen längeren Zeitraum im Watcher-Fenster noch bequemer möglich. Auch für dieses Fenster gilt, daß es erst in Zusammenhang mit komplexeren Lingo-Prozeduren interessant ist und daher im Lingo-Buch [1] beschrieben wird.

6.17   Das Fenster Vektorform

⌘ ⇧ V

Das Fenster »Vektorform« wird durch < Befehl > < Umschalt > V ein- und ausgeblendet. Ebenso kann es durch einen Doppelklick auf einen Vektorform-Darsteller im Besetzungsfenster oder auf das Sprite eines solchen Darstellers auf der Bühne geöffnet werden.

Vektorformen sind Director-Darsteller, die ähnlich wie importierte Formdarsteller oder importierte PICT- oder -Flash-Grafiken nicht auf Rasterpunkten, sondern auf einer mathematischen Kurvenbeschreibung basieren. Aus diesem Grund stehen im Fenster »Vektorform« auch etwas andere Werkzeuge zur Verfügung, als im Malfenster. Wer sich in Vektorzeichenprogrammen wie Illustrator oder FreeHand auskennt, wird sich schnell zu Hause fühlen.

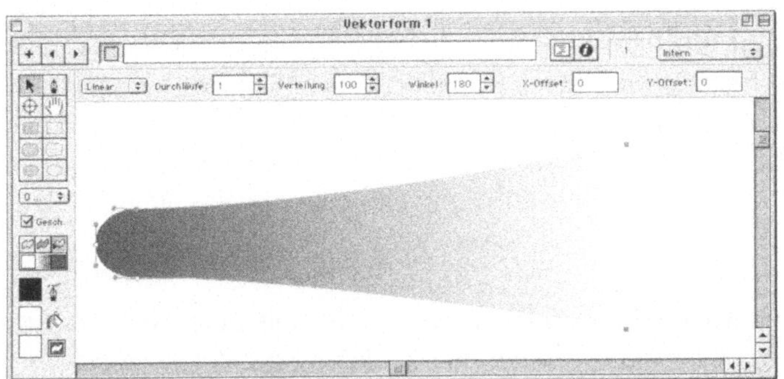

Das Fenster »Vektorform«

Der Pfeil

Der Pfeil ist ein charakteristisches Vektor-Werkzeug und dient zum Aktivieren und zum Bewegen von Vektorpunkten. Sie können das Objekt allerdings im Fenster »Vektorform« nicht auf der Fläche oder an einer Kurve anfassen und auch die Punkte nur dann bewegen, wenn der Mauszeiger in dessen nächster Umgebung als weißer Pfeil dargestellt ist.

Wird ein vorhandener Punkt mit dem Pfeilcursor angeklickt, erhält dieser einen Rand und es erscheinen zwei Tangentenstücke, die den Kurvenverlauf in der Nähe des Punktes bzw. den Knickwinkel festlegen. Um die Kurve an einem Punkt gezielt abzuknicken oder einen Knickwinkel zu verändern, können Sie die Enden der Tangentenstücke bei gedrückter <Befehl>-Taste bewegen. Bei gedrückter <Umschalt> -Taste können auch mehrere Punkte hintereinander angeklickt und dadurch aktiviert werden. Sie werden dann gemeinsam bewegt, die Verbindungen zu den restlichen Kurvenpunkten passen sich den Bewegungen sauber an. Sollen an einem Knickpunkt Tangentenstücke angebracht werden, so können diese bei gedrückter <Wahl>-Taste mit dem Pfeil „aus" dem Punkt herausgezogen werden.

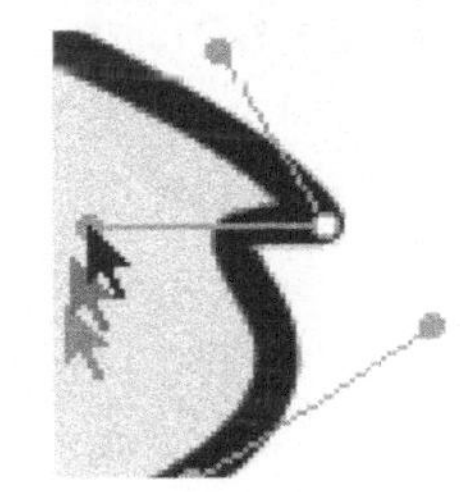

Die Zeichenfeder

Mit der Zeichenfeder, ebenfalls einem ganz typischen Vektor-Werkzeug, können sowohl Polygone als auch weiche Kurvenverläufe gezeichnet werden. Welche Funktion ausgeführt wird, hängt davon ab, ob Sie mit der Maus nur auf eine Stelle klicken (so entsteht ein Knickpunkt) oder ob Sie die Maus bei gedrückter

Maustaste bewegen. Im zweiten Fall entsteht ein mehr oder weniger langes Tangentenstück, das die Richtung und Krümmung in der Nähe des neuen Punktes festlegt. Knickpunkte sind durch kleine Quadrate markiert, kleine Kreise stellen Kurvenpunkte dar. Die Krümmung der Kurve ist um so flacher, je weiter die Maus mit gedrückter Taste bewegt wird.

Einmal erzeugte Kurvenzüge können mit dem Pfeilwerkzeug (s. o.) verändert werden. Bei Plazierung der Zeichenfeder über einer Kurvenlinie wird der Einfügecursor angezeigt, dort lassen sich Knickpunkte oder Kurvenpunkte hinzufügen. Überflüssige Punkte werden durch die Löschtaste wieder entfernt.

Vektorformen haben eine wichtige Einschränkung: In jedem Vektorform-Darsteller existiert nur ein einziger Kurvenzug. Kompliziertere Objekte müssen also aus mehreren übereinander angeordneten Vektorsprites zusammengesetzt werden. Oft ist es in solchen Fällen günstiger, die Zeichnung in FreeHand anzulegen und über das Flash-Format zu importieren (beide Lösungen haben die gleiche hervorragende Darstellungsqualität durch Kantenglättung).

Vektorform-Darsteller besitzen aber auch eine Qualität, die nur diesem Darstellertyp zu eigen ist: Sie können durch Lingo-Skripte automatisch aus Daten generiert werden. Sowohl die Punkte als auch die Tangentenendpunkte lassen sich rechnerisch positionieren, zumindest bei Polygonen ist dies auch mit verhältnismäßig wenig Aufwand zu machen. Es können also z. B. Meßkurven- oder Kreisdiagramme zur Laufzeit aus aktuellen Daten erzeugt werden.

Ein Tip: Wenn Sie kompliziertere Objekte mit Vektorformen gestalten wollen, nutzen Sie einfach die Möglichkeiten aus, die Director mit einer Filmschleife bietet. Dazu werden mehrere Vektorform-Sprites in einem Bild auf der Bühne so übereinandergelegt, daß sie dem darzustellenden Gesamtobjekt entsprechen. Sie markieren dann die Sprites im Drehbuchfenster und wählen »Bearbeiten:Sprites kopieren«. Aktivieren Sie nun ein Besetzungsfenster und wählen Sie »Bearbeiten:Sprites einsetzen«. Geben Sie der neuen Filmschleife einen Namen. Sie benötigen die Sprites auf der Bühne nun nicht mehr und können das neue komplexe Objekt als einzelnen Darsteller verwenden.

Das Registrierpunkt-Werkzeug

Ähnlich wie Bitmaps im Fenster »Malen« besitzen auch Vektorform-Darsteller einen Registrierpunkt, das ist der Punkt, der bei einer Abfrage der Bühnenposition mittels Lingo (`the loc of sprite`) zurückgemeldet wird. Über das nebenstehende Werkzeug kann der Registrierpunkt an beliebiger Stelle des Kurvenzugs oder sogar irgendwo außerhalb von diesem plaziert werden. Ein Doppelklick auf das Registrierpunkt-Werkzeug setzt den Punkt auf das Zentrum des Vektorform-Darstellers zurück.

Die Hand

Das Werkzeug »Hand« dient zum Verschieben des Bildes im Vektorform-Zeichenfenster. Beachten Sie bitte, daß dadurch keine Änderungen am Darsteller erfolgen. Auch wenn sich Sprites des Darstellers auf der Bühne befinden, ändern sie ihre Position nicht, wenn das Bild des Darstellers im Fenster mit der »Hand« verschoben wird.

Grafische Grundobjekte

Diese Zeichenwerkzeuge für die Grundformen Rechteck, abgerundetes Rechteck und Oval stehen jeweils in einer gefüllten und in einer Konturvariante zur Verfügung. Hält man während des Zeichnens die Taste <Umschalt> gedrückt, werden rechteckige Formen zu Quadraten und Ovale zu Kreisen. Die so entstandenen Formen lassen sich durch die Pfeil- und Zeichenfederwerkzeuge verändern. Nachdem ein Objekt angelegt wurde, sind die Werkzeuge inaktiv, da ja nur ein einziger Kurvenzug im Vektorform-Fenster gezeichnet werden kann.

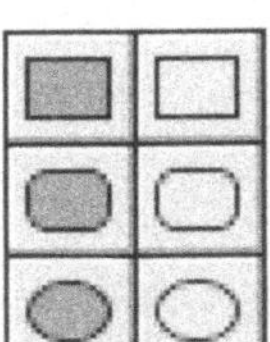

Strichstärke-Menü

Das Popup-Menü beeinflußt die Strichstärke umrandeter Flächen und offener Linienzüge. Sie sehen die Auswirkungen einer Umstellung natürlich nur dann deutlich, wenn die Linienfarbe nicht mit der Füllfarbe oder Hintergrundfarbe übereinstimmt.

Unabhängig davon, wie ein Kurvenzug gezeichnet wurde, besitzt er immer einen Anfangs- und einen Endpunkt. Sollen diese beiden Punkte auch durch ein Liniensegment verbunden sein, muß die Option „Gesch." (geschlossen) angewählt sein.

Füllung

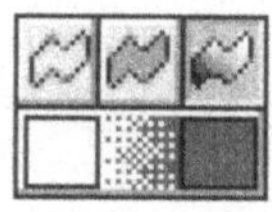

Über die obere Dreiergruppe von Schaltflächen wird festgelegt, ob das Vektorform-Objekt nur als Kontur angezeigt oder mit einer Farbe oder einem Verlauf gefüllt wird. Die Schaltflächen sind nur aktiv, wenn die Kontur geschlossen ist. Im Falle eines Farbverlaufs entsteht ein Übergang von der aktiven Füllfarbe, die im linken Feld (und neben dem Farbeimer) dargestellt ist, zur Verlaufsendfarbe im rechten Feld. Auch ein linearer Verlauf im Objekt geht bei eingestelltem Verlaufswinkel von 0° von links nach rechts.

Strich und Flächenfarben

Die Farbe der Kontur ist in dem Feld links neben der Zeichenfeder einzustellen, sie wirkt sich natürlich nur aus, wenn man nicht vergessen hat, eine Strichstärke >0 anzugeben. Die Flächenfarbe neben dem Farbeimer-Symbol ist identisch mit der Startfarbe des Verlaufs. Das Feld neben dem darunterliegenden Symbol erlaubt auch die Festlegung einer Hintergrundfarbe, die auf der rechteckigen Spritefläche außerhalb der Objektkonturen angezeigt wird, wenn das Sprite nicht den Farbeffekt »Transparent« oder »Hintergrund transparent« hat.

Art des Farbverlaufs

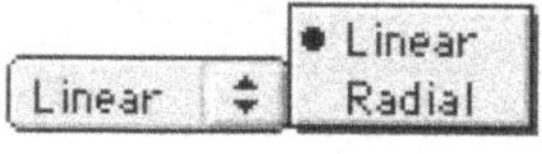

Am oberen Fensterrand läßt sich die Art des Verlaufs näher spezifizieren. Über ein Popup-Menü kann zwischen linearem und radialem Verlauf gewählt werden. Der radiale eignet sich zur Herstellung einigermaßen räumlich wirkender Kugeln, wenn die Startfarbe heller als die Endfarbe gewählt wird. Insbesondere durch Kombinationen der restlichen einstellbaren Parameter lassen sich ansehnliche Ergebnisse erreichen (siehe Randspalte).

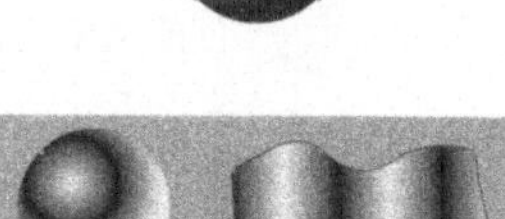

Allerdings können noch eindrucksvollere Verlaufseffekte in Zeichenprogrammen erzielt werden, die Verläufe über mehrere Zwischenfarben zulassen oder die dreidimensional arbeiten.

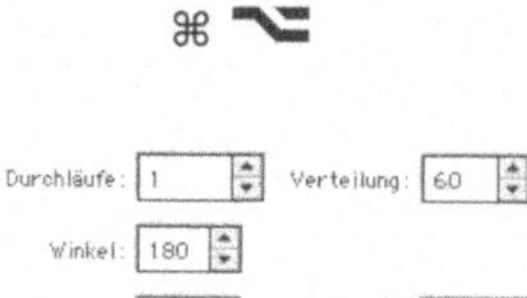

Sie können Vektorformen im Fenster skalieren, wenn Sie beim Ziehen mit der Maus die Tasten <Befehl> <Wahl> festhalten (die Strichstärke bleibt bei diesem Vorgang unverändert). Vektorformen können im Fenster nicht gedreht, gespiegelt oder verzerrt werden. Das ist aber auch gar nicht notwendig, schließlich kann das gesamte Sprite diesen Operationen ohne Qualitätsverlust unterworfen werden.

Die Schaltfläche „Optionen" im Informationsdialog (<Befehl> I) eines Vektorform-Darstellers bringt noch eine Menge Varianten für das Verhalten des Darstellers bei Skalierungen zutage, von denen sich einige, insbesondere bei gedrehten und verzerrten Vektorformen als sehr unübersichtlich erweisen und die Handhabung nicht eben erleichtern.

⌘ I

Die am häufigsten benötigten sind im folgenden aufgeführt:

„Alle einblenden" verkleinert die Vektorform in x- und y-Richtung gleichmässig, so daß alle Teile in der Spritefläche sichtbar werden (d.h., es werden beide Achsen gleichermaßen nach dem extremeren der beiden Skalierungsfaktoren für x- und y-Richtung skaliert). In gewisser Weise ist „Kein Rahmen" gerade die Umkehrung hiervon, beide Achsen werden gleichmäßig um den kleineren Faktor skaliert, in einer Richtung wird deshalb normalerweise etwas abgeschnitten, während in der anderen Richtung auf die Spritegrenze skaliert wird. „Genaue Anpassung" bewirkt hingegen eine ungleichmäßige Skalierung in beiden Richtungen, die verzerrte Vektorform füllt das Sprite gerade aus. „Auto-Größe" verhält sich in vielen Fällen exakt gleich wie „Genaue Anpassung". „Nicht anpassen" läßt zu, daß Teile des Darstellers über den Rand des Sprites hinausragen und in der Darstellung abgeschnitten werden.

Alle einblenden
Kein Rahmen
Genaue Anpassung
Auto-Größe
✓ Nicht anpassen

Optionen im Informationsdialog
für Vektorform-Darsteller

7

Animation

7 Animation

Echte Animationen sollten nicht verwechselt werden mit den Übergangseffekten zwischen statischen Bildern, wie sie in Kapitel 6 behandelt wurden. Oft können auch Übergänge den Eindruck von Bewegung vermitteln, insbesondere dann, wenn der Übergangsbereich auf die Fläche eines geänderten Objekts beschränkt wird und nicht die gesamte Bühne betrifft. Diese Übergänge spielen sich jedoch „zwischen" zwei Bildern (Frames) ab und können gerade aus diesem Grund auch nicht ohne weiteres in Einzelbildaufzeichnungen erfaßt werden. Unter Animation im engeren Sinne wollen wir im folgenden die Fälle verstehen, bei denen der Bewegungseindruck entweder durch Veränderungen in aufeinanderfolgenden Bildern (Frames) oder durch Veränderung des dargestellten Bildinhaltes in einem Sprite entsteht. Solche Animationen sind die typische Domäne von Director. Wohl kein anderes Programm bietet hier so reichhaltige Möglichkeiten für Aufzeichnung, Steuerung und Wiedergabe. Um die Animationsmöglichkeiten von Director besser zu verstehen, wollen wir zunächst die Animationen nach ihrer Raumwirkung und nach ihrer Steuerbarkeit untersuchen. Wir werden die eigentlichen Animationstechniken ab Kapitel 7.3 ausführlich kennenlernen.

7.1 Raumwirkung von Animationen

Obwohl natürlich heute (abgesehen von Techniken mit Stereobrillen) alle Dinge auf einem Bildschirm in Wirklichkeit flach, d. h. zweidimensional sind, kann eine Raumwirkung bereits im Einzelbild (Perspektive, Schatten etc.) erreicht werden.

7.1.1 2D-Animation

Die genaue Abgrenzung zwischen reinen 2D-Animationen und 3D-Animationen ist relativ schwierig zu treffen. Heute werden (vielleicht als Modeerscheinung) in sehr vielen Fällen 3D-Wirkungen auch in Animationen eingesetzt, die eigentlich noch als eher „flach" zu bezeichnen sind. Die Rede ist hier z. B. von Effekten wie einem animiertem Lauftext, der einen Schatten auf den Hintergrund wirft, oder einer aufzoomenden Grafik. In bestimmten Fällen wie Comic-Animationen wird gezielt auf eine reine 2D-Wirkung gesetzt. Häufig aber wird versucht, einen verstärkten Raumeffekt

Perspektivischer Hintergrund

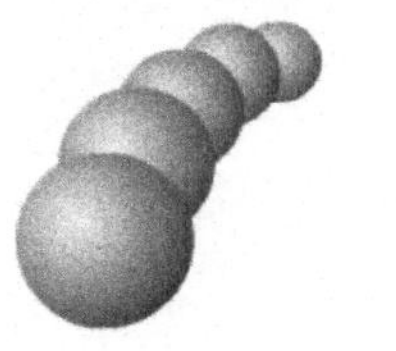

Skalieren

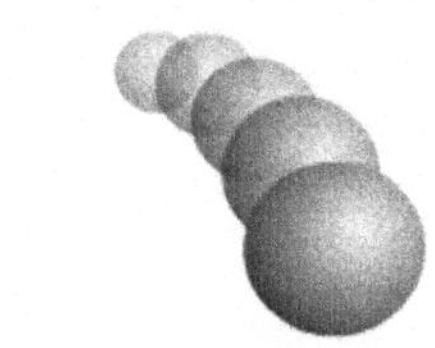

Teiltransparenz

Schattenwurf

zu erreichen. Wir wollen in diesen Fällen von „Pseudo-3D-Animationen" sprechen. Um die dreidimensionale Wirkung zu erreichen, werden vor allem folgende Tricks, einzeln oder in Kombination, eingesetzt:

- Der Hintergrund ist perspektivisch gezeichnet oder fotografiert.

- Objekte werden während der Bewegung skaliert und scheinen sich so in der Tiefe zu bewegen.

- Die Transparenz der Objekte wird während der Bewegung verändert, und sie scheinen sich daher in der Tiefe zu bewegen.

- Darsteller haben einen eigenen Schattendarsteller, dessen Sprite sich wie ein echter Schatten hinter dem Sprite des Darstellers bewegt. Insbesondere unter Nutzung der Alphakanäle können so sehr realistische Raumwirkungen erzielt werden.

- Objekte werden durch „davor" liegende Sprites verdeckt. Besonders effektvoll wirken diese Animationen, wenn mehrere Ebenen zum Einsatz kommen, die sich bei der Animation auch entsprechend der Perspektive abhängig von ihrer Entfernung verschieden schnell bewegen (z. B. Bäume oder Säulen).

- Hintergründe, vor denen sich Objekte bewegen, werden weichgezeichnet, um eine Tiefenunschärfe zu simulieren.

7.1.2 3D-Animation

Man findet heute zunehmend mehr Animationen mit perfekter 3D-Raumwirkung. Für gewöhnlich aber werden die Szenen für solche Animationen in 3D-Programmen wie Cinema 4D, 3D Studio Max oder Light Wave erstellt und als Einzelbilder oder als QuickTime-Film (bzw. auf Windows evtl. als AVI-Film) in Director eingefügt. Die perfekte Wirkung wird hier durch Raytracing-Algorithmen erreicht, bei denen die einzelnen Strahlverläufe vom „Auge" des Betrachters aus exakt nachgerechnet werden.

Genauer betrachtet unterscheiden sich echte 3D-Animationen von Pseudo-3D dadurch, daß die animierten Objekte zumindest in ihren

Erzeugungsprogrammen tatsächlich in x-, y- und z-Koordinaten definiert sind sowie mit Materialeigenschaften ausgestattet und beleuchtet werden können. Die Bewegung eines solchen Objekts und/oder die Betrachtungsrichtung wird im dreidimensionalen Raum definiert. Abhängig von der Qualität der verwendeten Programme entstehen oft sehr gute, realistisch anmutende Szenen mit echter Perspektive, Lichtbrechung und Schatten. In vielen Fällen wird die 3D-Szene mit einem Programm, dem sogenannten „Modeler", gestaltet und definiert, während ein anderes Programm, der sogenannte „Renderer", die realistische Darstellung besorgt. Der Renderer bildet also die 3D-Szene als möglichst realistisches 2D-Bild ab. Soll ein ganzer Film erstellt werden, muß natürlich automatisch eine ganze Serie von 2D-Bildern aus einer im Modeler festgelegten Bewegung gerendert werden. 3D-Programme fassen die Funktionen des Modellierens und Renderns in einer Applikation zusammen. Gute 3D-Programme sind heute häufig preislich schon erschwinglich, aber in vielen Fällen alles andere als leicht zu bedienen.

Gegenstände als 3D-Simulation erstellt, eingebunden in Director als Digital-Video

Die bisherigen Betrachtungen beschränken sich auf das reine 3D-Aussehen der Animationen. Genau so wichtig ist allerdings die interaktive Steuerbarkeit. Prinzipiell können zur Steuerung der so erzeugten Szenen völlig unterschiedliche Techniken wie Einzelbildanimation, Spriteanimation, Lingo, Digital-Video, QTVR oder Xtras zum Einsatz kommen (s.u.).

7.2 Steuerung von Animationen

7.2.1 Eindimensionale Steuerung

Oft genügt schon eine eindimensionale Steuerung der Szene, es liegt dann technisch gesehen z. B. ein rollbares Bild, eine Bildsequenz oder ein gewöhnliches Digital-Video vor, das per Lingo oder über ein Verhalten vor- und zurückgesteuert werden kann. Die Anwendung einfacher QuickTime-Filme beschränkt sich natürlich nicht auf übliche Bewegungen wie Schwenks, Zooms oder zeitliche Abläufe in gewöhnlichen Filmen. Ebensogut kann eine Person unter korrekter Schattenwirkung aus einem Brunnenschacht gezogen und wieder darin versenkt werden, der Zeiger eines Meßinstruments kann sich bewegen, oder ein mikroskopisches Bild wird fokussiert.

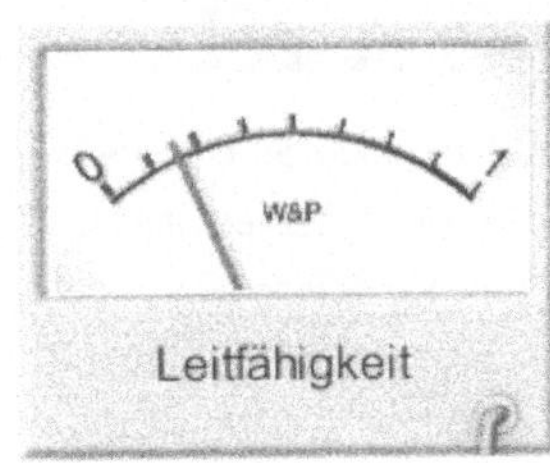

Meßinstrument, eingebunden in Director als Digital-Video (eindimensional steuerbar)

ÜBUNG

Importieren Sie die Beispieldatei »Hops.MOV« in einen neuen Director-Film. Öffnen Sie das Fenster »Digital-Video« und starten Sie den QuickTime-Film. Die Glühbirne Hops ist eine in „Shade" entwickelte und eingebundene eindimensional steuerbare 3D-Animation, die wir als „Maskottchen" in einem unserer Produkte einsetzten. Bitte speichern Sie den Film mit dem importierten Digital-Video unter dem Namen »DoHops.DIR«.

Technisch wichtig ist bei Digital-Videos, daß im Prinzip eine lineare Sequenz von vorgerenderten und nach bestimmten Kompressionsverfahren komprimiert gespeicherten Bildern vorliegt. Dabei werden (ähnlich wie in Director selbst) nur sogenannte „Keyframes" wirklich einzeln gespeichert, die restlichen Bilder werden nur als Differenz zum letzten Keyframe abgelegt. Szenen, bei denen sich nur wenig im Bild ändert, erreichen dadurch eine viel geringere Datenrate beim Abspielen. Wird ein Film allerdings per Lingo vor- und zurückgesteuert, sollte man mit der Anzahl der Keyframes nicht geizen; Ruckeln und Artefakte auf dem Bildschirm bei der Rückwärtssteuerung sind sonst oft die Folge.

7.2.2 Zweidimensionale Steuerung

Sind weitergehende 3D-Fähigkeiten von Director aus gefragt, so kann wiederum eine QuickTime-Technologie zum Einsatz kommen. Bei QTVR (QuickTime VR) ist die Steuerung von 3D-Szenen aus einem Lingo-Programm heraus in zwei Dimensionen möglich. Man unterscheidet Panorama-QTVRs, bei denen sich der Benutzer nach allen Seiten in einer Szene umschauen kann, und Objekt-QTVRs, bei denen ein Objekt von allen Seiten betrachtet werden kann. Eine solche Einheit wird auch als Knoten (engl.: Node) bezeichnet. Gewöhnlich sind Panorama-QTVRs angenehm kompakt, da dabei jede Ansicht aus einem einzigen großen Rundum-Bild errechnet wird. Objekt-QTVRs hingegen benötigen normalerweise viele Megabytes, da sie eine große Menge von Bildern enthalten müssen, die das Objekt von allen Seiten zeigen. Ansichten aus Zwischenwinkeln können nämlich in diesem Fall aus logischen Gründen nicht aus vorhandenen Basisansichten berechnet werden. Viele 3D-Programme (z.B. Cinema 4D, 3D Studio Max oder Bryce) erlauben heute direkten Export von QTVR-Szenen, die dann leicht in Director eingebunden werden können. Mit entsprechenden Entwicklungswerkzeugen lassen sich auch soge-

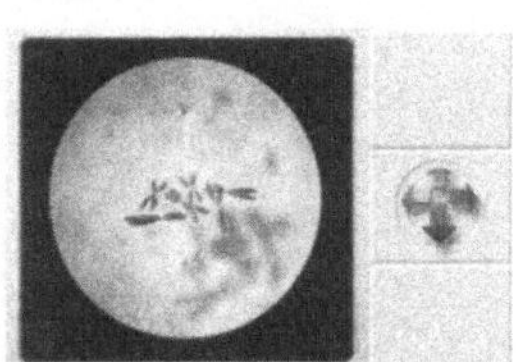
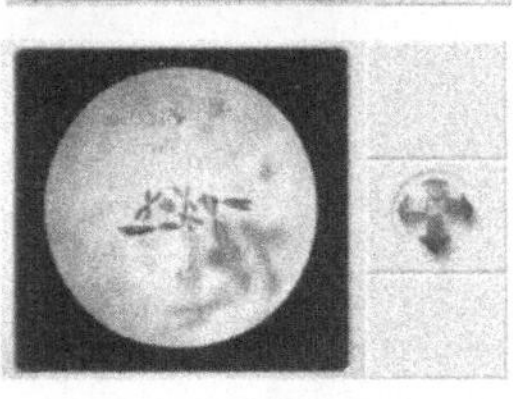

3D-Simulation der Mitosespindel in einem Zellkern mittels Objekt-QuickTimeVR (zweidimensional steuerbar)

nannte „Multinode"-QTVRs herstellen, die eine Navigation zwischen Knoten durch Klicken erlauben.

Importieren Sie den Beispiel-QTVR-Film »DOSE.MOV« in einen neuen Director-Film. Um die schönste Wirkung zu erzielen, stellen Sie die Bühnenfarbe am besten auf Schwarz (»Modifizieren: Film:Eigenschaften«). Ziehen Sie den QTVR-Darsteller auf die Bühne. Stellen Sie den Abspielmodus in der Palette »Steuerpult« auf »Schleife abspielen« und starten Sie den Director-Film. QTVR beinhaltet seine eigene Standard-Interaktivität. Sie können das Objekt mit der Maus anpacken und in verschiedene Raumrichtungen drehen.

ÜBUNG

7.2.3 Dreidimensionale Steuerung

Echte 3D-Animationen sind in Director allein leider nicht zu machen. Es gibt aber verschiedene Xtras, um echte 3D-Animationen in Director einzubinden.

Dabei übernehmen diese Xtras die Funktionen eines Renderes, und bilden so 3D-Szenen direkt interaktiv in Director ab. Das wohl bekannteste Xtra aus dieser Kategorie ist das Apple-Quick-Draw3D-Xtra, das Objekte im 3DMF-Format anzeigen und steuern kann. Auch von anderen Herstellern gibt es entsprechende Lösungen. Kennzeichen dieser Technik ist es, daß sie mit kompakten Dateien auskommt, denn es werden statt vorgerenderter Bilder nur die 3D-Daten benötigt. Die Kehrseite der Medaille liegt in einem enormen Bedarf an Rechenleistung, um eine Szene in Sekundenbruchteilen halbwegs realistisch zu rendern. Daher ist es auch nicht verwunderlich, daß normalerweise deutliche Abstriche bei der photorealistischen Darstellung gemacht werden müssen (es entfallen oft Transparenz, komplexe Beleuchtungen, Nebel etc.).

Über die aktuellsten Neuigkeiten in diesem Bereich können Sie sich auf der Macromedia-Homepage im Internet unter (http://www.macromedia.com) oder beim QuickTime-Hersteller Apple (http://www.apple.com) informieren.

7.3 Animieren mit Director

Die Erstellung von Trickfilmen mit Hilfe animierter Grafik gehört zu den ausgesprochenen Stärken von Director. Zunächst einige grundsätzliche Bemerkungen zu Animationen.

Nach der Art und Weise, in der die Illusion der Bewegung in Director technisch realisiert wird, lassen sich alle in diesem Kapitel behandelten Animationstechniken auf drei Varianten zurückführen:

Spritesequenzen – An derselben Stelle des Bildschirms oder eng benachbart werden in aufeinanderfolgenden Bildern (Frames) **unterschiedliche Darsteller** in einem Sprite angezeigt. Sie bilden z. B. mehrere Bewegungsphasen eines fliegenden Vogels ab. Ein Spezialfall dieser Technik liegt vor, wenn Vollbilder ausgetauscht werden, auf denen sich nur einige Details verändert haben. Diese Art zu animieren läßt sich am besten mit einem Daumenkino vergleichen.

Spritebewegungen – Das Sprite wird in aufeinanderfolgenden Bildern (Frames) an verschiedenen, meist nahe beieinanderliegenden Stellen angezeigt, skaliert, gedreht oder verformt. Unser visuelles System verschmilzt solche Änderungen, wenn sie schnell genug erfolgen, wiederum zu einer fließenden Bewegung, die geeignet ist, z. B. einen fallenden Stein, sich bewegende Gasteilchen oder sich drehende Windmühlenflügel zu simulieren.

Farbpaletten – Die Farben in einer Palette werden in einer Sequenz verändert, z. B. zyklisch durchlaufen, etwa um eine allmähliche Stimmungsänderung zu bewirken oder um einen Wasserfall darzustellen. In speziellen Fällen kann man auch **Farbpaletten verändern** bzw. austauschen, um damit absolut gleichzeitig an vielen verschiedenen Stellen des Bildschirms Änderungen zu bewirken. Mit Farbpaletten erreicht man auch ähnliche Effekte, wie man sie von den mit bewegten Farbscheiben arbeitenden Werbeaufstellern aus Schaufenstern kennt.

In diesem Kapitel werden wir die in Director verfügbaren Animationstechniken im einzelnen kennenlernen.

7.3.1 Pfadanimation

Diese vielleicht einfachste und mit Abstand am häufigsten verwendete Technik erstellt automatisch Zwischenstufen einer gegebenen Anfangs- und Endposition eines Darstellers oder sogar einer ganzen Szene aus mehreren Darstellern.

Die Eigenschaften (Position, Drehwinkel, Farben etc.) von Sprites werden von Director nur für bestimmte Zeitpunkte tatsächlich definiert. Diese Zeitpunkte werden als Schlüsselbilder (Keyframes) bezeichnet. Die Werte der Eigenschaften in allen dazwischenliegenden Bildern (Frames) werden durch Director errechnet. Dabei spricht man auch von Tweening. In diesem Sinne kann man sich ein Sprite wie eine Kurve (Pfad) vorstellen, die sich nicht nur im Raum, sondern auch durch die Zeit bewegt.

Ist im Menü »Ansicht:Sprite-Überlagerung« die Option »Pfade einblenden« gewählt, sind die Positionen des Sprites zu allen Zeiten auf der Bühne dargestellt. Jedes Bild (Frame) ist auf dem Pfad durch einen Punkt dargestellt.

Dabei ist der zeitliche Anfang der Bewegung durch einen grünen Punkt, das Ende durch einen roten Punkt gekennzeichnet. Die Position des Sprites in den Zwischenbildern ist durch die kleinen in der Farbe des Pfads abgebildeten Tickmarkierungen abgebildet. Schlüsselbilder sind durch einen größeren Punkt kenntlich gemacht. Das aktuelle Bild (dasjenige, in dem der Abspielkopf des Drehbuchs steht) ist blau hervorgehoben. Das Sprite selbst wird dort auch angezeigt.

Wann genau der Pfad zu den Sprites eingeblendet wird, läßt sich über »Ansicht:Sprite-Überlagerung:Einstellungen...« festlegen. „Rollover" blendet den Pfad des Sprites ein, das sich unter dem Mauszeiger befindet. Problematisch ist hier aber, daß die Schlüsselbilder nicht angeklickt werden können, die sich außerhalb der Spritefläche befinden. Zur normalen Arbeit ist die Einstellung „Auswahl" sinnvoller. Wenn es aber um die Bewegung mehrerer Sprites geht, die sich eventuell sogar zu bestimmten Zeiten treffen sollen, kommt oft die Einstellung „Alle Sprites" zur Anwendung.

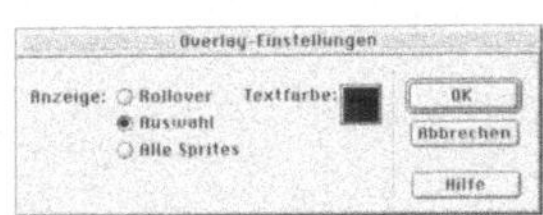

Einstellen der Overlay-Überlagerung

Manipulationen im Drehbuch

Die Schlüsselbilder sind auch im Drehbuchfenster als Kreise markiert. Soll die Bewegung räumlich gleichbleiben, aber der Zeitpunkt eines Schlüsselbildes verschoben werden, geschieht dies am besten durch Ziehen der Schlüsselbildmarkierung im Drehbuchkanal. Dies bewirkt eine Verschiebung der Geschwindigkeiten zwischen der Sequenz vor und hinter dem Schlüsselbild. Durch das Verlängern des Sprites im Drehbuch entstehen mehr Zwischenbilder und damit Tickmarkierungen auf dem Pfad. Sind mehrere Schlüsselbilder für das Sprite definiert, werden die dazwischenliegenden Sequenzen proportional mitskaliert. Soll nur die letzte bzw. erste Zwischensequenz von der Kontraktion oder Dehnung erfaßt werden, halten Sie die <Befehl>-Taste gedrückt, während Sie das End- bzw. Anfangsschlüsselbild verschieben. Je weniger Tickmarkierungen pro Länge eines Pfadsegments vorliegen, desto schneller spielt sich die Bewegung auf der Bühne ab.

Sprites zusammenfügen

Um mehrere Sprites, die im Drehbuch im selben Kanal in unterschiedlichen Bildern liegen, zusammenzufügen, müssen alle Sprites ausgewählt sein. Mit »Modifizieren:Sprites verbinden« oder <Befehl>j (engl.: join) werden mehrere Sprites zu einem Sprite, wobei aus jedem einzelnen Sprite jeweils ein Schlüsselbild wird.

Sprite-Eigenschaften einstellen

Die Sprite-Eigenschaften lassen sich über die Sprite-Symbolleiste im Drehbuchfenster oder den Sprite-Inspektor (<Befehl> <Wahl> S) für jedes Schlüsselbild einstellen.

Manipulationen auf der Bühne

Verschieben eines Pfads

An der Farbe des Pfads ist zu erkennen, welcher Teil des Sprites im Drehbuch ausgewählt ist (der ansonsten weiße Pfad wird hier gelb dargestellt). Ist das gesamte Sprite ausgewählt, wird beim Bewegen des Spriteabbilds mit der Maus der Pfad insgesamt auf der Bühne verschoben.

Zeitpunkt aktivieren

Soll schnell ein bestimmter Zeitpunkt der Bewegung aktiviert werden, hilft ein Doppelklick auf ein Schlüsselbild oder ein Doppelklick bei gedrückter <Wahl>-Taste auf eine Tickmarkierung. Um den Pfad des gesamten Sprites wieder auszuwählen, genügt ein einfacher Klick auf die Abbildung des Sprites.

Die Form des Pfads kann an allen Schlüsselbildern einfach durch Ziehen mit der Maus verändert werden.

Formänderung eines Pfads

Wollen Sie an der Tickmarkierung eines bewegten Sprites ein neues Schlüsselbild erzeugen, so halten Sie beim Verschieben die Taste <Wahl> gedrückt.

Schlüsselbilder erzeugen

Neben der Position lassen sich alle anderen Eigenschaften über den Sprite-Inspektor (<Befehl> <Wahl> S) für jedes Schlüsselbild einstellen. Ändert man eine Sprite-Eigenschaft an einer Tickmarkierung, so entsteht an dieser Stelle automatisch ein neues Schlüsselbild.

Sprite-Eigenschaften einstellen

Sprite-Tweening

Das über »Modifizieren:Sprite:Tweening...« (<Befehl> <Umschalt> B erreichbare Dialogfeld erlaubt weitergehende Kontrolle über die Interpolation der Zwischenbilder, z. B. eignet sich dieser Dialog hervorragend dazu, Sprünge in der Geschwindigkeit der Spriteänderungen zu glätten, die bei reiner Manipulation der Schlüsselbilder auf der Bühne leicht entstehen.

⌘ ⇧ B

Das Dialogfeld Sprite-Tweening

Die reine x-y-Bewegung eines Sprites wird bei ausgewählter Option „Pfad" angeglichen. Soll ein Sprite statt oder während der Bewegung auch andere Eigenschaften ändern, dürfen Sie nicht vergessen, die entsprechenden Optionsfelder zu markieren.

„Größe" erlaubt eine stufenlose Skalierung. „Drehung" erzeugt eine Rotation zwischen den Schlüsselbildern vom Anfangs- bis zum Endwert. Die Angaben sind keine relativen, sondern absolute Werte, d. h., eine Rotationssequenz kann durchaus über mehr als

Tweening-Eigenschaften

Pfad (Position)
Größe
Drehung
Neigung
Vordergrundfarbe
Hintergrundfarbe
Mischung

360° gehen. Beispielsweise entspricht eine Rotation von 0° bis 720° zwei vollen Umdrehungen im Uhrzeigersinn (also in mathematisch negativer Richtung). Übrigens: Auf Digital-Videos wirken sich Drehungen in der gegenwärtigen Director-Version nicht aus.

„Neigen" definiert eine sogenannte Scherung des Sprites. Es kann z. B. zur Verzerrung von Schrift zum Einsatz kommen.

Bei einer Änderung der **Vordergrund-** oder **Hintergrundfarbe** über Tweening werden während der Bewegung die RGB-Farben durchlaufen, die zwischen den Farben des Sprites in den jeweiligen Schlüsselbildern liegen.

Änderung der Opazität mit **„Mischung"** funktioniert sowohl für Bitmaps wie auch für Vektordarsteller, Flash-Darsteller und Formdarsteller. Sie hat allerdings z. B. bei Bitmaps eine Verlangsamung der Animation etwa um den Faktor 2 zur Folge.

Alle beschriebenen Eigenschaftsanpassungen außer „Mischung" funktionieren mit Felddarstellern überhaupt nicht, jedoch sehr gut mit Textdarstellern. Letztere können erstaunlicherweise sogar während eines Tweening-Vorgangs editiert werden.

Für Digital-Video-Darsteller kann die Option „Mischung" zwar auch eingestellt werden, sie wirkt sich aber hier nur dann sinnvoll aus, wenn die Option „Direkt auf Bühne" im Dialog »Modifizieren: Darsteller:Eigenschaften...« abgeschaltet ist. (Übrigens ist es sehr wohl auch möglich, über einem Digital-Video ein teiltransparentes Sprite mit Alphakanal zu legen, um so einen schönen „Schlüssellocheffekt zu erreichen".)

Der Schieberegler „Krümmung" legt fest, wie die Bewegung des Sprites zwischen seinen Schlüsselpositionen erfolgt. „Linear" erzeugt eine direkte Bewegung auf einer geraden Linie von Schlüsselbild zu Schlüsselbild. Die Stellungen „Normal" bis „Extrem" führen zu verstärkter Abrundung des Pfads.

Die Option „Kontinuierlich an Endpunkten" erlaubt zyklische Bewegungen wie z. B. Bahnbewegungen eines Planeten um die Sonne, indem die Bewegung zwischen Ende- und Anfangspunkt analog fortgeführt wird.

Mit Sprite-Tweening und der Option „Beschleunigen" bzw. „Abbremsen" erzeugte Bewegungssequenzen wirken natürlicher, da sie sich wie die Massenträgheit von Körpern auswirken (oder beschleunigt Ihr Auto in 0 Sekunden von 0 auf 100 km/h?). Die Angaben beziehen sich auf einen bestimmten Prozentsatz der Spritelänge und werden durch die beiden Auswahlmöglichkeiten für „Geschwindigkeit" modifiziert. „Starke Änderungen" erzeugen abruptere Übergänge zwischen den Geschwindigkeiten, „Weiche Änderungen" vermeiden dies.

Öffnen Sie den Film »Erdbahn.DIR«. Kürzen Sie das Sprite der Erde zunächst auf die Länge von nur einem Bild. Erzeugen Sie jetzt ein zweites Schlüsselbild, indem Sie das Sprite „Erde" mit gedrückter Taste <Wahl> im Drehbuchfenster um ein Bild nach rechts setzen. Positionieren Sie die Erde jetzt ganz rechts auf der Bahnkurve. Wiederholen Sie den Vorgang für die Position hinten und links, bis Sie beim fünften Schlüsselbild wieder vorne angekommen sind.

Ein Tip: Wenn Sie die Erde während dieses Vorgangs mit dem „%"-Popup-Menü halbtransparent machen, fällt die Positionierung viel leichter!

Öffnen Sie jetzt das Tweening-Fenster und aktivieren Sie die Option „Kontinuierlich an Endpunkten". Schieben Sie den Regler „Krümmung" etwas nach rechts über die Position „Normal" hinaus, bis die Kurve in etwa der Bahn entspricht. Schließen Sie den Dialog und positionieren Sie die Erde wenn notwendig nochmals nach. Beachten Sie, daß Director für die vier Bahnabschnitte unterschiedliche Anzahlen von Zwischenbildern verwendet. Wir müssen dies ausgleichen. Bewegen Sie dazu zunächst die Schlüsselbilder im Drehbuch auf die Bildpositionen 8, 15 und 22 (jeweils eins mehr als ein Viertel der Länge der Gesamtanimation von 28 Bildern). Wenn Sie die Animation probeweise ablaufen lassen, sehen Sie noch ein weiteres Problem: Die Erde hält in der vorderen Stellung kurz an. Dies rührt daher, daß wir die Endposition genau auf die Anfangsposition gesetzt haben, dazwischen aber eine Zeit liegt, die der Bildwiederholrate entspricht und deshalb auch im letzten Viertel nur fünf statt sechs Zwischenpositionen existieren. Wir müssen also die rot markierte Position des Sprites im Endbild noch auf den korrekten Punkt auf der Bahn links vom Anfangsbild setzen.

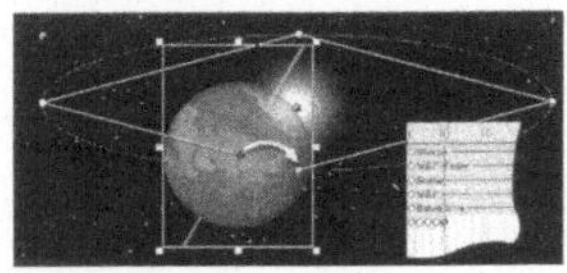

Positionieren der vier Bewegungsphasen mit fünf Schlüsselbildern

Nachpositionieren im letzten Bild

Stellen Sie die Abspielgeschwindigkeit im Steuerpult auf 30 Bilder/Sekunde. Die Animation läuft jetzt noch etwas zu schnell ab. Verlängern Sie daher alle Sprites auf 120 Bilder. Sie klicken dazu am besten zunächst in die erste Zelle des Kanals 1, rollen dann das Fenster nach rechts und klicken bei gedrückter <Umschalt>-Taste auf die Zelle in Bild 120 und Kanal 6. Die Tastenkombination <Befehl> <Umschalt> B verlängert nun die Animationssequenz. Danach müssen Sie die Position der Erde in Bild 120 nochmals etwas korrigieren. Schalten Sie ggf. das ganze Sprite wieder auf 100 % Opazität.

7.3.2 Darsteller in Kanal

Der Befehl »Modifizieren:Darsteller in Kanal« überträgt die im Fenster »Besetzung« ausgewählten Darsteller in den zuletzt aktivierten Kanal. Dabei wird jeweils ein Darsteller in ein aufeinanderfolgendes Bild (Frame) eingesetzt. Alle zusammen bilden ein Sprite, dessen Länge sich aus der Anzahl der ausgewählten Darsteller ergibt.

Diese Animationstechnik wird eingesetzt, wenn sich das Bild eines Objekts bei der Bewegung ändern muß und die proportionale und nichtproportionale Skalierungen, Drehungen und Neigungen von Sprites über Pfadanimation nicht ausreichen.

Es gibt nämlich viele Situationen, in denen mit verschiedenen Darstellern gearbeitet werden muß, wie z. B. die Flügelstellungen eines fliegenden Vogels. Zur Erstellung der einzelnen Bewegungsphasen können z. B. frei gemalte Bilder oder Fotos sich verändernder Objekte eingescannt werden. Eine andere Möglichkeit ist die freie Gestaltung einzelner Bewegungsphasen in Director selbst, die sehr durch die Palette »Zwiebelschichteneffekt« des Menüs »Ansicht« erleichtert wird. Sie macht es möglich, im geöffneten Malfenster vorhergehende und nachfolgende Darsteller oder einen Hintergrund gedimmt zu sehen.

Darsteller in Kanal

- ► Phasenbilder der Bewegung im Fenster »Malen« erstellen oder importieren

- ► Darsteller aktivieren

- ► Startbild und Kanal im Fenster »Drehbuch« festlegen

- ► »Besetzung:Darsteller in Kanal« wählen

Die Palette »Zwiebelschichteneffekt« ermöglicht es, Darsteller aufeinanderfolgender Bewegungsphasen gemeinsam zu sehen.

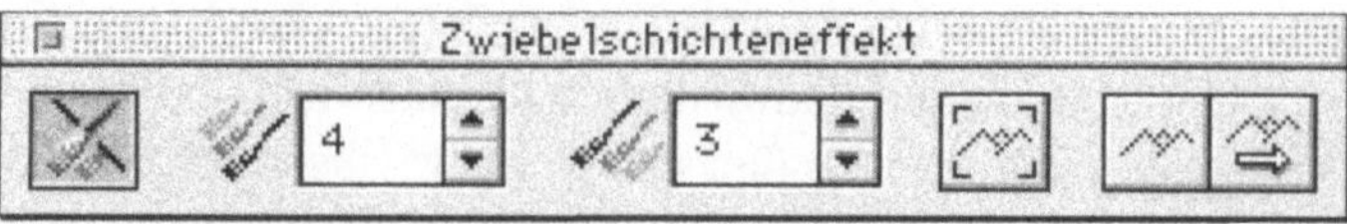

Leider aber hat dieses Vorgehen den Nachteil, daß das Malfenster kein Antialiasing unterstützt. In der Praxis wird man also wegen der besseren Qualität doch einzelne Ebenen von Photoshop zur Erstellung von Animationssequenzen nutzen.

Hierzu ein Tip: Legen Sie auf jede in Photoshop verwendete Ebene links oben und rechts unten einen kleinen Punkt, um das Begrenzungsrechteck des Darstellers festzulegen. Nach Übernahme in Director kann so eine individuelle Neupositionierung der Phasenbilder vermieden werden. Ähnlich wirkt sich die Verwendung des als Lite-Version mitgelieferten Xtras »Einfügen:Media Lab Media:Photocaster« aus, das nach Aktivierung der Option „Keep RegPoint" ebenfalls den Registrierpunkt entsprechend der Positionen auf den Photoshop-Ebenen setzt.

Bei komplexeren Problemen setzt man zum Erzeugen der einzelnen Darsteller je nach Aufgabenstellung oft spezielle Programme wie etwa Adobe Premiere oder ein 3D-Animationsprogramm ein.

Als Beispiel für die Übernahme externer Bilder einzelner Bewegungsphasen dient uns der kleine Film »STARK.DIR«. Die Einzelbilder wurden zum Teil aus Adobe Premiere übernommen.

7.3.3   Bild in Kanal

Diese Animationsmethode arbeitet durch mehrfaches Plazieren eines Darstellers in einem einzigen Bild (Frame). Da alle Positionen des zu bewegenden Sprites gleichzeitig sichtbar sind, können insbesondere Beschleunigungseffekte sehr genau erstellt werden.

Ein im Hintergrund liegender Darsteller, der die Bahnkurve repräsentiert, kann auch bei dieser Methode vorteilhaft als Hilfsmittel für die Positionierung verwendet werden.

Die spätere zeitliche Abfolge der Sprites wird durch aufsteigende Kanalnummern der Sprites festgelegt. Durch Aktivieren aller an der Animation beteiligten Sprites und Anwendung des Befehls »Modifizieren:Bild in Kanal...« wird die Kanalabfolge in eine zeitliche Reihenfolge verwandelt. Die einzelnen Positionen werden nach einer Rückfrage als direkt aufeinanderfolgende Schlüsselbilder oder mit Zwischenbildern in das erzeugte Sprite übertragen (automatisches »Tweening...«). Auch aus relativ wenigen vorgegebenen Schlüsselpositionen lassen sich auf diese Weise fließende Animationen erstellen.

Bild in Kanal

► Startbild und Kanal im Fenster »Drehbuch« festlegen

► Darsteller mehrfach auf die Bühne ziehen

► Sprites im Fenster »Drehbuch« aktivieren

► »Drehbuch:Bild in Kanal« wählen

ÜBUNG
Öffnen Sie den Übungsfilm »Kap_07:Gravity.DIR«. Ordnen Sie die Sprites des Steins an den vorgesehenen Punkten entlang der Wurfparabel in Bild 1 an (Spritelänge 1 Frame!).

Aktivieren Sie die Sprites 2 bis 22 und wählen Sie »Modifizieren:Bild in Kanal...«. Löschen Sie anschließend das Sprite mit der eingezeichneten Flugbahn aus dem Drehbuch oder machen Sie den Kanal einfach unsichtbar.

Mit einer einzigen Parabel können Sie jeden beliebigen Fall oder Wurf nachbilden, indem Sie diese entsprechend dehnen oder stauchen und ggf. nur einen Ausschnitt für die Bahnkurve verwenden.

Beachten Sie, daß bei allen Animationen, wie dem freien Fall, die auf physikalischen Gegebenheiten beruhen, der gewählte Bildausschnitt die Animationsgeschwindigkeit mitbestimmt. Ein Fall von einem Fernsehturm darf durchaus einige Sekunden dauern, ein Fall über eine kürzere Strecke dauert entsprechend weniger lang (für die Zeit, die benötigt wird gilt: t = Wurzel(2s/g)).

7.3.4 Echtzeitaufzeichnung

Die Echtzeitaufzeichnung gehört zu den schnellsten Animationsmethoden. Dabei wird ein Darsteller mit der Maus auf der Bühne bewegt, und Director merkt sich die Positionen zu festgelegten Zeitpunkten.

Um eine Echtzeitaufzeichnung durchzuführen, aktivieren Sie die Sprites, die animiert werden sollen. Über »Steuerung:Echtzeit-Aufnahme...« aktivieren Sie die Echtzeitaufnahme. Vor den Kanälen, in denen die Aufzeichnung stattfindet, erscheint eine Kontrolleuchte, um den Aufzeichnungsstatus zu markieren. Die Aufzeichnung beginnt, sobald Sie die Sprites über die Bühne bewegen. Ziehen Sie die Sprites bei gedrückter Maustaste in der gewünschten Geschwindigkeit über die Bühne. Mit dem Loslassen der Maustaste wird die Aufzeichnung beendet.

Achtung! Sie erreichen eine sauberere Aufzeichnung, wenn Sie nach dem Einschalten der Echtzeitaufnahme und vor der ersten Spritebewegung alle Fenster außer der Bühne schließen (<Befehl> <Wahl> 1). Dadurch wird vermieden, daß es durch

Aktualisierung dieser Fenster zu unberechenbaren Verzögerungen kommt, die mit aufgezeichnet werden und dann später zu einer stockenden Animation führen.

Öffnen Sie den Übungsfilm »Kap_07:man.DIR«. Wählen Sie das Sprite 6 im 1. Bild des Drehbuchfensters aus. Über »Steuerung:Echtzeit-Aufnahme« aktivieren Sie den Echtzeitaufnahme-Modus. Das ausgewählte Sprite ist nun mit einem rot-weiß gestreiften Rahmen gekennzeichnet. Um eine optimale Umgebung für die Aufnahme zu haben, schalten Sie in den Vollbildmodus über <Befehl> <Wahl>1. Verschieben Sie nun das Sprite über die Bühne. Die Aufzeichnung bleibt so lange aktiviert, bis Sie die Maustaste wieder loslassen. Mit <Befehl><Wahl>1 kommen Sie nach der Aufzeichnung wieder zurück in den Autorenmodus. Experimentieren Sie mit unterschiedlichen Bildwiederholraten beim Aufzeichnen sowie beim Abspielen der entstandenen Animation.

ÜBUNG

Übung zur Echtzeitaufnahme

Sollten Sie Probleme mit der Performance Ihres Rechners haben, so löschen Sie Sprite 1 und eventuell auch Sprite 16 aus dem Drehbuch.

7.3.5 Schrittweise Aufzeichnung

Hierbei werden die aufeinanderfolgenden Positionen in Einzelschritten aufgezeichnet, das heißt, die tatsächliche Bewegungsgeschwindigkeit der Maus während der Aufzeichnung spielt für die spätere Wiedergabe keine Rolle.

Wählen Sie die Sprites in ihrem Startbild für die Animation durch Mausklick im Fenster »Drehbuch«. Schalten Sie den Aufzeichnungsmodus über »Steuerung:Schrittweise Aufzeichnung« ein.

Neben den aktiven Kanälen erscheint bei aktivem Aufzeichnungsmodus ein rotes Symbol. Positionieren Sie die Sprites, deren Position aufgezeichnet werden soll, an ihren Startpunkt auf der Bühne.

Klicken Sie nun auf die Schaltfläche »Schritt vor« in der Palette »Steuerpult«, bzw. drücken Sie das Tastenkürzel <Befehl> <Wahl> <Pfeil rechts>. Die neuen Schlüsselbilder der Sprites werden an der aktuellen Bühnenposition in das nächste Bild

Schrittaufzeichnung

▶ Darsteller auf die Bühne ziehen

▶ Taste <3> auf dem Ziffernblock drücken

▶ Darsteller neu positionieren

▶ die beiden letzten Schritte wiederholen

kopiert, in dem sie erneut positioniert werden können. Wiederholen Sie die letzten beiden Schritte, bis die gewünschte Bewegung ausgeführt ist.

Um die Darsteller planmäßig entlang einer Bahnkurve bewegen zu können, empfiehlt es sich, die Kurve in Form eines getrennten Darstellers in den Hintergrund (in eine kleinere Kanalnummer) zu legen. Der Hilfsdarsteller wird später wieder entfernt.

7.3.6 Filmschleifen

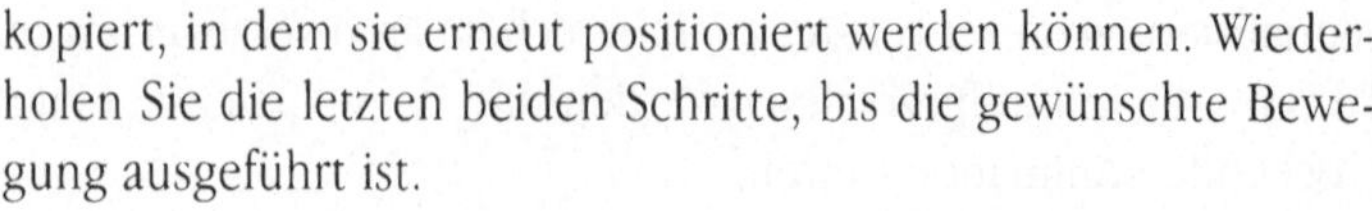

Es gibt Fälle, in denen ein Objekt sein Aussehen zyklisch verändert. Oft muß es sich dabei gleichzeitig auf der Bühne bewegen. Beispiele hierfür sind ein sich drehender Propeller, eine tanzende Figur oder der Flammenschweif einer Rakete (im letzten Beispiel erfolgt das Flackern der Flammen eigentlich nicht zyklisch, es kann aber trotzdem mit genügend vielen unterschiedlichen Zwischenbildern zyklisch simuliert werden).

Dialog beim Erzeugen einer Filmschleife

Filmschleifen sind das bequemste Mittel, solche Situationen zu meistern. Hierbei wird der zyklische Bewegungsablauf zunächst im Drehbuchfenster aus unterschiedlichen Darstellern für die einzelnen Bewegungsphasen wie in Kapitel 7.3.2 beschrieben zusammengestellt oder eine Spritebewegung über eine bestimmte Anzahl an Frames generiert. Die Sprites werden im Drehbuchfenster aktiviert. Dabei ist zu beachten, daß auch die Soundkanäle ausgewählt werden können. Über »Einfügen:Filmschleife« wird nun im Besetzungsfenster ein neuer Darsteller vom Typ Filmschleife erzeugt, dem auch sofort ein Name zugewiesen werden sollte. Weitere Möglichkeiten, eine Filmschleife aus einer bestehenden Animation zu erzeugen, bestehen darin, entweder die aktivierten Sprites anzuklicken und aus dem Drehbuch in das Besetzungsfenster zu ziehen oder über »Bearbeiten:Sprites kopieren« (<Befehl>c) in die Zwischenablage zu nehmen und in das Fenster »Besetzung« durch »Bearbeiten:Sprites einsetzen...« (<Befehl>v) einzufügen.

Typische Anwendungen für eine Filmschleife

Die Filmschleife ist ein Darsteller, in dem die Abfolge der Bewegungsphasen gespeichert ist. Ist die Filmschleife fertiggestellt, kann die zur Erzeugung notwendige Spritesequenz aus dem Fenster »Drehbuch« gelöscht werden. Statt den Darstellern der einzelnen

Bewegungsphasen verwendet man für die Animation nur noch Sprites der Filmschleife.

Da die Filmschleife sich auf die ursprünglichen Darsteller bezieht, dürfen diese keinesfalls aus dem Film entfernt werden. Farbeffekte wie »Kopieren«, »Matt«, «Hintergrund transparent« etc. können nur in der ursprünglichen Zusammenstellung der Filmschleife geändert werden. Um eine Filmschleife, deren ursprüngliche Daten bereits aus dem Drehbuch gelöscht wurden, wieder bearbeiten zu können, gibt es folgende Möglichkeit: Kopieren Sie die aktivierte Filmschleife aus dem Besetzungsfenster über »Bearbeiten:Darsteller kopieren...« (<Befehl>c) in die Zwischenablage. Wählen Sie eine Zelle im Drehbuch aus und fügen Sie dann die Zwischenablage über »Bearbeiten:Sprites einfügen...« (<Befehl>v) ein. Dadurch werden die Originaldrehbuchdaten der Filmschleife eingesetzt.

Bei Filmschleifen ist besonders interessant, daß man sie selbst auch wieder als Darsteller in anderen Filmschleifen verwenden und damit komplizierte hierarchisch gegliederte Bewegungen realisieren kann.

Im Übungsbeispiel »Rakete.DIR« finden Sie eine typische Anwendung für eine Filmschleife. Versuchen Sie nun bitte, eine lodernde Kerzenflamme oder ein Lagerfeuer mit einer Filmschleife zu realisieren. (Tip: Der Photoshop-Filter »Wolken« eignet sich auch hervorragend zur Erzeugung flackernder Flammen.)

7.3.7 Farbpalettenanimation

Farbpaletten können nicht nur dazu eingesetzt werden, die Bildqualität auch bei nur 256 Farben erstaunlich zu verbessern, es lassen sich vielmehr auch spezielle Animationseffekte durch einfaches Austauschen der Paletten bei konstantem Bildinhalt erreichen. Diese Technik hat den Vorteil, daß sich alle Stellen auf dem gesamten Monitor, die eine bestimmte Farbe zeigen, absolut synchron ändern. So lassen sich Effekte erreichen wie die Darstellung eines Wasserfalls bzw. von Flammen oder auch eine allmähliche Stimmungsänderung bei einem Sonnenaufgang.

Wenn die Farben auf dem Bildschirm so gewählt werden, daß z.B. eng benachbarte Punkte aufeinanderfolgend die gleiche Farbe erhalten, hat der Betrachter auch hier die Illusion einer Bewegung. Diese Art der simulierten Bewegung können aber Tausende von Punkten gleichzeitig ausführen, ohne daß man sich über Performanceprobleme Gedanken machen müßte.

Wenn ein Verlauf durch Palettenanimation verschoben werden soll, darf er, um unschöne Farbeffekte zu vermeiden, keinesfalls mit „Dithering" hergestellt sein.

Beachten Sie, daß sich die Farbe Weiß (Farbnummer 0) auf Windows-Systemen überhaupt nicht verändern läßt, Sie sollten Ihre Palettenanimation also rechtzeitig dort testen.

Farbpalettenanimationen werden von Director noch immer unterstützt, dies sogar bei Farbmodi >8 Bit, die eigentlich gar keine „echten" Paletten benötigen. Allerdings wird diese Animationsart heute immer weniger benutzt, da inzwischen viele der damit realisierbaren Effekte auch durch die anderen leistungsfähigen und leichter einzusetzenden Animationsmethoden (RGB-Farbänderungen, Mischung etc.) erzielt werden können. Auf diesen beruht auch das in der Bibliothek mitgelieferte Verhalten »Farbdurchlauf«, das nicht mit Farbpalettenanimation verwechselt werden sollte.

7.3.8 Import/Export von Digital-Video und QTVR

Jede in Director erstellte Animation kann auch als Digital-Video realisiert werden. Dabei wird entweder das fertige Video von einem anderen Programm übernommen oder eine in Director erstellte Animation wird in diesem Format exportiert.

Für die Verwendung kann es viele unterschiedliche Gründe geben:

- Der exportierte Film wird für andere Programme benötigt (z. B. für PowerPoint, Adobe Acrobat oder als animierte Textur für ein 3D-Programm).

- Eine Animation soll aus einem Realvideo in Director als Darsteller verwendet werden.

- Man will Nachbearbeitungen einer Animation in Programmen wie Adobe Premiere oder After-Effects durchführen. Oft wird das Endprodukt dann als ein Digital-Video-Darsteller in Director reimportiert.

- Eine Director-Animation soll in einen einzigen Darsteller aufgenommen werden (z. B. eine Logoanimation, die in vielen Filmen zum Einsatz kommt). In diesem Fall übernimmt das Digital-Video eine ähnliche Funktion wie eine Filmschleife.

- Die Performance einer aufwendigen Animation bereitet Probleme. Die Kompression des Videos macht schnellen Bildwechsel z. B. immer dann unproblematisch, wenn große Bildteile gleichbleiben.

Der Export von Director-Animationen (»Datei:Exportieren...« oder <Befehl> <Umschalt> R) ist eine Möglichkeit für die Endfertigung eines Produktes und wird daher in Kapitel 10.7 ausführlicher behandelt.

Den Import von normalen linear ablaufenden Digital-Videos und QuickTimeVR-Filmen haben wir bereits in Kapitel 7.2.2 durchgeführt. Er funktioniert völlig analog zum Import anderer Darsteller (»Datei:Importieren...« oder <Befehl> R), jedoch mit dem Unterschied, daß die Filme grundsätzlich nur verknüpft werden, also nicht mit ihren vollen Daten in die Director-Datei aufgenommen werden können.

7.3.9 Animationen mit Lingo

Eine der interessantesten Arten der Animation, bei denen das Programm Director seine wirklichen Stärken zeigt, ist die Steuerung von Sprites über die Programmiersprache Lingo. Es können alle Eigenschaften eines Sprites durch die Programmiersprache definiert werden. Sie können also z. B. programmgesteuert die Farbe eines Sprites verändern, seine Größe, seine Position oder seinen Drehwinkel bestimmen oder sogar den ganzen Darsteller gegen einen anderen austauschen. Die Stärke dieses Vorgehens zeigt sich vor allem bei echten Simulationen, bei denen die Sprite-Eigenschaften direkt von berechneten Werten abhängen.

7.3.10 Animation mit Verhalten

In der Verhaltensbibliothek existieren zwei Bereiche, die zur Animation von Sprites verwendet werden können: »Automatic« und »Interactive«. Die Verhalten mit ihren eingekapselten Lingo-Skripten bieten ähnliche Vorteile wie selbstgeschriebene Lingo-Steuerungen. Sie sind sehr leicht durch Drag & Drop auf die Sprites oder auf ganze Frames anzuwenden, und ihre exakte Funktion kann durch den Parameterdialog eingestellt werden. Animationen, die sich ansonsten über viele Bilder erstrecken müßten, werden in einem einzigen Bild möglich. Verhalten bieten auch die einzige Möglichkeit, ohne nach außen sichtbare Lingo-Programmierung die Director-Filme um interaktive Elemente zu erweitern. Allerdings setzt ihr Einsatz voraus, daß das Sprite so reagieren soll, wie es von den Entwicklern vorausgeplant wurde. Freiheiten bestehen nur hinsichtlich der im Parameterdialog vorgesehenen Einstellungen bzw. in der Kombination aus verschiedenen Verhalten. Weicht die Spezifikation davon ab, führt kein Weg an eigener Programmierung vorbei. Näheres zur Verwendung einiger Verhalten finden Sie in Kapitel 6.4.8.

7.4 Leistungsbeeinflussende Faktoren

Animationen von mehreren Objekten laufen bei der Rechenleistung heutiger Computer mit akzeptabler Geschwindigkeit und ohne zu stocken ab. Um eine Animation zu optimieren, muß man allerdings einiges beachten.

Die meisten für die Animationsgeschwindigkeit wichtigen Einstellungen haben wir in Kapitel 3.4 angesprochen. Von Einfluß auf die tatsächlich erreichbare Abspielleistung auf einem gegebenen Rechner sind die Farbtiefe der bewegten Darsteller und der Hintergrundbilder, vor denen sich die Bewegung abspielt, der Farbeffekt des Sprites sowie die eingestellte Farbtiefe des Bildschirms. Die gesamte Abspiel-Engine von Director wurde für Version 7 stark optimiert, so daß inzwischen auch Animationen von 32-Bit-Darstellern recht schnell ablaufen. Eine genauere Messung bringt zutage, daß sie bei Einstellung des Bildschirms (der Grafikkarte) auf 16,7 Mio. Farben tatsächlich keine erkennbaren Geschwindigkeitsnachteile mehr haben. Erwartungsgemäß sieht das Bild bei einer Grafikkarteneinstellung von 32.000 Farben etwas anders aus:

Hier sind 8-Bit- und 16-Bit-Darsteller um ca. 20 % schneller als 32-Bit-Darsteller. Noch deutlicher fällt der Unterschied aus, wenn das Grafiksystem auf 256 Farben eingestellt ist. Nur in dieser Konfiguration sind 8-Bit-Darsteller tatsächlich deutlich (etwa um 40 %) schneller zu animieren als 32-Bit-Darsteller. 16-Bit-Darsteller liegen hier im Mittelfeld.

Die Entscheidung, ob man sich auch noch heute auf 8-Bit-Darsteller beschränken sollte, hängt also nicht mehr in erster Linie von der Animationsgeschwindigkeit ab. Sie kann eher ausgehen von Kriterien wie der zu erwartenden Zielplattform, dem Speicherbedarf oder der Ladezeit von der CD-ROM bzw. aus dem Internet. Aber auch hier schwinden die Argumente der 8-Bit-Befürworter schnell dahin: Unter Umständen kann eine JPEG-komprimierte Datei mit 32 Bit kleiner sein als ein 8-Bit-Bild. Auch die Verwendung angepaßter Farbpaletten mit 8-Bit-Grafiken ist nur noch in wenigen Spezialfällen zu empfehlen, da sie ein Projekt im allgemeinen unnötig verteuern.

Eine andere Einflußgröße für die Animationsgeschwindigkeit ist der für das Sprite verwendete Farbeffekt. Erstaunlicherweise ist es Macromedia gelungen, die Abspielgeschwindigkeit selbst bei rechenintensiven Effekten sehr hoch zu halten (siehe Randspalte). Im schlimmsten Fall sinkt sie auf ca. 60 % des Maximalwertes, der beim Farbeffekt „Mischung" auftritt. Wird für ein Sprite mit einem Transparenzwert <100 % gearbeitet, so halbiert sich die Geschwindigkeit abermals.

In der Art, wie Sie eine Animationssequenz erzeugen, läßt Ihnen Director sehr viel Freiheit. Es stehen mehrere völlig unterschiedliche Techniken zur Verfügung. Für welche Sie sich letztlich entscheiden, hängt in erster Linie von Ihrem Arbeitsstil ab, aber auch davon, wie exakt oder wie natürlich eine Bewegung wirken soll. Alle im folgenden beschriebenen Techniken unterscheiden sich nicht in der Art des Endergebnisses, sondern nur in der Methode der Erstellung. In jedem Fall liegen am Ende Darsteller im Besetzungsfenster und Sprites dieser Darsteller im Drehbuchfenster vor.

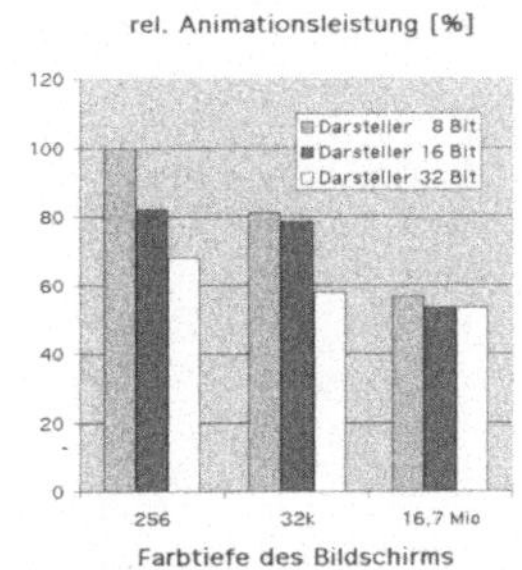

Animationsgeschwindigkeit von Sprites unterschiedlicher Farbtiefe in Abhängigkeit von der eingestellten Monitor-Farbtiefe (Die Messung erfolgte auf einem Apple-Macintosh-PowerBook G3/300 PowerPC. Es wurde bei ausgeschalteter Option „Spuren" ein 168 x 1144 Pixel großer Darsteller mit dem Farbeffekt „Max. Abdunklung" auf einem Hintergrundbild zufällig umherbewegt.)

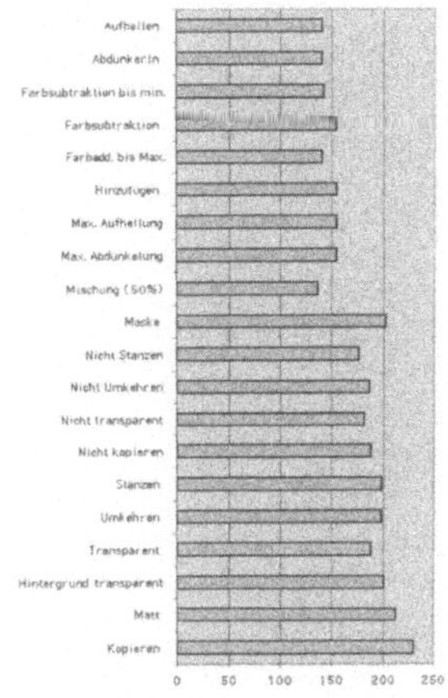

Auswirkung der Farbeffekte auf die Animationsgeschwindigkeit

8

Ton, Video und Synchronisation

8   Ton, Video und Synchronisation

Die Einbindung von Ton und Video sowie deren Synchronisation mit Animationen in Director stellen wegen der dabei auftretenden Datenmengen und wegen des unterschiedlichen Zeitverhaltens dieser Komponenten immer wieder eine Quelle von Problemen dar, denen in diesem Kapitel besondere Aufmerksamkeit geschenkt werden soll. Leider läßt es sich nicht vermeiden, im Unterkapitel 8.4 auch einige Elemente der Sprache Lingo einzuführen, die eigentlich nicht Gegenstand dieses Buches ist.

8.1   Tondateien

Director bietet Importmöglichkeiten für die folgenden Formate:

AIFF- und Wave-Sounds, AU-, Shockwave Audio-, mp3-, QuickTime und Macintosh-Sounds (SND).

Gewöhnliche AIFF-, SND- oder WAV-Tondateien enthalten die Töne in einem Format, das ungefähr dem einer gewöhnlichen Audio-CD entspricht. AIFF-Dateien und alle über QuickTime lesbaren Dateien (z.B. WAV) werden von Director gleichermaßen auf Apple- und Windows-Systemen vollständig unterstützt. Dateien vom Typ „System 7 Sound" (oft auch in DOS-Manier mit dem Kürzel „.snd" bezeichnet) können nicht verknüpft, sondern nur direkt importiert werden und sind daher zur Laufzeit ebenfalls für beide Systeme verfügbar.

Die Töne sind als extrem häufig gemessene Werte des Schallpegels gespeichert. Dieser kommt an einem analogen Eingang (z. B. über ein Mikrophon) an. Die einzelnen Dateiarten unterscheiden sich dabei lediglich in Details des abgelegten Datenformats, normalerweise aber nicht in der Qualität der gespeicherten Töne. Sie können mit passenden Programmen leicht ineinander umgewandelt werden.

Für die Qualität so abgelegter Töne sind in erster Linie zwei Kenngrößen wichtig, zum einen die Samplingrate, zum anderen die gemessene Datentiefe.

Soundformate

AIFF
WAV
AU
Shockwave Audio
mp3
QuickTime
SND

Von Director unterstützte Sound-Dateiformate (auf Macintosh und Windows-Systemen)

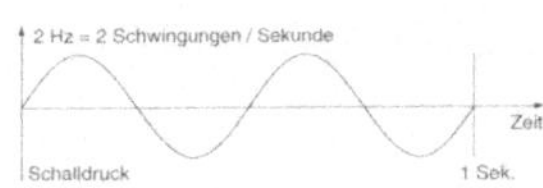

Tonhöhe (Frequenz) wird in Hertz (Hz bzw. kHz) gemessen. 1 Hertz bedeutet eine Schwingung pro Sekunde (⅟₈).

8.1.1 Samplingrate

Die Samplingrate ist die Anzahl der pro Sekunde aufgezeichneten Meßwerte. Für sie gilt das mathematisch beweisbare Sampling-Theorem, das besagt, daß die Samplingrate mindestens doppelt so hoch sein muß wie die höchste Frequenz, die noch wiedergegeben werden soll. Üblicherweise werden von Programmen und der Aufnahmehardware Samplingraten von 11, 22 oder 44 kHz angeboten, was also einer höchsten wiedergebbaren Frequenz von 5½, 11 bzw. 22 kHz entspricht.

Das menschliche Gehör ist – stark abhängig vom Alter einer Person – ungefähr für Töne von 16 Hz bis 16.000 Hz empfindlich. Praktisch die gesamte für Sprache wichtige Information wird in Frequenzen von weniger als 5000 Hz übertragen. HiFi-Qualität kann erreicht werden, wenn mit 22 kHz (44 kHz Samplingrate) der gesamte hörbare Bereich abgedeckt wird. Im allgemeinen ist es jedoch nicht erforderlich, für Multimedia-Anwendungen mit dieser hohen Qualität zu arbeiten. Oft liegt nämlich der Engpaß später am schlechten Verstärker oder dem winzigen Lautsprecher, der in den Zielrechner eingebaut ist und der überhaupt nicht in der Lage ist, den vollen Frequenzumfang wiederzugeben. Durch Reduktion der Samplingrate auf 22 kHz leidet selbst eine Musikaufnahme nur wenig, Geräusche und Sprache praktisch überhaupt nicht. In manchen Fällen kann man versuchen, reine Sprache bzw. Geräusche sogar mit 11 kHz Samplingrate zu digitalisieren. Hierbei wird allerdings nur noch Telefonqualität erreicht, für Musik ist eine so niedrige Qualität keinesfalls zu empfehlen. Mit jeder Halbierung der Aufnahmefrequenz geht selbstverständlich auch eine Halbierung des bei Tondokumenten beachtlichen Datenvolumens einher.

Frequenz [kHz]	8 Bit [kB]	16 Bit [kB]
5	6	11
7	8	15
11	11	22
22	22	44
32	32	63
44 (CD)	44	87
48 (DAT)	47	94

Speicherbedarf für eine Sekunde digitalisierten Ton, abhängig von der Samplingrate und der Datentiefe

Dauer	Speicherbedarf
1 s	22 kB
10 s	220 kB
30 s	660 kB
1 min	1,3 MB
2 min	2,6 MB
5 min	6,4 MB
10 min	13,0 MB

Speicherbedarf unterschiedlich langer Tonclips bei 8 Bit / 22 kHz

8.1.2 Datentiefe

Das zweite Kriterium für die Qualität digital gespeicherten Tons neben der Samplingrate ist die Datentiefe. Diese legt fest, welche Lautstärkeunterschiede gerade noch differenziert werden können.

Bei der Aufnahme des analogen Signals wird dieses in einem sogenannten Analog-Digital-Konverter in binäre Werte umgesetzt. Die am Eingang anliegende Spannung kann, abhängig von der Lautstärke, prinzipiell jeden Zwischenwert von null bis zum maximal zulässigen Ausgangspegel annehmen. Im digitalen System kann dies nur näherungsweise erreicht werden. Prinzipbedingt vermag nämlich ein Digitalrechner nur eine endliche Zahl von Lautstärkestufen zu verarbeiten. Jeder Meßwert wird intern in eine Binärzahl umgewandelt: Für jedes gespeicherte Bit (der Binärzahl) verdoppelt sich die Anzahl der möglichen Werte.

Die einfachsten gebräuchlichen Analog-Digital-Konverter setzen die Eingangsspannung in 8-Bit-Werte (1 Byte) um. Das ergibt $2^8 = 256$ Lautstärkeabstufungen. Die damit erreichbare Qualität ist bei richtiger Aussteuerung normalerweise gut akzeptabel, allerdings noch keine HiFi-Qualität. Nicht umsonst verwenden Audio-CDs 16 Bit zur Speicherung. Die in jeden Macintosh eingebaute Aufnahmehardware verwendet 16-Bit-Datentiefe. Aber auch 16-Bit-CD-Qualität ist mit verschiedenen Systemen machbar. Die PowerPC-Rechner der heutigen Generation erlauben direkte 16-Bit-Tonverarbeitung in höchster Qualität. Natürlich benötigen Sie dazu auch ein passendes Tonbearbeitungsprogramm. Mit der neuesten Version von SoundEdit 16, können Sie neben 8-Bit-Ton auch 16-Bit-Ton aufnehmen und bearbeiten. Für Windows-Rechner sind entsprechende Soundkarten für 16-Bit-Soundbearbeitung ebenfalls verfügbar. Doch es muß durchaus nicht immer 16-Bit-Ton sein. Bereits mit 8-Bit-Ton erreicht man bei der Hälfte des Datenvolumens meist völlig befriedigende Ergebnisse.

Wenn Sie aus Mangel an Speicherplatz oder wegen zu geringer Transferrate (Bandbreite) der CD vor der Wahl stehen, entweder von 16 auf 8 Bit Datentiefe oder von 22 auf 11 kHz Samplingrate gehen zu müssen, sollten Sie der Kombination 8 Bit/22 kHz immer den Vorzug geben vor 16 Bit/11 kHz.

Wie kommen die Töne nun in den Rechner? Die einfachste Möglichkeit, die direkte Aufnahme in Director über den Befehl »Einfügen:Mediaelement:Sound…«, entfällt meist wegen der fehlenden Editiermöglichkeiten in der Praxis . Für das Digitalisieren von Audiodaten gibt es eine Vielzahl von Programmen, die eine ausgefeilte Aufnahme neuer und die Bearbeitung vorhandener Töne bieten. Eine Quelle von Musik und Soundeffekten können auch käufliche Sammlungen von Musik und Geräuschen auf CD sein.

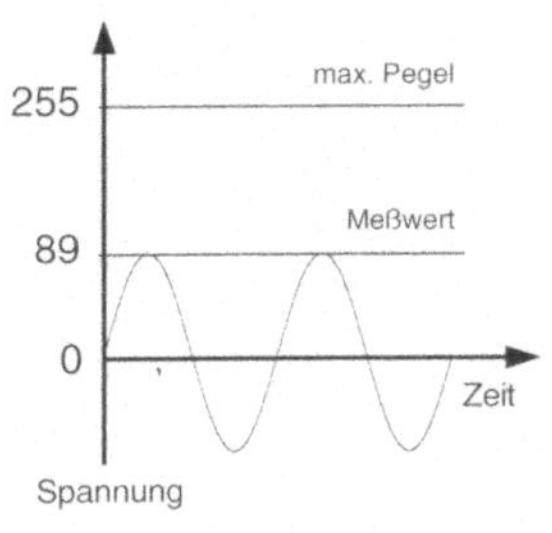

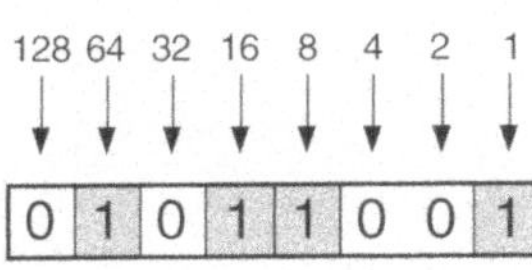

Pegelwert: 89 = 64 + 16 + 8 + 1

Bei 8-Bit-Ton können 256 verschiedene Eingangswerte (0–255) unterschieden werden. 16-Bit-Ton erlaubt die Unterscheidung von 65 536 verschiedenen Werten.

In diesem Zusammenhang muß vor einer modernen Art der Beutelschneiderei gewarnt werden: Wenn Musik oder Toneffekte von einer käuflich erworbenen und als „Gema-frei" bezeichneten CD in eigenen Multimedia-Produktionen verwendet oder gar in diesem Zusammenhang an Kunden weitergegeben werden, verlangen viele Hersteller ein Mehrfaches des Kaufpreises der CD als Copyright-Gebühr. „Gema-frei" bedeutet also nicht automatisch frei von Copyright. Da in der Werbung für solche Produkte auf die teilweise überraschenden Forderungen nicht hingewiesen wird, könnte man durchaus versucht sein, solches als (arglistige) Täuschung zu bezeichnen.

Was also tun? Um allen Problemen aus dem Wege zu gehen und diese Praktiken nicht noch weiter zu unterstützen, empfiehlt es sich in vielen Fällen eher, das Geld in eine Musikergruppe zu investieren, die sich über das Engagement freut und im allgemeinen gerne die Verbreitung ihrer Werke erlaubt.

Die Qualität mancher Geräusch-CDs läßt sehr zu wünschen übrig. Bei Geräuschen lohnt sich also auch häufig das Selbermachen, zumal es nicht unbeträchtlich viel Zeit kostet, Hunderte von Geräusche anzuhören, um das Gesuchte zu finden.

Hinweis: Mit Hilfe des Shareware-Programms Balthazar ist es möglich, „.wav"-Dateien in Macintosh-Sounds und umgekehrt zu konvertieren.

8.1.3 Kompression von Tondateien

Da Tondateien auch bereits bei mittlerer Qualität dazu tendieren, den Löwenanteil am Speicherbedarf einer Multimedia-Anwendung auszumachen (zumindest solange sie keine Videoclips enthält), wird versucht, der Datenmenge mittels Datenkompression beizukommen.

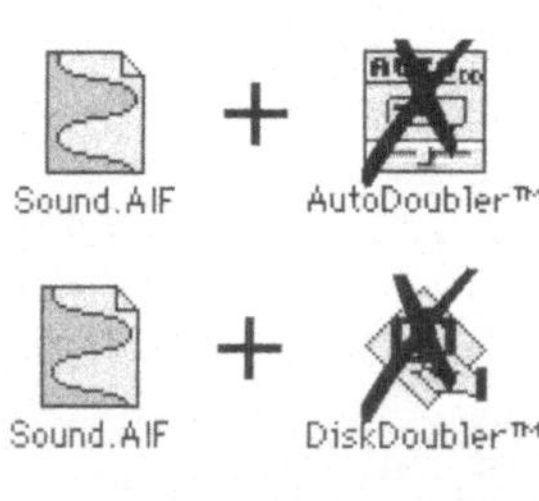

Achtung! Wenn Tondateien mit Kompressionsprogrammen auf Systemebene verdichtet sind (z. B. mit DiskDoubler oder Auto-Doubler), können sie von Director nicht geladen werden.

Tondateien dürfen nie mit Disk-Doubler oder AutoDoubler komprimiert sein!

Wesentlich sinnvoller ist die Kompression von Sounds mit speziell dafür entwickelten Sound-Kompressionsalgorithmen.

8.1.4 mp3-Sound

Mit der Entwicklung des Internets entstand das Dateiformat mp3. Hierbei handelt es sich um eine spezielle Art Audiodaten zu komprimieren. Eine AIFF-Datei von ca. 40 MB (entspricht ungefähr 3 min bei bester Qualität) hat nach der Umwandlung in den mp3-Standard noch ca. 4 MB. Um mp3-Sounds abzuspielen, wird mit Director das mp3-Xtra ausgeliefert.

8.1.5 Shockwave Audio

Das Shockwave-Audio-Format hat die Vorteile, daß zum einen mit einer Rate von maximal 176 zu 1 komprimiert werden kann und zum anderen die Technologie Streaming unterstützt wird. Streaming bedeutet, daß der Sound abgespielt wird, bevor die gesamte Datei in den Arbeitsspeicher geladen wurde. Die restlichen Daten werden, während der Sound abspielt, von der Quelle nachgeladen. Mit diesem modernen Kompressionsverfahren kommen die Tondateien von der Datenrate her sogar in die Nähe der im nächsten Abschnitt behandelten Midi-Daten.

8.2 Midi-Dateien

Unter Verwendung des Midi-Formats können Musikstücke auch auf ganz andere Weise abgelegt werden, und zwar in vielen Fällen speichersparender, als es mit Tondateien möglich ist. Das von Synthesizern und deren Schnittstellen bekannte Midi-Format speichert die Klangcharakteristik von Musikinstrumenten und die gespielten Notenwerte anstelle des wirklichen Schallkurvenverlaufs. Die Speicherung erfolgt also ähnlich wie in einer gedruckt vorliegenden Partitur als Besetzung des Orchesters und Spielanweisungen.

Musik- dauer	Speicher- bedarf
1 s	100 Byte
10 s	1 kB
30 s	3 kB
1 min	6 kB
2 min	12 kB
5 min	30 kB
10 min	60 kB

Größe von Midi-Dateien zur Speicherung von Musikdaten

Auf diese Weise müssen natürlich sehr viel weniger Informationen abgelegt werden als bei normalen Tondateien. Der Vergleich der notwendigen Speichermenge zeigt die geradezu unglaubliche Sparsamkeit des Verfahrens: Für die Dateien ergibt sich eine Einsparung im Datenvolumen um den Faktor 200! Ein drei Minuten langes Musikstück kann damit z. B. in nur 18 kByte Dateigröße untergebracht werden. Die Datei wird zudem zur Laufzeit des Programms direkt von der Platte gelesen und benötigt daher lediglich 320 Bytes RAM-Speicher.

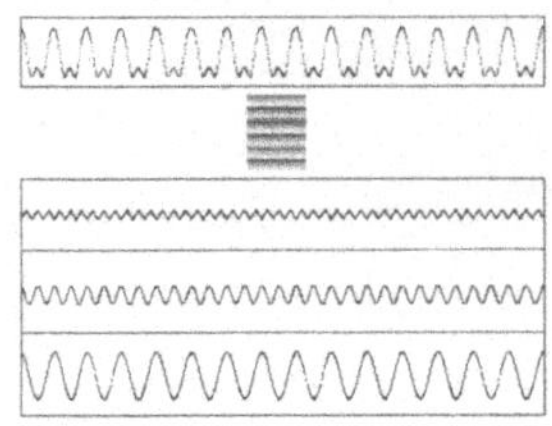

Klangsynthese aus drei Wellen

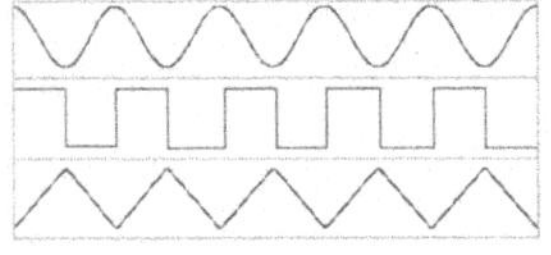

Die Wellenformen Sinus, Rechteck und Dreieck bei gleicher Frequenz

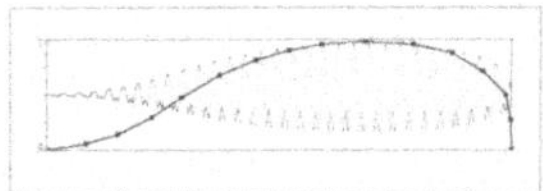

Die Hüllkurve bestimmt das Ein- und Ausschwingverhalten.

Mit dieser Methode sind Musikuntermalungen auch leicht auf einer einfachen Diskette unterzubringen.

Midi-Aufnahmen werden nicht mit einem Mikrophon gemacht, sondern entweder anhand einer Partitur programmiert oder besser direkt vom Synthesizer-Keyboard in den Rechner überspielt. Reine, in ein Notensatzprogramm geschriebene Partituren neigen zu einem unschönen, sterilen Klangbild, da ihnen die für Menschen typischen kleinen Abweichungen von der perfekten Ausführung fehlen. Menschen variieren unbewußt die verschiedenen Zeitparameter eines Instruments beim Spielen.

Ein Synthesizer verwendet zur Modellierung des Klangs von Musikinstrumenten normalerweise bis zu 4 Wellen, verschiedene Wellenformen sowie Hüllkurven.

Die Wellen bezeichnen die Frequenzanteile und harmonischen Obertonverhältnisse, die die Klangcharakteristik eines Instruments wesentlich beeinflussen. Unter Wellenform versteht man den zeitlichen Verlauf der einzelnen Tonwelle. Normalerweise unterscheidet man mindestens Sinus-, Dreieck- und Rechteckwellenform. Unterschiedliche Hüllkurven schließlich bestimmen das Ein- und Ausschwingverhalten eines Instruments. Dabei verhalten sich naturgemäß z. B. Saiteninstrumente wie Geigen völlig anders als etwa eine Triangel.

Abhängig von der Preislage eines Synthesizers unterstützt dieser weitere Einstellungsmöglichkeiten und Timeparameter für Anschlag etc. und mehr oder weniger Kanäle (Kanäle entsprechen etwa den verschiedenen Stimmen einer Partitur). Synthesizer können unterschiedlich viele Wellen gleichzeitig erzeugen, was in der Praxis bei der Besetzung eines Stücks und bei der Kanalverteilung zu berücksichtigen ist. Brauchbare Synthesizer sind heute für wenige tausend Mark zu erhalten. Hinzu kommt noch die Ausgabe für eine Midi-Interface-Karte des Rechners bzw. ein extern seriell anschließbares Midi-Interface und die benötigte Sequenzer-Software. Als externes Midi-Interface eignet sich z. B. das „JV30 SoundCanvas SC-55mkII" von Roland, das am Modem-Port des Macintosh oder an einer seriellen Schnittstelle eines PCs betrieben werden kann. Als Sequenzer unter Windows hat sich das Programm „Cakework Professional" bewährt, das bis zu 256 Kanäle unterstützt und sehr professionell arbeitet. Ein Sequenzer für den Macintosh steht mit dem Programm „EZ-Vision 1.0.1 d" (Firma Midia, Schwabach b. Heilbronn) zur Verfügung.

Bei der Ausgabe wird die Soundkarte eines PCs bzw. die Audiohardware des Macintosh selbst als Synthesizer eingesetzt, so daß die Midi-Daten theoretisch auf jedem soundfähigen Rechner wiedergegeben werden können.

Doch der Teufel steckt auch hier, wie so oft, im Detail. Ein Problem besteht z. B. darin, daß viele Synthesizer spezifische „Instrument-Tables" verwenden. In diesen Tabellen werden den möglichen Kanälen bestimmte Instrumente zugewiesen. Die ersten 16 Kanäle (0...15) sind per Konvention für genau definierte Aufgaben vorgesehen und daher relativ unproblematisch. Der Kanal 0 trägt z. B. immer allgemeine Informationen, während der Kanal 9 dem Schlagzeug vorbehalten bleibt.

Der Midi-Standard beschränkt sich auf maximal 128 Kanäle für Instrumentdefinitionen und lebt dadurch mit gewissen Einschränkungen. So fehlen in den normalen Definitionen z. B. manche Instrumente, wie die Besen, die für gewisse Musikrichtungen essentiell sind. Sobald aber von der normalen Besetzung abgewichen wird, entstehen Probleme mit der Kompatibilität zwischen verschiedenen Synthesizern und Soundkarten. Ein Saxophonsolo klingt eben seltsam, wenn es von einer Triangel gespielt wird!

Neben verschiedenen Midi-Instrument-Tabellen ist zu berücksichtigen, daß der Midi-Standard einige Male erweitert wurde. Man redet von Midi-Level 0, 1 oder 2. Der Level 1 ist heute am weitesten verbreitet und somit auch derjenige, der für uns in Zusammenhang mit Director von Interesse ist.

Wie können wir nun konkret eine Midi-Datei für Macromedia auf dem Macintosh herstellen? Entweder geht man, wie oben erwähnt, von der Hardwarelösung aus und spielt die Sequenz direkt von einem Synthesizer ein, oder man verwendet ein Notensatzprogramm. Sehr gut geeignet ist hierfür z. B. das Programm „Finale Allegro", das angenehmerweise in einer Version für Macintosh und einer für PC zur Verfügung steht. Mit diesem Programm können

Sie nebenbei auch gleich die ganze gesetzte Partitur in EPS-Qualität als Notenblatt ausdrucken lassen.

Wird die Sequenz eingespielt, sind zur Darstellung der Noten allerdings einige kritische Einstellungen nötig. So muß das Programm wissen, welche minimalen Notenwerte es in die Partitur setzen soll bzw. welche gespielten Abweichungen erlaubte Schwankungen sind und welche notiert werden müssen. Diesen Vorgang der Analyse von eingespielten Midi-Daten zum Zweck ihrer Umwandlung in wirkliche Noten nennt man „Quantisierung".

Quantisierung ist nicht wirklich erforderlich, um Midi-Dateien verwenden zu können, sie reduziert aber das auftretende Datenvolumen weiter.

Importieren von Midi-Dateien

Sie können Midi-Dateien (meist an der Endung „.mi" oder „.mid" zu erkennen) nicht direkt in Director 7 importieren. Wenn Sie allerdings über eine Version von QuickTime (ab Version 2.1) mit den QuickTime-Musical-Instruments verfügen, zeigt Director in seiner Uralt-Version 4 auch Midi-Dateien bei der Einstellung „QuickTime-Film" im Importfenster an. Leider ist diese schöne Fähigkeit bei neueren Director-Versionen verlorengegangen. Beim Importieren einer solchen Datei mit der Version 4 wird sie automatisch konvertiert und kann als normaler QuickTime-Film abgespeichert und anschließend in neuere Director-Versionen importiert werden. In diesen läuft die Mogelpackung dann problemlos ab. Ein Grund also, etwas Software-Archäologie zu betreiben!

Wenn Sie über das schon recht betagte Programm MoviePlayer Version 2.1 von Apple verfügen, können Sie sich damit behelfen. Auch dieses Programm beherrscht den Konvertierungstrick. Wenn Sie in MoviePlayer »File:Import...« anklicken, können Sie auch Midi-Dateien auswählen. Dabei wechselt die Schaltfläche „Importieren" automatisch auf „Konvertieren". Nach entsprechender Rückfrage speichert der MoviePlayer die Datei (die nur aus der Midi-Steuerspur ohne Bild besteht) nun als QuickTime-Film unter neuem Namen. Diese Datei kann nun anstandslos von Director aus als verknüpfter Darsteller importiert werden.

Übrigens gibt es bei älteren Finale-Allegro-Versionen Probleme, die damit gesetzten Midi-Dateien zu konvertieren. Director erkennt eine solche Datei fälschlicherweise als Textdatei und läßt sich auch unter Zuhilfenahme von ResEdit nicht zum Gegenteil überreden. Als Vehikel zum Konvertieren solcher Dateien in eine lesbarere Form hat es sich bewährt, die Datei in das Sequenzer-Programm EZ-Vision zu laden und erneut als Midi-Datei zu speichern. Sie kann nun problemlos in einen QuickTime-Film umgewandelt werden.

8.3 Digital-Video (QuickTime)

Bei Digital-Video wird eine Folge von Bildern, optional mit eigener Tonspur, sehr schnell hintereinander auf dem Bildschirm angezeigt. Bilder und Ton liegen meist hochkomprimiert vor. Dabei unterscheiden sich die einzelnen Technologien in den Datenstrukturen sowie in den verwendeten Kompressionsmethoden (z.B. das für Videoaufnahmen sehr geeignete „Cinepak" oder das für Bildfolgen aus 3D-Grafikprogrammen hervorragend geeignete „Animation"). Wichtig ist, daß die Daten für Bild und Ton nicht in getrennten Dateien abgelegt sind, sondern in kleinen Portionen abwechselnd in einer Datei gespeichert sind. Dadurch können sie „gestreamt" werden, d.h., eine Datei muß nicht komplett zugreifbar sein, um abgespielt zu werden. Ein Film kann also, wenn er z. B. aus dem Internet aufgerufen wird, bereits anfangen zu laufen, bevor alle Bilder verfügbar sind. Auf einer CD-ROM muß der Lesekopf sich nicht andauernd zwischen einer Bild- und einer Tondatei hin- und herbewegen. Voraussetzung für ein flüssiges und ruckelfreies Abspielen ist lediglich, daß die durchschnittliche Übertragungsrate vom Speichermedium höher ist, als die durchschnittliche Datenrate des Films. Kleinere Schwankungen werden durch Zwischenspeicherung der Daten im Arbeitsspeicher automatisch ausgeglichen. Die Kompression beschränkt sich bei vielen Algorithmen nicht auf ein einzelnes Bild. Statt dessen werden oft nur die Differenzen zwischen Einzelbildern gespeichert und übertragen. Bewegt sich wenig in einer Szene, treten sehr geringe Datenraten auf. Problematisch für die Kompression sind natürlich Aufnahmen, bei denen das Bild wackelt oder verrauscht ist. Um die Navigationsmöglichkeiten in Digital-Video-Filmen zu verbessern, werden in bestimmten Abständen sogenannte Schlüsselbilder („Keyframes") mit den kompletten Bilddaten übertragen. Sie haben durchaus Ähnlichkeit mit den gleichnamigen Frames in

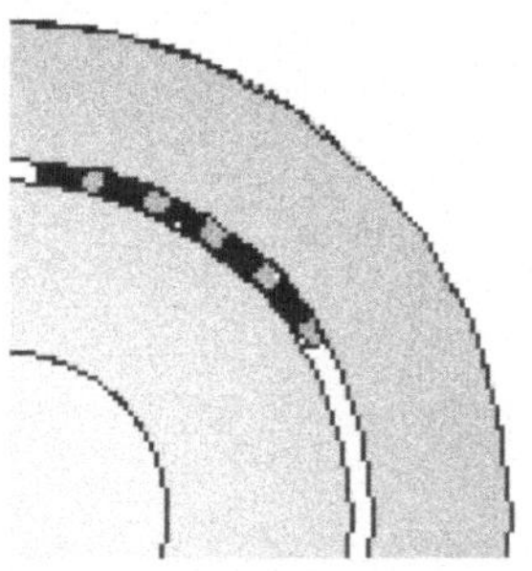

Verteilung der Daten für Bild (schwarz) und Ton (grau) in einer QuickTime-Datei auf CD-ROM (schematisch)

Director-Filmen, die wir früher kennengelernt haben. Weitere Kompressionsmöglichkeiten ergeben sich in vielen Fällen bei Verwendung der Spritetechnik in Digital-Video-Kanälen. In diesem Fall werden (genau wie in Director-Filmen die Darsteller) nur einzelne Darsteller gespeichert und die Animation kommt durch Übertragung einer neuen Positionsinformation zustande.

Director unterstützt die Videotechnologien QuickTime für Macintosh und Windows sowie das Windows-Videoformat AVI. AVI-Filme werden in QuickTime konvertiert, wenn sie auf einem Macintosh abgespielt werden. Allgemein gehen die Möglichkeiten der Quick-Timetechnologie weit über das mit AVI machbare hinaus (Mehrspurigkeit, exakte Zeitsteuerung, Spritekanäle, Virtual Reality etc.). Beim Abspielen von Digital-Video entstehen im allgemeinen keine besonderen Synchronisationsprobleme, da ja Tonspuren und Filmbilder eine Einheit bilden. Über Applikationen wie Adobe Premiere können Sie Ihren Film direkt vertonen. Zusätzliche Anwendungen ergeben sich durch die Möglichkeit, nicht nur je eine Video- und eine Tonspur zu benutzen, sondern deren gleich mehrere in einer einzigen QuickTime-Datei. Unter Benutzung von Lingo lassen sich dann während des Abspielvorgangs einzelne Spuren (z.B. für mehrere Sprachen) aktivieren und deaktivieren.

Digital-Videos in Director abspielen

Die Synchronisation von Ereignissen auf der Bühne mit dem Film kann entweder über den Zeitsteuerungskanal durch die Aufrufspunkte (engl. cuepoints) oder per Lingo erreicht werden, indem die aktuelle Ablaufzeit des Films in einer Schleife häufig abgefragt wird (siehe unten). In diesem Fall erfolgt also eine Steuerung der Animation über den QuickTime-Film.

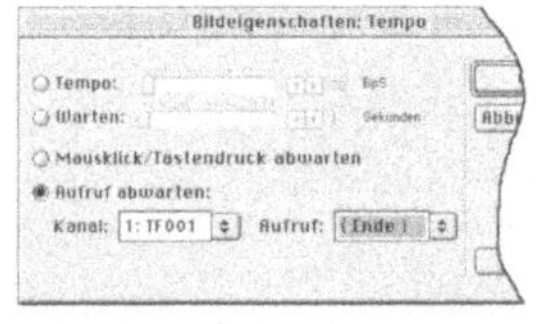

Abwarten, bis ein Digital-Video ans Ende gelaufen ist.

Sie können ein Verbleiben des Abspielkopfes im aktuellen Bild über den Zeitsteuerungskanal durch eine Wartezeit erreichen, die dann durch einen Aufruf bei Filmende abgebrochen wird. Wählen Sie dazu die Option »Aufruf abwarten« und stellen Sie unter „Kanal" den Kanal des entsprechenden QuickTime-Sprites ein. Wählen Sie unter „Aufruf" das Ereignis „{Ende}" als abzuwartenden Aufrufspunkt.

Eine andere Möglichkeit, den Abspielkopf für die notwendige Zeit im Bild festzuhalten, ist ein kurzes Lingo-Skript im Bildverhalten:

```
on exitFrame

  set qtChn = 3

  if the movieTime of sprite qtChn ¬

    < the duration of member "QT.mov" then

    go to the frame

  end if

end
```

Damit wird Director durch das Skript veranlaßt, den Abspielkopf so lange in das aktuelle Bild zurückzuschicken, bis der in diesem Fall in Kanal 3 angenommene QuickTime-Film „`QT.mov`" abgelaufen ist.

Steuerung

Digital-Videos lassen sich in Director weitgehend kontrollieren. Beispielsweise ist es jederzeit – auch während ein Digital-Video-Film abläuft – möglich, über Lingo festzustellen, wie weit ein Film bereits abgespielt ist. Dadurch kann man andere Aktionen mit Ereignissen im Film relativ exakt synchronisieren (→ Kapitel 8.4). In manchen Fällen werden sogar auch reine Tondateien in Form eines QuickTime-Films ohne Bildkanal eingesetzt, um dessen Steuerungsmöglichkeiten nutzen zu können.

Ein Film kann während des Abspielens auch umgekehrt gezielt über Lingo beeinflußt werden, d. h., die Abspielgeschwindigkeit und die Position des virtuellen Abspielkopfs sind vom Lingo-Programm aus steuerbar.

Mit Lingo ist es aber auch möglich, die Abspielgeschwindigkeit und Position im QuickTime-Film zu beeinflussen und auf diese Weise umgekehrt eine Steuerung des Films von der Animation her durchzuführen.

Wenn Sie eine Applikation ausliefern, müssen Sie daran denken, die Digital-Video-Movies ebenfalls zu kopieren, da diese ja nur mit der Datei verknüpft, nicht aber in die Director-Datei bzw. den Projektor aufgenommen werden können.

Digital-Video auf Windows-Systemen

Auf Windows-Rechnern können Sie in diesem Fenster auch Digital-Videos nach dem AVI-Standard abspielen, wenn die entsprechenden Treiber installiert sind. Wenn Sie QuickTime-Filme auf Windows-Computern verwenden wollen, müssen Sie den Treiber „QuickTime for Windows" installieren, der von Apple über das Internet zur Verfügung steht. In Fällen, in denen Sie davon ausgehen können, daß eine Internetverbindung besteht, genügt es unter Umständen, einen Link ins WWW auf die Download-Area von Apple Computer zu setzen (www.apple.com).

QuickTime 4 Download:
http://www.apple.com

Um Filme, die im MPEG-Format vorliegen, auf PCs anzuschauen, können Sie das verbreitete Programm „Xing decoder" verwenden. Allerdings unterstützt „Xing" nicht alle Arten von MPEG-Filmen.

Digital-Video auf Apple-Macintosh

Auf Apple-Macintosh-Computern wird QuickTime als Systembestandteil mitgeliefert und ist im allgemeinen vorinstalliert.

Filme im Windows-spezifischen AVI-Format können von Director auf Macintosh nicht direkt verwendet werden, sie werden zuvor automatisch in QuickTime-Filme konvertiert.

Mit „Sparkle" sind MPEG-Filme auf einem Macintosh ohne Hardwarezusatz direkt abspielbar. Das neuere MPEG-2-Format kann mit einem Konverter in QuickTime umgewandelt werden.

Auch Filme, die im MPEG-Format vorliegen, sind in Director verwendbar. Solche Filmdateien können Sie auch über das Freeware-Programm „Sparkle" auf Apple-Macintosh abspielen und in QuickTime-Filme konvertieren. Umgekehrt können Sie über „Sparkle" auch MPEG-Filme aus einzelnen numerierten PICT-Dateien oder aus einem QuickTime-Film erzeugen.

8.3.1 QuickTime VR

QuickTime-VR-Filme lassen sich als QuickTime-Darsteller in Director importieren. Wichtig ist, um eine optimale Darstellung zu gewährleisten, daß „direkt auf Bühne" aktiviert ist. Die Steue-

rung und Interaktion von QuickTime-VR-Filmen läßt sich durch
Lingo kontrollieren und manipulieren (→ Kapitel 7.2.2).

8.4 Synchronisation

Wie schon angedeutet, bereitet die exakte Synchronisation von
Audio- und Videodaten mit Director-Filmen manchmal Probleme.
Die Ursache dafür ist meist die unterschiedliche Reaktion auf unter-
dimensionierte Hardware. Während bei Sound und QuickTime die
Gesamtzeit einer Sequenz, notfalls durch Auslassungen, immer exakt
eingehalten wird, zeigt Director alle im Regiefenster definierten Frames auch tatsächlich an und erreicht unter Umständen nicht die vorgesehene Bildwiederholrate, die Animation dauert also dann länger
als erwartet. Besonders wenn größere Ton- oder Bilddarsteller geladen werden müssen, kommt es immer wieder zu schwer kalkulier-
baren Pausen beim Umschalten zwischen den Frames.

Um solche Probleme im Rahmen zu halten, sollten Sie Ihre Anwendung auf das langsamste vorgesehene Zielsystem abstimmen und
während der Entwicklungsphase immer wieder auf dieser
Referenzplattform testen.

Leider beeinflussen noch wesentlich mehr Faktoren die tatsächliche Ausführungsgeschwindigkeit in schwer vorhersagbarer
Weise. Verschiedene Einflußfaktoren haben wir bereits kennengelernt (→ Kapitel 3.4). Auch wenn diese berücksichtigt werden,
verbleiben noch genügend Unsicherheitsfaktoren, die man, wie
z. B. unterschiedlich schnelle Festplatten oder fragmentierte
Dateisysteme, meist nicht vollständig ausschließen kann. Bauen
Sie daher immer eine gewisse „Sicherheitsreserve" in Ihre Anwendungen ein. Reizen Sie auch die Leistungsfähigkeit des langsamen
Referenzsystems nicht restlos aus, oder sehen Sie spezielle Synchronisationsmechanismen an verschiedenen Stellen des Films vor.
Diese können von einfachem Warten auf das Ende eines Sounds
oder QuickTime-Films in einem Kanal (→ Kapitel 8.3) bis zu raf-
finierteren, mit Lingo zu programmierenden Methoden reichen.
Sie können beispielsweise die tatsächliche Zeit zwischen zwei Stellen des Films messen und abhängig davon ganz andere Folgefil-
me aufrufen. Dort können etwa Darsteller in geringerer Farbtiefe
oder Sounds geringerer Qualität verwendet werden, welche die
Rechnerressourcen weniger belasten. Alle diese eleganten Lösun-

gen haben jedoch eines gemeinsam: Sie sind zeitaufwendig zu erstellen und daher teuer. Insbesondere der Testaufwand für die Synchronisation sollte bei komplexen Anwendungen keinesfalls unterschätzt werden; er kann nach unseren Erfahrungen manchmal bis zu 20 % der gesamten Arbeitszeit am Projekt erreichen.

Es kommt oft vor, daß Director einen Sound nicht richtig abspielt. Besonders häufig treten solche Schwierigkeiten bei Sounds in QuickTime-Filmen auf.

Eine Menge Gründe können dafür verantwortlich sein:

- Es gibt nicht genug Speicher in Director. Sie haben eventuell dem Programm Director oder dem Projektor zu wenig Speicherplatz zugewiesen. Kontrollieren Sie über das Apple-Menü und den Befehl »Über Director…«, ob noch Speicherreserven vorhanden sind. Beenden Sie ggf. das Programm, und weisen Sie Director oder dem Projektor im Finder über »Ablage:Information« einen größeren Speicherbereich zu.

- Es ist nicht genug Speicher außerhalb von Director übrig. Eventuell hat das System nicht mehr genügend Speicher frei, um den Sound abzuspielen. Dies kann vorkommen, wenn Sie entweder tatsächlich zu wenig RAM eingebaut haben, zu viele andere Programme parallel geöffnet haben oder dem Programm Director bzw. dem Projektor allzu großzügig Speicher zugeteilt haben. Sie können die Speichersituation kontrollieren, indem Sie in den Finder wechseln und im Apple-Menü »Über diesen Macintosh…« aufrufen. Beenden Sie ggf. andere Programme, oder verkleinern Sie die Speicherzuteilung für Director bzw. den Projektor.

- Der Speicher kann fragmentiert sein. Das System verfügt in diesem Fall zwar noch über genügend Speicher, dieser existiert aber in getrennten kleinen Blöcken, die einzeln nicht mehr für die gestellte Aufgabe ausreichen. Eine solche Situation tritt besonders leicht während der Programmentwicklung ein, wenn teilweise mit zehn gleichzeitig geöffneten Programmen gearbeitet wird und nach mehrfachem Schließen und Öffnen einiger Programme die Speicherverwaltung am Ende ist. Abhilfe für das Problem schafft ein Neustart des Rechners.

- Ein anderer Grund für das Ausbleiben von QuickTime-Sound kann sein, daß in Director bei »Modifizieren:Darsteller:Eigenschaften...« die Video-Option »Jedes Bild abspielen (kein Sound)« eingestellt ist. In dieser Einstellung spielt Director keine QuickTime-Sounds, manchmal fehlen die Sounds auch bei gewählter Option »Direkt auf Bühne«. Sie können den Sound notfalls vom Film trennen und ersatzweise in einem Director-Soundkanal oder über `puppetSound` abspielen, beachten Sie dann aber, daß entweder der Sound oder das Video in den Arbeitsspeicher vorausgeladen sein muß, oder sich beide Datenquellen auf verschiedenen Speichermedien befinden müssen.

- Unter Windows blockieren sich Sounds gegenseitig, die von verschiedenen Programmen abgespielt werden. Obwohl Director mehrere interne Sounds auch unter Windows mischen kann, lassen sich Sounds von QuickTime-, AVI- oder Flash-Filmen und über Lingo-Befehle wie `puppetSound` ausgelöste nicht gleichzeitig abspielen. Wenn beim Starten eines Quick-Time-Films schon eine Sounddatei abgespielt wird, so ist zwar das Bild des Videos zu sehen, jedoch nicht sein Sound.

Das Problem ist deshalb besonders heimtückisch, weil es nicht auf allen Testsystemen auftritt. Microsoft hatte nämlich mit einigen älteren Systemen und Softwarepaketen einen „DirectSound"-Treiber ausgeliefert, der das Problem beseitigt. Dieser Treiber kann von der Microsoft-Web-Site heruntergeladen werden und sollte ggf. mit in die Multimedia-Installation aufgenommen werden.

Download:
http://www.microsoft.com

Sound als QuickTime

In Director ist das Abspielen eines Sounds (AIFF, AU, WAV) normalerweise nicht sehr differenziert beeinflußbar. Möglich ist allerdings ein langsames Ein-/Ausblenden (`sound    fadeIn`, `sound    fadeOut`) sowie endgültiges Anhalten des Sounds (`sound    stop`) und die Abfrage, ob der Sound noch läuft (`soundBusy`). Director sieht keine Mechanismen vor, um z. B. die schon abgelaufene Soundzeit zum Zweck der Synchronisation mit Bildschirmereignissen zu messen oder um die Wiedergabegeschwindigkeit ohne Tonhöhenänderung in Echtzeit zu beeinflussen (letzteres wäre extrem rechenzeitaufwendig und liegt außerhalb der Möglichkeiten heutiger PCs).

Über einen Trick sind exakte Kontrollen doch möglich: Wenn Sie einen Sound in einen QuickTime-Film konvertieren, der nur aus der Tonspur besteht, haben Sie wesentlich mehr Einflußmöglichkeiten. Nehmen Sie zur Konvertierung ein Programm wie Adobe Premiere zu Hilfe.

Für QuickTime-Filme, auch für solche, die eigentlich nur einen Soundkanal enthalten, besteht die Möglichkeit, Aufrufspunkte zu setzen und abzufragen. Zusätzlich stehen einige interessante Lingo-Befehle zur Verfügung, die die Synchronisation von Bildschirmereignissen und Hintergrundaktivitäten mit dem Film bzw. Sound erlauben. Wesentlich sind die Eigenschaften `the duration of member` und vor allem `the movieTime`.

Während ein Digital-Video-Darsteller abläuft, kehrt der Abspielkopf programmgesteuert mit hoher Bildrate immer wieder zum gleichen Bild zurück. Er verläßt das Bild nur, wenn die maximale Dauer des Darstellers erreicht ist oder wenn besondere Ereignisse wie das Drücken einer „Stop"-Schaltfläche eine neue Aktion erfordern. Während der Abspielkopf immer wieder zu dem Bild zurückkehrt, wird jeweils die `exitFrame`-Routine des Bildskripts ausgeführt. Darin kann über die Eigenschaft `the movieTime` festgestellt werden, ob die Zeit gekommen ist, eine Aktion auszulösen. Sie sollten auf fällige Aktionen allerdings immer mit dem Vergleichsoperator „>" (größer) statt „=" (gleich) abfragen, da die Routine normalerweise ja nicht genau zu der richtigen Zeit durchlaufen wird. Ist die Aktion schließlich ausgeführt, muß diese Tatsache in einer globalen Variablen oder Liste vermerkt werden, um zu vermeiden, daß die gleiche Aktion in Zukunft immer beim Durchlaufen der `exitFrame`-Routine stattfindet.

Natürlich kann eine so gesteuerte Aktion manchmal leicht verspätet erfolgen. Da das Bildskript bei jedem Bildwechsel ausgeführt wird, ist die maximal auftretende Verspätung in der Größenordnung der Verweildauer eines Bildes. Die mittlere Verspätung beträgt etwa die Hälfte der Bilddauer. Höhere Bildraten führen also normalerweise zu exaktem Zeitverhalten, wobei jedoch die Genauigkeit bei über 30 Bildern/Sekunde, also im Bereich von 1–2

Ticks/Bild, nicht mehr wesentlich ansteigt. Zum Teil kann die leicht verspätete Reaktion durch eine entsprechende Kompensation im festgelegten Reaktionszeitpunkt ausgeglichen werden. Experimentieren Sie hier mit Werten von 1 Tick + halbe Bilddauer.

Die hier gezeigte Methode hat die angenehme Eigenschaft, daß die Synchronisation auch dann nicht verlorengehen kann, wenn die geplante Bildrate wegen zu langsamer Hardware nicht zustande kommt. Einzige Auswirkung ist in diesem Fall eine nachlassende Genauigkeit der Synchronisation.

Im Beispielfilm »SndSync.DIR« finden Sie Beispiele für die notwendigen Routinen zur Synchronisation. Das praktische Vorgehen dabei ist wie folgt:

ÜBUNG

- Ermitteln Sie, an welchem Zeitpunkt, vom Filmstart an gerechnet, eine Aktion erfolgen soll. Benutzen Sie dafür entweder eine Stoppuhr, oder laden Sie den Sound in einen Editor wie SoundEdit Pro bzw. den Digital-Video-Film in ein Programm wie Adobe Premiere, um die genauen Zeiten ablesen zu können.

- Rechnen Sie den Zeitpunkt in Ticks um. Runden Sie dabei auf ganze Ticks ab.

- Im Beispielsound »Fanfare« des Films »SndSync.DIR« befinden sich zwei Toneinsätze bei 1,69 Sekunden und bei 2,27 Sekunden. Die Multiplikation mit 60 Ticks/Sekunde ergibt 101 Ticks und 136 Ticks.

- In der `exitFrame`-Routine des Bildskripts werden Bedingungen eingebaut, die das erstmalige Auftreten einer größeren `movieTime` erkennen und in ein Bild verzweigen, in dem in diesem Fall einfach ein roter Kreis eingeblendet ist.

Versuchen Sie bitte, auch die anderen Toneinsätze des Sounds mit entsprechendem Aufblitzen des Punktes zu begleiten. Versuchen Sie dann, erst nach Abklingen der längeren Töne aus dem Zweig zurückzuspringen, indem Sie dort eine entsprechende Zeitbedingung einbauen.

Während die vorgestellte Methode für die Synchronisation von Animationen sehr gut geeignet ist, muß auch auf einen Fallstrick hingewiesen werden. Sie können damit z. B. nicht ohne weiteres Bildwechsel synchronisieren, die das Einlesen von Daten von der CD oder von der Festplatte erfordern. Da durch den als QuickTime-Film behandelten Sound normalerweise permanent von der Platte/CD gelesen wird, stören sich Ladevorgänge von Ton und Grafik unter diesen Umständen extrem. Schließlich kann sich der Schreib-Lesekopf einer Festplatte zu einer bestimmten Zeit nur an einem Ort befinden.

Als Ausweg bietet es sich an, die anzuzeigenden Bilder oder den QuickTime-Sound rechtzeitig vorher in den Speicher zu laden.

Natürlich ist es statt der Synchronisation über Lingo prinzipiell auch möglich, Ton und Standbilder in einer Anwendung wie Adobe Premiere zu einem gemeinsamen QuickTime-Film zu vereinigen und diesen aus Director heraus abzuspielen. Synchronisation ist damit wohl gewährleistet, aber bei bildschirmfüllenden Bildern kann dies zu noch extremeren Tonaussetzern durch Überlastung der Hardware führen.

9

Interaktion

9 Interaktion

Um Multimedia-Anwendungen interaktiv zu machen, muß man eine Methode haben, über die sich die Art der Interaktion sehr genau definieren läßt.

Die klassische Lösung dieses Problems liegt in einer Programmiersprache, über die daher auch alle ernstzunehmenden Autorensysteme verfügen. Nur eine solche Sprache erlaubt es normalerweise, all die komplexen Datenstrukturen und Ablaufsteuerungen aufzubauen, die das Verhalten eines komplexen Programms ausmachen. Für eingefleischte Programmierer ist das kein Problem. Heute aber sehen Hersteller von Multimedia-Autorensystemen wie Macromedia Director ihre Zielgruppe nicht mehr nur in Programmierern der Multimedia-Herstellerfirmen, sondern immer häufiger auch in Endkunden, die damit für eigene Zwecke z. B. Präsentationen oder kleinere Anwendungen fürs Internet erstellen. Der größer gewordene potentielle Kundenkreis machte es notwendig, Interaktivität auch einfacher als nur über Programmierung definieren zu können. Directors Lösung für das Problem sind die „Verhalten", die, obwohl sie eigentlich auch nur Skripte darstellen, durch einfaches Drag & Drop eingesetzt werden können.

Für viele einfacheren Problemstellungen, insbesondere bei der Interaktion zwischen Sprites und dem Benutzer, genügt dieses Konzept. Weniger geeignet ist es, wenn es um komplexe Datenstrukturen geht. Hier ist es zumeist bequemer, auf klassische Lingo-Programmierung zurückzugreifen. Ähnlich liegt der Fall, wenn ein Verhalten etwas tun soll, das nicht durch Einstellen der vorgesehenen Parameter oder durch eine Kombination mehrerer Verhalten zu erreichen ist. Meist ist es deutlich aufwendiger, ein komplettes Verhaltensskript, das man nicht selbst erstellt hat, zu verstehen und abzuändern, als das gewünschte Programmverhalten durch einige normale Lingo-Prozeduren herzustellen. Allerdings verschwimmt die Grenze hier, denn jedes Spriteskript wird von Director als (unvollständig implementiertes) Verhalten behandelt.

Über Lingo als leicht zu erlernende und flexible Programmiersprache steht inzwischen eine umfangreiche, auch deutschsprachige Literatur zur Verfügung, eine Auswahl finden Sie im Anhang.

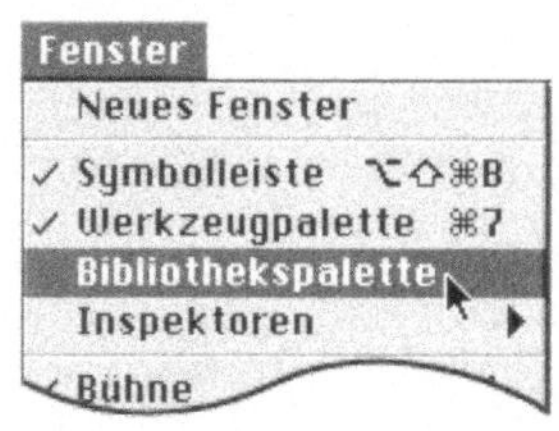

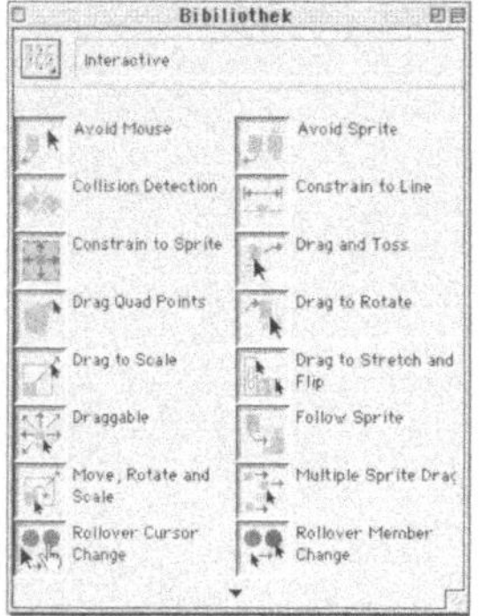

Die Bibliothekspalette für Verhaltensskripte

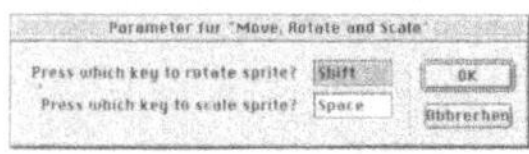

Der Parameterdialog beim Zuordnen eines Verhaltens

Kopien von Verhalten in der internen Besetzung

9.1 Verhalten verwenden

Die Verhalten ermöglichen Interaktivität, indem Sie festlegen, welche Reaktionen auf bestimmte Ereignisse auszuführen sind. Die Nachrichten über Ereignisse können vom Benutzer über das Betriebssystem oder vom Director-Film selbst kommen (z. B. mouseUp, keyDown, exitFrame), oder aber sie werden explizit von einem Lingo-Programm erzeugt.

Verhalten werden in Directors Bibliothekspalette verwaltet. Hier sind die unzähligen nützlichen mitgelieferten Standardverhalten abgelegt, diese können aber auch durch eigene ergänzt werden.

Abhängig von ihrer genauen Funktionsweise können Verhalten entweder für Sprites, für Bilder (Frames) oder aber für beides geeignet sein.

Wären Verhalten nur starr für die Ausführung einer ganz bestimmten Funktion bei einem Ereignis vorgesehen, so wäre ihr Einsatzbereich sehr beschränkt. Deshalb können sie auch so geschrieben werden, daß sie zusätzlich einen Initialisierungsdialog definieren. Über diesen können bei ihrer späteren Verwendung eine bestimmte Anzahl vorgesehener Parameter eingestellt werden. Der Dialog erscheint, wenn das Verhalten im Autorenmodus einem Sprite oder einem Bild (Frame) zugeordnet wird. Sie weisen einem Sprite ein Verhalten zu, indem Sie es einfach aus der Bibliothekspalette auf das Sprite (im Drehbuchfenster oder auf der Bühne) ziehen (beachten Sie, daß nicht alle Verhalten korrekt funktionieren, wenn sie einem Sprite zugewiesen werden, das sich nur über ein einziges Bild erstreckt). Entsprechend weisen Sie ein Bildverhalten zu, indem Sie es aus der Palette in den Verhaltenskanal des Drehbuchs oder auf den Bühnenhintergrund ziehen. Wenn Sie ein Verhalten zum ersten Mal in einem Film anwenden, wird eine Kopie des Verhaltensskripts im gerade aktiven Besetzungsfenster abgelegt. Sie brauchen also die Besetzungspalette nicht mit Ihrem Projekt auszuliefern. Damit ist auch ausgeschlossen, daß Sie ein Bibliotheksverhalten versehentlich beschädigen, wenn Sie experimentell Änderungen am Skript durchführen wollen. Sie können das Verhalten mehreren verschiedenen Sprites oder Bildern in Ihrem Film zuweisen (bei vielen Sprites geht das besser über das Popup-Menü des Drehbuchfensters als durch Drag & Drop). Dabei wird nicht jedesmal eine neue Kopie in der Besetzung angelegt. Allerdings besitzt jedes Sprite bzw. jedes Bild, dem Sie das Verhalten zuordnen, ggf. einen eigenen Satz vom Parametern. Ähnlich wie von „Übergeordneten Skripten" bei objektorientierter Lingo-Programmierung wird bei der Zuweisung jedesmal eine neue Instanz des Verhaltens erzeugt. Es kann also durchaus an verschiedenen Stellen des Films eine durch andere Startparameter definierte abweichende Funktion ausüben.

Einem Sprite können gleichzeitig beliebig viele Verhalten zugewiesen werden, nicht jedoch einem Bild. Das ist einerseits sehr nützlich und erhöht beträchtlich die Flexibilität, andererseits ist es aber auch die Ursache mancher Probleme, die beim Einsatz von Verhalten auftauchen. Immer wieder geschieht es, daß unbeabsichtigt mehrere Verhalten auf einem Sprite zu liegen kommen (erkennbar an der Angabe <Multiple> im entsprechenden Popup-Menü des Drehbuchfensters. Wenn Sie nicht sicher sind, daß Sie absichtlich mehrere Verhalten auf ein Sprite gelegt haben, verwenden Sie am besten „Alle Verhalten löschen" aus dem Popup-Menü und ordnen das gewünschte Verhalten erneut zu.

Wenn Sie den Mauszeiger über ein Verhalten in der Bibliothekspalette führen, wird meist eine gelbe Informationsbox („ToolTip" genannt) eingeblendet, die Ihnen die wichtigsten Informationen über das Verhalten anzeigt. Alle mitgelieferten Verhalten von Director verfügen über ToolTips, allerdings können sie bei Verhalten aus anderen Quellen oder bei selbstdefinierten Verhalten auch fehlen. Wenn Sie selbst Verhalten definieren, sollten Sie diese nützliche Informationsbox unbedingt nutzen, das eigene Gedächtnis ist häufig schlechter, als man glaubt.

9.2 Der Verhaltensinspektor

Zur Verwaltung von Verhalten, die einem Sprite oder einem Bild zugewiesen sind, verfügt Director über den Verhaltensinspektor. Bis zu einem gewissen Grad erlaubt er auch die Definition neuer und die Modifikation bestehender Verhalten durch den Lingo-scheuen Anwender. Der Verhaltensinspektor hat also mit die Aufgabe, den Anwender von der Programmierungsebene zu isolieren und ihm eine „einfachere" Schnittstelle zu bieten. Es liegt in der Natur der Sache, daß die ausschließlich mit den Methoden des Inspektors

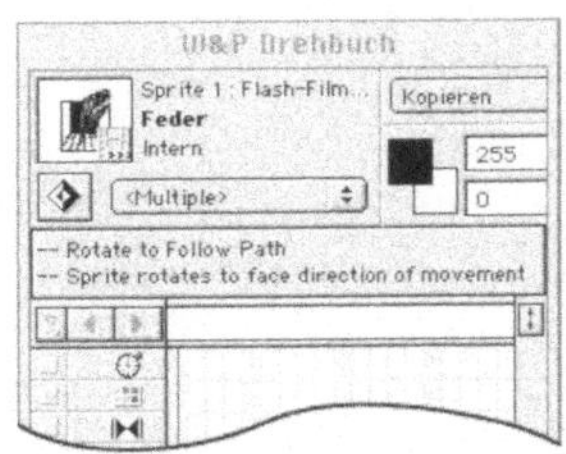

Am Eintrag <Multiple> im Verhaltens-Popup-Menü des Drehbuchs erkennt man Sprites, die (möglicherweise versehentlich) nicht nur ein Verhalten tragen.

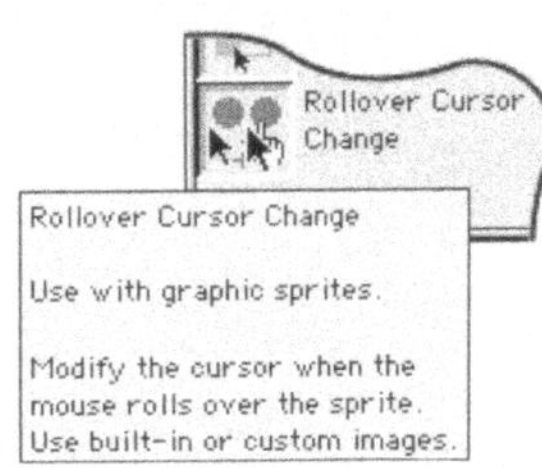

ToolTips informieren über die Einsatzmöglichkeiten für ein Verhalten.

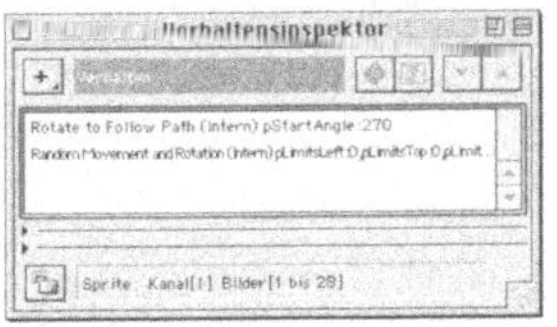

Der Verhaltensinspektor

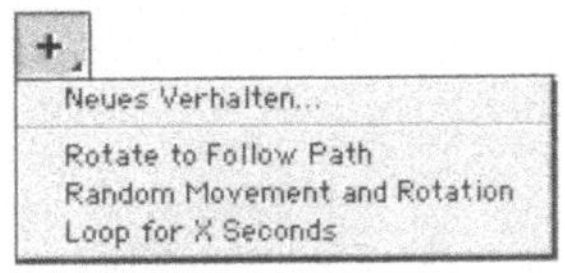

Verhalten ergänzen oder neues Verhalten erzeugen

erzeugten Verhalten bei weitem nicht die ganze Bandbreite von Lingo abdecken (s. u.). Lingo gehört also noch lange nicht zum „alten Eisen". Im Gegenteil: Erst mit Lingo erzeugte oder ergänzte Verhalten sind wirklich auch für komplexere Dinge von einigem Interesse (→ Kapitel 9.4).

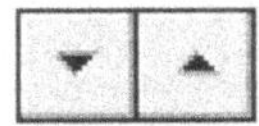

Werden für ein Sprite mehrere Verhalten definiert, so erscheinen sie im Verhaltensinspektor in der Reihenfolge der Zuweisung, genauso werden sie beim Auftreten von Nachrichten über Ereignisse auch abgearbeitet. Mit Hilfe der Pfeile rechts oben im Verhaltensinspektor kann das ausgewählte Verhalten nach unten oder oben verschoben werden.

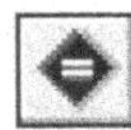

Verfügt ein Verhalten über einen Definitionsdialog für Parameter, so kann es erforderlich werden, die zu Beginn eingestellten Werte nochmals zu ändern. Dazu kann der Parameterdialog durch die abgebildete Schaltfläche mit dem Gleichheitszeichen erneut geöffnet werden.

Lingo-Spezialisten werden die Skript-Schaltfläche benutzen, um den „wirklichen" Code zu sehen und ändern zu können, der hinter einem Verhalten versteckt ist.

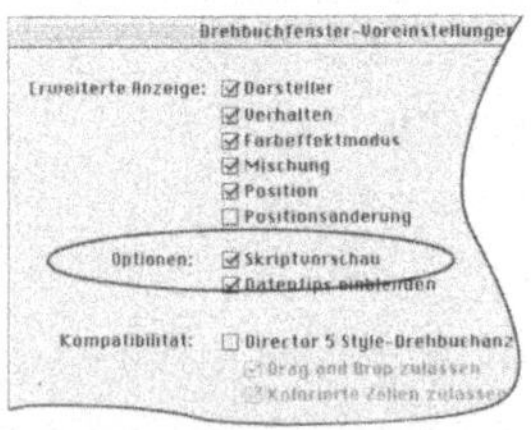

Skriptvorschau des Drehbuchfensters einschalten

Viele Profi-Programmierer ärgern sich aber wahrscheinlich darüber, daß ein Doppelklick auf ein Verhalten im Besetzungsfenster zuerst den Verhaltensinspektor öffnet, statt wie in früheren Director-Versionen das Skriptfenster anzuzeigen. Dem kann aber abgeholfen werden. Es gibt einige Möglichkeiten, sofort und bequem an das Skript zu kommen:

- Über das Skriptsymbol im Besetzungsfenster

- Mit Hilfe des Kontextmenüs, das über die rechte Maustaste (Windows) oder die Taste <CTRL> (Macintosh) für Sprites (»Skript...«) und Bilder (»Bildskript...«) zugänglich ist.

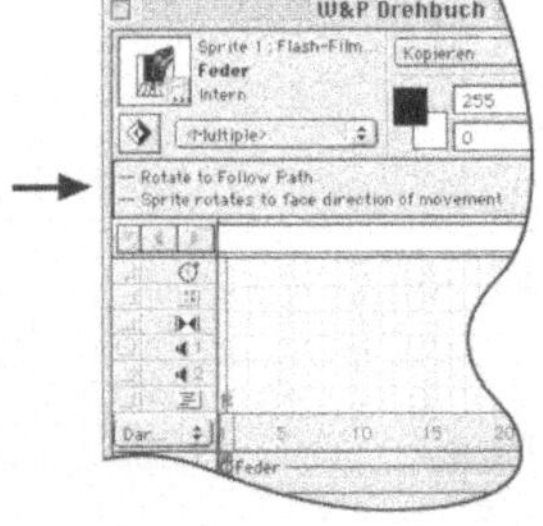

Der Skriptvorschaubereich des Drehbuchfensters

- Sie können über »Datei:Voreinstellungen:Drehbuch...« das Skriptvorschaufeld im Drehbuchfenster einschalten. Ein einfacher Klick in dieses Feld führt sofort ins Spriteskript (das funktioniert allerdings nicht bei mehreren Verhalten auf dem Sprite).

- Sie können den Standardeditor für Verhalten über »Datei:Voreinstellungen:Editoren...« auf das Skriptfenster ändern. Damit führt ein Doppelklick auf ein Spriteskript im Besetzungsfenster wieder direkt zum Skript.

Das Fenster des Verhaltensinspektors verfügt über zwei ausklappbare Bereiche, die jeweils durch einen kleinen Pfeil und Querstrich erkennbar sind. Der obere Pfeil führt zum Editor für einzelne Verhalten, der untere zeigt einen rollbaren Text an, der oft weitergehende Information über ein Verhalten enthält. Alle mit Director ausgelieferten Verhaltensskripte verfügen über diesen rollbaren Text, der die genaue Verwendung beschreibt. Verhalten anderer Hersteller oder selbsterstellte Skripte haben eventuell keinen Beschreibungstext. Leider ist die Beschreibung nur zugänglich, wenn das Verhalten bereits einem Sprite zugewiesen wurde. Für die Entscheidung, ob ein bestimmtes Verhalten überhaupt in einer vorgegebenen Situation einsetzbar ist, ist er also weniger nützlich, man ist hier auf die gelben Kurzbeschreibungen („Tool-Tips") angewiesen, die beim Überfahren der Bibliothekspalette mit der Maus eingeblendet werden.

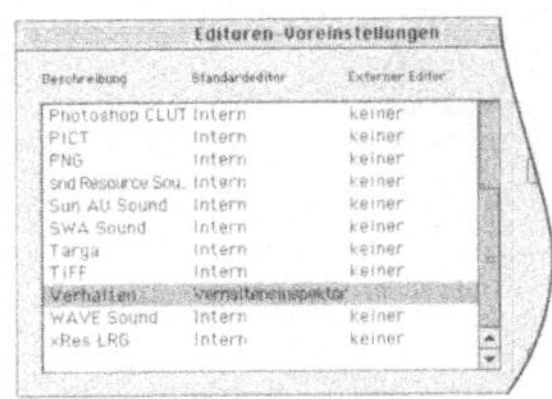

Ändern des Standardeditors für Verhalten

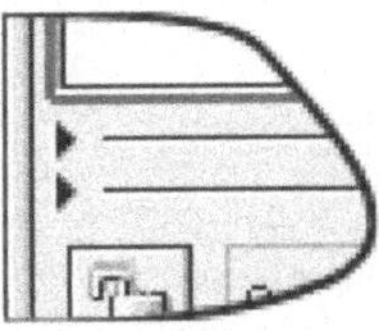

Pfeile zum Erzeugen und Ändern von Verhalten und zum Einblenden der Beschreibung.

9.3 Verhalten mit dem Inspektor erzeugen

Um ein neues Verhalten zu erzeugen, blenden Sie bitte zunächst über den oberen der beiden Pfeile über dem Schloßsymbol die Rollbereiche für Ereignisse und Aktionen ein. Wählen Sie dann aus dem »+«-Menü »Neues Verhalten...« (der zweite Menüpunkt würde ein Darstellerskript erzeugen, was wir hier nicht wollen). Sie werden nun aufgefordert, einen Namen für das neue Verhalten zu vergeben.

Das Verhalten taucht in der Liste der dem Sprite zugeordneten Verhalten auf, und Sie können darangehen, in der linken Spalte „Ereignisse" diejenigen Nachrichten auszuwählen, auf die Ihr Verhalten reagieren soll. Hierfür stehen die üblichen System- und Filmereignisse zur Verfügung (siehe Randspalte nächste Seite), Sie können aber auch einen eigenen Nachrichtennamen vergeben. Natürlich müssen Sie bei frei definierten Namen für Ereignisse später auch selbst dafür sorgen, daß tatsächlich eine gleichnamige Nachricht an das Sprite geschickt wird. Jedem auf der linken Seite aus-

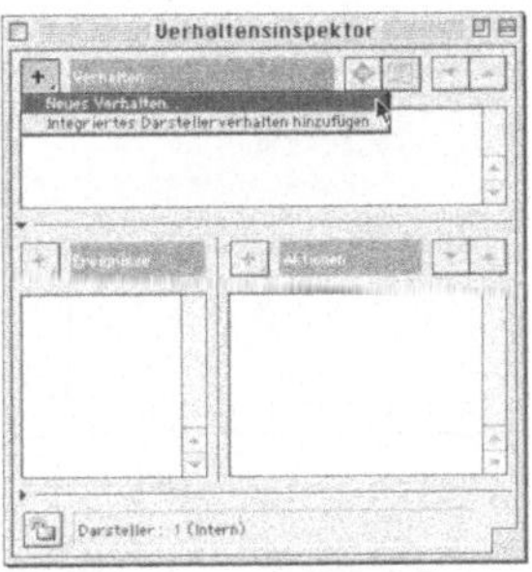

Neues Verhalten (Spriteskript) erzeugen

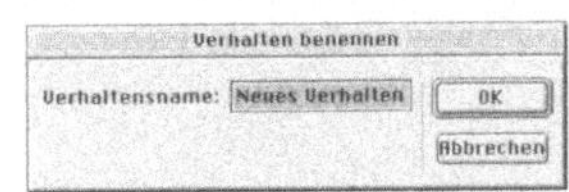

Neues Verhalten benennen

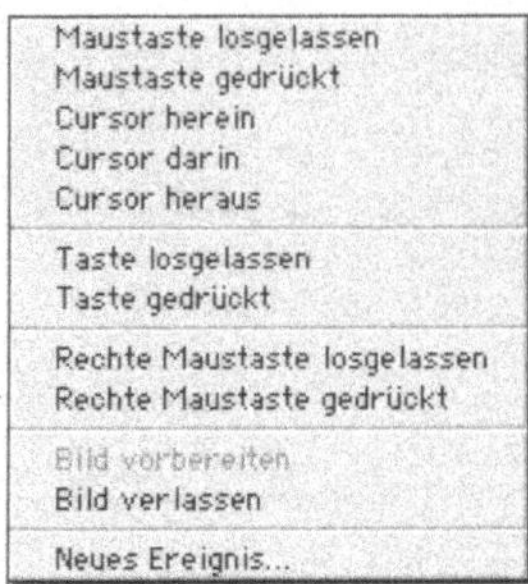

Das Ereignis-Popup-Menü

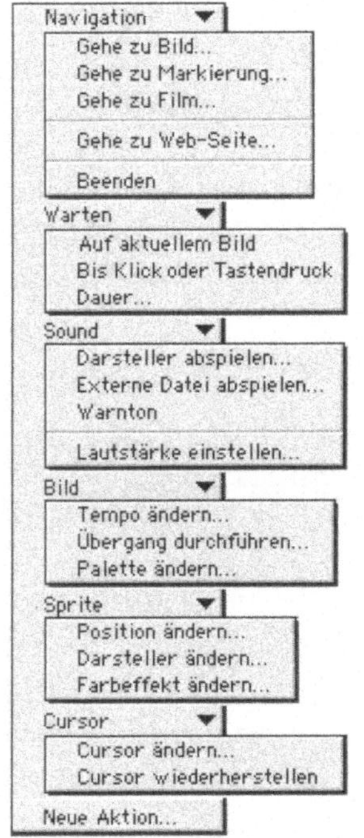

Standardaktionen zur Verwendung bei Verhaltensdefinitionen

gewählten Ereignis kann nun in der rechten Spalte eine oder mehrere der vorgesehenen Aktionen zugeordnet werden.

Obwohl hier eine stattliche Anzahl von Aktionen zur Verfügung steht (siehe Randspalte), werden die Grenzen der „Interaktion ohne Programmierung" recht schnell deutlich. Es sind nur einfache festgelegte Abläufe möglich. Abläufe in Schleifen oder bedingte Anweisungen können nicht definiert werden, lediglich der Aufruf einer globalen Lingo-Prozedur über »Neue Aktion« bietet hier ein Schlupfloch für mehr Flexibilität.

9.4 Verhalten mit Lingo erstellen

Ihre wirkliche Flexibilität zeigen Verhalten erst, wenn sie mit benutzerspezifischen Lingo-Prozeduren angereichert werden. Der restliche Teil dieses Kapitels ist in erster Linie für Leser gedacht, die bereits mit Lingo oder einer anderen Programmiersprache Erfahrung haben. Vielleicht aber kann auch all jenen wenigstens eine ungefähre Vorstellung von der Vorgehensweise vermittelt werden, die sich mit dem Gedanken tragen, Lingo in nächster Zeit zu erlernen.

Zunächst die Aufgabenstellung für unser Beispiel:

Für ein Videospiel soll eine Oberfläche geschaffen werden, bei der man mit der Maus verschiedene Dinge entdecken kann. Alle versteckten Grafiken sollen bei Annäherung mit der Maus sichtbar werden und abhängig von der Distanz einen mehr oder weniger lauten Sound abspielen.

Wir wollen ein Verhalten entwickeln, das diese Funktionen für uns erfüllt. Unser Konzept sieht vor, daß jedes zu entdeckende Ding durch ein eigenes Sprite repräsentiert wird, dem wir später unser Verhalten zuordnen. Der Sound soll grundsätzlich in Kanal 1 abgespielt werden (da maximal acht Soundkanäle zur Verfügung stehen, können wir es uns nicht leisten, für jedes Sprite einen anderen Soundkanal zu benutzen). Die ganze Interaktion soll sich (wie bei komplexeren Lingo-gesteuerten Programmen häufig) in einem einzigen Bild (Frame) abspielen. Offensichtlich ist auch, daß die Aktion unseres Skripts mehrmals pro Sekunde, also z. B. bei einem drehbuchabhängigen Ereignis wie `exitFrame` oder `enterFrame`, auftreten sollte.

Das Verhalten hat etwa folgende Aufgaben zu erfüllen:

- Entfernung zwischen Mauszeiger und Sprite errechnen

- Deckkraft abhängig von der Mausdistanz einstellen

- Lautstärke abhängig von der Mausdistanz einstellen

- Den Sound abspielen, der zum Sprite unter der Maus gehört

Die Deckkraft und Lautstärke sollen innerhalb eines gewissen Kreisradius um das Zentrum des Sprites einen konstanten Wert haben und sich mit größer werdendem Abstand ändern. Außerhalb eines zweiten Begrenzungsradius sollen die Deckkraft wiederum einen konstanten Wert erreichen. Nehmen wir der Einfachheit halber zunächst an, Deckkraft und Lautstärke seien innerhalb des inneren Radius 100 % und außerhalb des äußeren Radius 0 %. Weiterhin soll die Einschränkung gelten, daß sich die äußeren Kreisbezirke nicht überschneiden.

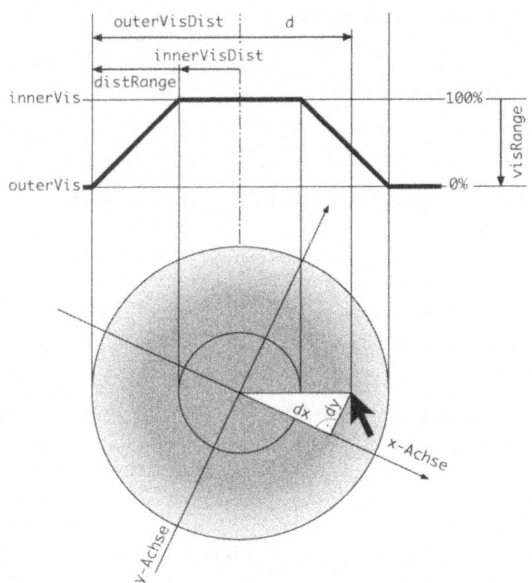

Skizze zur Berechnung der Deckkraft eines Sprites in Abhängigkeit von der Distanz des Mauszeigers

Zum besseren Verständnis zeigt die Skizze die Situation in bezug auf ein einzelnes Sprite. Zur Berechnung der Distanz zwischen Mauszeiger und Sprite kann der Satz des Pythagoras ($c^2 = a^2 + b^2$ im rechtwinkligen Dreieck) herangezogen werden (die x- und y-Achsen sind in der Skizze schräg eingezeichnet, damit die Distanzrichtung horizontal zu liegen kommt). Oben ist die gewünschte hutförmige Funktion für die Deckkraft in Abhängigkeit von der Mausdistanz (die Werte 100 % und 0 % sind lediglich Beispiele) angegeben.

Schnell wird klar, daß als Parameter die beiden Radien in Frage kommen. Der äußere definiert die Distanz, ab der bei Annäherung des Mauszeigers eine Deckkraftänderung (und ggf. Lautstärkeänderung) eintreten soll, der innere definiert diejenige Entfernung, ab der sich die Transparenz (bzw. Lautstärke) nicht mehr weiter ändert. Weitere Parameter sind natürlich die Transparenzwerte für den äußeren Bereich und für den inneren Bereich, die damit nicht unbedingt auf 0 % und 100 % festgelegt werden müssen. Soll auch die Lautstärke beeinflußt werden, so ist außerdem der abzuspielende Sound als Parameter festzulegen.

Als erstes muß ein Film angelegt werden, der eine Endlosschleife auf dem ersten Bild ausführt. Das kann bequem mit dem Navigationsverhalten „Go Loop" („Auf Bild bleiben") realisiert werden, das wir in den Verhaltenskanal eines neuen Films ziehen (alternativ dazu können Sie auch ein eigenes Bildskript schreiben, das einen go to the frame-Befehl enthält). Speichern Sie Ihren Film unter dem Namen „Entdecke.DIR". Erzeugen Sie ein Sprite, indem Sie einen Darsteller auf der Bühne plazieren. Verkürzen Sie das Sprite auf das Bild, das das Skript für die Endlosschleife trägt.

Verhalten erzeugen

Ereignis definieren

Wie oben beschrieben wird nun ein neues Verhalten über das „+"-Menü des Inspektors erzeugt. Sie können noch ein drehbuchabhängiges Ereignis wie `exitFrame` auswählen, um einen ersten Handler im Skript zu plazieren. Von nun an allerdings benutzen wir keine vorgefertigten Ereignisse und Aktionen mehr, sondern ergänzen das Verhalten mit klassischem Lingo.

Instanzvariablen festlegen

Zunächst werden die Instanzvariablen definiert. Das sind diejenigen Eigenschaften eines Verhaltens, die bei jedem Einsatz (also bei jedem Sprite) eigene individuelle Werte annehmen müssen. Diese Eigenschaften werden über das Schlüsselwort `property` definiert, sie sind häufig, aber nicht immer, identisch mit den Parametern. Definieren Sie den Innenradius, den Außenradius, die äußere Deckkraft, die innere Deckkraft und den Namen des Sounddarstellers als Parameter. Die Eigenschaftsvariablen können auch einfach errechnete Werte sein, deren Anfangswerte nicht direkt über Parameter festgelegt werden. Wir wollen als Beispiel hierfür die nützliche Zwischenvariable `blendVal` verwenden, die den Anteil ausdrückt, mit dem die beiden Deckkraftwerte bei Annäherung gemischt werden. Die Definition könnte also z. B. folgendermaßen aussehen:

```
property innerVisDist, outerVisDist, outerVis, innerVis, ¬

     blendVal, sndName
```

Nun zur Festlegung der Anfangswerte mittels Parameterdialog: Eine Dialogdefinition wird in Verhaltensskripten immer über den festgelegten Funktionsnamen `getPropertyDescriptionList` ausgeführt, deren Rückgabewert eine verschachtelte Listenstruktur mit besonderen, festgelegten Eigenschaften sein muß. Der Dialog kann z. B. auf folgende Weise definiert werden:

```
on getPropertyDescriptionList

  set dlg = [:]

  addProp dlg, #innerVis, [#default:100, #format:#integer, ¬

    #comment:"Sichtbarkeit im Innenbereich     [%]" ,        #range:[#min:0,#max: 100]]

  addProp dlg, #innerVisDist,[#default: 50, #format:#integer, ¬

    #comment:"bis Entfernung [Pixel]", #range:[#min:1,#max:1000]]

  addProp dlg, #outerVis    ,[#default:   0, #format:#integer, ¬

    #comment:"Sichtbarkeit im Aussenbereich    [%]" ,        #range:[#min:0,#max: 100]]

  addProp dlg, #outerVisDist,[#default:100, #format:#integer, ¬

    #comment:"ab   Entfernung [Pixel]", #range:[#min:1,#max:1000]]

  addProp dlg, #sndName      ,[#default: "", #format:#sound, ¬

    #comment:"Name des Sounddarstellers"]

  return dlg

end
```

So erscheint der oben definierte Dialog auf dem Bildschirm, wenn das Verhalten einem Sprite zugewiesen wird.

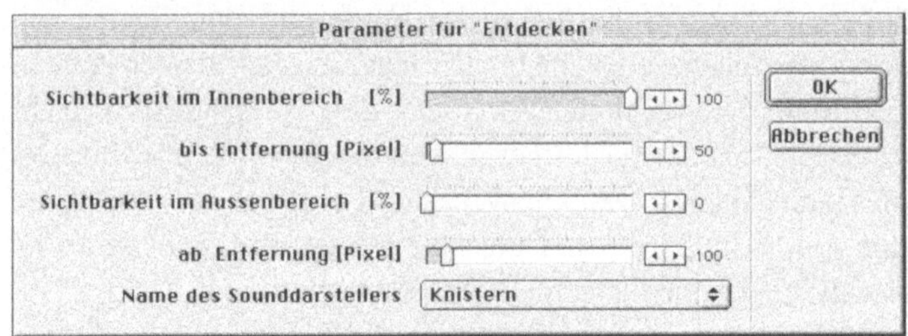

Das Definitionsskript sieht zunächst schlimmer aus, als es eigentlich ist. Als erstes wird eine Eigenschaftsliste definiert (`dlg`), die auch später als Rückgabeparameter dient. Der Listenbefehl `addProp` fügt jeweils die Definition für einen Parameter hinzu. Jede einzelne Parameterdefinition besteht aus dem mit dem Symboloperator (#) versehenen Namen des Parameters (wie er in der Eigenschaftsliste definiert ist) und einer Beschreibung, die in sich wiederum eine Liste ist. In dieser Liste können einige festgelegte Symbolbezeichnungen auftauchen:

`#default`   legt den Vorgabewert des Parameters fest

`#format`   legt den Datentyp des Parameters fest

`#comment`   legt den angezeigten Text fest

`#range`   legt den Wertebereich fest

Der Wertebereich besteht (wie könnte es anders sein!) wiederum aus einer Liste zulässiger Werte oder aus einer Angabe der Symbole `#min` und `#max` für einen zugelassenen Bereich.

Funktionalität implementieren

Nun zur eigentlichen Aufgabe des Verhaltens. Es ginge über die Intention dieses Buches hinaus, auf die exakte Implementierung in Lingo einzugehen, es soll aber wenigstens die prinzipielle Vorgehensweise bei der Realisierung des gewünschten und oben definierten Verhaltens erläutert werden.

Der Einfachheit halber beschäftigen wir uns zunächst nur mit der optischen Funktion des Einblendens und davon getrennt mit der akustischen Funktion der Erhöhung der Lautstärke.

Die Entfernung der Maus wird regelmäßig mit der eingestellten Bildwiederholrate überprüft. Damit ist klar, daß unsere Funktionen beim Eintritt in ein Bild (`enterFrame`) oder beim Verlassen des Bildes (`exitFrame`) aufgerufen werden sollen. Wir entscheiden uns für die erste Lösung:

```
on enterFrame me
    -- Sichtbarkeit des Sprites regeln
    set chn = the spriteNum of me
    set dx = the mouseH - the locH of sprite chn
    set dy = the mouseV - the locV of sprite chn
    set d = sqrt(dx*dx + dy*dy)
    if d < innerVisDist then set d = innerVisDist
    if d > outerVisDist then set d = outerVisDist
    set distRange = outerVisDist - innerVisDist
    set visRange  = outerVis - innerVis
    set p = float(d - innerVisDist) / distRange
    set blendVal = innerVis + p * visRange
    set the blend of sprite chn = blendVal


    -- Lautstärke des Sounds wie Sichtbarkeit
    if the number of member sndName > 0 then
        if d < outerVisDist then
            if not soundBusy(1) or gLastSoundMaker <> chn then
                puppetSound 1, sndName
                set gLastSoundMaker = chn
            end if
            set the volume of sound 1 = blendVal
        end if
    end if
end
```

Sichtbarkeit
Kanalnummer bestimmen
x-Distanz von Sprite zu Maus
y-Distanz von Sprite zu Maus
Distanz nach Pythagoras

Bereich mit teilw. Sichtbarkeit
Wertebereich Übergang
Anteil der äußeren Deckkraft

Deckkraft in % einstellen

Lautstärke
Wenn ein Sound vorhanden ist
und die Distanz klein genug
und der Sound noch nicht läuft,
neuen Sound anspielen
und benutzten Kanal merken

Lautstärke regeln

Für Spriteverhalten typisch wird der Bezeichnung der empfangenen Nachricht die Variable **me** nachgestellt. Mit ihrer Hilfe kann auf die Daten des Sprites zugegriffen werden (Programmierer bezeichnen sie als „Pointer" oder „Zeiger" auf ein Objekt). Zunächst wird die Kanalnummer (`spriteNum`) ausgelesen. Nun wird die Distanz in beiden Achsenrichtungen ermittelt und dann die direkte Entfernung nach dem Satz des Pythagoras. Die folgenden beiden Zeilen dienen der Limitierung des Transparenz-Einstellbereichs im inneren und äußeren Bereich. Anschließend wird

Auf ein Objekt zugreifen

Entfernung berechnen

Deckkraft berechnen

Deckkraft setzen

die Breite (`distRange`) des Rings ermittelt, innerhalb dessen die Transparenz sich ändert, sowie die Variationsbreite der Transparenzwerte (`visRange`). Anhand der vorher berechneten tatsächlichen Entfernung wird nun die Deckkraft ermittelt und über die Eigenschaft `the blend of sprite` gesetzt.

Ton abspielen

Lautstärke einstellen

Bei der Tonverwaltung ist darauf geachtet, daß nicht für jeden Sound ein getrennter Kanal zum Einsatz kommt, um die Anwendung nicht von vornherein auf die Anzahl der Director-Soundkanäle zu beschränken. Es wird deshalb zunächst getestet, ob evtl. bereits der aktuelle Sound läuft (sonst würde er immer wieder erneut angespielt werden). Dazu wird das Objekt, das den letzten Sound ausgelöst hat, über seine Kanalnummer in der Variablen `gLastSoundMaker` gespeichert. Die Lautstärke wird schließlich auf einen Wert eingestellt, der der Deckkraft entspricht.

Übrigens: Einige dieser Programmroutinen ließen sich über die Punktsyntax von Lingo etwas kompakter formulieren. Erfahrungsgemäß tun sich jedoch Anfänger in der Programmierung damit wesentlich schwerer als mit der klassischen Syntax, die stärker an einfachem Englisch orientiert ist.

Dokumentation von Verhalten

Zu einem guten Verhalten gehört neben der reinen Funktionalität auch ein Mindestmaß an Dokumentation, die die Wiederverwendbarkeit erst ermöglicht. Optional kann daher vom Skript Text geliefert werden, den Director zur Hilfe für spätere Anwender bereitstellt. Zwei einfache Funktionen mit standardisierten Namen müssen diesen Text liefern, wenn sie vom Autorensystem aufgerufen werden:

getBehaviorToolTip()

getBehaviorDescription()

Die erste Funktion `getBehaviorToolTip()` wird aufgerufen, wann immer der Anwender mit dem Mauszeiger über dem Verhaltenseintrag in der Bibliothekspalette verharrt. Der gelieferte Text wird in einem gelben Hilfefeld angezeigt. Die genauso arbeitende zweite Dokumentationsfunktion `getBehaviorDescription()` wird aufgerufen, wenn der Anwender das Verhalten im Verhaltensinspektor auswählt und der oben erwähnte Textbereich über den entsprechenden Schaltpfeil eingeblendet ist. Diese zweite Information dient dazu, etwas längere Texte zu definieren, die den Anwender über die technischen Einzelheiten des Verhaltens informieren. Da der entsprechende Textbereich jedoch erst zugänglich ist, wenn das Verhalten bereits einem Sprite zugewiesen wurde, sollte zumindest die Grundfunktion und die Beschreibung der Parameter schon aus dem ToolTip-Text oder dem Dialog selbst hervorgehen.

Führen Sie Änderungen am Programmcode eines Verhaltens durch, das gerade einem Sprite zugeordnet ist, kann das die beim Drag & Drop-Dialog definierten Eigenschaftsvariablen betreffen, sodaß das Verhalten möglicherweise nicht mehr korrekt funktioniert.

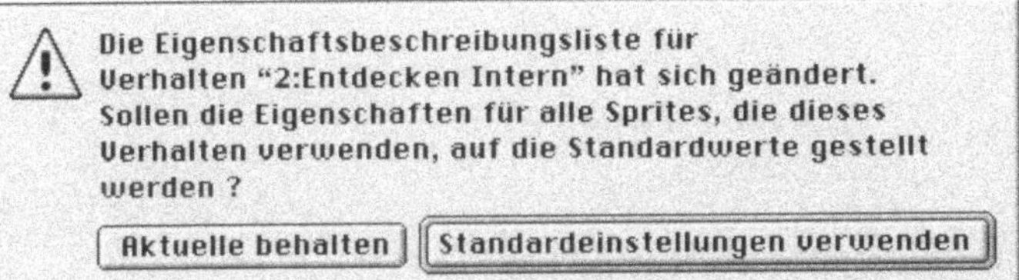

Wenn Sie diesen Dialog erhalten, müssen Sie eventuell den Parameterdialog neu aufrufen oder das Verhalten von den Sprites entfernen und danach neu zuordnen, um die gewünschten Parameter einstellen zu können.

Normalerweise dient die Bibliothekspalette (»Fenster:Bibliothekspalette«) dazu, Verhalten (oder auch andere Darsteller) per Drag & Drop wiederverwenden zu können. Sie ist also eine Einbahnstraße, d.h., Sie können nur Darsteller aus der Bibliothekspalette in eine Besetzung ziehen, nicht aber umgekehrt. Tatsächlich aber ist die Bibliothek nur eine besondere Darstellungsform ganz gewöhnlicher externer Besetzungsdateien. Alle Besetzungen, die im Unterordner »Libs« im Director-Programmverzeichnis gefunden werden, werden automatisch in der Bibliothekspalette zur Auswahl gestellt. Die Besetzungsdateien müssen sich nicht unbedingt physikalisch dort befinden, ein „Alias" auf eine anderswo gespeicherte Datei genügt auch. Wollen Sie nun also die Bibliothek um eigene Verhalten erweitern, können Sie diese einfach in einer externen Besetzungsdatei speichern und über das Verzeichnis »Libs« zugänglich machen. Jeder in diesem Verzeichnis untergebrachte Ordner erscheint in der Bibliotkekspalette als Untermenü.

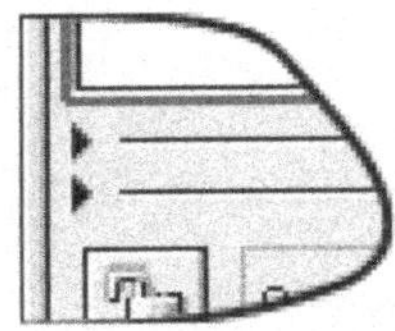

Verhaltensbeschreibung einblenden (unterer Pfeil)

Dieser Dialog weist darauf hin, daß Sie Änderungen im Verhalten vorgenommen haben, die die verwendeten Parameter beeinflussen können.

Direktes Öffnen von Verhaltensbibliotheken

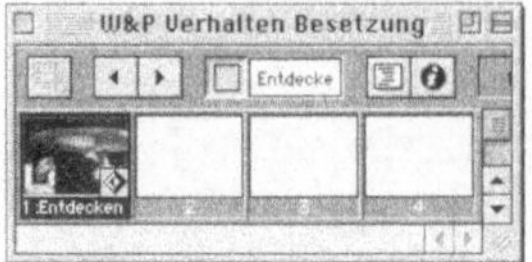

Verhaltensbibliotheken editieren

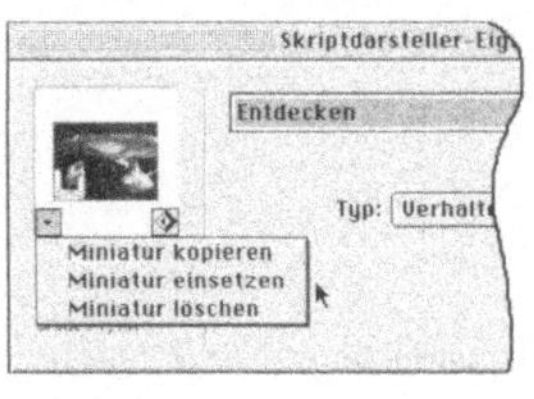

Verhalten mit Icons versehen

Wollen Sie ein Verhalten der Bibliothek bearbeiten, schließen Sie am besten die Bibliothekspalette. Öffnen Sie dann die externe Besetzung mit »Datei:Öffnen...« (unverknüpfte externe Besetzungsfenster sind von verknüpften durch den dunkelgrauen Fensterhintergrund unterscheidbar). Sie können die Skripte nun wie gewohnt mit dem Skriptfenster bearbeiten.

Für einzelne Darsteller kann über den Info-Dialog (<Befehl>I) ein Bild (Icon) eingesetzt werden, das im Besetzungsfenster angezeigt wird und später in der Bibliothekspalette dazu dient, das Verhalten optisch zu charakterisieren.

Speicherverwaltung und Projektoren

10 Speicherverwaltung und Projektoren

Eng verwoben mit den im vorigen Kapitel angesprochenen Synchronisationsproblemen ist die Vorgehensweise beim Laden der Darsteller eines Films. Wie bereits in den letzten Kapiteln werden wir auch in diesem nicht ganz ohne Lingo-Befehle auskommen – ohne Lingo geht bei Director in größeren Projekten eben noch immer nicht viel!

Bei einfachen Projekten können Sie die Speicherverwaltung getrost Director überlassen; er sorgt automatisch dafür, daß die Darsteller zur richtigen Zeit geladen werden. Sobald Sie aber komplexere Anwendungen erstellen, die auch bei knappen Ressourcen fließend ablaufen sollen, lohnt es sich eventuell, sich um solche Details zu kümmern. Für Optimierungen dieser Art kann viel Zeitaufwand erforderlich sein. Wir werden hier zunächst die Einstellungsmöglichkeiten für Filme und die Überlegungen zur Unterteilung in Einzelfilme ansprechen. Weitere Möglichkeiten der Speicheroptimierung bieten auch diverse Lingo-Befehle (Randspalte Seite 287).

10.1 Laden von Darstellern

Über »Modifizieren:Besetzungseigenschaften...« gelangen Sie zum Dialogfenster »Besetzungseigenschaften...« für das aktuelle Besetzungsfenster. Hier können Sie im Popup-Menü »Vorausladen« einstellen, ob die Darsteller der entsprechenden Besetzung vor dem ersten Bild bzw. nach dem ersten Bild soweit wie möglich vollständig in den Arbeitsspeicher geladen werden sollen oder ob die Darsteller einzeln erst bei Bedarf geladen werden.

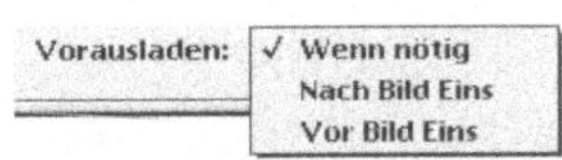

Einstellung im Dialog »Modifizieren:Besetzungseigenschaften...«

Wenn eine Speicherknappheit auftritt, entfernt Director einige der aktuell nicht benötigten Darsteller wieder aus dem Arbeitsspeicher. Werden diese anschließend nochmals benötigt, müssen sie erneut geladen werden, was das Zeitverhalten der Applikation negativ beeinflußt. Um Ihnen wenigstens eine grobe Kontrolle über diesen automatischen Vorgang zu geben, merkt sich Director für alle potentiell speicherintensiven Darstellertypen (nicht für Formdarsteller) eine Löschpriorität. Sie können diese Entlade-Priorität über »Modifizieren:Darsteller:Eigenschaften...« (<Befehl> I) im Info-Dialog der Darsteller in vier Stufen ein-

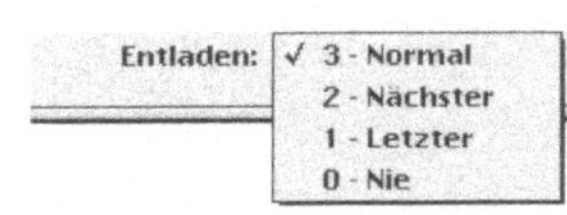

Einstellung der Löschpriorität im Dialog »Modifizieren:Darsteller:Eigenschaften...«

stellen. Darsteller, die wie Hintergründe immer wieder benötigt werden, sollten mit der Löschpriorität »Nie« versehen werden. Darsteller, die nur einmal im Film verwendet werden, sollten die höchste Löschpriorität »Normal« behalten (bei einem nicht linear durchlaufenden Film werden natürlich nur wenige Darsteller mit Sicherheit nicht mehr gebraucht). Zur Wahl der Prioritätsstufen der mehrfach verwendeten Darsteller müssen Sie zwischen der eventuell auftretenden Zeit für erneutes Laden und der Speicherersparnis abwägen. Im allgemeinen erhalten Darsteller eine niedrigere Löschpriorität, wenn sie besonders häufig benötigt werden.

Der von Director verbrauchte Speicher kann über die mit »Fenster:Inspektoren:Speicher...« einblendbare Palette dauernd überprüft werden.

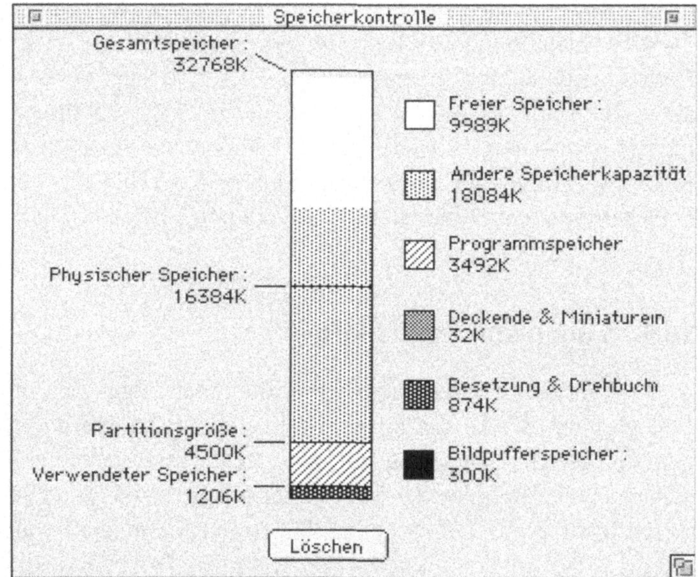

Über die Palette »Fenster:Inspektoren:Speicher...« haben Sie die Möglichkeit, die Speichersituation zu kontrollieren und aktuell nicht benötigte Darsteller aus dem Arbeitsspeicher zu löschen. Beachten Sie, daß Darsteller auch dann in den Speicher geholt werden, wenn sie während der Entwicklungsarbeit in einem geöffneten Besetzungsfenster angezeigt oder im Fenster »Malen« bearbeitet werden.

Für nähere Untersuchungen zur Speichersituation an einer bestimmten Filmstelle sollten Sie die entsprechenden Lingo-Befehle benutzen. Mit diesen Befehlen lassen sich der jeweils freie Speicher, der Speicherbedarf für einzelne Darsteller wie auch die einzelnen Ladezeiten genau ermitteln. Mit Hilfe von Lingo können Sie große Darsteller gezielt in den ohnehin vorgesehenen Pausen laden, bevor sie wirklich benötigt werden.

Die Ladeeinstellung »Vor Bild eins« führt zu einer unter Umständen sehr langen Wartezeit bei Filmbeginn. Diese Einstellung ist hauptsächlich dann sinnvoll, wenn entweder ein kleiner Film, der vollständig in den Speicher paßt, danach möglichst schnell ablaufen soll oder wenn ein kleiner Film aus einem anderen Film heraus über einen Befehl wie `play movie` oder `go to movie` aufgerufen wird. Das letzte Bild des aufrufenden Films wird während des Ladens weiter angezeigt. Man sollte solche Ladepausen also möglichst nach der Anzeige eines komplizierteren Bildschirms, vorzugsweise mit viel Text, unterbringen. Der Anwender benötigt dann ohnehin Zeit, um den Text zu lesen, die wir unbemerkt zum Laden nutzen können. Übrigens kann auch z. B. Musik über den Lingo-Befehl `puppetSound` abgespielt werden, um die Ladezeit zu überbrücken. Der Sounddarsteller sollte nicht mit einer Datei verknüpft sein, um Zugriffskonflikte (der Schreib-Lesekopf eines CD-ROM-Laufwerkes oder eines ähnlichen Datenträgers kann schließlich zu einem gegebenen Zeitpunkt nur an einer Stelle sein) und daraus resultierende Unterbrechungen zu vermeiden.

10.2 Aufteilung in Teilfilme

Bereits während der Konzeption und Planung stellt sich die Frage, ob man in einer großen Filmdatei arbeiten sollte oder ob es besser ist, das Projekt in viele kleine Teilfilme zu zerlegen.

Wenn man die Ladezeiten von Darstellern und den flüssigen Ablauf des Films betrachtet, so lassen sich mit beiden Methoden gute Ergebnisse erzielen. Bei kleinen Filmen sind die Ladezeiten für jeden Teilfilm klein genug, um nicht zu stören. Bei einem Projekt aus einem großen Film kann die saubere Einstellung der Löschprioritäten und eventuelle gezielte Ladesteuerung über Lingo ein sogar noch günstigeres Laufzeitverhalten gewährleisten.

Die Entscheidung für eine Zerlegung in kleine Teilfilme fällt deshalb auch normalerweise aus anderen Gründen:

Befehle und Variablen zur Speicherkontrolle u. Speicherverwaltung

```
freeBytes
freeBlock
size of cast
memorySize
movieFileFreeSize
movieFileSize
ramNeeded
preLoad
preLoadCast
preLoad of cast
preLoadRAM
preLoadBuffer
preLoadEventAbort
unLoad
unLoadCast
purgePriority
idleLoadMode
idleHandlerPeriod
idleLoadPeriod
idleLoadTag
idleLoadDone
idleReadChunkSize
u.a.
```

- Modularisierung des Programms – Teilfilme können (solange ihr Verhalten nicht von globalen Variablen abhängig ist!) getrennt entwickelt und getestet werden.

- Mehrere Personen können weitgehend unabhängig voneinander an einem Projekt arbeiten.

- In kleinen Filmen, bei denen alle benutzten Bilder (Frames) des Drehbuchfensters gleichzeitig auf dem Bildschirm sichtbar sind, geht weniger leicht die Übersicht verloren.

- Da die einzelnen Dateien wesentlich kleiner bleiben, entstehen weniger Probleme beim Übertragen eines Projekts von Rechner zu Rechner und von System zu System.

- Kleine Filme sind besonders im Hinblick auf das Internet von Nutzen, da so ein schneller und komfortabler Update von einzelnen Teilen eines Projekts möglich ist.

Gegen die Aufteilung in kleine Filme sprechen allerdings auch einige Dinge:

- Da Director nicht mehr als eine Filmdatei gleichzeitig geöffnet halten kann, muß zum Kopieren von Darstellern oder Filmsequenzen im Autorenmodus oft zwischen Teilfilmen gewechselt werden (ganze Filmsequenzen können aber immerhin in die Zwischenablage übertragen oder im Album eines Macintosh-Rechners zwischengelagert werden). Trotzdem ist das Springen zwischen Teilfilmen unbequem und für den Überblick nicht förderlich.

- Darsteller, die in mehreren Teilfilmen eines Projekts benötigt werden, sind mehrfach vorhanden (dagegen hilft allerdings die Verwendung mehrerer, gemeinsamer Besetzungsfenster, siehe nächsten Abschnitt).

Oft beginnt die Entwicklung eines Projekts mit einer Prototyp-Anwendung in einer einzigen Datei, und die Notwendigkeit der Zerlegung einer Anwendung in Teilfilme stellt sich erst nachträglich heraus. Wie oben bereits erwähnt, ist es möglich, ganze Filmsequenzen aus dem Drehbuchfenster über die Zwischenablage in einen neuen Film zu kopieren, wobei die benötigten Darsteller automatisch mitgenommen werden. Probleme entstehen bei der Zerlegung eines Director-Films in Teilfilme allerdings, wenn einzelne Darsteller nicht direkt im Drehbuchfenster erscheinen, sondern über Lingo-Skripte gesteuert zum Einsatz kommen. Objekte, auf die nur aus Lingo zugegriffen wird, und natürlich die Prozeduren selbst werden nämlich beim Kopieren aus dem Drehbuchfenster nicht mitübertragen. Da die Darsteller im neuen Film auch eventuell anders in der Besetzung angeordnet sind, sollten alle von Lingo aus benutzten Darsteller nur über ihren Namen und nicht über die Nummer in der Besetzung angesprochen werden!

Oft ist es günstiger, zunächst ein Duplikat des ursprünglichen Films herzustellen und daraus die nicht benötigten Teile zu löschen. Aber auch hier ist aus den gleichen Gründen Vorsicht geboten beim Entfernen scheinbar unbenutzter Darsteller.

10.3   Gemeinsame externe Besetzungen

Bei der Arbeit an Projekten mit mehreren Teilfilmen, die sich wechselseitig aufrufen, bemerkt man schnell, daß bestimmte Darsteller in mehreren Filmen benötigt werden. Dies gilt vor allem für Hintergründe und Bedienungselemente wie Regler oder Tasten sowie für allgemeine Routinen in Filmskripten.

Wenn diese Darsteller in jeden der Teilfilme eingebaut werden, bedeutet dies eine große Verschwendung von Speicherplatz und somit auch von Ladezeit. Außerdem besteht die Gefahr, daß bei Änderungen an einem Darsteller versehentlich mehrere ähnliche, aber nicht gleiche Varianten im Projekt belassen werden. Diese Gefahr – wie auch die Platzvergeudung – könnte durch externe Darsteller vermieden werden, die über die Option »Mit externer Datei verknüpfen« geladen werden. Dadurch wird jedoch nicht das Problem der Ladezeit entschärft. Selbst wenn derselbe Darsteller noch im Arbeitsspeicher liegt, würde Director einen solchen Darsteller normalerweise beim Abspielen eines anderen Teilfilms erneut laden.

Was man benötigt, ist eine Besetzung, die über mehrere Filme hinweg im Arbeitsspeicher verbleiben kann. Director stellt eine sol-

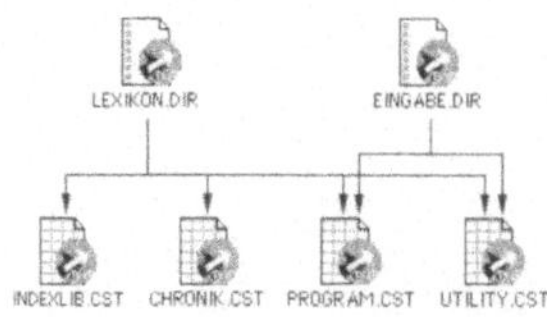

Viele Director-Filme greifen auf gemeinsame externe Besetzungen zu.

⌘ ~ N

Hinzufügen, Verknüpfen und Entfernen von Besetzungsdateien in einem Film über das Menü »Modifizieren:Film: Besetzungen...«

che Möglichkeit in Form der externen Besetzungsdateien zur Verfügung, die von mehreren verschiedenen Filmen genutzt werden können. Externe Besetzungsdateien eignen sich für Filme, zwischen denen innerhalb einer Applikation gesprungen wird, ebenso aber auch als Programm- und Grafikbibliotheken für mehrere Applikationen sowie für Anwendungen mit MIAWs (Movie In A Window).

Sie können alle Darsteller, die in mindestens zwei Teilfilmen benötigt werden, in einer externen Besetzung ablegen. Externe Besetzungen können Sie entweder über den Menübefehl »Modifizieren:Film:Besetzungen...«, über das Datei-Menü durch »Datei:Neu:Besetzung...« (<Befehl><Wahl>N) oder über die vorgesehene Schaltfläche in einem der Besetzungsfenster anlegen (→ Kapitel 6.3). Externe Besetzungen sind völlig unabhängige Dateien, die als Bibliotheken für Darsteller verwendet werden können.

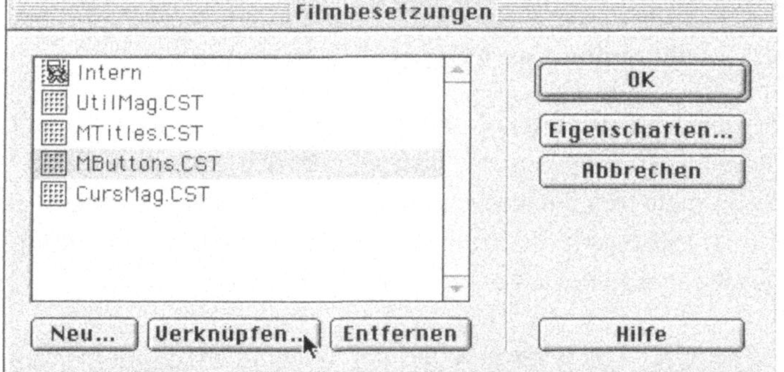

Solche externen Besetzungen werden entweder manuell (über »Datei:Öffnen...« oder programmgesteuert (z.B. mit dem Befehl `the fileName of castLib...`) geöffnet und geschlossen, oder aber sie sind mit dem Film „verknüpft“.

Verknüpfte externe Besetzungen werden automatisch mit dem Film geöffnet und beim Sichern des Films ebenfalls gesichert. Wird zu einem Film gewechselt, der die gleiche externe Besetzung benutzt, bleiben deren Darsteller im Speicher erhalten und müssen nicht neu geladen werden. Dies kann eine deutliche Reduktion der Ladezeiten bewirken.

Der Name einer Besetzung (in Lingo spricht man von einer sogenannten `castLib`) innerhalb von Director kann, muß aber nicht, mit dem Namen der Besetzungsdatei übereinstimmen. Die ggf. vom Dateisystem vorgegebenen Beschränkungen für Dateinamen gelten nicht für die Namen der Besetzungen selbst. Auf WindowsSystemen oder bei gemischten (hybriden) Anwendungen ist gleichwohl zu empfehlen, auch weiterhin die alte von Windows 3.1 bekannte 8+3-Namenskonvention für die Besetzungsdatei einhalten. Die Extension für Besetzungsdateien lautet „.CST". Auch Sonderzeichen in Namen von Filmen oder Verzeichnissen sollten Sie vermeiden. Selbst dann, wenn diese auf einem der Betriebssysteme erlaubt sind, heißt dies noch nicht, daß der Name auch vom gängigen CD-ROM-Format ISO 9660 unterstützt wird.

Vorsicht! Wenn Sie einen kompletten Film mit seinen externen Besetzungsdateien sichern wollen, so müssen Sie darauf achten, daß das Fenster »Drehbuch« oder ein anderes Fenster aktiv ist, das direkt zum Film gehört. Ist nämlich das Fenster einer externen Besetzung im Vordergrund, wird ausschließlich die zugehörige Besetzungsdatei gesichert. Bei einem eventuellen Rechnerabsturz kann dies zur Folge haben, daß Sie mit einer älteren Version des Films selbst weiterarbeiten müssen, bei der die Verknüpfungen zu der gesicherten Besetzung noch nicht stimmen. Sie können solche Komplikationen leicht vermeiden, indem Sie »Datei:Alles sichern« aufrufen, oder, wenn Sie die Symbolleiste von Director eingeblendet haben, die Schaltfläche »Alles sichern« verwenden.

Vorsicht! Vermeiden Sie es möglichst, in Besetzungen, die von mehreren Filmen genutzt werden, die gemeinsamen Darsteller an andere Positionen zu verschieben. Dies hat zumindest lästige Meldungen beim Öffnen jedes Teilfilms zur Folge. Es gab aber in der Vergangenheit auch Fälle, bei denen Teilfilme im Laufe einer solchen Aktion in ihrer Datenstruktur zerstört wurden. Deshalb meine dringende Empfehlung: Bevor Sie irgendeine Darstellerverschiebung in einer von mehreren Filmen genutzten Besetzungsdatei durchführen, erstellen Sie eine Sicherungskopie des Projektordners mit allen beteiligten Dateien.

Öffnen Sie den Ordner »ExtCast« zu Kapitel 10 (»Kap_10«). Sie finden darin die Filmdateien »FILM1.DIR«, »FILM2.DIR« und die Besetzungen »CIRCLE.CST« und »SQUARE.CST«.

ÜBUNG

»CIRCLE.CST« ist mit beiden Filmen verknüpft. Öffnen Sie die Datei »FILM1.DIR« und darin die Besetzung »CIRCLE.CST«. Verschieben Sie den Kreis mit der Darstellernummer 4 auf Position 3 der Besetzung. Speichern Sie die veränderte Besetzung. Öffnen Sie nun den Film »FILM2.DIR«. Sie erhalten eine Meldung, die besagt, daß sich Darsteller in der gemeinsamen Besetzung verschoben haben. Bestätigen Sie die notwendige Anpassung. Wählen Sie danach »Modifizieren:Film:Besetzungen...« und verknüpfen Sie auch die externe Besetzung »SQUARE.CST« mit dem Film »FILM2.DIR« und verwenden Sie eines der Quadrate im Film.

Sie können Darsteller in externen Besetzungen, die von mehreren Filmen aus genutzt werden, genauso bearbeiten wie Darsteller in internen Besetzungen. Bedenken Sie aber bitte, daß alle Änderungen, die Sie an diesen Darstellern ausführen, sich auch in anderen Filmen auswirken, die auf die gleiche Besetzungsdatei zurückgreifen.

Wenn Sie in irgendeinem der Teilfilme neue Darsteller in eine gemeinsame Besetzung einfügen, stehen diese auch in allen anderen Teilfilmen zur Verfügung.

Verwendung mehrerer Besetzungsdateien

Für die Verwendung mehrerer externer Besetzungsdateien in einem Projekt kann es viele Gründe geben, von denen wir hier einige aufzählen wollen:

* Übersichtlichkeit

  Die Möglichkeit, in Director unterschiedliche Besetzungen für veschiedene Datentypen zu benutzen, erhöht stark die Übersicht in einem Projekt. Selbst wenn einzelne Besetzungen weiterhin mit Darstellern gemischten Typs verwendet werden, ist es unbedingt empfehlenswert, wenigstens Skripte auf diese Weise getrennt zu halten.

* Logistik

  Durch Verwendung externer Besetzungen kann die Zusammenarbeit mehrerer Personen oder Gruppen an einem Projekt

verbessert werden. Bei sorgfältiger Planung kann z. B. mit einer Grobversion von Grafik- oder Tondaten („Dummy"-Daten) für die Programmierung gearbeitet werden, während andere Personen völlig unabhängig die endgültigen Bilder oder Tondateien erstellen. Am Ende wird nur noch die entsprechende Besetzung ausgetauscht.

• Aufteilung in kleinere Dateien

Wenn Sie einen größeren Film eventuell mehrfach zwischen Macintosh- und Windows-Rechnern übertragen müssen und keine direkte Netzwerkverbindung besteht, kann die Untergliederung in einzelne Besetzungen eine bequeme Möglichkeit sein, umständliche Drittprogramme zur Aufteilung der Datei zu vermeiden. Auch die Datensicherung wird durch die Aufteilung erleichtert, es müssen jeweils nur die aktuell veränderten Besetzungen oder Filme übertragen bzw. gesichert werden.

10.4 Komprimieren

Der Befehl »Kompakt sichern« aus dem »Datei«-Menü ist nicht zu verwechseln mit der geschützten Speicherung eines Films (→ Kapitel 10.5).

Sie können einen Film jederzeit kompakt sichern, um ihn mit dem geringstmöglichen Speicherplatzverbrauch abzulegen und die Abspielgeschwindigkeit zu optimieren. Da bei »Kompakt sichern« nicht nur die veränderten Teile, sondern die gesamte Datei neu geschrieben wird, dauert der Befehl bei größeren Filmen länger als einfaches Sichern.

Um zu Komprimieren, speichert Director die Datei neu und elimiert so Speicherlücken, die durch Verschieben oder Löschen von Darstellern entstanden sind. Mittels Lingo können Sie jederzeit über **put the movieFileFreeSize** den ungenutzen Speicher des aktuellen Director-Films in Byte im Nachrichtenfenster anzeigen lassen.

Um die Abspielgeschwindigkeit zu optimieren, verwenden Sie am besten »Kompakt sichern«, bevor Sie einen Director-Film auf eine CD-ROM überspielen lassen!

10.5 Geschützt speichern

Schritt.Dxr

Durch das Schützen eines Films können Sie dessen inneren Aufbau vor neugierigen Augen verbergen. Die Funktion ist unter dem Menüpunkt »Xtras:Filme aktualisieren...« gut versteckt. Director entfernt bei einem geschützten Film den Lingo-Quellcode sowie die Miniaturbilder für die Besetzung (siehe auch Kapitel 10.8.1).

Vorsicht! Sie können einen geschützten Film auch selbst nicht mehr öffnen und verändern! Bewahren Sie also unbedingt die Originalversion Ihres Filmes auf.

Sie können geschützte Filme aus einem Projektor heraus abspielen lassen. Um einen geschützten Film mit Namen `"Man.Dxr"` aufzurufen, können Sie einen der beiden Befehle `go to movie "Man.Dxr"` oder `play movie "Man.Dxr"` verwenden. Bei beiden Lingo-Befehlen können Sie allerdings auf die Datei-Erweiterungen „.Dir" und „.Dxr" verzichten, da sonst bei ungeschützten Dateien andere Skripte benötigen werden als bei geschützten. Es ist auch möglich, geschützte Filme als verknüpfte Darsteller in eine Director-Besetzung zu importieren und auf die Bühne zu ziehen. Beachten Sie, daß Sie einen geschützten Film direkt von einem Director-Film aus per `go to movie` aufrufen können; der Zwischenschritt über einen Projektor ist erforderlich.

Einen geschützten Film als verknüpften Darsteller verwenden

10.6 Projektoren erstellen

Projektor

Wenn Sie von Director über den Befehl »Datei:Projektor erstellen...« einen Projektor erstellen lassen, wird Ihr Film in ein völlig eigenständiges Programm umgewandelt (die Kollegen vom Windows-Lager nennen so etwas eine „.EXE"-Datei). Das so entstandene Programm ist ohne Director abspielbar und darf lizenzfrei weitergegeben werden.

Projektoren sind systemspezifisch, das heißt, Sie müssen auf einem Macintosh und auf einem Windows-Rechner jeweils eigene Projektoren erstellen und dazu natürlich ebenso jeweils eine eigene Director-Version besitzen.

Leider unterstützt Director 7 keine Codegenerierung mehr für die Systeme Windows 3.11 sowie für Macintosh-Rechner, die noch mit dem älteren 68.000er-Prozessor arbeiten. Wenn Sie diese Systeme unterstützen müssen, dann benützen Sie die ältere Director-6.5-Version.

Bei der Herstellung eines Projektors können Sie entscheiden, ob Sie alle Teilfilme in der einzigen Projektordatei zusammenfassen wollen oder ob sie als getrennte Dateien erhalten bleiben. Es ist also insbesondere möglich, nur einen relativ kleinen Projektor mit einem winzigen Startfilm zu erstellen, der die eigentlichen, zu einem konkreten Projekt gehörenden Filme aufruft. Dies ist besonders interessant für die Herstellung von Hybrid-CDs, da nur die Projektoren systemspezifisch sind, Director-Filme aber von beiden Systemen genutzt werden können.

Dialog zum Einbinden verschiedener Anwendungsteile in einen Projektor

Die Vorgehensweise, einen Projektor nur aus einem winzigen Startfilm zu erstellen, bietet aber auch noch ganz andere Vorteile:

- Der Projektor startet deutlich schneller, da weniger Daten in den Arbeitsspeicher geladen werden müssen.

- Sie brauchen den Projektor für ein System nur ein einziges Mal für viele verschiedene Projekte zu erstellen! (Rufen Sie dazu einfach vom Projektor aus einen Zwischenfilm auf, der dann zum tatsächlichen ersten Projektfilm springt (verwenden Sie dazu den Befehl `go to movie`). Im Zwischenfilm können Sie nun leicht den Namen des Sprungziels ändern, ohne einen neuen Projektor zu erstellen.

- Sie können auf diese Weise eine kleine Sammlung von Projektoren anlegen, die für verschiedene Zwecke zum Einsatz kommen (verschiedene Betriebssysteme, Vollbild- oder Fenstermodus etc.) und die alle das Projekt über denselben Zwischenfilm starten.

Sie können von einem Projektor aus über `go to movie` oder `play movie` sowohl geschützte als auch ungeschützte Director-Filme abspielen lassen. Projektoren können aber mit diesen Befehlen keine anderen Projektoren aufrufen. (Um von einem Projektor aus einen anderen aufzurufen, kann dieser wie ein beliebiges anderes Programm mit dem Befehl `open` gestartet werden.)

Optionen für einen Projektor

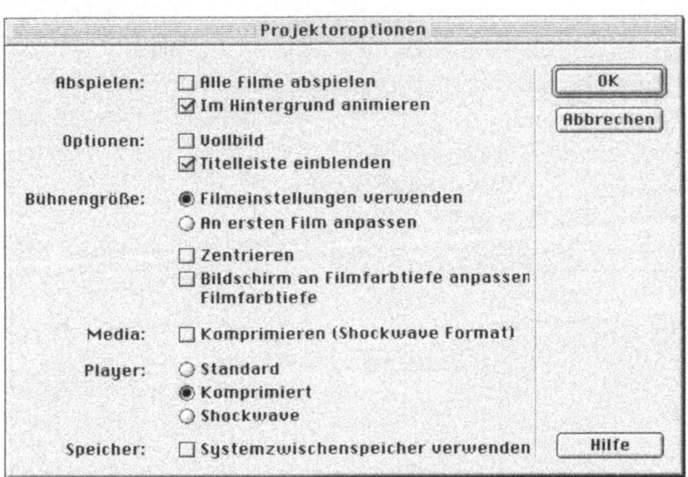

Director-Ressourcen

Bei der Erstellung eines Projektors benötigt Director abhängig von den im Optionsdialog getroffenen Einstellungen eine der nebenstehend aufgelisteten Ressourcendateien. Dies sind die Laufzeitbibliotheken von Director. Sie enthalten den Programmcode, der zum Ablauf eines Director-Films auf der jeweiligen Plattform unbedingt erforderlich ist. Die Ressourcen werden beim Herstellen des Projektors zusammen mit anderen Bestandteilen und natürlich dem Director-Film selbst in die Projektordatei kopiert. (Wenn Sie eigene Ressourcen in jedem erstellten Projektor benötigen, können Sie diese der Datei mit Hilfe des Programms ResEdit hinzufügen.)

Wenn Sie in Ihren Film einzelne Darsteller bei eingestellter Option »Mit Datei verknüpfen« importiert haben, müssen Sie diese externen Dateien zusammen mit dem Projektor ausliefern, da sie auch von einem Projektor erst zur Laufzeit eingelesen werden.

Die Größe eines Projektors hängt von vielen verschiedenen Faktoren ab. Zunächst schlagen natürlich die im Film verwendeten

Medien zu Buche, soweit es sich nicht um extern verknüpfte Darsteller handelt. Eine weitere Rolle spielen die benötigten Xtras. Indem man nicht benötigte Xtras vor dem Erstellen des Projektors aus dem Film entfernt (»Modifizieren:Film:Xtras...«), läßt sich viel Platz (und damit auch Startzeit) sparen. Die getroffenen Einstellungen für die Playerkompression sind eine weitere Variationsmöglichkeit. Komprimierte Player können für die Entkompression evtl. etwas länger zum Start benötigen, dieser Effekt wird aber auch oft durch die kleinere vom Speichermedium zu lesende Datei überkompensiert. Da die Aussage in diesem Punkt stark von den Geschwindigkeiten des verwendeten Rechners und des Speichermediums abhängt, müssen Sie hier selbst Versuche machen. Bei der Option „Shockwave" geht die Eigenschaft der wirklich eigenständigen Lauffähigkeit verloren, der Film stützt sich dann auf einen von Macromedia herunterzuladenden Shockwave-Player.

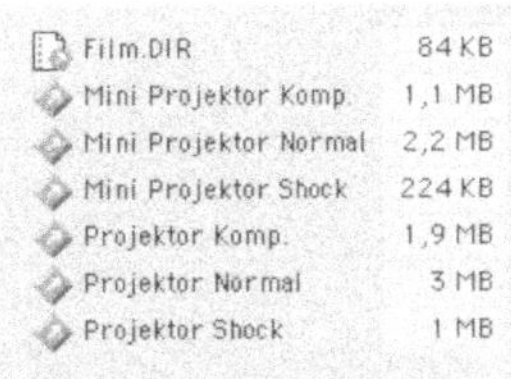

Projektorgrößen - Die mit „Mini" bezeichneten Projektoren wurden von allen „überflüssigen" Xtras befreit.

10.7 Exportieren

10.7.1 Exportieren als Digital-Video

Nicht alle Director-Filme lassen sich einfach als Digital-Video exportieren. Voraussetzung dafür ist, daß die Filme reine Drehbuch-Animation verwenden. Durch Verhalten oder andere Lingo-Skripte entstehende Animationen können beim Export als Quick-Time-Film nicht berücksichtigt werden. Dies ist einleuchtend, da sie ja nicht immer einen linearen Ablauf festlegen, sondern die Bildinhalte auch von Interaktionen abhängig sind. Beim Export macht Director Bildschirmkopien der Bühne von einem bestimmten Bild-(Frame-)Bereich des Drehbuchs. Diese einzelnen Bilder werden in einer QuickTime-Datei gespeichert. Dabei können die gängigsten Kompressionsverfahren verwendet werden. Über »Datei:Exportieren...« (<Befehl><Umschalt>R) gelangen Sie zum Exportdialog.

Im Dialog (s.u.) wählen Sie den Bereich der auszugebenden Bilder und das gewünschte Ausgabeformat. Hier unterstützt Director für Windows die Formate **DIP-File**(.BMP), **AVI** und **Quick-Time**. Die Macintosh-Variante von Director bietet PICT, **Album**, **PICS** und **QuickTime** an.

Exportdialog für Einzelbilder
und Digital-Video

Unter „Exportieren" legen Sie den Drehbuchbereich fest, der exportiert werden soll. „Einschließen" erlaubt eine Selektion bestimmter Bilder in diesem Bereich. Die Optionen stehen in vollem Umfang nur für das Format QuickTime zur Verfügung. Beim Format AVI kann im Optionsdialog nur die Bildrate eingestellt werden.

QuickTime-Optionen

Die Auswahl zwischen „Tempoeinstellungen" und „Echtzeit" bei **„Bildrate"** legt fest, ob wie im ersteren Fall die eingestellte Bildrate auch für den exportierten Film gilt oder ob der QuickTime-Film möglichst genau so ablaufen soll, wie der Director-Film auf dem exportierenden Rechner. Leider funktioniert in Director 7.0.2 der Export von QuickTime nur noch unvollständig. Obwohl sich im

Exportdialog die Option »Tempoeinstellungen« durchaus anwählen läßt, blendet diese Version eine Warnung ein, die besagt, daß die Einstellungen im Tempokanal eben doch nicht berücksichtigt werden. Und tatsächlich: Der entstehende QuickTime-Film enthält keine Geschwindigkeitseinstellungen. Dieselbe Funktion klappt mit allen Director-Versionen vor 7 hervorragend. Wenn Sie also auf unterschiedliche Bildraten angewiesen sind, müssen Sie entweder eine ältere (oder vielleicht schon eine neuere?) Director-Version verwenden oder aber die Zeitdauer der einzelnen Bilder dadurch steuern, daß Sie zusätzliche Bilder in Ihren Film einfügen und die Sprites entsprechend verlängern.

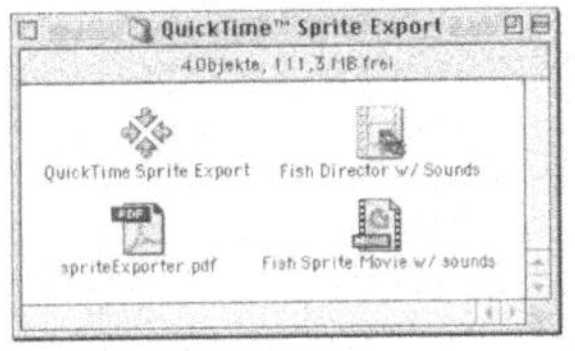

Methoden der QuickTime-Kompression

Unter **„Komprimierer"** finden Sie die gängigsten Kompressionsalgorithmen, die sich in der erreichbaren Qualität und in der Dateigröße des entstehenden Films teilweise deutlich unterscheiden. **„Qualität"** legt innerhalb eines gewählten Komprimierers fest, wie viele Daten zugunsten einer kleineren Datei und eines flüssigeren Ablaufverhaltens verworfen werden.

Abhängig vom gewählten Komprimierer unterstützt dieser eine oder mehrere **„Farbtiefen"**, die im gleichnamigen Popup-Menü dann ausgewählt werden können.

Insbesondere für kleinere Voransichten eines Films ist es interessant, den produzierten Film in Prozent oder durch Angaben genauer Maße zu **„Skalieren"**.

Falls Sie keine Sounds in Ihrem Drehbuch verwenden oder diese nicht in Ihren QuickTime-Film mit exportieren möchten, haben Sie die Möglichkeit, die Soundkanäle unter **„Sound"** einzeln zu deaktivieren.

Sprite-basierte QuickTime-Filme exportieren

QuickTime Sprite Export

QuickTime ist nicht nur ein Digital-Video-Format, sondern beherrscht allgemein den Umgang mit allen zeitbasierten Medien. Diese Fähigkeit kann durch das Xtra „QuickTime Sprite Export" von Apple genutzt werden. Durch dieses Xtra werden animierte DirectorSprites direkt in QuickTime-Kanäle verwandelt. Die entstehenden QuickTime-Filme sind extrem kompakt und laufen betriebssystemunabhängig mit jedem QuickTime-Player.

Sprite-basierte QuickTime-Filme exportieren

10.7.2 Als Shockwave-Film sichern

Das Exportformat Shockwave setzt sehr fortschrittliche Kompressionsalgorithmen ein, die weit über das Weglassen einiger für den Abspielvorgang unnötiger Teile hinausgehen, die beim einfachen geschützten Speichern (→ Kapitel 10.5) zur Anwendung kommen. Director-Filme werden durch Shockwave meist auf ca. 30-50 % ihres ursprünglichen Datenvolumens komprimiert. Eine solche Kompression ist natürlich in erster Linie für den Einsatz im Internet essentiell wichtig. Hier liegt der Performance-Flaschenhals im allgemeinen nicht in der für die Entkompression kritischen Rechenleistung des Zielsystems, sondern in den Übertragungswegen zwischen Server und Client.

Einen kompakten Shockwave-Film als Darsteller integrieren.

Abgesehen von wenigen Einschränkungen, die aufgrund von Sicherheitsvorkehrungen gegen illegale Zugriffe von Webseiten aus auf den Rechner des Zielsystems eingebaut wurden, können Sie komplette Director-Filme unter weitgehender Erhaltung ihrer Funktionalität in Shockwave-Filme umwandeln. Die komprimierten Filme erhalten die Namensendung „.dcr". Wählen Sie für die Umwandlung, die eigentlich besser als Export bezeichnet werden sollte, den Menüpunkt »Als Shockwave-Film sichern...«. aus dem »Datei«-Menü. Nach dem Erstellen eines Shockwave-Films können Sie diesen direkt per Drag & Drop auf ein geöffnetes Fenster von Netscape Communicator oder einem anderen Web-Browser ziehen, der das Shockwave-Plugin installiert hat.

Shockwave-Filme und andere Director-Dateiformate sind direkt in einem Browser mit Shockwave-PlugIn abspielbar.

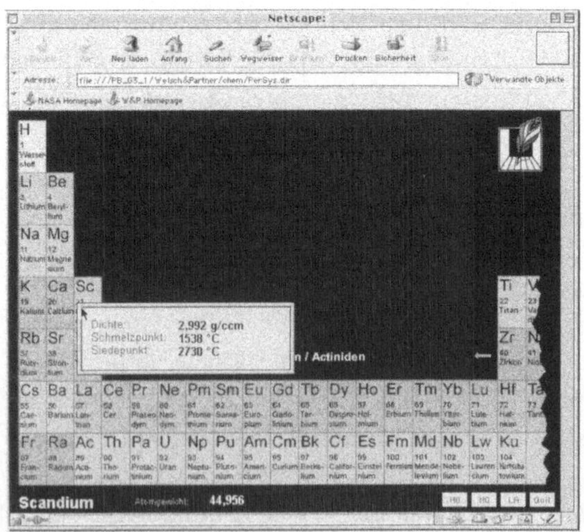

Das Drag & Drop ins Browserfenster funktioniert übrigens nicht nur für komprimierte Shockwave-Filme („.dcr"), sondern ebenso auch für geschützte („.dxr") und sogar offene Director-Dateien (.dir").

Sie können Shockwave auch als Kompressionsformat für lokale Anwendungen verwenden. Ziehen Sie dazu einfach den im Shockwave-Format gespeicherten Film in eine Director-Besetzung oder fügen Sie ihn über »Datei:Importieren...« als Darsteller ein. Er kann nun wie ein normaler Darsteller auf der Bühne plaziert werden und ist sogar in der Lage, auf Ereignisse wie Mausklicks zu reagieren.

Achtung! Ein Shockwave-Film kann genau wie ein „geschützt" gespeicherter Film nicht mehr editierbar in Director geöffnet werden. Bewahren Sie also in jedem Fall die Originaldatei auf.

10.7.3 Als Java speichern

Wenn ein Director-Film im Java-Format exportiert wird, benötigt er zum Abspielen in einem Browser kein Shockwave-Plugin, was in vielen restriktiven Umgebungen wie durch „Firewalls" geschützte Intranets ein wesentlicher Vorteil ist.

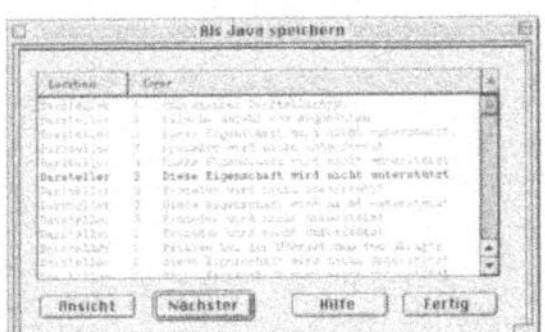

Fehlermeldungen beim Java-Export

Leider werden bei weitem nicht alle Eigenschaften von Director auch in Java unterstützt. Allzuoft wird man mit einer Unmenge von Fehlermeldungen bombardiert, wenn man versucht, einen dafür nicht speziell zugeschnittenen Director-Film über »Datei:Als Java speichern...« zu exportieren.

Achtung! Bevor Sie versuchen, Ihren Film im Java-Format zu exportieren, sollten Sie der Director-Applikation sehr viel Speicher zuweisen (MacOS) bzw. für genügend freien Platz auf der Festplatte sorgen (Windows). Da die Exportfunktion unter Umständen sehr viel Speicher beansprucht, kann es ansonsten zu Abstürzen kommen.

Es ist also in einfachen Fällen möglich, Java-Applets in Director als Autorensystem zu schreiben und sogar den kompletten zugehörigen Java-Quellcode produzieren zu lassen. Obwohl auch nativer Inline-Java-Code in Director-Skripte eingebettet werden kann, ist bei weitergehenden Anforderungen an die Anwendung unbedingt der Einsatz einer speziellen Java-Entwicklungsumgebung zu empfehlen, in der sich die speziellen Java-Eigenschaften auf einfachere Weise als in Director nutzen lassen.

Der umgekehrte Weg, fertige Java-Applets in eine Director-Anwendung einzubinden, funktioniert leider heute noch nicht, obwohl sich hierfür vielerlei Anwendungen finden ließen.

Anhang

Anhang A – Glossar

Die Position des gedachten Abspielkopfs im Drehbuch definiert das aktuelle Bild.

Abspielkopf

Audio Interchange File Format – Plattformübergreifendes binär-kompatibles Soundformat, das von Director verwendet wird.

AIFF

Objekte und Werkzeuge können aktiviert werden, indem sie mit der Maus angeklickt werden. Dabei können mehrere Objekte bzw. Textpassagen mit gedrückter Taste <Umschalt> aktiviert werden.

Aktivieren

Bild (Frame), das gerade auf der Bühne angezeigt wird. Das aktuelle Bild muß nicht in jedem Fall mit der Selektion im Drehbuchfenster übereinstimmen.

Aktuelles Bild

In das System integriertes Hilfsprogramm von Apple zum vorübergehenden Ablegen von Daten aller Art.

Album

Erzeugung der Illusion von Bewegung durch schnelle Anzeige eines Objekts an verschiedenen Positionen auf dem Bildschirm.

Animation

Methode zur Vermeidung deutlich sichtbarer Pixel an Farbrändern auf dem Bildschirm.

Anti-Aliasing

ASCII (engl.: American Standard Code for Information Interchange) ist die Bezeichnung eines Dateiformats für reine Texte, das heute auf fast allen Computern verbreitet ist. Im ASCII-Code sind den Buchstaben des Alphabets, den Ziffern und den Sonderzeichen jeweils Nummern zugeordnet. Weitere Nummern stehen für nicht druckende Steuerzeichen, wie z. B. Zeilenende oder Gong. Die im ASCII-Code definierten Zeichen haben Nummern zwischen 0 und 255 und sind damit in einem Byte darstellbar. Im Gegensatz zu den im Amerikanischen gebräuchlichen Zeichen, die alle unterhalb der Nummer 127 angesiedelt sind, ist die Zuordnung der Zeichen von 128 bis 255 weniger streng. Unterschiedliche Computerhersteller haben hier einen gewissen Wildwuchs bei der Numerierung der in diesem Bereich liegenden Umlaute und nationalen Sonderzeichen verursacht (ein ß auf einem Macintosh hat noch lange nicht die gleiche Nummer wie ein ebensolches auf einem DOS-Rechner oder einer Unix-Maschine!). Das ASCII-For-

ASCII-Code

mat (besser: nur der unter 127 liegende Teil) stellt gewissermaßen den kleinsten gemeinsamen Nenner für fast alle Textprogramme dar, es kann jedoch keine Schriftattribute und Formateinstellungen aufnehmen. Director kann dieses einfache Format über FileIO (siehe Kapitel 12) sowohl importieren als auch exportieren.

Ausschneiden

Dieser Befehl gehört zusammen mit »Kopieren« und »Einsetzen« zu den Zwischenablage-Befehlen des »Bearbeiten«-Menüs. Die ausgewählten Objekte werden aus dem Dokument entfernt und in die Zwischenablage kopiert. Hieraus können sie später wieder entnommen werden.

Auswahl

Aktivierter Bereich in einem Pixel-Malprogramm oder aktivierte Objekte in einem Objektgrafik-Programm. Eine Auswahl ist jeweils der Bereich, auf den sich nachfolgend gegebene Befehle beziehen.

AV

Audiovisuell – Aus Hören und Sehen bestehender Gesamteindruck.

Betacam

β-CAM – Videoformat sehr hoher Qualität für den professionellen Einsatz in Studios.

Bitmap

Als Bitmap im weiteren Sinne wird jede Rastergrafik bezeichnet. Rastergrafiken werden gespeichert, indem der Farbwert für alle Bildpunkte numerisch abgelegt wird (Gegensatz → Vektorgrafik). Oft wird der Begriff Bitmap in einer eingeschränkteren Bedeutung gebraucht, die nicht Farb- oder Graustufenbilder, sondern nur rein schwarzweiße Rastergrafiken umfaßt. In Scharzweißbildern kann jeder Punkt tatsächlich als 1-Bit-Information abgelegt werden.

Browser

Programm, mit dessen Hilfe Datenstrukturen durchwandert und abgesucht werden können. Der Macintosh-Finder ist z. B. ein Browser für die Daten der angeschlossenen Volumes.

Bühne

Bildschirmbereich für die sichtbaren Ausgaben von Director-Filmen.

Cursortasten

Die Pfeiltasten auf der Tastatur. Sie dienen in vielen Programmen der Bewegung der Text-Einfügemarke (des Cursor). In Mal- und Zeichenprogrammen lassen sich Objekte mit diesen Tasten oft pixelweise bewegen und so bequemer als mit der Maus justieren.

Datentiefe gibt die Anzahl Bits an, die an einem Bildschirmpunkt (Bilder) oder zu einem Zeitpunkt (Töne) gespeichert werden.

Datentiefe

Darsteller wird in Director jedes Objekt genannt, das in der Animation eine Rolle spielt. Ein Darsteller ist oft ein tatsächlich sichtbares grafisches Objekt (engl: sprite), z. B. ein Pfeil, ein Text, eine gemalte Comic-Figur oder ein Hintergrundbild. Ebenso werden jedoch auch Töne, Musikstücke und QuickTime-Filme oder sogar noch indirekter wirkende Elemente wie Farbpaletten und Lingo-Prozeduren als Darsteller bezeichnet. Alle Darsteller eines Films erscheinen im Darsteller-Fenster.

Darsteller

Desk **T**op **P**ublishing – Das Erstellen druckfertiger Vorlagen mit Personalcomputern am Schreibtisch.

DTP

dots **p**er **i**nch (Punkte pro Inch).

dpi

Einzelbild in einem Digital-Video-Film. In Director eine Spalte des Drehbuchfensters, die ein Bühnenbild definiert, dessen Dauer von diversen Randbedingungen (Geschwindigkeitseinstellung, Programmierung) abhängig ist.

Frame

Ein Handler (engl.: „to handle" = behandeln) ist ein Programmstück, das der Bearbeitung eines gewissen Ereignisses bzw. einer Nachricht dient. Oft werden Handler auch als Prozeduren, als Funktionen oder (besonders bei der OOP) als Methoden bezeichnet.

Handler

High **D**efinition **T**ele**v**ision – Neuer Fernsehstandard hoher Qualität (25 Bilder/Sekunde, Seitenverhältnis 16:9).

HDTV

Angabe einer Zahl im Sechzehnersystem. Eine Hexadezimalziffer ist eine Zahl von 0 bis 15, bei denen Werte größer 9 durch die Buchstaben A bis F ausgedrückt werden. Eine um eine Stelle weiter links stehende Ziffer habt jeweils den 16fachen Wert (z. B. #C3 = 12*16 + 3*1 = 195). Besonders RGB-Farben werden häufig als Dreiergruppe von Hexadezimalzahlen für den Rot-, Grün- und Blauwert in hexadezimaler Form angegeben (z.B. „#FF00A2"). Um die hexadezimale Zahlen von normalen Dezimalzahlen zu unterscheiden, wird häufig ein Notenkreuz oder ein Dollarzeichen vorangestellt.

hexadezimal

Videoformat der Firma Sony, qualitativ vergleichbar mit SVHS.

HI-8

HTML

Hyper-Text-Mark up-Language – Definitionssprache zum Aufbau von Hypertext-Seiten im WWW.

HyperCard

Multimedia-Autorensystem der ersten Stunde von Apple.

Hypertext

Verknüpfung mehrerer Textschirme durch Anklicken von Textpassagen, wodurch weitere Information über das angeklickte Thema eingeblendet wird.

horizontale Anwendung

Multimedia-Anwendungen, die für den anonymen Verkauf vorgesehen sind.

Instanz

Die einem Darsteller zugedachte Rolle, in der er als Kobold angesprochen wird.

Internet

Größtes internationales plattformübergreifendes Datennetzwerk, in dem viele verschiedene Teilnetze verbunden sind.

JPEG

Joint Photographic Expert Group – Standbildkompression auf unterschiedlichen Rechnern. Verlustbehaftetes Kompressionsverfahren.

Kanal

In Director die Bezeichnung für einzelne Komponenten, aus deren Gesamtheit sich die Szene auf der Bühne zusammensetzt. In einem Kanal wird das zeitliche Verhalten von Darstellern beschrieben. In Director existieren Kanäle für grafische Objekte neben Tonkanälen sowie Sonderkanälen.

key frame

In Digital-Video-Filmen die Bezeichnung für vollständig gespeicherte Bilder. Von Bildern zwischen den key frames wird nur die jeweilige Änderung zum letzten Bild abgelegt.

Maske

1-Bit-Darsteller, dessen Inhalt dazu verwendet wird, das Bild eines anderen Darstellers in der Anzeige zu beschneiden.

MPEG

Kompressionsstandard für bewegte Bilder, der von der Motion Pictures Expert Group definiert wurde (Level I bis IV).

NTSC

National Television System Committee – Amerikanische Fernsehnorm (30 Bilder/Sekunde, Seitenverhältnis 4:3).

Art der Speicherung grafischer Daten in einem Computer über mathematische Beschreibungen (z. B. Kreis) einzelner Teilobjekte anhand ihrer Koordinaten und Parameter (auch „Vektorgrafik"). Gegenteil: Rastergrafik.

Objektgrafik

Phase Alternating Line – Deutsche Fernsehnorm (25 Bilder/Sekunde, Seitenverhältnis 4:3).

PAL

Leistungsfähigkeit eines Computers oder eines Programms.

Performance

Filmformat, bei dem mehrere PICT-Bilder in einer Datei zusammengefaßt werden.

PICS

Standardformat des Apple-Macintosh für Raster- und Objektgrafik. Das PICT-Format ist für Director unter Windows nur verfügbar, wenn QfW (QuickTime for Windows) installiert ist.

PICT

Kleinster Bildpunkt, der auf dem Bildschirm angezeigt werden kann, bzw. einzelner gespeicherter Farbwert bei einer Rastergrafik.

Pixel

PNG, (gesprochen: "ping"), steht für Portable Network Graphics, und ist ein erweiterbares Bildformat, das vom W3C (WWW Consortium) als Web standard empfohlen wird. Das PNG-Dateiformat ist verlustlos, aber trotzdem sehr kompakt. Es unterstützt Bilder in indizierten Farben, Graustufen und Echtfarbe (24-Bit RGB) und einen optionalen 8-bit Alphakanal für die Transparenzinformation. PNG kann Gammakurven und Farbwerte speichern und unterstützt damit farbtreuere Darstellung auf unterschiedlichen Platformen. Einige Programme wie Fireworks nutzen es direkt als natives Dateiformat. Vorsicht ist allerdings mit älteren Browsern geboten, sie können PNG-Daten meist nicht darstellen.

PNG

Point of Information – Bezeichnung für Auskunftssysteme.

POI

Point of Sales – Bezeichnung für Bestellsysteme.

POS

Systemerweiterung von Apple zur Darstellung zeitbasierter Daten wie Digital-Video und zur Implementation systemweiter Kompressionsalgorithmen für Rastergrafiken (z. B. JPEG).

QuickTime

Registrierungspunkt

Der Punkt eines Darstellers, der für die Positionierung von Kobolden auf der Bühne entscheidend ist. Der Registrierungspunkt liegt bei Bitmap-Darstellern normalerweise im Zentrum, er kann aber im Fenster »Malen« beliebig eingestellt werden. Der Registrierungspunkt von Formdarstellen liegt immer in der linken oberen Ecke.

S-VHS

Super-**VHS** – Verbesserter VHS-Standard.

Screen

Bildschirm, sowohl real (Gerät) als auch abstrakt (Bildschirminhalt).

Sequenz

Ein oder mehrere Sprites über eine gewisse Zeit.

Spalte

Bereich des Fensters »Drehbuch«, in dem ein „Bühnenbild" definiert wird.

Sprite

Instanz eines Darstellers, die in einem Kanal angezeigt wird. Solche Instanzen benötigen im Vergleich zu wirklichen Darstellern fast keinen Speicherplatz, denn sie bestehen nur aus Informationen darüber, wann, wo und wie ein Darsteller zum Einsatz kommt. In früheren deutschen Director-Versionen werden Sprites auch „Kobolde" genannt.

Überblendung

Animationseffekte beim Übergang von einem Frame zu einem anderen.

vertikale Anwendungen

Programme, bei denen Auftraggeber und Benutzer des Systems identisch oder zumindest bereits bei der Entwicklung bekannt sind.

Vektorgrafik

→ Objektgrafik.

VHS

Video **H**ome **S**ystem – Verbreiteter Standard der analogen Video-Aufzeichnung auf Bändern.

Volume

Bereich mit eigenem Dateisystem auf einem lokalen oder über eine Datenverbindung erreichbaren Speichermedium.

WWW

World-**W**ide-**W**eb – Teil des Internets mit graphischer Benutzeroberfläche durch Web-Browser wie Netscape oder Mosaic.

Zelle

Ein Kanal in einem bestimmten Bild (Frame).

Kurzfristiger Speicher des Betriebssystems für Daten aller Art, die Zwischenablage
innerhalb eines Programms oder zwischen Programmen ausge-
tauscht werden sollen. Die Daten können mit den Befehlen des
Menüs »Bearbeiten« in die Zwischenablage gebracht oder von dort
in ein Dokument eingesetzt werden.

Anhang B – Bibliographie

[1]   „Multimedia-Programmierung mit Lingo"
       Norbert Welsch
       Springer, 1997
       ISBN 3-540-61885-7

[2]   „Multimedia-Werkzeuge"
       Martin C. Hirsch, Rufus Rieder,
       MacWelt 95/5 S. 133

[3]   „Macintosh-Human-Interface-Guidelines"
       Addison-Wesley Publishing Company
       Apple Computer, Inc. © 1992,
       ISBN 0-201-62216-5

[4]   „De divina proportione"
       Luca Pacioli,
       (erstmals im Druck erschienen 1509)

[5]   „Der große Liebling zu Macromedia Director"
       Gerd Gilmaier,
       ITP Wolfram, 1994
       ISBN 3-86033-178-7

[6]   Macromedia Inc., Tony Tacker, London,
       Persönliche Kommunikation, Tel. 0044-1344761111,
       Compuserve 100063,1244

[7]   „Objektorientierte Analyse und Design"
       Grady Booch
       Addison-Wesley, 1994
       ISBN 3-89319-693-0

[8]   „Lingo Sorcery"
       Peter Small
       John Wiley & Sons, 1999
       ISBN 0 471 98615 1 second edition

Angelsächsische Literatur zu Macromedia-Director:

„Macromedia Director Design Guide"
Cathy Clarke & Lee Swearingen
(für alle Benutzer, inkl Mac CD ROM)
Hayden Books
ISBN 1-56830-062-X

„Macromedia Director Lingo Workshop"
John 'J.T.' Thompson & Sam Gottlieb
(Einführung bis mittlerer Level; inkl. Mac CD ROM)
Hayden Books
ISBN 1-56830-201-0

„Macromedia Director: Your Personal Consultant"
Scott Fisher
Ziff-Davis Press
ISBN 1-56276-306-7

„Official Macromedia Director Studio"
Tony Bove & Cheryl Rhodes, Marc Canter & Stuart Sharpe
(inkl. Mac/Windows CD ROM)
Random House
ISBN 0-679-75321-4

„Macromedia Director 5 for Dummies"
Lauren Steihauer
IDG Books Worldwide
ISBN 0-7645-0024-4

„Director 4 for Macintosh Visual Quickstart Guide"
Andre Persidsky & Helmut Kobler
Peachpit Press
ISBN 1-56609-138-1

„Director Demystified"
Jason Roberts
(inkl. Mac CD ROM)
Peachpit Press
ISBN 1-56609-170-5

„Director Close-Up:
Interactivity & Animation, Versions 4 & 5"
Vaughan Peter & Vaughan Tim
Wadsworth Pub
ISBN 0-534--50423-X

„Macromedia Director 5.0 Power Toolkit"
Miller Deborah & Miller Michael
Ventana Communs CD-ROM
ISBN 1-56604-289-5

„Macromedia Director Bible"
Bacon Jonathan
IDG Books
ISBN 1-56884-813-7

„The Multimedia Workshop:
Macromedia Director"
Holtz Matthew
Wadsworth Pub
ISBN 0-534--31073-7

„Macromedia Director Advanced Lingo Workshop"
Schussler Terry
Hayden
ISBN 1-56830-285-1

„Macromedia Lingo"
Bone T. Rhodes C.
Random
ISBN 0-679-76487-9

„Mastering Macromedia Director 5"
Henderson
Sybex CD-ROM
ISBN 0-7821-1834-8

„Inside Macromedia Director with Lingo for Mac."
Allis Lee
New Riders Pub
ISBN 1-56205-567-4

„Macromedia Director 5.0 Revealed"
Qahl Bernt
Hayden
ISBN 1-56830-284-3

„Macromedia Director Lingo Workshop for Mac"
Thompson John
Hayden
ISBN 1-56830-287-8

„Easy Lingo"
Bennet Jennifer
MIS Press
ISBN 1-55828-487-7

„Learning Lingo: The Art & Science of Lingo
Programming with Macromedia Director"
Callery Michael
Addison-Wesley CD-ROM
ISBN 0-201-87043-6

Mit der „MediaBook CD for Director" steht auch eine ohne Buch
verkaufte Lehr-CD für Macintosh und Windows zur Verfügung:

gray matter design
3215 Broderick Street
San Francisco
California CA 94123, USA
1-415-243-0394 phone, 1-415-243-0396 fax
mediabook@aol.com
76530,1633@compuserve.com

Anhang C – Index

F